དཔལ་རིས་སངས་རྒྱས་ཀྱི་གསུང་རྩོམ་དེབ་ཕྲེང་།

༄༅། །བརྡ་སྤྲོད་གསལ་བྱེད་ངག་སྒྲོན།

དཔལ་རིས་སངས་རྒྱས་ཀྱིས་བརྩམས།

ཀྲུང་གོའི་བོད་རིག་པ་དཔེ་སྐྲུན་ཁང་།

图书在版编目（C I P）数据

藏文语法明灯 / 马进武著. -- 北京：
中国藏学出版社, 2023.8
(马进武文丛)
ISBN 978-7-5211-0124-9

Ⅰ. ①藏… Ⅱ. ①马… Ⅲ. ①藏语－语法 Ⅳ. ①H214.4

中国版本图书馆CIP数据核字(2019)第015977号

藏文语法明灯

马进武◎著

责任编辑： 西日东智
封面设计： 李 建 雄
排　　版： 宗拉昌瓦排版工作室

出版发行： 中国藏学出版社
印　　刷： 中国电影出版社印刷厂
开　　本： 787mm×1092mm 1/16
印　　数： 1-5000册
印　　张： 18.75
版　　次： 2023年11月第1版
印　　次： 2023年11月第1次印刷

书　　号： ISBN 978-7-5211-0124-9　**定 价：** 48.00元

རྗེས་པ་པོའི་མཛད་རྣམ་མདོར་བསྡུས།

བོད་ཀྱི་རིག་གནས་སྤྱི་དང་ཁྱད་པར་བརྡ་སྤྲོད་དང་མངོན་བརྗོད། སློབ་སྦྱོར་བཅས་ཐ་སྙད་རིག་གནས་ཀྱི་གནས་རེ་རེ་ནས་བརྩམས་པའི་བསྟན་བཅོས་མཛད་ཅིང་དེ་དག་གི་འཆད་ཉན་རྒྱ་ཆེར་སྤེལ་བའི་མཁས་དབང་ཆེན་མོ། སྐུ་ཚེ་ཐོས་པ་དང་མི་རིགས་སློབ་གསོ་དང་བོད་ཀྱི་སྐད་ཡིག་གི་ལས་དོན་དང་སྙོམས་པར་མཛད་པའི་དགེ་རྒན་ཆེན་མོ། རྒྱ་བོད་སྐད་གཉིས་ལ་བྱང་ཆུབ་པའི་ལོ་ཙཱ་བ་ཆེན་མོ་དཔལ་རིས་སངས་རྒྱས་མཆོག་ནི། མདོ་སྨད་ཙོང་ཁའི་ཤར་ཕྱོགས་ཀྱི་སའི་ཆ་དཔལ་རིས་ཞྭ་དམར་ཚོ་པའི་རྩ་ཆེན་ཚང་ཞེས་པར་ཡབ་རྡོ་རྗེ་ཚེ་རིང་དང་ཡུམ་གདུགས་དཀར་སྐྱིད་གཉིས་ཀྱི་སྲས་སུ་བོད་རབ་བྱུང་བཅོ་ལྔ་པའི་ལྕགས་ཕོ་རྟ་སྟེ་སྤྱི་ལོ་༡༩༢༧ལར་སྐུ་འཁྲུངས། སྐྱེས་མིང་ལ་སངས་རྒྱས་སྐྱབས་ཞུ། ཕུན་མཆེད་དྲུག་ཡོད་པའི་ནང་གི་གཉིས་པ་ཡིན། ཆུང་དུས་ནས་བློ་རིག་གསལ་ཞིང་རང་བཞིན་བཟང་ལ། གང་བརྩམས་ལས་ཀྱི་མཐར་འདོན་པ་ལ་སྙིང་ཞུམ་གཞན་ལས་ཆེ་བ་ཞིག་ཡོད། ཡིན་ནའང་དུས་ཀྱི་དབང་གིས་རིག་གནས་སློབ་གཉེར་གྱི་གོ་སྐབས་མ་ཉེད་པར་དགུང་ལོ་བཅོ་ལྔ་མ་སླེབས་བར་རང་ཁྱིམ་དུ་ཕྱུགས་ཟོ་བྱས། དགུང་ལོ་བཅོ་ལྔ་པར་རྒྱའི་དགེ་རྒན་ཞིག་བསྟེན་ནས་རྒྱ་ཡིག་གི་ཀློག་བསླབས། རྒྱའི་ཡི་གེ་གསུམ་པའི་མདོ་དང་ཀྲུའུ་ཙི་བསླབ་བྱ་སོགས་བློར་ཤར་མར་བཟུང་ཡང་ཚིག་དོན་གྱི་གོ་བར་སྐྱིད་མ་ཐོན་པས། ཆེད་དུ་ཐྲི་ཁྲུར་ནས་ཏ་ལམ་ཉིན་གཅིག་གི་སར་ཆོད་པའི་དགོ་ལུང་ཧ་ཅིན་སློབ་ཆུང་ཞེས་པར་ཞུགས། དེར་སུ་ཕྱིར་ལོ་གསུམ་ལྷག་ལ་བསླབ་པའི་རིམ་པ་བཞིན་རྒྱ་ཡིག་དང་རྩིས་གཙོ་བོར་སྦྱངས། དེ་ནས་༡༩༥༩ལོའི་བར་ཡུལ་ཕྱོགས་གང་སར་འགྲུག་ཟིང་ཆེ་བས་ལོ་གཉིས་ཙམ་ལ་སློབ་གཉེར་གྱི་

མཚམས་ཆད། ༡༩༥༠ལོར་ཡང་བསྐྱར་ཏ་ཅིན་ཆ་ཚང་སློབ་ཆུང་ཞེས་པར་ཞུགས་ཤིང་༡༩༥༡ལོའི་ཟླ་༤པར་སྦྱངས་འབྲས་ཨང་དང་པོ་དང་བཅས་སློབ་མཐར་ལེགས་པར་ཕྱིན། ཁོང་ཉིད་ཀྲུང་གོ་གསར་པ་བཙུགས་རྗེས་སུ་སློབ་གྲྭ་དེ་ནས་ཐོན་པའི་བོད་རིགས་ཐོག་མར་གྱུར་པས་དགེ་སློབ་ཀུན་གྱིས་རྟེན་འབྲེལ་ལེགས་གསོལ་གྱི་མཛད་སྒོ་གཟབ་རྒྱས་བསྡུས་ཤིང་ཞྭ་དམར་ཚོ་བ་ལྷུས་རྒྱུགས་སྟོན་ཉིན་གསུམ་བཤམས།

༡༩༥༡ལོའི་ཟླ་༦པར། ལོ་སྔོན་མར་གསར་དུ་ཚུགས་པའི་ནུབ་བྱང་མི་རིགས་སློབ་གླིང་གི་དངོས་གཞི་ཚན་སྐོར་གྱི་བོད་ཡིག་འཛིན་གྲྭར་ཞུགས། ༡༩༥༢ལོའི་ཟླ་༢པ་ནས་ལོ་ཕྱེད་རིང་ཀྲང་ཙ་ཁྲིན་སྡེ་བར་ས་ཞིང་བཅོས་བསྒྱུར་དུ་ཕེབས་ཤིང་། ༡༩༥༣ལོའི་དཔྱིད་ཀ་ནས་ལོ་ཕྱེད་རིང་བྱང་ཤར་སྐྱ་དམག་ཧྲི་དང་པོའི་ཀན་ལྷོའི་“ཛག་འདུལ”གྱི་ལོ་རྩ་བའི་འགན་བཞེས། ༡༩༥༥ལོའི་དཔྱིད་ཟླ་ར་བར་ནུབ་བྱང་མི་རིགས་སློབ་གླིང་ནས་སློབ་མཐར་ཕྱིན་ཏེ་སློབ་གླིང་དེ་གའི་དགེ་རྒན་གནང་། དེར་ཐོག་མར་ལས་བྱེད་གསོ་སྐྱོང་སྡེ་ཁག་གི་ཆབ་སྲིད་ལོ་རྩ་བ་དང་དེ་ནས་གྲ་སྒྲིག་ཚན་སྐོར་གྱི་དགེ་རྒན། སློབ་ཆུང་འཛིན་གྲྭའི་བདག་གཉེར་དགེ་རྒན་སོགས་ཀྱི་འགན་བཞེས་ནས་སློབ་ཁྲིད་དང་ལོ་རྩ། བསླབ་དེབ་རྩོམ་སྒྲིག །བསླབ་གཞི་འཆར་འགོད། སློབ་མ་བདག་གཉེར་སོགས་ཀྱི་ལས་དོན་ཆེ་ཕྲ་མཐའ་དག་གི་ཁུར་གང་བབས་ལེ་ཤོར་མེད་པ་གནང་།

༡༩༦༥ལོར་རྨ་ཆུ་མཚོ་སྔོན་མར་སྤྱི་ཚོགས་རིང་ལུགས་ཀྱི་ལམ་ལུགས་སློབ་གསོའི་ལས་འགུལ་དུ་ཞུགས། ལོ་ཕྱེད་ཙམ་གྱི་རྗེས་ནས་ཕྱིར་སློབ་གྲྭར་བོས་ནས་སློབ་ཕྲུག་ཚོའི་འཐབ་རྩོད་དང་གཅར་རྡུང་ཡུན་རིང་མྱངས། ༡༩༧༠ལོར་“རིག་གསར”གྱི་རྐྱེན་གྱིས་སློབ་གླིང་ཐོར་བས་ཁོང་ཀླུ་ཆུ་རྫོང་ཟམ་ཚ་ཀྲུང་ཧྲེར་ཕེབས་ཏེ། ཀྲུང་ཧྲེ་དེ་གའི་སློབ་གསོའི་ལས་སྣ་དང་ཟམ་ཚ་སློབ་འབྲིང་གི་འགོ་ཁྲིད་ཀྱི་འགན་གཅིག་ཐོགས་སུ་བཞེས། དེར་ཡུལ་མིའི་བྱིས་པ་སློབ་གྲྭར་ཞུགས་མཁན་ཤིན་ཏུ་ཉུང་བ་

དང་འགྲོ་འོང་སྐབས་མི་བདེ་བ་སོགས་ལ་དམིགས་ནས་རང་འགག་ཐེག་པ་ཁུར་ཞེན་གྱིས་དམངས་སྒྲུབ་དགེ་རྒན་རྒྱལ་པོ་དང་ཁོང་གཉིས་ཀྱིས་ཟམ་ཚ་ཏུ་མོ་ཆེ་ཞེས་པར་སློབ་ཆུང་ཞིག་བཙུགས་ཤིང་དེར་བྱིས་པ་བརྒྱད་ཅུ་ལྷག་འདུས། ཉིན་མོར་བྱིས་པ་རྣམས་ལ་རྒྱ་ཡིག་སློབ་ཁྲིད་དང་། མཚན་མོ་དང་ཁོམ་གསེང་གང་ཡོད་དུ་ཐབས་མཁས་ཀྱིས་མའོ་ཙེ་ཏུང་གི་གསུང་རྩོམ་གྱི་ཐོག་ནས་མང་ཚོགས་རྣམས་ལ་བོད་ཡིག་ཁྲིད་ཅིང་གོ་བསྐོན་སློབ་གསོའི་ལམ་ནས་བྱིས་པ་མང་པོ་སློབ་གྲྭར་བསྐྱལ།

༡༩༧༥ལོར་ཁོང་ཀན་ལྷོ་མི་རིགས་སློབ་གྲྭ་གསར་འཛུགས་ཀྱི་ལས་བྱེད་ཁོངས་སུ་ཚོགས་བཙུགས། དེར་གཙོ་བོ་བསླབ་དེབ་རྩོམ་སྒྱུར་ཚན་ཆུང་གཉིས་ཀྱི་མགོ་ཁྲིད་དེ་སློབ་གྲྭ་དེ་གའི་བསླབ་དེབ་༦དང་ཀན་ལྷོའི་སློབ་གྲྭ་ཆུང་འབྲིང་གི་བསླབ་དེབ་༡༢རྩོམ་སྒྲིག་གི་ལས་ཀར་ཞུགས་པ་དང་། སློབ་གྲྭ་དེ་གའི་རིག་གནས་འཛིན་གྲྭ་དང་པོའི་བདག་གཉེར་དང་སློབ་ཁྲིད་ཀྱི་འགན་ཡང་བཞེས། གཞན་ཡང་སྐབས་དེའི་བོད་ཡིག་བཅོས་བསྒྱུར་གྱི་«ཟིན་བྲིས་གནད་བསྡུས»ཞེས་པ་ལ་ས་གནས་ཀྱི་ཤེས་ཡོན་ཅན་༣༦ཙམ་གྲོགས་སུ་སྦྲན་ནས་དགག་གཞག་ཚ་ནན་བཏང་།

༡༩༧༨ལོར་ནུབ་བྱང་མི་རིགས་སློབ་གླིང་གི་གྲངས་ཉུང་མི་རིགས་སྐད་ཡིག་སྡེ་ཁག་གི་དགེ་རྒན་དུ་ཕེབས། དེར་བོད་ཡིག་སློབ་དཔྱོད་ཁང་གི་འགོ་ཁྲིད་གཙོ་བོ་དང་འགོ་ཁྲིད་ཀྱི་འགན་སྣ་ཁུར་བཞེས་ནས་དགེ་སློབ་རྣམས་ཀྱི་འཚོ་བའི་ཆ་རྐྱེན་ཚུན་ཆད་ནས་སློབ་ཁྲིད་དང་བསླབ་དེབ་ཀྱི་དཀའ་ངལ་སོགས་གནད་དོན་གང་ཅིར་ཐབས་མཁས་ཀྱི་སྒོ་ནས་འབྱུར་སེམས་ཆེར་སྐྱེད་གནང་ཞིང་། མཁས་པའི་དབང་པོ་ཚེ་ཏན་ཞབས་དྲུང་འཇིགས་མེད་རིགས་པའི་བློ་གྲོས་མཆོག(༡༩༧༩ལོར)དང་དོར་ཞི་བློ་བཟང་ཐུབ་བསྟན་ཆོས་འཕེལ(༡༩༨༣ལོར)རྣམ་གཉིས་སྤྱ་ཕྱིར་སློབ་གྲྭར་གདན་འདྲེན་ཞུ་བར་མཐུན་འགྱུར་རོགས་རམ་གང་མང་གནང་བ་དང་། ༡༩༧༩ལོ་ནས་བོད་ཡིག་ཆེད་ལས་ཀྱི་ཞིབ་འཇུག་སློབ་མ་ཐོག་མར་བསྡུས་

ཐོག་གོང་རིམ་ལ་རེ་བ་ཞུས་པ་བཞིན་སཾསྐྲྀཏའི་སྐད་ཞིབ་འཇུག་སློབ་མའི་རྒྱུགས་ལེན་གྱི་ཕྱི་ཡིག་ཏུ་ངོས་ལེན་བྱུང་བ། དེ་བཞིན་བོད་ཀྱི་སྐད་ཡིག་རྩོམ་རིག་ཆེད་ལས་ཀྱི་དངོས་གཞི་སློབ་མ་བསྒྱུ་བར་བོད་ཡིག་གི་ལམ་ནས་རྒྱུགས་ལེན་པའི་ཚོག་མཚན་ཐོབ་པ་དང་། དབྱིན་ཡིག་ཆེད་ལས་ཀྱི་དངོས་གཞི་སློབ་མ་གསར་དུ་བསྡུས་པ་སོགས་ཀྱིས་མཚོན་པའི་ལས་དོན་མང་པོར་ཞབས་འདེགས་ཚུལ་བཞིན་བསྒྲུབས་ཤིང་། རང་འཕྲིའི་བྱ་བ་ཆེ་ཕྲ་ཀུན་འཐུས་ཤོར་མེད་པ་གནང་། ལོ་མང་པོའི་རིང་གི་སློབ་ཁྲིད་དང་ལོ་རྒྱའི་ལག་ལེན་དངོས་ཀྱི་ཉམས་མྱོང་གཞིར་བྱས་ཤིང་བོད་ཀྱི་སྐད་དང་ཡི་གེའི་ཐུན་མོང་མ་ཡིན་པའི་བཟ་སྦྱོད་ཀྱི་ཁྱད་ཆོས་ལ་ལེགས་པར་དཔྱད་དེ«རྟགས་འཇུག་གི་གནད་དོན་དང་དཀའ་གནད་»ཅེས་པའི་དཔྱད་རྩོམ་ཐོག་མ་༡༩༨༣ལོའི«མཚོ་སྔོན་སློབ་གསོ»དེབ་ལྔ་པར་བཀོད་པ་དང་། «བདག་གཞན་ཕན་ཚུན་རྟེན་ཅིང་འབྲེལ་བའི་འགྱུར་ལུགས»ཞེས་པ་དང་། «བོད་སྐད་ཀྱི་བྱ་བ་རིགས་གསུམ་གྱི་ཁྱད་པར་དང་འབྲེལ་བ»ཞེས་པའི་དཔྱད་རྩོམ་གཉིས་༡༩༨༦ལོའི«ནུབ་བྱང་མི་རིགས་སློབ་གླིང་གི་རིག་གཞུང་དུས་དེབ»དེབ་དང་པོ་དང་གཉིས་པར་སྤེལ་བ་སོགས་ཀྱིས་མཚོན་བོད་སྐད་ཀྱི་བཟ་སྦྱོད་ལས་བརྩམས་པའི་དཔྱད་རྩོམ་བཅུ་ཙམ་རིམ་པར་སྤེལ། ཡང་བོད་སྐད་ཀྱི་མིང་གི་སྦྱོར་བ་དང་ཐུན་མོང་མ་ཡིན་པའི་དཔེ་འགོད་སྟངས་སོགས་ལ་ལེགས་པར་དཔྱད་ཅིང་། «དཔེ་ཆོས་རིན་ཆེན་སྤུངས་པ»དང་«གླིང་སྒྲུང»སོགས་ལས་དཔེ་མང་པོ་བཏུས་ནས་༡༩༨༥ལོའི་ཟླ་༧པར«དཔེ་ཆོས་རྣ་བའི་བདུད་རྩི»ཞེས་པ་བརྩམས་པ་མཚོ་སྔོན་མི་རིགས་དཔེ་སྐྲུན་ཁང་ནས་པར་དུ་བཏབ།(ཕྱིས་༡༩༩༩ལོར་ཡང་བསྐྱར་ཞུས་དག་ཁ་སྣོན་དང་བཅས«དཔེ་ཆོས་ཚིག་མཛོད»ཅེས་པ་མཚོ་སྔོན་མི་རིགས་དཔེ་སྐྲུན་ཁང་ནས་པར་དུ་བཏབ།)

༡༩༨༨ལོ་ནས་བཟུང་ཞིབ་འཇུག་སློབ་མའི་མཇུབ་སྟོན་དགེ་རྒན་གནང་བ་དང་། ལོ་དེའི་སྟོན་ཁ་ནས་ལོ་གསུམ་དང་ཕྱེད་ཀའི་རིང་གྲངས་ཉུང་མི་རིགས་ཀྱི་སྐད་ཡིག་སྡེ་ཁག་གི་འགོ་ཁྲིད་ཀྱི་འགན་བཞེས་ནས་དགེ་སློབ་རྣམས་ཀྱི་སྒྲིག་

ལམ་གྱི་རྗེང་སྐྱུལ་དང་སྐབས་བབས་ལས་དོན་གྱི་རིམ་པར་ཚགས་འཛོན་དོ་དམ་གང་ཞིབ་གནང་། ༡༩༨༧ལོའི་ཟླ་༡༡པར་བོད་ཀྱི་སློབ་གྲྭ་ཆེ་འབྲིང་ཁག་གི་བསླབ་དེབ་ཏུ་སྒྱུར་པའི་«བཟོ་སྦྱོད་གསལ་བྱེད་ངག་སྒྲོན་»ཞེས་པ་བརྩམས་ནས་ཀན་སུའུ་མི་རིགས་དཔེ་སྐྲུན་ཁང་ནས་པར་དུ་བཏབ་ཅིང་དེ་ལ་རྒྱལ་ཁབ་དོན་གཅོད་ཨུ་ཡོན་ལྷན་ཁང་གི་སྤྱི་ཚོགས་ཚན་རིག་ཞིབ་འཇུག་གི་གྲུབ་འབྲས་བྱ་དགའ་ཨང་གསུམ་པ་ཐོབ། (དེབ་དེར་ཕྱིས་སུ་མཚོ་སྔོན་མི་རིགས་དཔེ་སྐྲུན་ཁང་གི་༡༩༨༥ལོའི་པར་གཞི་ཞིག་དང་། བོད་ལྗོངས་བོད་ཡིག་དཔེ་རྙིང་དཔེ་སྐྲུན་ཁང་གི་༢༠༡༡ལོའི་པར་གཞི་ཞིག་བཅས་པར་གཞི་མི་འདྲ་བ་གསུམ་ཡོད་ལ་དེ་དག་ཁྱོན་བསྡོམས་དཔར་ཐེངས་ལྔ་ལ་སླེབས་ཡོད།) ཕྱི་ལོར་ཀན་སུའུ་ཞིང་ཆེན་གྱི་སློབ་གསོའི་སྐྱིད་ཚལ་སྐྱོང་མཁན་ཞེས་པའི་མཚན་སྙན་ཐོབ། གཞན་ཡང་«ཚན་རིག་གི་རྒྱུན་ཤེས་»(ཀན་སུའུ་མི་རིགས་དཔེ་སྐྲུན་ཁང་། ༡༩༩༧ལོ།)ཞེས་པ་དང་«འཁྲུངས་གླིང་»(ཀན་སུའུ་མི་རིགས་དཔེ་སྐྲུན་ཁང་། ༡༩༨༣ལོ།) «གྲུ་གུ་གོ་ཛོང་»(ཀན་སུའུ་མི་རིགས་དཔེ་སྐྲུན་ཁང་། ༡༩༨༦ལོ། དེབ༦)བཅས་སྒྲུང་དཔེ་ཁག་ཅིག་དང་། «རྗེ་བཙུན་བྱམས་པ་མཐུ་སྟོབས་ཀུན་དགའ་རྒྱལ་མཚན་གྱི་རྣམ་ཐར་»(ཀྲུང་གོའི་བོད་ཀྱི་ཤེས་རིག་དཔེ་སྐྲུན་ཁང་། ༡༩༩༥ལོ།)དང་«དཔའ་རིས་རབ་གསལ་གྱི་གསུང་འབུམ་»(ཀན་སུའུ་མི་རིགས་དཔེ་སྐྲུན་ཁང་། ༡༩༨༦ལོ།)བཅས་ཞུས་དག་པར་སྐྲུན་གནང་ཞིང་། ནུབ་བྱང་མི་རིགས་སློབ་གླིང་གེ་སར་ཞིབ་འཇུག་ལས་ཁུངས་ཀྱི་གེ་སར་སྒྲུང་ཡིག་ཆེན་མོ་ཞེས་པའི་དཔེ་ཚོགས་པོད་༣༥ཞུས་དག་གཏན་འབེབས་མཛད།

༡༩༩༣ལོར་རྒྱལ་སྲིད་སྤྱི་ཁྱབ་ཁང་གི་དམིགས་བསལ་ཕོགས་དཏུལ་ཐོབ། ༡༩༩༥ལོར་«སློབ་སྦྱོར་རིག་པའི་སྒྲོལ་འབྱེད་ངག་གི་རོལ་མཚོ་»ཞེས་པ་སྟེ། བོད་ཀྱི་སྐད་གདངས་དྲག་ཞན་བར་མ་དང་དབྱངས་ཀྱི་ང་རོ་བཀུག་སྒྲིང་བསྟོད་སྨད་དྲང་བ་བཅས་ཀྱི་གནས་ལུགས་གསལ་བར་བྱེད་པའི་བོད་ཀྱི་སློབ་སྦྱོར་རིག་པའི་གཞུང་དེ་བརྩམས་ནས་ཀན་སུའུ་མི་རིགས་དཔེ་སྐྲུན་ཁང་ནས་པར་དུ་བཏབ།

༡༩༩༦ལོའི་ལོ་མཇུག་ཏུ་ལས་གནས་ནས་ཕན་ཡོལ་ཞུས། ༡༩༩༧ལོར་ཀྲུང་དྭ

མི་དམངས་སྤྱི་མཐུན་རྒྱལ་ཁབ་རིག་གནས་ཕྱའུ་དང་། རྒྱལ་ཁབ་མི་རིགས་དོན་གཅོད་ཨུ་ཡོན་ལྷན་ཁང་། ཀྲུང་གོའི་རྩོམ་རིག་སྒྱུ་རྩལ་ལྷན་ཚོགས། ཀྲུང་གོའི་སྤྱི་ཚོགས་ཚན་རིག་གླིང་བཅས་ཀྱིས་ཁོང་ལ་དཔའ་བོའི་ལོ་རྒྱུས་སྙན་རྩོམ་གེ་སར་སྒྲུང་སྨྲར་སྐྱོབ་དང་ཞིབ་འཇུག་ལ་བྱས་རྗེས་ཁྱད་འཕགས་བཞག་པའི་སྔོན་ཐོན་མི་སྣ་ཞེས་པའི་མཚན་སྙན་གནང་། དེའི་ཕྱི་ལོ་ནས་སློབ་གྲྭའི་སྐར་གདན་ཞུས་བཞིན་ཕེབས་ནས་༢༠༡༠ལོའི་བར་སྤྱི་ཕྱིར་ལོ་༡༨ཙམ་ལ་བོད་ཡིག་སྡེ་ཁག་གི་ཞིབ་འཇུག་སློབ་མ་རྣམས་ལ་བརྗོད་སྒྲོད་ཀྱི་དཀའ་གནད་ལས་བརྩམས་པའི་སློབ་ཁྲིད་ལོ་བསྟར་ཆགས་སུ་གནང་། གཞན་ཡང་ཀན་སུའུ་མི་རིགས་དགེ་ཐོན་སློབ་གླིང་དུ་ཟླ་གཉིས་རིང་བརྗོད་སྒྲོད་སློབ་ཁྲིད་གནང་བ་དང་། མཚོ་སྔོན་ཞིང་ཆེན་མཚོ་ལྷོ་ཁུལ་དགེ་ཐོན་སློབ་གྲྭར་ཟླ་ཕྱེད་རིང་རྟགས་འཇུག་སློབ་ཁྲིད་གནང་། མཚོ་སྔོན་ནང་བསྟན་སློབ་གླིང་དུ་ཟླ་གཅིག་རིང་སྡེབ་སྦྱོར་དང་བརྗོད་སྒྲོད་སྐོར་སློབ་ཁྲིད་གནང་། དཔའ་རིས་རྫོང་བོད་རིགས་སློབ་འབྲིང་དང་བསང་ཆུ་རྫོང་བོད་རིགས་སློབ་འབྲིང་སོགས་ཀྱིས་མཆོད་སློབ་གྲྭ་ཆུང་འབྲིང་མང་པོར་དུས་ཐུང་དཔེ་ཁྲིད་གནང་བ་སོགས་ཕྱོགས་ཕྱོགས་སུ་ཕེབས་ནས་རིག་གཞུང་འཆད་ཁྲིད་ཐེངས་མང་གནང་།

ཡང་༡༩༩༧ལོའི་ཟླ་༨པར་བོད་ཀྱི་ཡིག་གཟུགས་འབྲི་ཚུལ་གྱི་རྣམ་གཞག«བོད་ཡིག་འབྲི་ཚུལ་མཐོང་བ་ཀུན་སྨོན»ཞེས་པ་བརྩམས་ནས་མི་རིགས་དཔེ་སྐྲུན་ཁང་ནས་པར་དུ་བཏབ་ཅིང་། དེ་ལ་ཞིང་ཆེན་རིམ་པའི་བྱ་དགའ་ཨང་གཉིས་པ་ཐོབ། ༡༩༩༩ལོའི་ཟླ་༡༢པར«དག་ཡིག་གབ་པ་མངོན་ཕྱུང»ཞེས་པ་བརྩམས་ནས་མཚོ་སྔོན་མི་རིགས་དཔེ་སྐྲུན་ཁང་ནས་པར་དུ་བཏབ།(འདི་ལ་ཀྲུང་གོའི་བོད་རིག་པ་དཔེ་སྐྲུན་ཁང་གི་༢༠༡༧ལོའི་པར་གཞི་ཞིག་ཀྱང་ཡོད།) ༢༠༠༨ལོར་མཚོ་སྔོན་ཞིང་ཆེན་ཏང་ཚ་རྫོང་སྲིད་གཞུང་གིས"བདེ་འཇགས་ཏང་ཚ་གསར་འཛུགས་དང་མཐུན་འགྲིག་སྤྱི་ཚོགས་གསར་བསྐྲུན་བྱེད་པ"ཞེས་པའི་ཡིག་སྐྱོན་དང་དོན་སྐྱོན་ཅན་གྱི་ཡིག་ཆ་ཞིག་བཀྲམ་པ་ལ་ཁོང་གིས"དོན་དག་ཚབས་ཆེན་བྱུང་བའི

རྩ་བ་ཅི་རེད་ལེགས་པར་སོམས་"ཞེས་པའི་རྩོམ་ཞིག་བྲིས་ནས་བསྐུར་བས། དེ་གའི་སྲིད་གཞུང་གིས་ཁོང་གི་དགོངས་འཆར་དང་ལེན་གྱིས་བོད་ཡིག་བོད་སྐད་ཀྱི་བེད་སྤྱོད་དང་སློབ་གསོའི་སྐོར་ལ་ནུས་པ་བླ་ལྷག་ཐོན། ༢༠༠༨ལོའི་ཟླ་༦པར་«བརྡ་སྤྲོད་སྦྱོར་བ་རྣམ་བཞི་རབ་གསལ»ཞེས་པ་བརྩམས་ནས་མི་རིགས་དཔེ་སྐྲུན་ཁང་ནས་པར་དུ་བཏབ།(དེབ་འདི་ལ་༢༠༡༠ལོའི་ཀྲུང་གོའི་བོད་རིག་པའི་རྗེ་མོ་གླང་མའི་རིག་གཞུང་ཞིབ་འཇུག་གི་བྱ་དགའ་ཨང་གཉིས་པ་ཐོབ་པ་དང་། འདིར་ཡང་ཀྲུང་གོའི་བོད་རིག་པ་དཔེ་སྐྲུན་ཁང་གི་༢༠༡༧ལོའི་པར་གཞི་ཞིག་ཡོད།) ༢༠༡༠ལོའི་ཟླ་༩པར་«མངོན་བརྗོད་ཁུངས་བཙུན་རྒྱ་མཚོ»ཞེས་པ་རྩོམ་སྒྲིག་གནང་ནས་ཀྲུང་གོའི་བོད་རིག་པ་དཔེ་སྐྲུན་ཁང་ནས་པར་དུ་བཏབ།(དེབ་འདི་ལ་པར་གཞི་མི་འདྲ་བ་གཉིས་ཡོད་པ་དང་པར་ཐེངས་ལྔ་ལ་སླེབས་ཡོད།) ༢༠༡༩ལོའི་ཟླ་༥པར་«བོད་ཡིག་ཚིག་སྦྱེབ་བསླབ་པའི་ཐབས་མཆོག»ཅེས་པ་ཀྲུང་གོའི་བོད་རིག་པ་དཔེ་སྐྲུན་ཁང་ནས་པར་དུ་བཏབ།

༢༠༡༨ལོའི་ཟླ་༦པར་བོད་སྐད་ཀྱི་ཐ་སྙད་༣༡༠༠༠ལྷག་གི་མིང་དོན་གསལ་བར་བཀྲལ་ཅིང་མིང་རེ་རེ་བཞིན་རིགས་ཀྱི་དབྱེ་བ་ཕྱེས་ཐོག་བོད་རྒྱ་ཤན་སྦྱར་དུ་བཀོད་པའི་མིང་མཛོད་ཆེན་མོ་«བོད་ཡིག་ཀུན་ཁྱབ་ཚིག་མཛོད»ཅེས་པ་རྩོམ་སྒྲིག་ལེགས་པར་གྲུབ་ནས་གན་སུའུ་མི་རིགས་དཔེ་སྐྲུན་ཁང་ནས་པར་དུ་བཏབ། མིང་མཛོད་འདི་ནི་ཁོང་ཉིད་ལས་གནས་ལས་རྒན་ཡོལ་གནང་རྗེས་ཀྱི་ལོ་༡༥པ་སྔ་དགུང་ལོ་བརྒྱད་ཅུ་པ་ནས་སྒྲིག་མགོ་བརྩམས་ཤིང་། དེ་ལ་ཀ་མད་ཀྱི་གོ་རིམ་ལྟར་ཐོག་མར་ཀ་སྡེའི་ཁོངས་ཀྱི་ཐ་སྙད་ནས་བཟུང་སྟེ་ཉིན་རེ་བཞིན་ཐ་སྙད་ཀྱི་བྱང་བུ་བཟོས། བྱང་བུ་རེ་ལ་ཐ་སྙད་རེ་རེ་བཞིན་འགྲེལ་པ་བསྡུས་ཤིང་གསལ་བར་བཀྲབ། མིང་གི་རིགས་ཕྱེས། རྒྱ་ཡིག་གི་འགྱུར་བཀོད། དེ་ལྟར་ཉིན་རེ་བཞིན་ཆག་མེད་དུ་ཐ་སྙད་ཀྱི་བྱང་བུ་ཉི་ཤུ་ལྷག་ཙམ་རེ་ལོ་སྔེ་ཟླ་མཐུད་ཀྱིས་བསགས་ཤིང་དཀའ་སྤྱད་སྙིང་རུས་བརྟན་པོས་བརྩོན་པའི་རྒྱུན་བསྐྱངས་ཏེ་ལོ་ངོ་ཏྲིལ་པོ་ལྔ་ཙམ་གྱི་རིང་ལ་མ་ཕྱི་ལེགས་པར་གྲུབ། གྲུབ་ནས་ཀྱང་ཞུས་དག་གི་རིམ་པ་ཐེངས་གསུམ་ཙམ་

བརྒྱད་པ་སོགས་ཐོག་མཐའ་བར་གསུམ་དུ་ལོ་ངོ་བརྒྱད་ཙམ་ཕྱིན་ཡོད་ལ་དགུང་ལོ་བརྒྱད་ཅུ་གྱ་བརྒྱད་པར་དངོས་སུ་པར་དུ་བསྐྲུན།

ད་ལྟ་ཁོང་དགུང་ལོ་གོ་གསུམ་ལ་སླེབས་ཡོད་ཀྱང་ཐུགས་རིག་ཤིན་ཏུ་གསལ་ཞིང་སྐུ་བདེ་ཁམས་བཟང་ངོས་ཉེ་རིང་མེད་པར་རང་ཁྱིམ་དུ་སློབ་མ་རྣམས་ལ་དཔེ་ཁྲིད་བྱམས་པ་གང་ཐུབ་དང་དཔྱད་རྩོམ་ཞུས་དག་སོགས་ཀྱི་དགོས་འདོད་ཆར་དུ་འཛོ་བཞིན་བཞུགས་པ་དང་། དུས་རྒྱུན་དཔེ་གཟིགས་ཁོ་ནར་བརྩོན་ཅིང་ཕྱི་ནང་གི་གཡེང་བ་ཆེ་ཕྲ་མཐའ་དག་སྤངས་ཏེ་སྔར་བཞིན་རྩོམ་པ་དང་ལོ་རྩོམ་འི་ལས་ལ་འཇུག་བཞིན་པའི་སྐབས་ལགས་སོ། །

ཞེས་དགེ་རྒན་ཆེན་མོ་དཔའ་རིས་སངས་རྒྱས་མཆོག་གི་མཛད་རྣམ་གཙོ་བོ་ཁག་ཅིག་ལོ་ཚིགས་ལྟར་གྲུང་བསྒྲིགས་ནས་ཤིན་ཏུ་མདོར་བསྡུས་སུ་བྱས་པ་འདི་ནི། ཁོང་གི་གསུང་རྩོམ་ཕྱོགས་སྒྲིག་པར་འདེབས་ཀྱི་བཀའ་མངགས་དང་དུ་བླངས་པའི་རྩོམ་སྒྲིག་པ་དང་ཁོང་གི་ཞལ་གསུང་བདུད་རྩིའི་ཐིགས་པ་དངོས་སུ་མྱངས་པའི་སྐལ་ལྡན་སློབ་བུའི་གྲལ་མཐའ་འཛིན་པ་ནག་ཊུ་ཤེར་དོན་པས་དེ་སྔ་ཁོང་གི་རྣམ་ཐར་སྒྲིག་རྩོམ་གྱི་ཞལ་བཀོད་སྤྱི་བོར་ཐོག་པ་བཞིན་སྐུ་བཅར་བཀའ་འདྲིའི་ཟིན་བྲིས་རགས་ཙམ་ཞིག་བཏབ་ཡོད་པ་གཞིར་བྱས་ནས་སྤྱི་ལོ༢༠༢༣ ཟླ་བ༨པའི་ཚེས༢༢ཉིན་སྦྱར་བ་དགེའོ། །

དཀར་ཆག

སུམ་ཅུ་བའི་སྐོར།

རྟགས་འཇུག་གི་སྐོར།

ལོ་ཙཱའི་སྐོར།

སུམ་རྟགས་བའི་སྐོར།

ལེའུ་དང་པོ། རྣམ་དབྱེ་བཤད་པ།

རྣམ་དབྱེ་བརྒྱད་པོ་གོ་རིམ་བཞིན། །
དང་པོ་ངོ་བོ་ཙམ་བརྗོད་པ། །
གཉིས་པ་ལས་སུ་བྱ་བ་དང་། །
གསུམ་པ་བྱེད་པ་བཞི་དགོས་ཆེད། །
ལྔ་བ་འབྱུང་ཁུངས་དྲུག་འབྲེལ་བ། །
བདུན་པ་རྟེན་གནས་བརྒྱད་འབོད་པའོ། །

དང་པོ། ངོ་བོ་ཙམ་བརྗོད་པ་ནི་མིང་ཡིན། མིང་གི་རྣམ་དབྱེ་ནི། དངོས་པོའི་མིང་དང་། ཁྱད་ཆོས་ཀྱི་མིང་དང་། གྲངས་ཀའི་མིང་དང་། བྱ་བའི་མིང་དང་བཞིའོ། །

མིང་གི་ཁུངས་གཅིག་ཀྱང་། དོན་གྱི་ངོ་བོ་མི་འདྲ་བར། མིང་གི་རྣམ་དབྱེ་སོ་སོས་བསྟན་པ་ཡིན། དཔེར་ན། བསྟེན་པ་དང་བརྟེན་པ་གཉིས་རྣམ་པ་འདྲ་ཡང་དོན་མི་འདྲ་སྟེ། རང་ལ་བསྟེན་ན་ས་བསྟེན་ཡིན། །གཞན་ལ་བརྟེན་ན་ར་བརྟེན་ཡིན། ཞེས་རྣམ་པར་དབྱེ་བའི་རྒྱུ་ནི་ར་མགོ་དང་ས་མགོ་ཡིན་པ། ལྟ་བུ། ཚིག་གི་སྐྲུབ་བྱེད་གཙོ་བོ་མིང་ཡིན་པས། རྣམ་དབྱེ་བརྒྱད་ཀྱི་དང་པོར་བཞག་པ་ཡིན།

རྣམ་དབྱེ་གཉིས་པ་ནས་བདུན་པའི་བར་རྣམས་ཚིག་གི་སྦྱོར་བ་ཡིན། ཚིག་འདི་རིགས་ཀྱི་རྣམ་དབྱེ་ནི། ཚིག་གི་གྲུབ་ཆ་གཙོ་བོ་བདག་གཞན་རྣམ་པར་དབྱེ་བའི་རྒྱུན་ཏེ། ལའི་དོན་ཅན་གྱི་སྒྲ་དང་། འབྲེལ་སྒྲ་དང་། བྱེད་སྒྲ་བཅས་ཡིན། སོ་

སོར་དཔེར་བརྗོད་རེ་བཀོད་ན། ལས་སུ་བྱ་བ་དཔེར་ན། ཐབ་ལ་མེ་བཏང་། ཟེར་བའི་ཐབ་ནི་བྱ་བའི་ཡུལ(གཞན)དང་། མེ་བཏང་བ་ནི་བྱེད་པོའི་རྩོལ་བ(བདག)སྟེ། བདག་གཞན་རྣམ་པར་དབྱེ་བའི་རྐྱེན་ནི་ལ་སྒྲའོ། །དགོས་ཆེད་དཔེར་ན། མགྲོན་པོར་མེ་བཏང་། ཟེར་བའི་མགྲོན་པོ་ནི་དགོས་ཡུལ(གཞན)དང་། མེ་བཏང་བ་ནི་དགོས་པ་སྒྲུབ་པ(བདག)སྟེ། བདག་གཞན་རྣམ་པར་དབྱེ་བའི་རྐྱེན་ནི་ལའི་དོན་གྱི་ར་སྒྲའོ། །

རྟེན་གནས་དཔེར་ན། ང་ད་མཚམས་པེ་ཅིན་ན་ཡོད། ཟེར་བ་ལས། ང་ནི་དངོས་པོ་བདག་དང་། པེ་ཅིན་དངོས་པོ་གཞན་ཏེ། བདག་གཞན་སོ་སོར་ཕྱེ་བའི་རྐྱེན་ནི་ན་སྒྲའོ། །

བྱེད་པ་དཔེར་ན། བློ་བཟང་གིས་དཔེ་ཆ་ལྟ། ཟེར་བ་ལས། དཔེ་ཆ་ནི་བལྟ་བྱ་(གཞན)དང་། བློ་བཟང་ནི་ལྟ་བ་པོ(བདག) སྟེ། རྣམ་དབྱེའི་རྐྱེན་ནི་བྱེད་སྒྲ་གིས་སོ། །

འབྲེལ་བ་དཔེར་ན། དོན་གྲུབ་ཀྱི་བཙོན་པ། དོན་གྲུབ་ནི་བདག་དང་། བཙོན་པ་ནི་གཞན་སྟེ། བདག་གཞན་གྱི་རྣམ་དབྱེ་ནི་འབྲེལ་སྒྲ་ཀྱིའོ། །

འབྱུང་ཁུངས་དཔེར་ན། རི་རྩ་ནས་ཆུ་མིག་བྱུང་། ཟེར་བ་ལས་རི་རྩ་ནི་འབྱུང་ཁུངས(བདག)དང་། ཆུ་མིག་ནི་འབྱུང་བྱ(གཞན)སྟེ། རྣམ་དབྱེ་ནི་ནས་སྒྲའོ། །

བཀྱུད་པ་འབོད་པ་དཔེར་ན། ཀྱེ་སློབ་དཔོན་ལགས། ཁོ་རེ་ཁྱོད་ཀྱིས་ཅི་བྱ། ཟེར་བའི་ཚིག་གཉིས་ལས། ཚིག་ཉམས་རྣམ་པར་དབྱེ་བའི་ཀྱེ་ཞེས་པ་ཞེ་ས་དང་། ཁོ་རེ་ཞེས་པ་སྨད་པའོ། །

སྐབས་འདིར་རྣམ་དབྱེ་བརྒྱད་པོ་མཛུབ་མོས་རི་སྟོན་ཙམ་བྱེད་པ་ནི། འབྱུང་འགྱུར་དུ་དེ་རྣམས་དང་བཅས་པའི་དོན་གྱི་ཞིབ་ཆ་ལེགས་པར་རྟོག་པའི་སྒོ་མོ་འབྱེད་པ་ཡིན་ལགས།

དོན་ཚན་དང་པོ། ངོ་བོ་ཙམ་བརྗོད་པ།

གང་ཞིག་དོན་གྱི་ངོ་བོ་ཙམ། །
བརྗོད་པ་མིང་གི་མཚན་ཉིད་ཡིན། །
འདོད་རྒྱལ་རྗེས་གྲུབ་སོ་སོ་ལ། །
དངོས་མིང་བཏགས་མིང་རྣམ་པ་གཉིས། །
བྱུང་བ་མིང་གི་འབྱུང་སྟོལ་དང་། །
འདྲ་བའམ་འབྲེལ་བ་རྒྱུན་བྱས་ནས། །
སྒྲ་གཅིག་དུ་མར་མཆེད་པ་ནི། །
རྗོད་བྱེད་མིང་གི་འཕེལ་ཚུལ་ཡིན། །
སྒྲ་འགའ་བསྙེབས་པའི་མིང་ལ་ཡང་། །
རྒྱང་འདུས་ཚོགས་པའི་དབྱེ་བ་ཡོད། །
དངོས་པོ་ཁྱད་ཆོས་བྱ་བ་དང་། །
གྲངས་མཚོན་མིང་གི་རིགས་བཞི་ཡིན། །

དང་པོ། མིང་གི་མཚན་ཉིད།

མིང་གི་མཚན་ཉིད་ནི། ཡི་གེ་དུ་མ་འདུས་ནས་དོན་གང་ཡང་རུང་བ་ཞིག་གི་ངོ་བོ་ཙམ་སྟོན་པའི་བརྡ་ཡིན་ལ། དེའི་མཚན་གཞི་དཔེར་ན། མི་ཞེ་ན་སྨྲ་ཤེས་ཤིང་དོན་གོ་བ་ཅན་ཞིག་དང་། མེ་ཞེ་ན་ཚ་ཞིང་སྲེག་པ་ཅན་དང་། ལྕགས་རྟ་ཞེ་ན་ལྕགས་ཀྱིས་བཟོས་པ་རྟ་ལྟར་བཞོན་ནས་འགྲོ་ཐུབ་པ་ཅན་ཞིག་ཏུ་གོ་བ་

དང་། དེ་བཞིན། གནམ། ལུག །དཀར་པོ། མཛེས་པ། ཤར་བ། འདོན་པ། བརྒྱ། ཧུང་ཕྱུར་ལྷ་བུ་སོགས་ཀྱིས་དཔེར་ན་སོ་པོ་དང་། ཁྱད་ཆོས་དང་། བྱ་བ་དང་། གྲངས་ཀའི་ཆོས་གང་ཉིད་ཀྱི་ངོ་བོ་ཙམ་བསྟན་པ་ཡིན་པས། རྣམ་དབྱེར་བཞག་པར་ཡིན་མོད། ཁ་ཅིག་གིས་བོད་སྐད་ཀྱི་མིང་ལ། ལེགས་སྦྱར་གྱི་སྐད་ལྟར་རྣམ་དབྱེ་དང་པོའི་རྐྱེན་སི་ཨོཾ་ཛསླ་ལྷ་བུ་དག་ལོགས་སུ་སྦྱོར་རྒྱུ་མེད་པའི་ཕྱིར་དང་། སྐད་རིགས་གང་གི་མིང་རྣམས་ཀྱང་ཆོས་གང་ཉིད་ཀྱི་ངོ་བོ་ཙམ་གོ་བར་བྱེད་པ་ལས། ཆོས་གཞན་གྱི་ངོས་འཛིན་པར་མི་འགྱུར་བས། བོད་སྐད་ཀྱི་མིང་ངོ་ཙོག་རྣམ་དབྱེར་བརྩིས་ཆོག་ན། རྒྱ་སྐད་སོགས་ཀྱི་མིང་ངོ་ཙོག་ཀྱང་རྣམ་དབྱེར་བརྩི་ཆོག་པར་འདོད།

འོ་ན་བོད་སྐད་ཀྱི་མིང་ངོ་ཙོག་རྣམ་དབྱེ་དང་པོར་བཞག་པ་ཨེ་འགྲིག་ཅེ་ན། འགྲིག་ཡང་དག་སྟེ། ལེགས་སྦྱར་གྱི་སྐད་ལྟར་རྣམ་དབྱེ་དང་པོའི་རྐྱེན་ཕུན་སུམ་ཚོགས་པ་ཞིག་ཡོད། འདི་ནི་བོད་རང་སྐད་ཀྱི་ཁྱད་ཆོས་ཐུན་མོང་མ་ཡིན་པ་ཞིག་ཡིན། རྒྱ་སྐད་སོགས་ལ་འདི་འདྲའི་ཁྱད་ཆོས་མེད་དོ། །ཁྱད་ཆོས་འདིའི་གབ་པ་མངོན་པར་ཕྱུང་ན། རྣམ་དབྱེ་དང་པོ་ཞེས་བྱ་བའི་ཆོས་ཀྱི་དེ་ཉིད་བདེ་བླག་ཏུ་རྟོག་པར་འགྱུར་ཏེ། མིང་གི་སྒྲ་འདྲ་ཡང་། དོན་གཉིས་སམ་དུ་མར་འཇུག་པའི་ངོ་བོ་མི་འདྲ་བ་རྣམ་པར་དབྱེ་བའི་རྐྱེན་སྣ་ཚོགས་ཡོད་པས། རྣམ་དབྱེའི་གྲལ་དུ་བཞག་པ་ཚད་མས་གྲུབ་བོ། །དེ་ལུགས་ཀྱི་ཞིབ་ཆ་དངས་བཅུམས་པའི་རྣམ་དབྱེ་དང་པོའི་གབ་པ་མངོན་ཕྱུང་ཞེས་བྱ་བ་ལས་གསལ། འདིར་མཛུབ་མོས་རི་སྟོན་གྱི་དཔེ་འགའ་བསྟན་ན། འགྱུར་ནས་འདུག་པ་སྒྱུར་ནས་འཁོར་བ་མིན། ཟེར་བའི་ཚིག་འདི་ལས། སྒྱུར་བ་དང་། འཁོར་བ་དང་། འགྱུར་བ་ནི་མིང་གཞི་གཅིག་པ་ལས་རྗེན་ཅིང་འབྲེལ་བའི་བྱ་བ་རིགས་གསུམ་ཡིན། གང་ཞིག་གང་ལ་འཇུག་པའི་ཤེས་བྱེད་ནི་རྣམ་དབྱེ་ཡིན། ས་མགོ་ཅན་ནི་བྱེད་པའི་རྩོལ་བ་སྟེ། འབྲས་བུ་འབྱུང་བྱེད་ཀྱི་རྒྱུ་ཡིན་ཞིང་། ས་མགོ་བསུབས་པའི་ན་རོ་ཅན་ནི་ལས་ཀྱི་འགྱུར་བ་སྟེ། རྒྱུ་

ལས་བྱུང་བའི་འབྲས་བུ་ཡིན་ནོ། །ས་མགོ་དང་ན་རོ་མེད་པ་པོ་ནི་ངང་གིས་བྱུང་བ་སྟེ། གང་ཟག་གིས་བསྒྲུབས་པ་མ་ཡིན་ནོ། །དེ་དག་གི་སྒྲ་སྤྱི་འདྲ་ཡང་གལ་ཏེ་ས་མགོ་ཡོད་མེད་དང་། ན་རོ་ཡོད་མེད་ཀྱི་སྒྲ་ལྟི་ཡང་དང་། དབྱངས་མཐོ་དམན་གྱི་རྣམ་དབྱེ་མེད་ན། སོ་སོའི་ངོ་བོ་ཇི་ལྟར་ཤེས། རྒྱ་སྐད་ལ་འདི་འདྲའི་བྱ་བ་རིགས་གསུམ་ལ་ཧྲན(粘)ཞེས་པའི་མིང་གཅིག་གིས་ཆོག་པས། རྣམ་དབྱེ་དང་བོའི་རྐྱེན་སྦྱོར་རྒྱུ་མེད་དོ། །དཔེ་དེ་བཞིན། བཀབ་ནས་ཁེབས་པའི་འོག་ཏུ་གབ་ནས་འདུག་ཐེར་བའི་ཚིག་འདིའི་ནང་གི་བཀབ་པ(འདས་པ་གཞིར་བཟུང་བ)དང་། ཁེབས་པ་དང་། གབ་པ་དག་ནི་མིང་གཞི་སྡེ་བ་གཅིག་པ་ལས་རྟེན་ཅིང་འབྲེལ་བའི་བྱ་བ་རིགས་གསུམ་སྟེ། རྣམ་པར་ཕྱེ་བའི་རྐྱེན་ནི། སྒྲ་དྲག་ཞན་བར་མ་ཡིན་ལ། མིང་གཞི་ཕོ་ཡིག་ཀ་ཡིས་བྱེད་པའི་རྩོལ་བ་དང་། མ་ནིང་གི་ཡི་གེ་ཁ་ཡིས་ལས་ཀྱི་འགྱུར་བ་དང་། མོ་ཡིག་ག་ཡིས་ངང་གིས་བྱུང་བ་བསྟན་པའོ། །

བཀག་ཁེག་འགོག་དགག་བཞིའི་དོན་གྱི་ངོ་བོ་གཅིག་ཀྱང་། ལྷག་པ་མི་གཅིག་པའི་རྣམ་དབྱེ་ནི། སྔོན་འཇུག་ཕོ་ཡིས་འདས་པ་དང་། མོ་ཡིས་ད་ལྟ་བ་དང་། མ་ནིང་གིས་མ་འོངས་པ་བསྟན་པ་དང་། མིང་གཞི་འགྱུར་བའི་སྐུལ་ཚིག་ལ་འཕུལ་མི་འཐོབ་བོ། །གསེར་རྐོན་གྱིས་གསེར་རྐོ་བ་དང་། ལུད་པ་ལུ་བ་ཐེར་བ་ལས། གསེར་རྐོན་ནི་གསེར་རྐོ་བ་པོ་དང་། གསེར་རྐོ་བ་ནི་བྱ་བ་ཡིན་ཞིང་། ལུད་པ་ནི་ལས་དང་། ལུ་བ་ནི་བྱ་བ་ཡིན་པ་རྣམ་པར་ཕྱེ་བའི་རྐྱེན་ནི། རྗེས་འཇུག་ན་དང་ད་ཡི་ཐུན་མོང་མ་ཡིན་པའི་འཇུག་པ་ཡིན་ནོ། །ཚོགས་འཚོགས་པ་དང་། གྲོས་བགྲོས་པའི་ཚིག་གཉིས་སོ་སོའི་སྤྱི་མ་དངོས་པོའི་མིང་དང་། ཕྱི་མ་བྱ་བའི་མིང་ཡིན་པའི་རྣམ་དབྱེ་ནི། སྔོན་འཇུག་ཡོད་མེད་ཉིད་ཡིན་ཏེ། བྱ་བའི་མིང་འདས་པའི་སྔོན་འཇུག་དོར་ན། དེ་དང་འབྲེལ་བའི་དངོས་པོའི་མིང་དུ་གྱུར་པ་ཡིན།

ཤར་ནས་ཤར་བ་དང་། སྒྲོག་གིས་སྒྲོག་པའི་ཚིག་གཉིས་སོ་སོའི་སྤྱི་མ་དངོས་པོའི་མིང་དང་། ཕྱི་མ་བྱ་བའི་མིང་ཡིན་པའི་རྣམ་དབྱེ་ནི། མིང་མཐའ་ཐོབ་མིན་

ལ་རག་ལས་ཏེ། བྱ་བའི་མིང་གི་མིང་མཐའ་པའམ་བ་དོར་ན། དེ་དང་འབྲེལ་བའི་དངོས་པོའི་མིང་དུ་གྱུར་པ་ཡིན། དེ་ལྟར་དོན་གྱི་ངོ་བོ་བརྗོད་པའི་མིང་ངོ་ཚོག་རྣམ་དབྱེར་བརྩིས་པ་ནི། གཙོ་ཆེར་རྟེན་ཅིང་འབྲེལ་བའི་མིང་རྣམས་སྒྲ་འདྲ་ཡང་ངོ་བོ་མི་གཅིག་པ་རྣམ་པར་དབྱེ་བའི་རྒྱན་ཕུན་སུམ་ཚོགས་པ་ཞིག་ཡོད་པའི་ཕྱིར་དང་། ཚིག་གི་སྒྲུབ་བྱེད་མིང་ཡིན་པས། རྣམ་དབྱེ་བརྒྱད་ཀྱི་དང་པོར་བཞག་པ་ཡིན་ནོ། །

གཉིས་པ། མིང་གི་བྱུང་ཚུལ།

མིང་གི་བྱུང་ཚུལ་ལ་འདོད་རྒྱལ་དང་རྗེས་གྲུབ་རྣམ་པ་གཉིས་ཡོད་ལ། སོ་སོར་ཡང་དངོས་མིང་དང་བཏགས་མིང་གཉིས་སུ་དབྱེའོ། །འདོད་རྒྱལ་གྱི་དངོས་མིང་ནི། དངོས་པོ་གང་ཞིག་གང་ཟག་གིས་ཐོག་མར་ངོས་འཛིན་ཚེ། རྒྱུ་མཚན་མེད་པར་བརྡ་ཞིག་སྦྱར་བ་དེའི་མིང་དུ་ཆགས་པ་འདོད་པ་ལྟར་རྒྱལ་བར་གྱུར་པས་དེ་སྐད་གྲགས་སོ། །དེའི་མཚན་གཞི་དཔེར་ན། ཉི་མ། སྤྲིན། རི་བོ། མཚོ། ཁང་བ། གསེར། སྡོང་པོ། བྱ། ཁྱི། ལྟ་བུ་སོགས་སྒྲ་བཤད་མེད་པ་ཉིད་ཀྱིས། མིང་གི་ཐོག་མའི་བྱུང་ཚུལ་ཡིན་པར་མངོན་ཞིང་། འདི་ནི་ཕྱིས་ཀྱི་རྗེས་གྲུབ་ཀྱི་མིང་གི་སྒྲུབ་བྱེད་ཡིན།

རྗེས་གྲུབ་ཀྱི་དངོས་མིང་ནི། འདོད་རྒྱལ་གྱི་མིང་གང་འཚམ་ཞིག་གཞིར་བཟུང་ནས། དེ་ལ་འབྲེལ་ཡོད་ཀྱི་མིང་ངམ་སྒྲ་ཞིག་སྦྱར་ནས། ཆོས་གཞན་ཞིག་སྟོན་པའི་བརྡར་གྱུར་པ་སྟེ། དཔེར་ན། དཔེ་ཆ་འཇོག་སའི་ཁང་བ་ལ་དཔེ་ཁང་དང་། ནགས་སྐྱེས་པའི་རི་བོ་ལ་ནགས་རི་དང་། གསེར་གྱིས་བཟོས་པའི་གཞོང་བ་ལ་གསེར་གཞོང་ཞེས་གྲགས། དེ་བཞིན། ཟླ་ཐང་། དགེ་རྒན། གློས་གར། སྐེ་རྒྱན། རི་དྭགས། འདབ་ཆགས། དུག་སྦྲུལ། ལྟ་བུ་ལ་སོགས་པའོ། །

འདོད་རྒྱལ་གྱི་བཏགས་མིང་ནི། འདོད་རྒྱལ་གྱི་དངོས་མིང་གང་ཆོས་གཞན་ཞིག་གི་མིང་དུ་བཏགས་ནས། དེའི་མིང་དུ་གྱུར་པ་ཞིག་སྟེ། དཔེར་བརྗོད་ན། བུ་མོ་ཞིག་ལ་རྒྱུ་མཚན་མེད་པར་རང་འདོད་ཀྱིས་པད་མ་ཞེས་བཏགས་པ། དེའི་མིང་དུ་གྲགས་པར་གྱུར་པས། འདོད་རྒྱལ་བ་ཡིན་ཞིང་། བུ་མོ་པད་མ་ཞེས་པའི་འཇུག་ཡུལ་དངོས་མིན་པས། བཏགས་མིང་ཡིན་ནོ། །དེ་བཞིན་ཁྱི་ཞིག་ལ་སེང་གེ་དང་། སྐྱི་བོ་ངན་པ་ཞིག་ལ་བདུད་ཅེས་དང་། ལེ་ལོ་མ་ཞིག་ལ་རྡུལ་མ་ཞེས་བཏགས་པ་ལྟ་བུ་སོགས་སོ། །

རྗེས་གྲུབ་ཀྱི་བཏགས་མིང་ནི། རྗེས་གྲུབ་ཀྱི་དངོས་མིང་གང་གི་རྐྱེན་ཞིག་ལ་བལྟོས་ནས་ཆོས་གཞན་ཞིག་གི་མིང་དུ་བཏགས་པ་སྟེ། བུད་ཤིང་ལ་སྦར་བྱེད་ཀྱི་ཆ་ནས་མེ་ཤིང་ཟེར་བ་ལྟ་བུ། རྒྱ་ལ་འབྲས་བུའི་མིང་གིས་བཏགས་པ་དང་། ཆུ་ལ་འཚོ་བ་སྐྱེལ་བའི་བྱ་ལ་ཆུ་བྱ་ཟེར་བ་ལྟ་བུ། རྟེན་བརྟེན་པ་རྒྱུ་མཚན་དུ་བྱས་ནས་བཏགས་པ་དང་། དེང་གི་ཆར་མི་ལ་ལས་སྒོར་མོ་ལ་ཀུན་དགའ་དོན་གྲུབ་ཅེས་འབོད་པ་ཡང་། གནས་སྐབས་སུ་སྤྱི་ཚོགས་ན་དོན་ངོ་མི་ལྟ་རྒྱུ་ངོ་ལྟ་བའི་སྤྲོལ་ངན་པ་ཞིག་རླུང་ལྟར་གཡོ་བའི་འབྲེལ་བ་རྒྱུ་མཚན་དུ་བྱས་ནས་བཏགས་པ་དང་། གནམ་གྲུ་ལ་ལྕགས་བྱ་ཟེར་བ་འདྲ་བའི་ཆ་ནས་བཏགས་པ་དང་། ཉི་མ་ལ་སྣང་བའི་མཛོད་ཟེར་བ་མངོན་པར་བརྗོད་པའི་སྒོ་ནས་བཏགས་པ་སོགས། དངོས་མིང་མིན་ལ་བཏགས་མིང་ཡིན་ཞིང་། སྒྲ་བཤད་དུ་ཡོད་པས། འདོད་རྒྱལ་བ་མིན་ལ་རྗེས་གྲུབ་པ་ཡིན་ནོ། །

གསུམ་པ། མིང་གི་འཕེལ་ཚུལ།

མིང་གི་འཕེལ་ཚུལ་ལ། གོང་གསལ་འདོད་རྒྱལ་གྱི་མིང་ལ་བརྟེན་ནས་རྗེས་གྲུབ་ཀྱི་མིང་དང་། དངོས་མིང་ལ་བརྟེན་ནས་བཏགས་མིང་བྱུང་བ་ཕུད། ད་དུང་

གཙོ་ཆེ་བ་གཤམ་གསལ་ཚན་པ་གསུམ་ཡོད།

གཅིག མིང་གཞི་དང་མིང་མཐའ་སྦྱར་བའི་མིང་གི་འཕེལ་སྲོལ།

སྤྱིར་མིང་གཞི་ནི་འཕྲུལ་རྟེན་རྣམས་ཀྱི་འཇུག་ཡུལ་ཡིན་མོད། སྐབས་འདིར་དོན་གྱི་ངོ་བོ་ཞིག་སྟོན་པའི་སྒྲ་གཉིས་ཡན་ལས་མིང་གི་གཞི་མར་གྱུར་པའི་སྒྲ་ལ་ཟེར་བ་ཡིན། དེ་ཡང་།

༡ མིང་གང་རུང་ཞིག་གཞིར་བཟུང་ནས། མིང་མཐའ་མི་གཅིག་པ་ཞིག་སྦྱར་ནས་མིང་དུ་མ་རེ་བྱུང་བ། དཔེར་ན། རི། ཞེས་པ་ལ་མིང་མཐའ་གང་འོས་སྦྱར་ནས། ས་འཛིན་ལ་རི་བོ། རི་ལ་འདུག་པའི་མི་ལ་རི་པ། ཆུ་མི་འགྲོང་བའི་ས་ཞིང་ལ་རི་མ། རི་དྭགས་རྣ་རིང་མཇུག་ཐུང་ཁ་ཤོ་ཅན་ལ་རི་བོང་། རིན་དུ་བྲིན་པ་ལ་རི་བ། བྲིས་པའི་གཟུགས་རིས་ལ་རི་མོ་ཟེར་བ་སོགས་སོ། །འདི་རྣམས་ལས་གཞིར་བཟུང་བའི་རི་ཞེས་པ་ཕལ་ཆེར་ས་འཛིན་གྱི་དོན་ཡིན་ཡང་། མཐའ་གཅིག་ཏུ་མ་ངེས་ཏེ། རི་མོའི་རི་ནི་སྤེལ་སྦྱོར་གྱི་དབང་གིས་རིས་ཀྱི་ས་མཐའ་དོར་བ་དང་། རི་བའི་རི་ནི་གོང་ཁུག་པའི་དོན་ཡིན། འདི་རིགས་མིང་གི་འཕེལ་སྲོལ་གཞན་ལས་ཀྱང་ཡོད་པ་རིག་པར་བྱའོ། །

༢ མིང་མཐར་ཀུ་ཏུ་འུ་བུ་གང་རིགས་སྦྱར་ནས་མིང་ཅན་གང་གི་ཆུང་བའི་རིགས་ཀྱི་མིང་དག་བྱུང་བ། ལུག་དང་ལུ་གུ། སྨྱུག་མ་དང་སྨྱུ་གུ། ཐག་པ་དང་ཐ་གུ། མཆིག་དང་མཆི་གུ། སྦུག་དང་སྦུ་གུ། མི་དང་མིའུ། རྟ་དང་རྟེའུ། དྲིལ་དང་དྲིའུ། ར་དང་རེའུ། ཤ་བ་དང་ཤེའུ། སླ་དང་སླེའུ། སྲེལ་དང་སྲེའུ། ཉ་དང་ཉེའུ། བྱ་དང་བྱེའུ། ཟེ་བ་དང་ཟེའུ། ཛ་མ་དང་ཛེའུ། སྤྱིལ་པོ་དང་སྤྱིལ་བུ། ཁྲིལ་མ་དང་ཁྲིལ་བུ། གཞོང་པ་དང་གཞོང་བུ། ཟིང་དང་ཟིང་བུ། ནོར་དང་ནོར་བུ་ལྟ་བུ་སོགས་དང་། ཆེ་བ་མེད་ལ་ཆུང་ངུ་ཙམ་གྱི་མིང་དུ། ཅོ་གུ། སྣང་ངུ། སེའུ། སྲིན་བུ་ལྟ་བུ་སོགས་སོ། །

གཉིས། མིང་གཞི་ཞིག་གཞིར་བཟུང་ནས་འབྲེལ་ཡོད་ཀྱི་མིང་རྣམས་སྦྱར་

བའི་མིང་གི་འཕེལ་སྲོལ།

༡ འབྲེལ་གཞི་སྔ་མ་དང་འབྲེལ་ཆོས་ཕྱི་མར་སྦྱར་ནས་མིང་དུ་མ་རེ་བྱུང་བ། དཔེར་ན། ལག་པ་འབྲེལ་གཞིར་བཟུང་ནས། འབྲེལ་ཆོས་རྣམས་སྦྱར་བ་ལས། ལག་མགོ། ལག་མཐིལ། ལག་ཡོལ། ལག་མཛུབ། ལག་ངར། ལག་རིས། ལག་རྟུམ། ལག་ཤུབས། ལག་སྐྱིབས། ལག་ཕྱི། ལག་དམར། ལག་འགྲོ། ལག་ཆ། ལག་རྗེས། ལག་ཡོད། ལག་བརྡ། ལག་ལེན་ལ་སོགས་པ་ལྟ་བུའོ། །

༢ རང་ལྡོག་ལས་གཞི་ལྡོག་ཁུལ་དུ་ཕྱུང་ནས་མིང་དུ་མ་རེ་བྱུང་བ། དཔེར་ན། བུམ་པ་དང་རྫ་བུམ་ལས། སྔ་མ་རང་ལྡོག་དང་ཕྱི་མ་གཞི་ལྡོག་ཡིན། རང་ལྡོག་ལས་གཞི་ལྡོག་ལོགས་སུ་བཀར་ནས་དངུལ་བུམ། གསེར་བུམ། ཤིང་བུམ། རག་བུམ། གཏེར་བུམ་སོགས་ཡོད་པ་ལྟ་བུའོ། །

གསུམ། འདྲ་བའམ་འབྲེལ་བ་རྒྱུ་མཚན་དུ་བྱས་པའི་མིང་གི་འཕེལ་སྲོལ།

འདྲ་བའམ་འབྲེལ་བ་རྒྱུ་མཚན་དུ་བྱས་ནས། མིང་གཅིག་པའམ་མིང་གཞི་གཅིག་པའམ། མིང་གཞི་སྡེ་བ་གཅིག་པ་ཞིག་གཞིར་བཟུང་ནས། དེའི་སྒྲ་གདངས་ཅུང་ཟད་ཅུང་ཟད་རེ་བསྒྱུར་ནས་མིང་དུ་མ་རེ་བྱུང་བ་ལ།

༡ འདྲ་བ་རྒྱུ་མཚན་དུ་བྱས་ནས། མཚོན་བྱེད་དཔེའི་མིང་ཞིག་ལ་བརྟེན་ནས། མཚོན་བྱ་དོན་གྱི་མིང་གང་འཚམས་རེ་སྦྱར་ནས་མིང་དུ་མ་རེ་བྱུང་བ། ཁལ་རྟ་ལྟར་གོ་ཆོད་པའི་ཤིང་གིས་བཟོས་པའི་འདྲུད་བྱེད་ལ་ཤིང་རྟ་དང་། ཡུལ་སྐད་དུ་མིས་འདྲུད་པའི་ཤིང་རྟ་ཆུང་ཆུང་ལ་ཤིང་རྟེའུ་དང་། འཕྲིན་སྐྱེལ་བ་རྟ་ལྟར་མགྱོགས་དགོས་པས་བང་ཆེན་ལ་བྱ་མ་རྟ་དང་། ལྕགས་ལས་བཟོས་པའི་སྒྲོས་འཁོར་ནི་རྟ་ལྟར་བཞོན་ནས་རྒྱུག་ཐུབ་པས་ལྕགས་རྟ་དང་། མི་མདའ་འཕང་བར་མྱུར་དུ་འབབ་པའི་མེ་རྫས་ལ་མེ་རྟ་དང་། ཞོ་བསྐྱལ་བ་མྱུར་དུ་ཆགས་པར་འཇུག་པའི་ཞོ་རྩི(ཙུ་མ)ལ་དཔལ་རིས་སྐད་དུ་ཙ་རྟ། སྤུ་སྐད་བདེ་བ་རྟའི་གོམ་འགྲོས་ལྟར་ལྡེམ་ལྡེམ་བྱེད་པའི་འགྱུར་ཁུག་ཆགས་པའི་རྒྱུན་ལ་ངག་རྟ་དང་། སྨན་ནད་ཐོག་

འཕྲུལ་དུ་འདྲེན་པའི་རྫས་སྦྱོར་ལ་སྨན་རྩ་ཟེར་བ་ལྟ་བུ་སོགས་སོ། །

༢ འདྲ་བ་རྒྱུ་མཚན་དུ་བྱས་ནས། མིང་གཞི་ཞིག་གི་སྒྲ་ཙུང་ཟད་བསྒྱུར་ནས་མིང་དུ་མ་རེ་བྱུང་བ། ཁ་དོག་འདྲ་བ་རྒྱུ་མཚན་དུ་བྱས་པ། དཔེར་ན། ཁ་དོག་དཀར་པོའི་ལྤོག་ཟླ་ནག་པོ་ལ་བལྟོས་ནས། ནོར་ཏ་ལམ་ནག་ནག་ཡིན་པས་གནག་དང་། འབྲི་བྱེད་ཚོན་རྩི་ཕལ་ཆེར་ནག་པོ་ཡིན་པས་སྣག་ཚ། སྣག་ཚའི་བུམ་པ་ལ་སྣག་ཀོང་། ཤིང་ལྗོན་པའི་ཚལ་ལ་རྒྱང་ནས་བལྟས་ན་ནག་རོག་གེར་སྣང་བས་ནགས། ཤ་དང་ཆོལ་གྱི་ཟླས་ཕྱེད་པའི་ཤ་ནི་ནག་སང་ངེར་བྱས་པས་ཤ་སྣག །ཟས་གཡོ་སྐོལ་བྱེད་པའི་ཁང་བ་ནི་དུད་པས་ནག་ཟིབ་བེ་བྱས་པས་ནག་ཚང་། ཟླ་བའི་མར་ངོ་དཀར་ཆ་ཉམས་པས་ནག་ཕྱོགས་ཟེར་བ་ལྟ་བུ་སོགས་མིང་གཞི་གཅིག་པའོ། །

དབྱིབས་འདྲ་བ་རྒྱུ་མཚན་དུ་བྱས་པ། དཔེར་ན། ཀོར་ཀོར་ལ་བལྟས་ནས། རྡོ་ལོག་ལོག་ལ་གོར་མ། དངུལ་གྱི་དོང་ཙེ་ལ་སྒོར་མོ། ཤིང་རྟའི་ཕང་ལོ་ལ་འཁོར་ལོ། མཆིག་ལ་ལག་སྐོར། ཁྲི་རྒྱག་བྱེད་ལ་མགོ་སྐོར། གཡུལ་རྟུང་བྱེད་ལ་འཁོར་མ། མཐའ་འཁོར་ལ་ཁོར་ཡུག །བསྐོར་ནས་གཞོག་པ་ལ་སྒོར་བ་ལྟ་བུ་སོགས་མིང་གཞི་སྡེ་བ་གཅིག་པའོ། །

འདྲ་བ་རྒྱུ་མཚན་དུ་བྱས་པ་འདི་རིགས་ལས་འབྲེལ་བ་རྒྱུ་མཚ་དུ་བྱས་པ་འདྲེས་པ་ཡང་ཡོད་དེ། འཁོར་ལོ་དང་འབྲེལ་བའི་བྱ་བ་ལ་འཁོར་བ་དང་། འཁོར་བར་བྱེད་པའི་བྱ་བ་ལ་སྐོར་བ་ལྟ་བུ། འབྱུང་འགྱུར་གྱི་འབྲེལ་བ་རྒྱུ་མཚན་དུ་བྱེད་པ་ལས། འདྲ་བ་རྒྱུ་མཚན་དུ་བྱེད་པ་ཡང་ཡོད་པ་ཤེས་པར་བྱའོ། །

༣ འབྲེལ་བ་རྒྱུ་མཚན་དུ་བྱས་ནས། མིང་གཞི་གང་ཟུང་ཞིག་གི་སྒྲ་ཙུང་ཟད་རེ་བསྒྱུར་ནས་མིང་དུ་མ་རེ་བྱུང་བ། འབྲེལ་ཉེ་བར་བལྟོས་ནས། གདུང་རྒྱུད་ཀྱི་འབྲེལ་བ་ཡོད་པའི་མི་ལ་ཤ་ཉེའམ་ཉེ་དུ། བཟའ་ཚང་སྒྲིག་པ་ལ་གཉེན་སྒྲིག་པ། གཉེན་གྱི་བར་བ་ལ་གཉེ་བོ། ཉེ་བར་བྱེད་པ་ལ་བསྙེན་པ། གུས་པའི་སྒོ་ནས་སྙེ་

ལེན་བྱེད་པ་ལ་བསྙེན་བཀུར། རིགས་རྒྱུད་དང་ཁྲོ་ཤུག་གི་འབྲེལ་བ་ཡོད་པའི་མི་ལ་གཉེན་བཤེས། འཇམ་པ་ལ་མཉེན་པ། མཉེན་པར་བྱེད་པ་ལ་མཉེ་བ། དགའ་བ་ལ་མཉེས་པ་ལྟ་བུ་སོགས་མིང་གཞི་གཅིག་པའོ། །

འཛིན་པར་བསྒྲོས་ན། ལག་ཏུ་ཐོགས་པ་ལ་བཟུང་བ། བཟུང་བྱུང་བ་ལ་ཟིན་པ། དོན་ཐོར་བུ་ཐིགས་པ་གསོག་གསོག་བྱས་ནས་བྲིས་པ་ལ་ཟིན་ཐིག །ལྕགས་ཀྱུ་ལ་ཟུང་ང་སྟེ། ཤ་ཟུང་། ཁབ་བཟུང་། བཞོ་གཟུང་། ཚང་ཟུང་། ལུས་ཀྱི་འཚོ་བྱེད་ལ་ཟུངས་ཏེ། དྭངས་མ་ཤ་ཁྲག་རུས་པ་ཚིལ། ཁམས་དང་རྐང་མར་ཟུངས་བདུན་ཟེར། རྒྱུད་ལ་བརྗེད་མེད་དུ་གཏན་འཛུགས་པ་ལ་གཟུངས། གོས་བཟོ་བར་ཐིག་གཤར་རྒྱག་པ་ལ་གཟུངས་འདེབས་པ། ལྕགས་ཐག་ལ་གཉའ་ཟུངས་རྒྱུད་མོ། ས་གཞི་ལ་ནོར་འཛིན་ནམ་འཛིན་མ། སྤྲིན་ལ་ཆུ་འཛིན། མིག་ལ་གཟུགས་འཛིན། རྣ་བ་ལ་ཐོས་འཛིན། སྣ་ལ་དྲི་འཛིན། ལྕེ་ལ་རོ་འཛིན། ཡུལ་གཟུང་བར་བྱ་བ་དང་། ཡུལ་ཅན་འཛིན་པར་བྱེད་པ་ལ་གཟུང་འཛིན་ལྟ་བུ་སོགས་མིང་གཞི་སྡེ་བ་གཉིས་ཅན་ནོ། །

མི་མངོན་པར་བསྒྲོས་ན། གཡོགས་པ་ལ་བཀབ་པ། བཀབ་བྱུང་བ་ལ་ཁེབས་པ། འགེབས་བྱེད་ལ་ཁེབས། ཁེད་ལ་གབ་ཚིག །མངོན་པར་མི་མཐོང་བའི་ས་ཁུང་ངམ་བྲག་ཁུང་ལ་གབ་ཁུང་། སྐྱིད་ཁུང་ལ་སྐབ་ཁུང་། རྒྱལ་པོའི་ཕོ་བྲང་སྟེ་ཕྱི་མཁར་གྱིས་བསྒྲིབས་པས་རྒྱལ་པོའི་ཁབ་ཟེར་བ་ལྟ་བུ་སོགས་མིང་གཞི་སྡེ་བ་གཅིག་པའོ། །

སེམས་ཅན་དང་རྩི་ཤིང་སོགས་ལས་རིགས་གང་རུང་ཞིག་ཡིན་ཡང་། ནང་གི་ཉེར་ལེན་དང་ཕྱིའི་མཐུན་རྐྱེན་རྟེན་ཅིང་འབྲེལ་བའི་སྒོ་ནས་རྒྱུད་པ་འཕེལ་བ་ཇི་བཞིན། གོང་གསལ་མིང་གི་འཕེལ་སྟོལ་རྣམ་གསུམ་དང་། སྒོས་སུ་འདྲ་བའམ་འབྲེལ་བ་རྒྱུ་མཚན་དུ་བྱས་པའི་མིང་གི་འཕེལ་སྟོལ་འདི། མིང་གི་རིགས་རྒྱུད་ཀྱི་འཕེལ་སྟོལ་ཡིན་ལ། མིང་གང་གང་འདྲ་ཆགས་པའམ་འབྲེལ་ཆགས་པ་རྣམས་

རིགས་གཅིག་པའི་ཁོངས་གཏོགས་ཡིན་ཏེ། མིང་གཅིག་པ་དང་། མིང་གཞི་གཅིག་པ་དང་། མིང་གཞི་སྡེ་བ་གཅིག་པ་གང་རུང་ནི་མིང་སྐྱེད་བྱེད་ཀྱི་ཉེར་ལེན་ཡིན་ཞིང་། ཉེར་ལེན་དེའི་འབྲེལ་ཡུལ་ནི། ཕྱིའི་མཐུན་རྐྱེན་ཏེ། དེ་དག་ཕན་ཚུན་རྟེན་ཅིང་འབྲེལ་བའི་སྒོ་ནས། མིང་གི་རིགས་རྒྱུད་འཕེལ་བ་ཡིན་ནོ། །

མིང་གི་རིགས་རྒྱུད་འཕེལ་སྲོལ་འདི། གནའ་མི་བོད་ཀྱི་ཀུན་ཏུ་བརྟགས་པའི་རིག་པ་ལས་བྱུང་བ་ཡིན་ཏེ། ལང་ཀར་གཤེགས་པའི་མདོ་ལས། མིང་དུ་གདགས་པར་མ་མཛད་ན། འཇིག་རྟེན་ཐམས་ཅད་རྨོངས་པར་འགྱུར། །ཞེས་གསུངས་པ་ལྟར། གནའ་མི་བོད་ཀྱིས་ཤེས་བྱའི་ཆོས་ཤིག་འཇིག་རྟེན་པ་རྣམས་ལ་གོ་བརྡ་སྤྲོད་སླ་བའི་ཆེད་དུ། དོན་གང་གི་ངོ་བོ་ཙམ་སྟོན་པའི་མིང་འདོགས་ཚེ། མིང་དུ་གདགས་པའི་དངོས་པོ་དེ་དངོས་པོ་གང་དག་དང་རྟེན་ཅིང་འབྲེལ་བར་གྲུབ་པ་དང་། དེའི་ནང་གི་ཉེར་ལེན་དང་ཕྱི་ཡི་མཐུན་རྐྱེན་ཇི་ལྟར་འབྲེལ་བ་དང་། དེའི་བྱེད་ལས་དང་ཁྱད་ཆོས་ཇི་འདྲ་ཡིན་པ་ཀུན་ལ་བརྟགས་ནས། ངོ་བོ་ཇི་ལྟ་བ་བཞིན་དུ་བཏགས་པས་ན། རྗེས་གྲུབ་ཀྱི་མིང་ཐམས་ཅད་ལ་སྒྲ་བཤད་ཡོད་པར་མ་ཟད། འདོད་རྒྱལ་གྱི་མིང་ལ་ལར་ཡང་ཚིག་སྦྲད་དམ་སྡེབ་སྦྱོར་གྱི་སྒོ་ནས་སྒྲ་བཤད་དུ་རུང་ངོ་། །དེའི་ཕྱིར་གནའ་མི་བོད་ཀྱི་མིང་གི་རིགས་རྒྱུད་སྤེལ་སྲོལ་འདི། ང་ཚོས་བསླབ་པར་བྱ་བའི་རིག་པ་གལ་ཆེན་ཞིག་ཡིན་ཏེ། མིང་བཀྲལ་ན་གོ་བ་དེ་ལྟར་བླངས་ནས་གནད་དུ་ཁེལ་བ་ཞིག་དགོས། ལྟར་སྣང་དང་འོལ་ཚོད་ཀྱིས་མི་ཆོག །མིང་བཏགས་ན། རྒྱུ་རྐྱེན་རྟེན་འབྲེལ་ཀུན་ལ་བརྟགས་ནས་མཚན་ཉིད་དང་མཐུན་པ་ཞིག་དགོས། ཆལ་ཆོལ་དང་ཉག་ཉོག་ཙམ་གྱིས་མི་ཆོག །མི་ཚིག་དོན་ནི། མིང་མ་གོ་ན། བརྡ་མི་འཕྲོད། མིང་མ་དག་ན། དོན་མི་འགྱུར། ཚིག་གི་སླུབ་བྱེད་མིང་ཡིན། མིང་གི་དབང་འགྱུར་ན། འཆད་རྩོད་རྩོམ་གསུམ་ལ་ཐོགས་པ་མེད་འགྲོ། སྒྲ་གསེར་ཚང་གིས། ཇི་ལྟར་མིག་དབང་ཡོད་ཀྱང་དམུས་ལོང་གིས། །སྣང་བྱེད་ཉི་མའི་དཀྱིལ་འཁོར་མི་མཐོང་བཞིན། །བརྡ་དག་གཞུང་ལ་མ་སྦྱངས་རིག་པ་

གཞན། །བསླབས་ཀྱང་གནད་དོན་འཁྲུལ་མེད་རྟོགས་མི་འགྱུར། །ཞེས་བཟ་དག་བློ་གསལ་འཇུག་ངོགས་ཞེས་བྱ་བའི་མཇུག་ཏུ་གསུངས་པ་འདིས། དག་ཡིག་རིག་པ་མཁས་པར་སྦྱང་བའི་དགོས་པ་གསལ་བར་བསྟན་སྣང་ངོ་། །

བཞི་པ། མིང་གི་རིགས་ཀྱི་དབྱེ་བ།

མིང་གི་རིགས་ཀྱི་དབྱེ་བ། དབང་པོ་དྲུག་གི་སྤྱོད་ཡུལ་གཟུགས་སྒྲ་དྲི་རོ་རེག་བྱ་འདུ་ཤེས་སོགས་མཚོན་བྱེད་ཀྱི་ཐ་སྙད་ཇི་སྙེད་པ་ལ་མིང་ཞེས་བྱ་ལ། མིང་གི་རིགས་ལ། དངོས་པོའི་མིང་དང་། ཁྱད་ཆོས་ཀྱི་མིང་དང་། བྱ་བའི་མིང་དང་། གྲངས་ཀའི་མིང་བཅས་རྣམ་པ་བཞི་ཡོད་དོ། །

དངོས་པོའི་མིང་ནི། སེམས་ཅན་དང་། ཐེམ་པོ་དང་། བྱས་པ་དང་། འདུ་ཤེས་ལ་སོགས་པ་སྐྱི་དང་བྱེ་བྲག་གི་ངོ་བོ་ཙམ་མཚོན་བྱེད་ཀྱི་ཐ་སྙད་ཡོད་དོ་ཚོག་སྟེ། དཔེར་ན། མི། བོད། གཞོན་ནུ། སེང་གེ། ཕུག་རོན། ཤ། ལྟ་བུ་སོགས་སེམས་ཅན་གྱི་མིང་དང་། སྡོང་པོ། སྟག་པ། ལོ་མ། གསེར། ཆུ། རླུང་། ལྟ་བུ་སོགས་ཐེམ་པོའི་མིང་དང་། རིལ་བུ། ལྷམ་པ། གྲུ་གསུམ་མ། ཟུར་བརྒྱད་པ། ལྟ་བུ་སོགས་དབྱིབས་ཀྱི་མིང་དང་། མཚོན་ཆེན། སྨོ། ཟམ་པ། སྨམ། རས། གློག་ཕྲ། ལྟ་བུ་སོགས་བྱས་པའི་མིང་དང་། སྐད་ཆ། བསམ་བློ། སྤྱོད་སྟངས། རྣམ་འགྱུར། ཞེ་སྡང་། ལྟ་བུ་སོགས་འདུ་ཤེས་ཀྱི་མིང་ངོ་། །

ཚིག་ཕྲེང་སྤེལ་བ་ལས། དངོས་པོའི་མིང་ལ་ལ་བྱ་བའི་མིང་དུ་སྒྱུར་ཆོག་པའང་ཡོད། དཔེར་བརྗོད་ན། ཡུལ་དང་ཕུ་འགྲོག་མདའ་ཞིང་གསུམ། །བདག་རྒྱུ་ཡིན་ནམ་བསྐྱུར་རྒྱུ་ཡིན། །ཞེས་དང་། རྒྱ་གར་དྲི་མེད་འོད་དཀར་དེ། །ལན་ཊྲི་ངན་པས་མ་དགྲ་གོང་། །ཕུམ་ཆུང་རྒྱན་ལ་ཕུལ་ན་བསམ། །དགོས་པའི་དུས་སུ་མ་མཆོད་ན། །ཤིང་གེ་སར་མིན་པའི་རྟགས་ལ་ཞོག །བྲེལ་བའི་དུས་སུ་མ་མགོན་

ན། །ལྷ་མཐུ་ཆེན་མིན་པའི་རྟགས་ལ་ལྟོག །(གྲུ་གུ་གོ་ཛོང་ལས)ཅེས་པའི་ནང་གི་རྟགས་ཀྱིས་མཚན་པ་ལྷ་བུ་རྣམས་སོ། །

ཁྱད་ཆོས་ཀྱི་མིང་ནི། རིག་བྱ་དང་། རྣམ་པ་དང་། རང་བཞིན་དང་། ཚུགས་ཀ་དང་། ངང་ཚུལ་དང་། ཚད་དང་། དྲི་རོ་སོགས་མཚོན་བྱེད་ཀྱི་ཐ་སྙད་ཇི་སྙེད་པ་སྟེ། འཇམ་པ། འཁྲུགས་པ། ཡང་བ། ལྷ་བུ་སོགས་རིག་བྱའི་མིང་དང་། ཡག་པ། དཀར་བ། ཉག་ཉོག །ལྷ་བུ་རྣམས་རྣམ་པའི་མིང་དང་། བཟང་བ། སྨུན་པ། བྱམས་པ། ལྷ་བུ་རྣམས་རང་བཞིན་གྱི་མིང་དང་། དྲང་བ། གུག་པ། འཛོག་འཛོག །ལྷ་བུ་རྣམས་ཚུགས་ཀའི་མིང་དང་། མགྱོགས་པ། ཇོ་བ། རྟུལ་པོ། ལྷ་བུ་རྣམས་ངང་ཚུལ་གྱི་མིང་དང་། ཆེ་བ། རིང་བ། མང་བ། ལྷ་བུ་རྣམས་ཚད་ཀྱི་མིང་དང་། ཞིམ་པ། དམེ་བ། མངར་བ། སྐྱུར་བ། ལྷ་བུ་སོགས་དྲི་དང་རོའི་མིང་ངོ་། །

ཁྱད་ཆོས་ཀྱི་མིང་གི་མིང་མཐའ་པ་བ་མ་རྣམས་ལ་ན་རོ་དང་། བའི་དོན་དུ་མོ་སྦྱར་ན་དངོས་པོའི་མིང་དུ་གྱུར་པ་མང་སྟེ། དཔེར་བརྗོད་ན། ཤ་ཚ་བ་དང་ཤ་ཚོན་པོ་ཞེས་པའི་གོ་བ་ལེན་ཚུལ་མི་གཅིག་སྟེ། ཕ་མ་ཚིག་ཏུ་སྦྱར་ནས། ཤ་ཁྱད་གཞི་དང་། ཚ་བ་ཁྱད་ཆོས་ཀྱི་ངོ་བོ་གཉིས་སུ་བསྟན་པ་ཡིན་པས། ཤ་ཚ་བའམ་ཚ་བ་ཟ་ཞེས་བཤད་ཚུལ་མེད་ཅིང་། ཕྱི་མ་མིང་དུ་སྦྱར་ནས་ཤ་དང་ཚོན་པོ་ཆོས་ཅན་དེའི་ངོ་བོ་གཅིག་ཏུ་བསྟན་པ་ཡིན་པས། ཤ་ཚོན་པོའམ་ཚོན་པོ་ཟ་ཞེས་ཟེར་རུང་བས་གསལ། དེ་བཞིན་དུ་ཞིམ་པ་ཞེ་ན་རོའི་ཁྱད་ཆོས་མཚོན་པ་དང་། ཞིམ་པོ་ཞེ་ན་རོའི་ཆོས་ཅན་མཚོན་པ་ཡིན་ཏེ། ག་ར་ལ་ཞིམ་པོ་ཟེར་ཡང་། ཞིམ་པ་མི་ཟེར། ཞིམ་པོ་ཟོ་ཞེས་བཤད་སྲོལ་ཡོད་ཀྱང་། ཞིམ་པ་ཟོ་ཞེས་བཤད་སྲོལ་མེད་པ་དང་། ནོར་ལུག་མང་བས་ཕྱུག་པོར་གྱུར། ཞེས་པའི་མང་བ་ནི་ཁྱད་ཆོས་ཀྱི་མིང་ཡིན་ལ། མང་པོས་བཀུགས་ན་གདུང་མ་ཡང་། ཞེས་པའི་མང་པོ་ནི་དངོས་པོའི་མིང་ཡིན་ཏེ། དེ་གཉིས་པན་ཚུན་བརྗེ་མི་རུང་བས་གསལ། དེ་བཞིན། བཟང་བ

དང་བཟང་པོ། རྡོ་བ་དང་རྡོན་པོ། དམའ་བ་དང་དམའ་མོ། ཕྲ་བ་དང་ཕྲ་མོ། ལྟ་བུ་སོགས་ལས་སྔ་མ་རྣམས་ཁྱད་ཆོས་ཀྱི་མིང་ཙམ་དང་། ཕྱི་མ་རྣམས་དངོས་པོའི་མིང་གི་ཆ་དང་ལྡན་པའོ། །

ཚིག་གི་སྦྱོར་ཀྱི་དབང་གིས་ཁྱད་ཆོས་ཀྱི་མིང་བྱ་བའི་མིང་དུ་འཇུག་པའང་མང་། དཔེར་ན། གསེར་བཟང་མ་ཡི་སྙིང་དབང་བཏོན་ཟིན་པ་ད་ལྟའི་བར་དུ་བླུན་ནས་མ་གོ་ཡི(བྱ་མགྲིན་སྔོན་ཟླ་བའི་རྟོགས་བརྗོད་ལས) ཞེས་དང་། རྟིག་ནས་མ་འདུག་སློབ་སྦྱོང་བྱེད(དག་ཡིག་གསར་བསྒྲིགས་ལས)། ཅེས་དང་། ཁྱོད་རྣམས་སེམས་མ་སྡུག་དང་། མི་རྣམས་ཡོན་འོང་ཞེས་སེམས་གསོ་བཏང(ཞབས་དཀར་བའི་རྣམ་ཐར་ལས)། ཞེས་པའི་ཚིག་དག་ལས་རྟགས་ཀྱིས་མཚོན་པ་ལྟ་བུ་རྣམས་དང་། མཐའ་ན། ཁྱད་ཆོས་མཚོན་བྱེད་ཀྱི་མིང་འདུས་མའི་ཆ་ཤས་སྔར་སོ་སོར་ཕྱེ་ནས། ཆ་ཤས་སྔ་མ་དངོས་པོའི་མིང་དང་། ཆ་ཤས་ཕྱི་མ་བྱ་བའི་མིང་དུ་འཇུག་པའང་མང་སྟེ། བག་ཡོད་པ་ནི་འདོད་མ་ཆགས་པ་དང་། ཞེ་མི་སྡང་བ་དང་། གཏི་མི་མུག་པ་གསུམ་གྱིས་རྒྱུ་བྱས་ཤིང་མི་དགེ་བ་སྤོང་བའོ(ཆོས་ཀྱི་རྣམ་གྲངས་ལས)ཞེས་པས་གསལ།

བྱ་བའི་མིང་ནི། སེམས་ཅན་གྱི་རྩོལ་བ་དང་། བེམ་པོའི་འགྱུར་བ་སོགས་མཚོན་བྱེད་ཀྱི་ཐ་སྙད་ཇི་སྙེད་པ་སྟེ། སློབ་པ། བལྟས་པ། བསྒྲུབ་པ། རྒྱུག་པ། ལྡིང་བ། འཕུར་བ། བབས་པ། འཕྱུར་བ། འབྱམས་པ། འབར་བ། ཤར་བ། འགྱུར་བ། ལྟ་བུ་སོགས་སོ། །

བྱ་བའི་མིང་དངོས་པོའི་མིང་དུ་འཇུག་པ་ཡང་མང་། དཔེར་ན། བསླབ་པ་ཀུན་གྱི་གཞི་འཛིན་ཅིང་། །རིག་བྱེད་སྨྲ་བ་རྣམས་ཀྱི་རྒྱུ། །མིང་ཚིག་བརྗོད་པ་ཀུན་གྱི་གཞི། །ཡི་གེའི་སྦྱོར་བ་བཤད་པར་བྱ། །ཞེས་པ་ལས། འཛིན་དང་བཤད་གཉིས་མ་གཏོགས་བསླབ་པ། སྨྲ་བ། བརྗོད་པ། སྦྱོར་བ་བཞི་པོ་དངོས་པོའི་མིང་དུ་གྱུར་ཡོད་པ་ལྟ་བུའོ། །

བྱ་བའི་མིང་ལ་དུས་ཀྱི་རྣམ་བཞག་ཡོད་པས། དངོས་པོའི་མིང་དུ་གདགས་

པར་གང་ལ་གང་འཚམ་དུ་གདགས་དགོས་ཏེ། བྱེད་པའི་སྒྲ་ནས་བཏགས་པ་ལ་ད་ལྟ་བ་ཐོབ་པ། སངས་རྒྱས་ལ་སྟོན་པའམ་རྣམ་འདྲེན། བསྐྱེད་སྲིང་མི་ལ་གསོ་བ་བོའམ་སྐྱོང་མཁན། སྒྲ་ཁའི་སོ་བ་ལ་སྒྲ་སྲུང་བ་བོའམ་ཚིག་བར་བསྡུས་ན་སྒྲ་སྲུང་། ཆོས་ཁྲིམས་ལ་སྡོམ་པ། སོག་ལེ་ལྟ་བུ་ལ་གཅོད་བྱེད་དམ་འདྲ་སྤྱད། ལྟ་བུ་སོགས་སོ། །

ལས་ཀྱི་སྒྲ་ནས་བཏགས་པ་ལ་མ་འོངས་པ་ཐོབ་པ། བཞོན་བྱའི་རྟ་ལ་བཅིབ་པ། ཤེས་བྱའི་གནས་ལ་བསླབ་པའམ་བསླབ་པར་བྱ་བ། ཟ་རྒྱུ་འཐུང་རྒྱུ་ལ་བཟའ་བཏུང་། གཞན་ལ་ཕན་ཕྱིར་སྟེར་རྒྱུ་བོ་ལ་སྦྱིན་པ། སྤྱོས་ལ་བདུག་པ། སྣན་ལ་གདིང་བྱ། ལྟ་བུ་སོགས་སོ། །

འབྲས་བུའི་སྒྲ་ནས་བཏགས་པ་ལ་འདས་པ་ཐོབ་པ། སྔོན་གྱི་ལོ་རྒྱུས་སམ་རྣམ་ཐར་ལ་བྱུང་བ། རྩས་ཀྱིས་བཅོས་ནས་གྲུབ་པའི་བལ་ལ་བལ་བཅོས་མ། ཉོན་མོངས་པའི་དགྲ་བཅོམ་ཟིན་པའི་གང་ཟག་ལ་དགྲ་བཅོམ་པ། འཇིག་རྟེན་གྱི་བྱ་བ་གློས་བཏང་བའི་ཆོས་པ་ལ་བྱ་བཏང་བ། སངས་རྒྱས་ཀྱི་བཀའ་གསུང་ལ་བསྟན་པ། ལྟ་བུ་སོགས་དང་། ཡང་། བརྗོད་བདེ་བའི་ཆེད་དུ་ཆོས་བྱུང་ལ་ཆོས་འབྱུང་དང་། བཞོ་འཛིན་ལ་བཞོ་བཟུང་ཞེས་པ་འདྲ་ཡང་ཡོད།

ནུས་པའི་སྒྲ་ནས་བཏགས་པ་ལ་ལས་འགྱུར་ཐོབ་པ། འཆིང་བྱེད་ལ་ཆིངས(བཅིངས་ནས་ཆིངས)། འཁྱོག་བྱེད་ལ་ཁྱོགས(བཀྱགས་ནས་ཁྱོགས)། བར་མཚམས་གཅོད་བྱེད་ལ་ཆོད(བཅད་ནས་ཆོད)། སྨན་སོགས་འཐུམ་སྤྱད་ལ་ཐུམ(བཏུམས་ནས་ཐུམ)། སྣམ་བུ་སོགས་འཐག་བྱེད་ལ་ཐགས(བཏགས་ནས་ཐགས)། རྒྱང་ལ་ལྟ་སྤྱད་ལ་རྒྱང་མཐོང(བལྟས་ནས་མཐོང)། འཇོམ་པ་པོ་ལ་ཆོམ་པོ(བཅོམ་ནས་ཆོམ)། ཞེས་པ་ལྟ་བུ་སོགས་ལས་སྐུལ་ཚིག་དང་འདྲ་བ་མང་ཡང་སྐུལ་ཚིག་དངོས་མིན་ཏེ། ལས་འགྱུར་དང་སྐུལ་ཚིག་སྐོར་ཞིག་མིང་གཞི་འདྲ་བའི་ཕྱིར་དང་། མིང་འདི་རིགས་ལ་སྦྱོར་སྔོན་འཇུག་མི་དགོས་པའི་ཕྱིར་དང་(མིང་གཞན་དང་འབྲེལ་བ་མེད་ན་ཡང་འཇུག་ཀྱང་མི་

དགོས)། མིང་འདི་རིགས་ཀྱིས་འབྲེལ་ཡོད་དངོས་པོ་གཞན་གྱི་མིང་སྦྱོར་བའི་ནུས་པ་ཡོད་པའི་ཕྱིར(ཐོད་ཆིངས། མགུལ་ཆིངས། སྐུ་ཆིངས། རྣས་ཆིངས། ཆིངས་ཡིག་ལྟ་བུ)རོ། །

བྱ་བའི་མིང་དངོས་པོའི་མིང་དུ་གྱུར་བ་གཉིས་ཡིག་གཟུགས་འདྲ་ཡང་འདོན་ཚུལ་མི་གཅིག །འབྱུང་བ། འཛིན་པ། འབོད་པ། ལྟ་བ། སྒྲུབ་པ། བསླབ་པ། བསྟོད་པ། ལྟ་བུ་སོགས་བྱ་བར་འཇུག་ཚེ། མིང་མཐའ་པ་བ་དག་གི་སྒྲ་ཟེར་ཡང་བར་འདོན་པ་དང་། དངོས་པོར་འཇུག་ཚེ་མིང་མཐའི་སྒྲ་གདངས་ལྷི་ཞིང་གསལ་བར་འདོན་པར་བྱེད་དོ། །

གཞན་ཡང་། དཔེའི་སྒོ་ནས་བྱ་བའི་མིང་ད་ལྟ་བ་རིགས་འདྲ་གཉིས་བསྡེབས་ནས་ཁྱད་ཆོས་ཀྱི་མིང་དུ་སྦྱར་ཏུང་སྟེ། དཔེར་མཚོན་ན། ཁ་མདའ་ཐོག་རྒོད་འབབ་འབབ། རྔུལ་འཚུབ་སྨུག་པ་འཁྲིག་འཁྲིག །ཕར་རྒྱུག་ཐབ་རྒོད་འདྲིལ་འདྲིལ། ཚུར་རྒྱུག་སྒྱུང་མོ་འདུར་འདུར། མི་ཕར་བསད་ཤིང་ཆག་འགྲེམ་འགྲེམ། ཚུར་བསད་གྲམ་རྗེ་སྤུང་སྤུང་། ཁྲག་དམར་ཆུ་ལོག་བླུག་བླུག །ཉི་མ་དང་སྤྲིན་ཡང་ཁྲག་གིས་མདངས་འགྱུར་བ་ཙམ་བྱུང་བའི་དུས་དེར(གླུ་གུ་གོ་ཛོང་ལས)ཞེས་པ་ལས་འབབ་འབབ་ཅེས་གཉིས་རེར་སྦྱར་བ་ལྟར་རོ། །

བྱ་བའི་མིང་གི་དུས་ཀྱི་རྣམ་བཞག་དང་། བདག་གཞན་གྱི་དབྱེ་བ་སོགས་ཀྱི་ཞིབ་ཆ་རྟགས་འཇུག་གི་སྐབས་སུ་ཤེས་པར་བགྱི། འདིར་ཤེས་དགོས་པ་ནི། བྱ་བའི་མིང་ཚིག་སྦྱོར་དུ་འཇུག་ཚེ། མིང་མཐའ་སྦྱོར་མི་སྦྱོར་བབ་དང་བསྟུན་ནས་ཅི་རིགས་བྱས་ཆོག །དཔེར་བརྗོད་ན། �་ང་དོར་གནས་ལ་འཐོམས་པའི་མུན། །ཐོས་པའི་སྒྲོན་མེས་མ་བསལ་ན། །དམུས་ལོང་བྱེས་སུ་འཁྱམས་པ་ལྟར། །ཅི་བྱ་གཏོལ་མེད་ངང་དུ་འཛད། །དེ་ཕྱིར་ཐོག་མར་གཞུང་ཆེན་ལ། །སློབ་གཉེར་ཕུ་ཐག་ཆོད་པ་གཅེས། །(དབྱངས་ཅན་དགའ་བློའི་བསླབ་བྱ་ལས)ཞེས་པ་ལས། འཐོམས་པ། འཁྱམས་པ། ཆོད་པ་རྣམས་ལ་མིང་མཐའ་སྦྱར་ཡོད་པ་དང་། བསལ། འཛད། གཅེས་རྣམས་ལ་མིང་མཐའ་སྦྱར་མེད་པ་ལྟ་བུ་ཡིན་མོད། མིང་རྐྱང་དུ་འགོད་ཚེ། མིང་

མཐའ་ཅིས་ཀྱང་སྦྱར་དགོས། མ་སྦྱར་ན། མི་ཉུང་བ་ཞིག་དངོས་པོའི་མིང་དུ་འགྱུར་སྲིད། དཔེར་ན། ཤར་དང་ཤར་བ། སྐྱེས་དང་སྐྱེས་པ། གཏམ་དང་གཏམ་པ། འགྲེད་དང་འགྲེད་པ། སེམས་དང་སེམས་པ་སོགས་ཀྱི་སྔ་མ་རྣམས་དངོས་པོའི་མིང་དང་། ཕྱི་མ་རྣམས་བྱ་བའི་མིང་ཡིན་པ་གསལ།

གྲངས་ཀའི་མིང་ནི། གྲངས་ཀ་མང་ཉུང་ཇི་ཙམ་པ་དང་། རིམ་པ་དུ་བ་སོགས་མཚོན་བྱེད་ཀྱི་ཐ་སྙད་ཡོད་ཚད་དེ། གཅིག །བཅུ། བརྒྱ། སྟོང་། ཁྲི། འབུམ། ས་ཡ། བྱེ་བ། དུང་ཕྱུར། ལྟ་བུ་སོགས་མང་ཉུང་བརྩི་བའི་བགྲང་གྲངས་ཀྱི་མིང་དང་། གསུམ་པ། བཅུ་བ། བརྒྱ་བ། སྤྱི་ལོ་ཆིག་སྟོང་དགུ་བརྒྱ་གྱ་དྲུག་པ། ལྟ་བུ་སོགས་རིམ་པ་བརྩི་བའི་རིམ་གྲངས་ཀྱི་མིང་དང་། བཞི་བ་པོ། བཅུ་བ་པོ། བརྒྱ་ཐམ་པ་པོ། ལྟ་བུ་སོགས་གྲངས་གནས་གང་གི་ངོད་དུ་གནས་པའི་གནས་གྲངས་ཀྱི་མིང་དང་། དྲུག་པོ། བརྒྱ་པོ། ཀུན་པོ། གཉིས་ཀ །ལྔ་ག །ལྟ་བུ་སོགས་གྲངས་མང་ཉུང་ཇི་ཙམ་མཆིས་པའི་སྤྱི་གྲངས་ཀྱི་མིང་དང་། བཞི་ཆ་གཅིག །བཅུ་ཆ་གསུམ། བརྒྱ་ཆའི་དྲུག་ཅུ། སྟོང་ཆའི་ལྔ་བཅུ། ལྟ་བུ་སོགས་བུ་ཆ་མ་ཆའི་ཇི་ཙམ་ཟིན་པའི་ཆ་གྲངས་ཀྱི་མིང་དང་། ལྷབ་བཅོ་ལྔ། ཉིས་སྒོར། སུམ་སྒོར། བརྒྱ་འགྱུར། སྟོང་འགྱུར། ལྟ་བུ་སོགས་སྔར་གྱི་གྲངས་ཀ་ལས་ལྷབ་ག་ཚོད་འཕར་བའི་ལྷབ་གྲངས་ཀྱི་མིང་དང་། འགའ། ཁ་ཤས། དུ་མ། བཅུ་ཡས་མས། བརྒྱ་ལྷག །ཁྲི་མ་འབུམ། ལྟ་བུ་སོགས་ངེས་ཤེས་མེད་པར་ཚོད་དཔག་པའི་ཚོད་གྲངས་ཀྱི་མིང་ངོ་། །

གྲངས་ཀའི་འབྲི་ཚུལ་ཟུར་དུ་བཀོད་པ།

གྲངས་ཀའི་འབྲི་ཚུལ་འདི་ལྟ་སྟེ། །
གཅིག་གཉིས་གསུམ་བཞི་ལྔ་དྲུག་བདུན། །

བརྒྱད་དགུ་བཅུ་བརྒྱ་སྟོང་ཁྲི་འབུམ། །
ས་ཡ་བྱེ་བ་དུང་ཕྱུར་འདས། །
བཅུ་ནས་བཅུ་དགུའི་བར་དག་ཏུ། །
བཙོ་ལྔ་བཅོ་བརྒྱད་མ་གཏོགས་པ། །
བཅུ་ཡི་ཨུ་ནི་ཨོར་མི་འགྱུར། །
བཅུ་ཕྲག་གཉིས་ལ་ཉི་ཤུ་ཟེར། །
བཅུ་ཡི་གནས་སུ་བཅུ་འཇུག་པར། །
མཐའ་མེད་ཅན་ལ་བས་འཕུལ་སྦྱོར། །
མཐའ་རྟེན་ཅན་ལ་བས་འཕུལ་སྦྱོང་། །
སུམ་ཅུ་དྲུག་ཅུ་བདུན་ཅུ་དང་། །
བཞི་བཅུ་ལྔ་བཅུ་དགུ་བཅུ་བཞིན། །
དེ་ལ་བརྒྱའི་བར་སླ་བྲིས་སུ། །
ཉེར་གཅིག་སོ་གཉིས་ཞེ་གསུམ་དང་། །
ང་བཞི་རེ་ལྔ་དོན་དྲུག་དང་། །
གྱ་བདུན་གོ་བརྒྱད་ཅེས་པར་བྱ། །
བརྒྱ་ཡན་གནས་སུ་གཅིག་གཉིས་གསུམ། །
སྟོན་ན་བཞག་ན་གས་འཕུལ་བསྒྱུར། །
རྗེས་སུ་སྦྱར་ན་མི་འདོར་ཏེ། །
ཆིག་ཁྲི་ཉིས་སྟོང་སུམ་བརྒྱ་དང་། །
འབུམ་གཅིག་ཁྲི་གཉིས་སྟོང་གསུམ་བཞིན། །
དེ་ལས་གཅིག་ལ་ཆིག་ཅེས་གྲགས། །
བརྗེ་གཞིའི་སྟོན་གྱི་གས་འཕུལ་དོར། །
ཆིག་ཤད་ཉིས་ཐོག་སུམ་འབྲེལ་བཞིན། །

ཚོས་ཅན་རང་གྲངས་སྟུན་དུ་འཇུག །
བརྗོ་བྱའི་ཚོས་མིང་རྗེས་སུ་སྦྱོར། །
གསུམ་མདོ་གསུམ་སྒྲོག་ཅེས་པ་ནི། །
ཚོས་ཀྱི་ངོ་བོ་རེ་རེ་ཙམ། །
མདོ་གསུམ་སྒྲོག་གསུམ་བྱ་བ་ནི། །
ལོག་པ་ཐ་དད་ཇི་བཞིན་ནོ། །

ལྔ་པ། མིང་གི་སྦྱོར་རྩལ།

རྗེས་འཇུག་གི་མིང་མཐའ་འདྲེན་ཚུལ། མིང་རྐྱང་བའི་སྦྱོར་བ་ཡིན་ཞིང་། ཚིག་བར་སྡུད་ཚུལ་དང་ཚིག་སྣ་སྡུད་ཚུལ། མིང་འདུས་མའི་སྦྱོར་བ་ཡིན་ལ། དངོས་པོ་རིགས་མཐུན་པའམ་འབྲེལ་དམ་པ་དུ་མ་ལྷན་ན་འགོད་ཚུལ། མིང་གི་ཚོགས་པའི་སྦྱོར་བ་ཡིན་ཏེ། དེ་ལུགས་ལེགས་པར་རྟོགས་ན། ཚོགས་གསུམ་གྱི་འཇུག་པར་དག་ཆ་ཐོན་པའོ། །

ཀ མིང་རྐྱང་བ་ནི། ཚོས་གང་རུང་ཞིག་གི་ངོ་བོ་ཙམ་སྟོན་པའི་མིང་དེའི་ཆ་ཤས་གང་ཡང་བསྒྱུ་མི་རུང་བ་ཞིག་སྟེ། དཔེར་ན། གང་ཟག་གི་འཚོ་སྐྱོང་ལ་མ་བསྟེན་པའི་སྲོག་ཆགས་རྣ་གཟན་ལ་རི་དྭགས་ཞེས་གྲགས། མིང་འདིའི་ཆ་ཤས་སྔ་མ་བསྒྱུས་ན། དྭགས་ཙམ་གྱིས་དོན་ཅི་ཡང་མི་སྟོན་པ་དང་། ཆ་ཤས་ཕྱི་མ་བསྒྱུས་ན། རི་ཞེས་པས་དོན་གྱི་ངོ་བོ་གཞན་ཞིག་སྟེ། རྟུལ་བརྩེགས་སྟོན་པར་འགྱུར་བ་ལྟ་བུའོ། །

མིང་རྐྱང་བ་ལ་གྲུབ་ཚུལ་བཞི་ཡོད་དེ།

གཅིག །སྒྲ་གཅིག་ཕུས་དོན་གྱི་ངོ་བོ་ཙམ་སྟོན་པ། དཔེར་ན། གནམ། རྨ། ལུག །ཁབ། ལྟ་བུ་སོགས་སོ། །

གཉིས། སྒྲ་གཉིས་བསྡེབས་ནས་དོན་གྱི་ངོ་བོ་ཙམ་སྟོན་པ་ལ་རིགས་བཞི་

ཡོད་ལ།

༡ མིང་དུ་གྲུབ་པའི་སྒྲ་གཉིས་བསྡེབས་ནས་ཆོས་གཞན་ཞིག་སྟོན་པ། དཔེར་ན། ཞབས་ཀྱུ། ནོར་བུ། ཆུ་འཛིན། སྲོག་ཆགས། ལྟ་བུའོ། །

༢ སྒྲ་སྔ་མ་མིང་དུ་གྲུབ་པ་དང་། ཕྱི་མ་མིང་དུ་མ་གྲུབ་པ་གཉིས་བསྡེབས་ནས་དོན་གྱི་ངོ་བོ་ཙམ་སྟོན་པ། དཔེར་ན། མཁན་པོ། ཡི་དྭགས། སྐྱིལ་ཀྲུང་། ལྟ་བུའོ། །

༣ སྒྲ་སྔ་མ་མིང་དུ་མ་གྲུབ་པ་དང་། ཕྱི་མ་མིང་དུ་གྲུབ་པ་གཉིས་བསྡེབས་ནས་དོན་ཞིག་སྟོན་པ། དཔེར་ན། རྒྱུན་ཆང་། ཕྲུག་གུ། ཀེང་རུས། ལྟ་བུའོ། །

༤ མིང་དུ་མ་གྲུབ་པའི་སྒྲ་གཉིས་བསྡེབས་ནས་ཆོས་ཤིག་སྟོན་པ། དཔེར་ན། སེང་གེ། ཅོག་ཙེ། ཨེན་ཅི། པ་སི། ལྟ་བུ་སོགས་ལས་མི་ཕྱུང་བ་ཞིག་མི་རིགས་གཞན་གྱི་ཐ་སྙད་བོད་འགྱུར་དུ་ཆགས་པ་ཡིན། གོང་གི་རྣམ་པ་འདི་བཞི་ལ་མིང་གི་སྦྱོར་བ་མུ་བཞི་ཟེར།

གསུམ། སྒྲ་གསུམ་ཡན་ཆད་ཀྱིས་དོན་གྱི་ངོ་བོ་ཙམ་སྟོན་པ། འཕྲེང་མོ་ཕུག །ཕོ་ཉ་བ། འཛམ་བུ་གླིང་། ནོར་བུ་གླིང་ཀ །ཨོ་རྒྱན་པད་མ། སྤྲང་སྟེའི་རྒྱལ་མཚན། ཐོན་མི་སམ་བྷོ་ཊ། སྤང་སྐྱོང་ཕྱུག་བརྒྱ་པ། ཀ་བ་རིང་པོ་ཟུར་བརྒྱད་པ། ཀྲུང་ཧྭ་མི་དམངས་སྤྱི་མཐུན་རྒྱལ་ཁབ། ལྟ་བུ་སོགས་སོ། །

བཞི། མིང་མཐའ་གུ་ངུ་ཙུ་བུ་གང་རུང་ཞིག་སྦྱར་ནས་དངོས་པོ་གང་གི་ཆུང་ངུའི་རིགས་སྟོན་པ། ཤེའུ(ཤ་བ)། རྟེའུ(རྟ)། ཟེའུ(ཟེ་བ)། སྒྲེའུ(སྒྲོ་བ)། གཙག་བུ། ལན་བུ། སྦྲིལ་བུ(སྦྲུལ་པོ)། ཁྲོལ་བུ(ཁྲོལ་མ)། གཞོང་བུ(གཞོང་པ)། ཐ་གུ(ཐག་པ)། དབྱུ་གུ(དབྱུག་པ)། ལུ་གུ(ལུག)། གྲུ་གུ(གྲུ)། སྣང་ངུ། ཆུང་ངུ། ཐུང་ངུ། ལྟ་བུ་སོགས་སོ། །

ཁ མིང་འདུས་མ་ནི་ཚིག་བར་རྣམ་ཚིག་སྣ་བསྡུས་ནས་མིང་དུ་གྲུབ་པ་སྟེ། རྣམ་པ་བདུན་ཡོད་དེ།

གཅིག །ཁྱད་གཞི་དང་ཁྱད་ཆོས་བསྡུས་པ། པད་མ་ཡང་ཡིན་ལ་དཀར་པོ་

ཡང་ཡིན་ནོ། །ཞེས་པ་ལ། པད་མ་དཀར་པོ་ཟེར་བ་དང་། ཨ་ག་རུ་ཡིན་ལ་ནག་པོའང་ཡིན། ཞེས་པ་ལ། ཨར་ནག་ཟེར་བ། དེ་བཞིན་དུ། མི་ཆེན། རི་རབ། ལོ་ཡགས། ནགས་སྟུག་པོ། སྣང་བ་ཆེ། ལྟ་བུ་སོགས་སོ། །

གཉིས། བགྲང་བྱ་དང་གྲངས་བསྡུས་པ། འབྱུང་བ་ས་དང་ཆུ་དང་མེ་དང་རླུང་བཞི་ལ། བྱུང་བ་བཞི། ཞེས་དང་། བསོད་ནམས་ཀྱི་ཚོགས་དང་ཡེ་ཤེས་ཀྱི་ཚོགས་ལ། ཚོགས་གཉིས། ཞེས་པ། དེ་བཞིན། དུག་གསུམ། འགྱུར་བཞི། འཁོར་བ་རིགས་དྲུག །བཀྲ་ཤིས་རྟགས་བརྒྱད། ལྟ་བུ་སོགས་སོ། །

གསུམ། འབྲུ་མང་པོ་བསྡུས་པ། ཤེས་རབ་རྒྱ་མཚོ་ལ་ཤེར་རྒྱམ། བྱ་རུ་དཀར་པོ་ལ་བྱུར་དཀར། ཕྱག་ན་རྡོ་རྗེ་ལ་ཕྱག་རྡོར། དབུལ་ཞིང་འཕོངས་པ་ལ་དབུལ་འཕོངས། དུད་ནས་འགྲོ་བ་ལ་དུད་འགྲོ། ཁ་སྣ་གཉིས་ནས་འཐུང་བ་ལ་གཉིས་འཐུང་། ཤེས་རབ་ཀྱི་ཕ་རོལ་ཏུ་ཕྱིན་པ་ལ་ཤེར་ཕྱིན་ལྟ་བུ་སོགས་སོ། །

བཞི། དོན་གཞན་སྟོན་པར་བསྡུས་པ། ཤར་ལྷོ་ཞེས་པ་མ་བསྡུས་པའི་སྐབས་སུ། ཤར་ཕྱོགས་དང་ལྷོ་ཕྱོགས་སོ་སོར་སྟོན་པ་དང་། བསྡུས་ཚེ་མེ་མཚམས་སྟོན་པ་རེད། དེ་བཞིན། དཀར་སེར། རྐང་ནག །འཁྲིང་ཐ། ལྟ་བུ་སོགས་སོ། །

ལྔ། ཚིག་ཟླ་བསྡུས་པ། རིང་ཐུང་། བཟང་ངན། དཀར་ནག །དལ་མགྱོགས། ལ་ཕྱུང་། རི་སླུང་། རོང་འབྲོག །ལྟ་བུ་སོགས་སོ། །

དྲུག །གཞི་མཐུན་པ་བསྡུས་པ། ལྷོ་རིག །འོད་ཟེར། དཀར་གསལ། འཇམ་མཉེན། བརྟག་དཔྱད། བསླབ་སྦྱང་། ལྟ་བུ་སོགས་སོ། །

བདུན། ལས་དང་བྱ་བ་བསྡུས་པ། ཡོངས་སྤྱོད། ཐག་གཅོད། གྲོས་བསྡུར། བེད་སྤྱོད། ལྟ་བུ་སོགས་སོ། །

གོང་གསལ་གྱི་མིང་གི་སྦྱོར་བ་ལས། སྒྲ་ཤུང་མཐར་བརྟེན་ནས་འདོད་སྒྲ་བ་དང་། སྙིབ་ལེགས་པར་བརྟེན་ནས་བརྗོད་བདེ་བ་དང་། འདྲ་ཆགས་པར་བརྟེན་ནས་ཁ་གསལ་བར་བྱས་པའི་ཁྱད་ཆོས་མངོན་པར་གསལ་བ་གསུམ་ཐོན་པ་འདི་

དག །མིང་གདགས་པའི་གཞི་འཛིན་ས་ཡིན་ནོ། །དེང་ཐོན་རྫས་གསར་བ་ཆར་ཤུལ་གྱི་སྣང་ལ་ཤ་མོ་བརྗོལ་བ་བཞིན་བྱུང་དང་འབྱུང་གིན་ཡོད་པས། མིང་དེ་ལྟར་བཏགས་ན་ལེགས་སོ། །རོང་འགྲོག་གི་ཁ་སྐད་ལས། བལ་བཙོས་མ། རྒྱ་སྐར་བཟོས་མ། འཕོར་རྒྱལ། དབུགས་རྒྱག །ཤིང་རྟེའུ། སློག་འཐག །སློག་གསག་ལ་སོགས་པའི་མིང་གསར་བ་བྱུང་བ་རྣམས་སྒྲ་ཅུང་ལ་བཟོད་བདེ་ཞིང་དོན་གསལ་བ་བཅས་བོད་སྐད་ཀྱི་ཁྱད་ཆོས་ཀུན་ཏུ་འཛོམས་སྣང་། ཐ་སྙད་གསར་བ་འདི་རིགས་ཁྱབ་གདལ་དུ་གཏང་བར་ཤིན་ཏུ་འོས་སོ། །

གཞན་ཡང་། མིང་གི་ཆ་ཤས་ལ་གཙོ་ཕལ་དང་། སྟོབས་མཚུངས་པ་དང་། དབྱེར་མི་རུང་བ་བཅས་ཀྱི་ཁྱད་པར་ཡོད། དེ་ལུགས་ལེགས་པར་ཤེས་ན། ཚིག་གི་དག་ཆས་དོན་གྱི་གནད་བྱིན་ཅིང་། །དོན་གྱི་གོ་བས་ཚིག་གི་དག་ཐོན་པ། །ཞེས་པ་ལྟར། ཚིག་སྡུ་སྦྱུད་ཆེ་བླང་དོར་མི་རྫོངས་པར་འགྱུར་རོ། །དེ་ལ་ཆ་ཤས་ཕྱི་མ་གཙོ་བོའི་མིང་ནི། ཤེས་རབ། བརྩོན་འགྲུས། རིག་གནས། རྒྱལ་ཁབ། མུན་ནག །ལྷ་བུ་སོགས་དང་། ཆ་ཤས་ཕྱི་མ་གཙོ་བོའི་མིང་ནི། ཆབ་སྲིད། དཔལ་འབྱོར། བསིལ་གདུགས། རྒྱ་མཚོ། གོང་འཕེལ། རྒྱ་སྐར། ཐག་རིང་། ལྷ་བུ་སོགས་ཏེ། འདི་རིགས་ཀྱི་མིང་ངམ་ཚིག་སྡུ་སྦྱུད་ཆེ། ཆ་ཤས་གཙོ་བོ་བཞག་ནས་ཕལ་བ་བསྡུ་དགོས། དཔེར་ན། ཆབ་སྲིད་དང་དཔལ་འབྱོར་དང་རིག་གནས་གསུམ་ལ། སྲིད་འབྱོར་རིག་གསུམ་དུ་བསྡུས་པ་ལས། ཆབ་དཔལ་རིག་གསུམ་ཞེས་སྡུད་མི་རུང་། དེ་བཞིན་དུ། ཤེས་རབ་དང་བརྩོན་འགྲུས་ཟུང་དུ་འབྲེལ་བ་ལ། ཤེས་བརྩོན་ཟུང་འབྲེལ། ཞེས་དང་། བསིལ་གདུགས་རྣམ་པར་དཀར་བ་ལ། གདུགས་དཀར། ཞེས་དང་། སློབ་ཐོབ་ཀྱི་ཤེས་རབ་དང་། སྦྱངས་སྟོབས་ཀྱི་ཡོན་ཏན་དམན་པ་ལ། སློབ་སྦྱངས་དམན་པ། ཞེས་དང་། བཟོ་ལས་དེང་རབས་ཅན་དུ་གྱུར་བ་དང་། ཞིང་ལས་དེང་རབས་ཅན་དུ་འགྱུར་བ་དང་། རྒྱལ་ཁབ་སྲུང་སྐྱོབས་དེང་རབས་ཅན་དུ་འགྱུར་བ་དང་། ཚན་རིག་ལག་རྩལ་དེང་རབས་ཅན་

ཏུ་འགྱུར་བར། འགྱུར་བའི་ཞེས་བསྡུས་པ་ལྟ་བུའོ། །

ཆ་ཤས་གཉིས་ཀ་སྟོབས་མཚུངས་པའི་མིང་ནི། འོད་ཟེར། བསམ་བློ། དར་རྒྱས། བརྟག་དཔྱད། མཛེས་སྡུག །འཇམ་མཉེན། ལྟ་བུ་སོགས་ཏེ། འདི་རིགས་ཀྱི་མིང་སྡུ་བསྡུ་བ་ལ། ཕྱིར་གང་རུང་བསྡུས་ཆོག །ཟླ་བའི་འོད་ཟེར་ལ། ཟླ་འོད་དམ་ཟླ་ཟེར། ལང་ཚོ་དར་རྒྱས་བྱུང་བ་ལ། ལང་ཚོ་དར་བའམ། ལང་ཚོ་རྒྱས་པ། འདབ་བརྒྱ་མཉེན་ཞིང་འཇམ་པ་མཛེས་སྡུག་དཔལ་གྱིས་ཡིད་ནི་ཀུན་ཏུ་འཕྲོག་པ་ལ། འདབ་བརྒྱ་མཉེན་ལ་མཛེས་པས་ཡིད་འཕྲོག་པའམ། འདབ་བརྒྱ་འཇམ་ཞིང་སྡུག་པས་ཡིད་འཕྲོག་པ། ལྟ་བུའོ། །

ཆ་ཤས་གཉིས་ཀ་དབྱེར་མི་རུང་བའི་མིང་ལ་གཅིག་ཏུ་བསྡུ་རུང་བ་དང་། གང་ཡང་བསྡུ་མི་རུང་བ་གཉིས་ལས། སྔ་མ་ནི་སྨྱུ་གུ། སླང་། བྱུ་རུ། སྒོ་ང་། སྤྲ་གུ། རྡོ་རྗེ། ལྟ་བུ་སོགས་ཏེ། ཚིག་སྦྱོར་དུ་ཆ་ཤས་ཕྱི་མ་རྗེས་འཇུག་ཏུ་བསྡུས་ཤིང་ཞབས་ཀྱུ་སོགས་དོར། ལྤགས་ཀྱི་སྨྱུ་གུ་ལ་ལྤགས་སྨྱུག །བྱུ་རུ་དཀར་པོ་ལ་བྱུར་དཀར། བྱ་རྒོད་ཀྱི་སྤྲ་གུ་ལ་རྒོད་སྤྲུག །ཕྱག་ན་རྡོ་རྗེ་ལ་ཕྱག་རྡོར། ལྟ་བུ་དང་། ཕྱི་མ་ནི་ཆུ་འཛིན། ཁ་དོག །གོང་མོ། ཆབ་རོམ། ལྟ་བུ་སོགས་ཏེ། ཆ་ཤས་གཉིས་ཀ་བསྡེབས་ནས་མིང་རེ་གྲུབ་པ་ཡིན་པས། ཆ་ཤས་གང་རུང་ཞིག་བསྡུས་ཀྱང་དོན་གཞན་སྟོན་པར་འགྱུར་ཕྱིར། བསྡུ་མི་རུང་ངོ་། །

ག མིང་གི་ཚིགས་པ་ནི། དངོས་པོ་རིགས་མཐུན་པའམ་འབྲེལ་དམ་པ་གཉིས་ཡན་གྱི་མིང་དུ་མ་ལྷན་དུ་འབྲེལ་ཆགས་པ་ཞིག་སྟེ། སྟག་གཟིག་དོམ་དྲེད། ནོར་ལུག །བྱ་བྱེའུ། ཞྭ་གོས་ལྷམ་གསུམ། སེ་འབྲས་དགེ་གསུམ། ཕོ་མོ་རྒན་གཞོན། དབྱར་སྟོན་དགུན་དཔྱིད། ལྟ་བུ་སོགས་རིགས་མཐུན་པའོ། །སྐྱེ་རྒ་ན་འཆི། སྣག་ཤོག །བལ་ལྷགས། སུམ་རྟགས་དག་གསུམ། འཆད་རྩོད་རྩོམ་གསུམ། སྒྲ་ཚད་བཟོ་གསོ། འཛིན་སྐྱོང་སྤེལ་གསུམ། ལྟ་བུ་སོགས་འབྲེལ་དམ་པའོ། །

དོན་ཚན་གཉིས་པ། འབྲེལ་སྒྲ།

རྣམ་དབྱེ་དྲུག་པ་འབྲེལ་སྒྲ་ནི། །
གི་ཀྱི་གྱི་འི་ཡི་ལྔ་སྟེ། །
ད་བ་ས་ཀྱི་ག་ང་གི །
ན་མ་ར་ལའི་རྗེས་སུ་གྱི། །
འ་དང་མཐའ་རྟེན་མེད་མཐར་འི། །
རྐང་བ་སྐོང་ཚེ་ཡི་ཐོབ་ཅིང་། །
འབྲེལ་ཆོས་གང་ཞིག་འབྲེལ་གཞི་ནི། །
གང་དང་འབྲེལ་བར་སྟོན་བྱེད་ཡིན། །
ཚིག་དོན་སྔ་ཕྱི་མི་མཐུན་པར། །
སྟོན་པའི་རྒྱན་དུ་འང་འཇུག་པ་ཡོད། །

འབྲེལ་སྒྲའི་སྦྱོར་ཐང་ནི། རྗེས་འཇུག་ད་བ་ས་གསུམ་དང་། ཡང་འཇུག་ད་ས་གཉིས་ལ་ཀྱི་སྦྱོར་སྟེ། དཔེར་ན། དཔྱིད་ཀྱི་རྒྱལ་མོ། ཁྲབ་ཀྱི་བྱང་བུ། རས་ཀྱི་ཁ་ཚར། ཕྱོགས་ཀྱི་རྩ་བ། ཕ་རོལད་ཀྱི་དོན། ལྟ་བུ་དང་། རྗེས་འཇུག་ན་མ་ར་ལ་བཞི་ལ་གྱི་སྦྱོར་སྟེ། དཔེར་ན། མདུན་གྱི་ལམ། ཁྱིམ་གྱི་ལས་ཀ །གསེར་གྱི་རྒྱན་ཆ། སྐྱིད་ཚལ་གྱི་མེ་ཏོག །ལྟ་བུ་དང་། རྗེས་འཇུག་འ་དང་མཐའ་མེད་ལ་འི་སྦྱོར་སྟེ། དཔེར་ན། ངའི་ཡིན། ནམ་མཁའི་སྤྲིན། ལྟ་བུ་ཚིག་བར་བསྡུས་ཤིང་། རྐང་བ་སྐོང་བའམ་བརྗོད་བདེ་བའི་དགོས་པ་ཡོད་ཚེ་འི་སྒྲའི་དོད་དུ་ཡི་བཙུག་སྟེ། དཔེར་

ན། ཁ་བཤད་ཆུ་ཡི་ལྦུ་བ་དང་། ལག་ལེན་གསེར་གྱི་ཐིགས་པ་ཡིན། ཤྭ་ཡི་རྭ་ཙོ། ལྟ་བུ་ཚིག་བར་ཕྱེ་བའོ། །

འབྲེལ་སྒྲ་ནི་འབྲེལ་གཞི་དང་འབྲེལ་ཆོས་ཀྱི་འབྲེལ་བ་གསལ་བར་བྱེད་པའི་སྒྲ་དང་། ཡང་ན། ཆོས་གཉིས་རྣམ་པར་ཕྱེ་ཞིང་གཙོ་ཆེར་འབྲེལ་ཆོས་གང་འབྲེལ་གཞི་གང་དང་འབྲེལ་བའི་དོན་སྟོན་བྱེད་ཀྱི་སྒྲ་སྟེ། གོས་ཀྱི་རི་མོ། ཞེས་པ་དཔེར་མཚོན་ན། གོས་ནི་འབྲེལ་གཞི་དང་། རི་མོ་ནི་འབྲེལ་ཆོས་ཡིན་པར་གོ་བ་ནི། ཀྱི་ཞེས་པའི་སྒྲས་བསྟན་པའོ། །བདག་གི་དཔེ་ཆ། ཞེས་པ་དཔེར་མཚོན་ན། བདག་དང་དཔེ་ཆ་ཞེས་པའི་ཆོས་གཉིས་གི་སྒྲས་རྣམ་པར་ཕྱེ་ཞིང་། གཙོ་ཆེར་འབྲེལ་ཆོས་དཔེ་ཆ་དེ་འབྲེལ་གཞི་བདག་དང་འབྲེལ་ནས་ཡོད་པའི་དོན་གསལ་བར་བྱས་སོ། །དེ་བཞིན།

སློ་བཟང་གི་སློག་པ་རེད།
བོད་ཀྱི་རིག་གནས་དར་བའི་སོས་ཀ་བསླེབས་བྱུང་།
མཁས་པའི་གཞོག་པ་ཡོན་ཏན་རེད།
སྐྱུ་མིའི་གཞོག་པ་རྟ་མཆོག་རེད།

རླུང་གི་བཞོན་པར་མ་བརྟེན་དྲི་བསུང་ངད། །
ཕྱོགས་བཅུར་སྤྲོ་ཞིང་དུས་ཀུན་འདབ་མའི་འཛུམ། །
ཡོངས་སུ་བཞད་འདི་ཙུང་ལི་ཀྲོའུ་ཞིན་ལེའི། །
ངོ་མཚར་མཛད་རྗེས་ཡིན་གྱི་པད་དཀར་མིན། །

(གཏན་འབེབས་ཀྱི་དཔེ་སྟེ་དུང་དཀར་བའི་སྙན་ངག་ལས)

ལྟ་བུ་རྣམས་ལས་འབྲེལ་སྒྲས་བདག་དང་བདག་གི་བའི་འབྲེལ་བ་བསྟན་པ།

ལྗོན་ཤིང་གི་ཡལ་འདབ་རབ་ཏུ་རྒྱས།

གནའ་མིས་སྨག་པའི་ཤུན་པར་ཡི་གེ་བྲིས་རབས་སྣང་།
ལག་པའི་ཕྱི་ནང་ཤ་རེད། མཛུ་གུ་ལྔ་བོ་སྤུན་རེད།

ཤར་ཕྱོགས་རི་བོའི་རྩེ་ནས། །དཀར་གསལ་ཟླ་བ་ཤར་བྱུང་། །
མ་སྐྱེས་ཨ་མའི་ཞལ་རས། །ཡིད་ལ་འཁོར་འཁོར་བྱས་བྱུང་། །

(ཚངས་དབྱངས་རྒྱ་མཚོའི་མགུར་ལས)

ལྟ་བུ་རྣམས་ལས་འབྲེལ་སྒྲས་ཡན་ལག་དང་ཡན་ལག་ཅན་གྱི་འབྲེལ་བ་བསྟན་པ།

བང་མཛོད་ཀྱི་འབྲུ།
རྒྱ་མཚོའི་རྦ་རླབས་ཆིལ་ཆིལ་གཡོ།
ནམ་མཁའི་བྱ་ཕོ་མོ་མི་ཤེས་ནའང་། མགོ་ནག་མིའི་རྣམ་འགྱུར་ལོས་ཤེས།

ཕྱེ་མ་ལེབ་ཀྱིས་གཤོག་རླུང་གིས། །ལྷུན་པོ་འགྱེལ་བར་བྱ་བའི་དོགས། །
སྲོམ་གྱིས་བ་ཐག་ཕྲ་མོ་ཡིས། །གངས་ཀྱི་སེང་གེ་བཅིང་བའི་དོགས། །

ལྟ་བུ་རྣམས་ལས་འབྲེལ་སྒྲས་རྟེན་དང་བརྟེན་པའི་འབྲེལ་བ་བསྟན་པ།

སྲེ་དགེའི་དྲིལ་བུ་གྲགས་པ་ཆེ།
ཛར་པཎ་གྱི་འཕྲུལ་འཁོར་སྤུས་ཀ་བཟང་།
བལ་བོའི་སེའུ་མ་ཐོས་ཀྱང་། །
ཁ་དོག་ཉིད་ལས་བློ་བ་ཤེས། །

མས་ལན་ཐང་གི་བཞིན་དཔལ་ང་ཉིད་ལ། །
ཡོད་ཅེས་ཉ་གང་ཟླ་བ་སྙེམས་མ་བྱེད། །

མཚོ་རྙིང་དལ་བུ་འབབ་ལྡན་འགྲམ་སྐྱེས་པའི། །
དཀར་འཛམ་པད་མ་ལ་ཡང་ཡོད་ཕྱིར་རོ། །

(རབ་བཏགས་ཀྱི་དཔེ་སྟེ་ཚེ་ཏན་ཞབས་དྲུང་གི་སྙན་ངག་སྤྱི་དོན་ལས)

ལྔ་བུ་རྣམས་ལས་འབྲེལ་སྒྲས་ཁུངས་དང་ཐོན་རྫས་ཀྱི་འབྲེལ་བ་བསྟན་པ།

རྒྱན་པོ་དེའི་བསམ་པ་བཟང་།
གཙུག་ལག་ཁང་གི་བཀོད་པ་བརྗིད་ཅིང་མཛེས།

དགུང་ཉི་མའི་འོད་ཟེར་གར་ཁྱབ་ལ། །གླིང་གེ་སར་སྙན་པ་མ་ཁྱབ་མེད། །
ཀུ་ལིང་གསེར་གྱི་འོད་ཡ་ལ། །ར་གན་སེར་པོས་འོང་ལེ་མིན། །
མེ་ཤེལ་ཉི་མའི་གཟི་མདངས་ལ། །མེ་ཁྱེར་སྲིན་བུས་འགྲན་ལེ་མིན། །

(གྲུ་གུ་གོ་རྫོང་སྨད་ཆ་ལས)

ལྔ་བུ་རྣམས་ལས་འབྲེལ་སྒྲས་ཆ་དང་ཆ་ཅན་གྱི་འབྲེལ་བ་བསྟན་པ།

གྲོ་ཡི་མྱུ་གུ།
ཕ་མའི་བུ་ལ་ཐེངས་གསུམ། རྐོད་མའི་བུ་ལ་ཐེངས་གཅིག
བྱ་ཏ་ཕུག་རོན་གྱི་སྒོ་ང་ཆེ་ཆུང་ཙམ་ཞིག་ཉོས།

ལམ་ཁའི་ཤིང་གི་འབྲས་བུ་དེ། །ཁྱིས་པས་རྗེ་ཆར་འབེབས་པའི་རྒྱུ། །
བདག་པོ་ངན་པའི་ལོངས་སྤྱོད་ཀྱང་། །ཕལ་ཆེར་དགྲ་ཡི་གཡབ་མོ་ཡིན། །

(ཤིང་གི་བསྟན་བཅོས་ལས)

ལྔ་བུ་རྣམས་ལས་འབྲེལ་སྒྲས་རྒྱུ་དང་འབྲས་བུའི་འབྲེལ་བ་བསྟན་པ།

གནའ་དུས་ཀྱི་ལོ་རྒྱུས།

སྒྱུ་ཚོགས་གསར་པའི་སྲིད་འབྱོར་རིག་གསུམ་དར་ཞིང་རྒྱས།
རང་རྒྱལ་དེང་སང་གི་དོན་གཉེར་གཙོ་བོ་ནི་དཔལ་འབྱོར་འཛུགས་སྐྲུན་ཡིན།

ལང་ཚོ་ཡོལ་བའི་མཛའ་གྲོགས་ཀུན་པོ་ཁྱོད། །
ལོ་མང་ཐལ་བའི་སྡོང་ཀུན་རྗེས་སུ་འགྲོ། །
ཁ་དོག་སི་སྤུག་གཉེར་མས་ཡོངས་ཁེངས་ཤིང་། །
རིགས་མཐུན་གཞན་གྱི་གྲལ་ནས་ཕྱུང་བས་སོ། །

(མཉམ་ཉིད་ཀྱི་དཔེ་སྟེ་སྟན་ངག་སྒྱི་དོན་ལས)

ལྟ་བུ་རྣམས་ལས་འབྲེལ་སྦྲུས་སྐབས་དང་དོན་གྱི་འབྲེལ་བ་བསྟན་པ།

བསགས་པའི་ནོར།
བསླབས་ཤིང་སྦྱངས་པའི་ཡོན་ཏན།
བྱས་པའི་རྗེས་དང་གྲུབ་པའི་རྟགས།
མཁས་ཆེན་དམུ་དགེ་བསམ་གཏན་མཆོག་གིས་བརྩམས་པའི་བཟ་སྒྲོད་གླུ་གསལ་དགའ་སྟོན་ལས་རྣམ་དབྱེ་སོགས་ཀྱི་བརྗོད་པ་གསལ།

ལྟ་བུ་རྣམས་ལས་འབྲེལ་སྦྲུས་བྱ་བ་དང་གྲུབ་པའི་འབྲེལ་བ་བསྟན་པ།

མཛེས་ཤིང་སྤུག་པའི་མེ་ཏོག
མཐོ་བའི་སྐད་དང་དམའ་བའི་གཤོང་།
དགའ་བའི་བྲོ་འཁྲབ་ཅིང་སྐྱིད་པའི་གླུ་ལེན།

རབ་དཀར་ཏི་སེའི་ལྷུན་པོར་འཇའ་ཚོན་གྱིས། །
འཁྱུད་ནས་སྐྱེག་པའི་གར་གྱིས་རྩོས་བྱེད་ཅིང་། །
སྒྲ་འཛིན་སེམས་པའི་གླུ་དབྱངས་ལེན་ཤེས་ན། །

ངེས་པར་མས་ལན་ཧྲང་གི་རྗེས་སུ་འགྲོ། །

(རྒྱད་བྱུང་གི་དཔེ་སྟེ་སྙན་ངག་སྤྱི་དོན་ལས)

ལྟ་བུ་རྣམས་ལས་འབྲེལ་སྒྲས་ཁྱད་གཞི་དང་ཁྱད་ཆོས་ཀྱི་འབྲེལ་བ་བསྟན་པ།

ལུས་ཀྱི་འཁྲི་ཤིང་འཁྱོག་པོའི་རྩེར་སྨིན་པའི། །རལ་བའི་མེ་ཏོག་ཙམ་པ་ཀ་ཡི་རྒྱལ། །
འཕྲུང་འདོད་མིག་གི་བུང་བ་ཀེམ་ཀེམ་གཡོ། །རྒན་པོའི་སྐྱེད་ཚལ་འདི་ནི་ཡ་རེ་ང་། །

(མ་བསྐུས་པའི་གཟུགས་ཅན་ཏེ་བོད་མཁས་པའི་སྙན་ངག་ལས)

ཤེས་རབ་ལང་ཚོའི་དཔལ་དར་ཞིང་། །ཐོས་པའི་ནོར་གྱིས་རབ་ཏུ་ཕྱུག །
སྤྱོད་པའི་འཁོར་ལོ་བསྐོར་མཁས་པ། །ཁྱོད་ཀྱིས་གཞན་ཡིད་ཅིས་མི་འཕྲོག །

(ཡན་ལག་གཉིས་གཟུགས་ཏེ་རྗེ་རྗེ་རྒྱལ་པོའི་སྙན་ངག་ལས)

ལྟ་བུ་རྣམས་ལས་འབྲེལ་སྒྲས་དཔེ་དང་དཔེ་ཅན་གྱི་འབྲེལ་བ་བསྟན་པ།

སྐད་ཀྱི་གདངས།
གསེར་གྱི་གཞོང་པ།
རིན་པོ་ཆེའི་རྒྱན་གྱིས་སྤྲས་པ།

གནག་སྐུམ་སྐྲ་ཡི་ལན་བུ་ཕྱིད་བཅིངས་རྩེར། །
ཀླུ་ཆོས་གསར་བའི་རྒྱན་ལྡན་ཕྲུག་སོར་གྱིས། །
རིན་ཆེན་རྒྱུད་མངས་སྒྲིང་མཛད་དབྱངས་ལྷ་མོས། །
དེང་འདིར་བློ་གྲོས་སྣང་བ་མཆོག་སྩོལ་ཅིག །

(རྫས་རང་བཞིན་བརྗོད་པ་སྟེ་ཞྭ་དམར་བས)

ལྟ་བུ་རྣམས་ལས་འབྲེལ་སྒྲས་བདག་ཉིད་གཅིག་པའི་འབྲེལ་བ་སྟེ། དངོས་པོ་གང་རྒྱུ་ཆ་གང་ལས་གྲུབ་པའི་འབྲེལ་བ་བསྟན་པ།

ལྷ་བའི་མིག
ནད་གསོ་བྱེད་ཀྱི་སྨན་པ།
གཙོད་པར་བྱེད་པའི་སྤྲ་རེ།

ཚུལ་ཁྲིམས་ཉེས་སྤྱོད་དྲི་མ་འཕྲུད་པའི་ཆུ། །
ཉོན་མོངས་ཚ་གདུང་སེལ་བའི་ཟླ་བའི་འོད། །
སྐྱེ་དགུའི་དབུས་ན་ལྷུན་པོ་ལྷ་བུར་བརྗིད། །
སྟོབས་ཀྱིས་བསྡིགས་པ་མེད་པར་འགྲོ་ཀུན་འདུད། །

(བྱང་ཆུབ་ལམ་གྱི་རིམ་པའི་ཉམས་ལེན་གྱི་རྣམ་བཞག་མདོར་བསྡུས་ལས)

ལྷ་བུ་རྣམས་ལས་འབྲེལ་སྒྲས་བྱེད་པ་གཅིག་པའི་འབྲེལ་བ་སྟེ། ཚོས་གང་བྱེད་པ་གང་དུ་འཇུག་པའི་འབྲེལ་བ་བསྟན་པ།

བལྟ་བྱའི་དཔེ་ཆ།
བྲི་བར་བྱ་བའི་རི་མོ།
བསླབ་བྱའི་ཡོན་ཏན།
ང་ལ་དྲི་རྒྱུའི་དོགས་གཞི་མང་།

ལྷ་བུ་རྣམས་ལས་ལས་གཅིག་པའི་འབྲེལ་བ་སྟེ། ཚོས་གང་བསྒྲུབ་བྱ་གང་དང་གཅིག་པའི་འབྲེལ་བ་བསྟན་པ།

འདིར་བདག་ཉིད་གཅིག་པའི་དང་། བྱེད་པ་གཅིག་པའི་དང་། ལས་གཅིག་པའི་འབྲེལ་བ་གསུམ་དྲིལ་ན། ངོ་བོ་གཅིག་པའི་འབྲེལ་བའོ། །

གཞན་ཡང་། འབྲེལ་སྒྲ་རྣམས་རྣམ་དབྱེ་མ་ཡིན་པའི་ཕྲད་ཙམ་གྱི་ཚུལ་དུ་མི་མཐུན་པའི་ཚིག་རྒྱན་ལའང་འཇུག་སྟེ། དཔེར་བརྗོད་ན། གཏམ་སྨྲ་བ་ནི་སླ་ཡི་གཡུལ་འགྱེད་པ་ནི་དཀའོ། །ཞེས་པའི་ཡི་སྒྲ་ནི། བརྗོད་དོན་སྔ་ཕྱི་མི་མཐུན་པའམ་

འགལ་བར་བསྟན་པའི་སྒོ་ནས། ཚིག་མཛེས་པར་བྱེད་པའི་རྒྱན་དུ་གྱུར་པའོ། །

དེ་བཞིན།

མཁས་བླུན་བརྟག་པ་ཡང་གཞན་གྱི་སྐྱོན་འཚོལ་བ་ལྟ་བུ་མིན་གྱི། དེ་གཉིས་ཀྱི་ཁྱད་པར་ལེགས་པར་ཕྱེ་ནས་བླང་དོར་བྱ་བའི་ཆེད་ཡིན་པའི་ཕྱིར་རོ། །

(དགེ་ལྡན་ལེགས་བཤད་ཀྱི་འགྲེལ་བ་ལས)

གཡོ་ཅན་སྙན་པར་སྨྲ་བ་ནི། །རང་དོན་ཡིན་གྱི་གུས་ཕྱིར་མིན། །
སྲིན་བྱ་བསྙེན་ནས་དགོད་པ་ནི། །ལྟུས་ངན་གཏོང་གི་དགའ་ནས་མིན། །

(ས་སྐྱ་ལེགས་བཤད་ལས)

ལྟ་བུ་སོགས་སོ། །

དོན་ཚན་གསུམ་པ། བྱེད་སྒྲ།

རྣམ་དབྱེ་གསུམ་པ་བྱེད་སྒྲ་ཡི། །
ཐོབ་ཐང་འབྲེལ་སྒྲ་ཉིད་དང་མཚུངས། །
བྱ་བ་གང་གིས་བྱས་པ་ཡི། །
བྱེད་པ་གཙོ་ཐལ་སྟོན་བྱེད་ཡིན། །

འབྲེལ་སྒྲའི་མཐར་ས་སྦྱར་ན། གིས་ཀྱིས་གྱིས་འིས་ཡིས་རྣམས་སུ་གྲུབ་པའི་སྒྲ་སྟེ། མིང་མཐའ་འདྲེན་ཚུལ་འབྲེལ་སྒྲའི་ཐོབ་ཐང་དང་འདྲའོ། །འདིར་དམིགས་བསལ་ཅན་འིས་སྒྲའི་སྦྱོར་ཚུལ། སི་ཏུ་མཆོག་གིས་གསུངས་པ་ལྟར། ཆོས་རྒྱལ་མེས་དབོན་དུས་ཀྱི་རྗེ་རིང་རྣམས་སུ་འ་མཐར་འིས་ཞེས་སྦྱར་མོད། སྐད་གསར་

བཅད་ཀྱི་ལུགས་ལ་ས་ཙམ་ལས་མི་འབྱུང་བ་ནི། འ་མཐའ་ཟློར་ཡང་བས་ཕལ་ཆེར་བསྡུས་པའི་ཤུགས་ཀྱིས། འིས་ཞེས་པའི་འི་ཡང་བསྡུས་ནས་ས་གཅིག་པུ་ལས་མི་མཐོང་བར་ཟད་ཀྱི། ཐོབ་ཐང་ལ་ནི་མེད་པ་མ་ཡིན་ནོ། །

བྱེད་སྒྲ་ལ་རྣམ་དབྱེ་ཞེས་པ་ནི། བདག་གཞན་གཉིས་ཀྱི་ངོ་བོ་མ་འདྲེས་པར་རྣམ་པར་ཕྱེས་ནས། གཙོ་ཆེར་བྱེད་པ་སྟོན་པ་ཡིན་ཏེ། བློ་བཟང་གིས་ཚེ་རིང་བོས་ཤི་ན། འབོད་པ་པོ་བློ་བཟང་ནི་བདག་དང་། བོད་བྱ་ཚེ་རིང་ནི་གཞན་ཡིན་པར། བྱེད་སྒྲ་གིས་ཞེས་པས་རྣམ་པར་ཕྱེ་ནས་བསྟན་པ་ཡིན། གལ་ཏེ་བྱེད་སྒྲ་མ་སྦྱར་ན། བློ་བཟང་ཚེ་རིང་ཞེས་བདག་གཞན་གཉིས་ཀྱི་ངོ་བོ་གཅིག་ཏུ་གྱུར་ནས། བོད་བྱའི་ཡུལ་ཙམ་ལས། འབོད་པ་པོ་སྟོན་རྒྱུ་མེད་འགྱུར། ལྟ་བུའོ། །

བྱེད་སྒྲ་ནི་བྱེད་པ་སྟོན་བྱེད་ཀྱི་སྒྲ་སྟེ། བྱ་བ་གང་ཞིག་བྱེད་པ་གང་གིས་བྱས་ཟིན་པའམ། བྱེད་བཞིན་པའམ། བྱེད་པར་འགྱུར་བ་གང་ཡང་སྟོན་པར་བྱེད་པའི་སྒྲ་ཡིན་ནོ། །

བྱེད་པ་གཙོ་ཕལ་གཉིས་ཡོད་དེ། བྱེད་པ་གཙོ་བོ་ལ་བྱེད་པ་པོ་དང་། བྱེད་པ་ཕལ་བ་ལ་བྱེད་པ་ཞེས་བྱ་ལ། བྱེད་པ་པོ་ནི་བྱ་བ་སྒྲུབ་པའི་སེམས་ཅན་དང་། བྱ་བ་སྒྲུབ་པའི་ཚུལ་ཅན་དུ་སྣང་བའི་བེམ་པོ་དག་ཡིན་ཞིང་། བྱེད་པ་ནི་སེམས་ཅན་གང་གིས་བྱ་བ་ཞིག་ལག་ལེན་དུ་བཀོལ་བའི་ཡོ་བྱད(དབང་པོ་དང་ཡན་ལག་སོགས་ཀྱང་འདུས) དང་། རྒྱུ་ཆ་དང་། ཐབས་དང་། རྒྱུ་མཚན་རྣམས་ཡིན་ཏེ། བློ་བཟང་གིས་བཤད་ཅེ་ན། བཤད་པ་ནི་བྱ་བ་དང་། བློ་བཟང་ནི་བྱེད་པ་པོ་ཡིན་པར་གིས་སྒྲས་རྣམ་པར་ཕྱེ་ནས་གཙོ་ཆེར་སྐད་ཆ་བཤད་མཁན་བློ་བཟང་ཡིན་པར་བསྟན་པ་དང་། པིར་གྱིས་རི་མོ་འབྲི་བ་ན། རི་མོ་ནི་ལས་དང་། འབྲི་བ་ནི་བྱ་བ་དང་། པིར་ནི་བྱེད་པ་ཡིན་པར་གིས་སྒྲས་གསལ་བར་མཚོན་པ་དང་། ཤིང་བཟོས་སྟ་རེས་ཤིང་གཙོད་པ་ན། ཤིང་གཙོད་པའི་བྱ་བ་དེའི་བྱེད་པ་གཙོ་ཕལ་ཤིང་བཟོ་དང་སྟ་རེ་ནི་བདག་དང་། ཤིང་ནི་ལས་ཏེ་གཞན་ཡིན་པར་རྣམ་དབྱེ་གསུམ་

པས་གསལ་བར་བྱས་སོ། །

གོང་གསལ་གྱི་དཔེར་བརྗོད་འདི་གསུམ་ལས། སྔ་མའི་ཚིག་སྦྱོར་དུ་བྱེད་པ་ཁ་ཡིན་པར་དངོས་སུ་མ་བསྟན་ཀྱང་ཤུགས་ལས་རྟོགས་པ་དང་། བར་མའི་བྱེད་པ་པོ་ཚིག་ཟིན་དུ་མེད་ཀྱང་ཤུགས་བསྟན་ཏུ་གསལ་བས། ཕྱི་མ་ལྟར་བྱེད་པ་གཙོ་ཐལ་སོགས་མངོན་སུམ་དུ་བརྗོད་པའི་དགོས་པ་ཡོད་ན་མ་གཏོགས། ཤུགས་བསྟན་གྱིས་ཚིག་སྟེ། ཚིག་སྣ་བསྐྱུང་བའི་ཕན་ཆ་ཡོད་དོ། །དེ་བཞིན།

ནེ་ཙོས་མི་སྐད་ལད་མོ་བྱེད།
སུས་བསགས་མ་ཡིན་སུས་ཟ་ཡིན།

རྒྱུན་དུ་གཞན་གྱིས་བསྐྱང་དགོས་པའི། །སྐྱེ་བོ་ནམ་ཞིག་ཅི་ནས་ཉམས། །
བྱ་རོག་གིས་ནི་བཟུང་བ་ཡི། །ཏུས་སྦལ་ས་ལ་ལྷུང་ཞེས་གྲགས། །

(ས་སྐྱ་ལེགས་བཤད་ལས)

ལྟ་བུ་རྣམས་ལས་བྱེད་སྒྲས་བྱེད་པ་པོ་སེམས་ཅན་བསྟན་པ།

པད་མས་སོ་ཕྲེང་ངོམ།
ལེགས་བཤད་སྒྲོན་མེས་མ་རིག་མུན་པ་སེལ།

ཐུགས་ཆུང་ཆུང་དེ་འདྲ་དགོས་དོགས་མེད། །
རྗེ་ཆུང་ཆུང་ལྷགས་པས་འཁྱེར་དོགས་མེད། །
རི་ཆུང་ཆུང་པང་ཁས་ཐེག་དོགས་མེད། །
ཤིང་ཆུང་གིས་གནམ་རྒྱ་རེག་དོགས་མེད། །

(བྱ་སྤྲེལ་གྱི་གཏམ་རྒྱུད་ལས)

རང་ཤོང་ཁུང་བུར་འཁྲིན་པའི་ཕྱི་ལོང་གིས། །

ཡངས་པའི་འཛིག་རྟེན་རྒྱ་ཁྱོན་ཇི་ལྟར་རྟོགས། །
ཉི་འོད་ཛོམས་མེད་འབྱུང་བའི་ཟླ་གཞོན་གྱིས། །
གླིང་བཞིའི་མུན་པ་སེལ་བའི་ཚུལ་ལ་ལྟོས། །

(དོར་ཞི་མཆོག་གིས)

ལྟ་བུ་རྣམས་ལས་བྱེད་སྒྲས་བྱེད་པ་པོ་བེམ་པོ་བསྟན་པ།

ལྕགས་ཁེམ་གྱིས་ས་རྐོ།
འཕྲུལ་འཁོར་གྱིས་བཟོ་ལས་སྤེལ།
མིག་གིས་མཐོང་ཞིང་ལག་གིས་ཟིན་པའི་རང་སྒྲོང་ཅན་ནི་རིག་པ་རྐོད།

ཟླ་འོད་ཟེར་གྱིས་ཀུན་དའི་གེ་སར་གསལ། །
འོད་སྟོང་ལྡན་པས་པད་དཀར་འདབ་བརྒྱ་གྲོལ། །
མཛེས་མའི་ཁ་ཆུས་བ་ཀུ་ལ་སྤྲེ་ཞིང་། །
རྐང་བས་མྱུ་ངན་མེད་པའི་མེ་ཏོག་དགོད། །

(དོན་སྙེར་བའི་རྒྱན་ཏེ་བོད་མཁས་པས)

ལྟ་བུ་རྣམས་ལས་བྱེད་སྒྲས་བྱེད་པ་སྟེ། བྱེད་པ་པོས་བཀོལ་བའི་ལག་ཆ་དང་། རང་གི་དབང་པོའམ་ཡན་ལག་སོགས་བསྟན་པ།

གསེར་གྱིས་རྒྱན་ཆ་རྟུང་།
ཁང་བའི་ཀླད་རྫ་གཡམ་གྱིས་བཀབ།
མར་དང་ཕྱུར་བས་བྲུད་བཟོས།
དུག་མོ་ཉུང་གིས་མཁྲིས་ནད་སེལ་ཞིང་ཚ་འབྲུ་གཅོད།

ལྟ་བུ་སོགས་ལས་བྱེད་སྒྲས་བྱེད་པ་སྟེ་རྒྱུ་ཆ་བསྟན་པ།

སྐད་ཆ་ཤེད་ཀྱིས་ཤོད།

འབད་རྩོལ་གང་ཐུབ་ཀྱིས་བསླབ་སྦྱང་བྱེད།

བསམ་པ་རྣམ་དག་དང་འདུན་པ་རྩེ་གཅིག་གིས་མི་དམངས་ལ་ཕན་འདོགས།

དོན་ལྡན་ཚིག་ནི་གཅིག་གིས་ཀྱང་། །རྣམ་དཔྱོད་ཅན་ལ་དོན་མང་སྟོན། །

(དབྱངས་ཅན་དགའ་བློས)

ལྔ་བ་རྣམས་ལས་བྱེད་སྒྲས་བྱེད་པ་སྟེ་ཐབས་བསྟན་པ།

རྟགས་ཀྱིས་ཤེས།

བདེན་པས་སྐྱོངས།

ཡོན་ཏན་གྱིས་ཆེ།

ཐོན་མི་རྒྱ་གར་དུ་ཆས་པ་ཐང་སང་ལས་ལོ་བཞིས་འཁྱིས་པ་ཙམ་མོ། །

(ཐོན་མིའི་ཞལ་ལུང་ལས)

མགར་གྱིས་ཤིང་དེ་རྣམས་ཆུ་འགྲམ་དུ་ཁྱེར་ནས། ཆུ་ལ་བསྐྱུར་བས། རྩ་བ་ལྕི་བས་ཐུར་དུ་སོང་། རྩེ་མོ་ཡང་བས་གྱེན་དུ་ལུས་སོ། །

(རྒྱལ་རབས་གསལ་བའི་མེ་ལོང་ལས)

གཞུང་འདི་ཟབ་པས་རྒྱ་མཚོ་དང་། །སྙིང་པོ་ཕྲུག་པས་དབྱིག་གི་མཛོད། །
གཅེས་པར་འོས་པས་ནོར་བུ་འདྲ། །བློ་ལྡན་རྣམས་ཀྱིས་ཉན་པར་འོས། །

(རྒྱུའི་དཔེ་སྟེ་སླན་ངག་སྒྲོན་གསལ་ལས)

ལྔ་བ་རྣམས་ལས་བྱེད་སྒྲས་བྱེད་པ་སྟེ་རྒྱུ་མཚན་བསྟན་པ་དང་། རྒྱུ་མཚན་གསལ་བྱེད་ཀྱི་ཚིག་གྲོགས་དང་སྦྱར་ནས་སྟོན་པ་ཡང་མང་།

མི་དེ་ཕྲག་དོག་པའི་དབང་གིས་གཞན་གྱི་ཡོན་ཏན་ལ་མི་དགའ་ལྟ།

རྒྱལ་པོ་ཤིན་ཏུ་ཁྲོ་གཏུམ་ཆེ་བའི་རྐྱེན་གྱིས་བློན་པོ་དག་གིས་ཞུ་མ་ཕོད།
རྨོངས་པའི་སྟབས་ཀྱིས་དོན་མ་ཤེས།
བཟའ་བཏུང་མེད་པའི་རྐྱེན་གྱིས་བསླང་དུ་མི་འགྲོ་ག་མེད་བྱུང་།

ཕོ་བྲང་གི་འཁོར་བ་རྣམས་སྦྲང་རྩི་དང་སྦྱར་བའི་ཆང་གི་བཏུང་བ་བག་མེད་པར་སྤྱད་པའི་དབང་གིས་ཆེས་ཆེར་སྨྱོས་པའི་གོམ་སྟབས་འཁྱོར་ཞིང་། རྣམ་འགྱུར་ཅི་དང་ཅི་ཡང་སྟོན་པར་བྱེད།

(གཞོན་ནུ་ཟླ་མེད་ཀྱི་རྟོགས་བརྗོད་ལས)

ལྟ་བུ་རྣམས་སོ། །

ཡང་། དེས་ན། དེ་བས་ན། དེ་ལྟ་བས་ན། ཞེས་པའི་བྱེད་སྒྲ་ཡང་རྒྱུ་མཚན་གསལ་བྱེད་དུ་འཇུག་པའོ། །

ཐལ་གྱིས་ཤར་བ།
བློ་ལིངས་ཀྱིས་བཀལ།
རྩིས་རིག་མཐར་གྱིས་སྦྱང་དགོས།

སྤྲིན་དཀར་ཞོ་གསར་སྤྲུངས་པ་འདྲ་ཞིག་མདུན་དུ་ནར་གྱིས་བྱུང་བའི་ནང་དུ། ལྷའི་བུ་དཀར་པོ་ལུས་ཕྱེད་སྤྲིན་གསེབ་ཏུ་ནུབ་ཅིང་། ལུས་ཕྱེད་ཐོན་པ་ཞིག་ན་རེ།

(བྱ་མགྲིན་སྔོན་ཟླ་བའི་རྟོགས་བརྗོད་ལས)

རྒྱུན་ཆགས་བརྩོན་པ་མ་བཏང་བར། །བགས་ཀྱིས་བསླབས་ན་ཅི་ཡང་འགྲུབ། །
ཆུ་བོ་དལ་གྱིས་འབབ་པ་ཡིས། །ཡངས་པའི་ས་ཆེན་བསྐོར་ནས་འགྲོ། །

(ཆུ་ཡི་བསྟན་བཅོས་ལས)

ལྟ་བུ་རྣམས་ལས་བྱེད་སྒྲས་བྱེད་པ་སྟེ་བྱེད་ཚུལ་ལམ་འབྱུང་ཚུལ་བསྟན་པ།

ཚིག་སྦྱོར་དུ་བྱེད་སྒྲ་འཇུག་མི་འཇུག་ལས་གང་བྱེད་པ་པོ་གཞན་དང་འབྲེལ་མ་འབྲེལ་ལ་ཐུག་ཡོད། བྱ་བྱེད་ཐ་དད་པའམ་བདག་གཞན་གྱི་དབྱེ་བ་ཡོད་ན་བྱེད་སྒྲ་འཇུག་དགོས། དེ་ལས་ལྡོག་ན་བྱེད་སྒྲ་མི་འཇུག །དེ་ལུགས་དཔྱིས་ཕྱིན་པར་རྟོགས་དགོས་ན་རྟགས་འཇུག་ལ་རག་ལས། འདིར་རོབ་ཙམ་བཤད་ན། བྱ་བ་ལ་རིགས་གསུམ་ཡོད་དེ། བྱེད་པ་དང་འབྲེལ་བའི་བྱ་བ་དང་། ལས་དང་འབྲེལ་བའི་བྱ་བ་དང་། རང་གི་ངང་གིས་འབྱུང་བའི་བྱ་བ་དང་གསུམ་མོ། །

དེ་ལ་སྔ་མ་གཉིས་ནི་ཕན་ཚུན་རྟེན་ཅིང་འབྲེལ་བའི་བྱ་བ་རིགས་གཉིས་ཡིན་ཏེ། རྫོན་པས་རི་དྭགས་བདས་ནས་སོང་པ་མང་། ཞེས་པ་དཔེར་མཚོན་ན། རི་དྭགས་བདས་པ་ནི་བྱེད་པའི་ལས་ཏེ། ལས་དང་འབྲེལ་བའི་བྱ་བ་བྱེད་པ་པོ་དང་འབྲེལ་ནས་ཡོད་པ་དང་། རི་དྭགས་སོང་པ་ནི་བྱ་བའི་ལས་ཏེ། ལས་དང་འབྲེལ་བའི་བྱ་བ་བྱ་བའི་ཡུལ་དང་འབྲེལ་ནས་ཡོད། བྱེད་པ་པོ་རྫོན་པས་བྱ་བའི་ཡུལ་རི་དྭགས་ལ་བདས་པའི་བྱ་བ་མ་བཙུག་ན། བྱ་བའི་ཡུལ་རི་དྭགས་རང་སོང་པར་མི་འགྱུར་རོ། །དེས་ན་བྱེད་པ་པོས་བྱ་བའི་ཡུལ་ལམ་ལས་ལ་ཕར་འཇུག་པའི་རྩོལ་བ་བདས་པ་ལྟ་བུའི་བྱ་བ་དང་། ལས་ཀྱི་སྟེང་ནས་ཚུར་སྣང་བའི་འགྱུར་བ་སོང་པ་ལྟ་བུའི་བྱ་བ་རིགས་མི་འདྲ་བ་གཉིས་ཕར་འཇུག་ཚུར་སྣང་གི་སྒོ་ནས་རྒྱུ་འབྲས་ཀྱི་འབྲེལ་བ་རང་ཤུགས་སུ་ཆགས་འདུག་སྟེ། རི་དྭགས་བདས་པའི་རྒྱུ་འདི་མེད་ན། རི་དྭགས་རང་སོང་པར་གྱུར་བའི་འབྲས་བུ་ནི་འབྱུང་ས་མེད་དོ། །དེའི་ཕྱིར་བྱ་བའི་རིགས་འདི་གཉིས་གང་རུང་ལས་ལ་སྦྱར་ན། ལས་དེ་སྒྲུབ་པའི་བྱེད་པ་དངོས་སམ་ཤུགས་ལ་ཡོད་པས། བྱེད་པ་སྟོན་པའི་བྱེད་སྒྲ་ཅིས་ཀྱང་འཇུག་དགོས་ཏེ། རྫོན་པས་རི་དྭགས་བདས་བྱུང་། རྫོན་པས་རི་དྭགས་སོང་ཟིན། བྱ་བ་ཆེན་པོ་ཡུན་གྱིས་བསྒྲུབ། ངང་ཐུང་འབད་པས་མཐར་མི་ཕྱིན། ཞེས་དང་། མང་པོ་གཅིག་ཏུ་བློ་མཐུན་ན། །ཉམ་ཆུང་གིས་ཀྱང་དོན་ཆེན་འགྲུབ། །ཅེས་པ་ལྟ་བུའོ། །

བྱ་བའི་རིགས་གསུམ་པ་ནི། བྱ་བྱེད་ཐ་མི་དད་པ་སྟེ། བྱེད་པ་རང་གི་ངང་

གིས་གྲུབ་པར་སྣང་བའི་བྱ་བ་ཡིན། འདི་འདྲའི་ཚིག་སྦྱོར་ལས་བྱེད་ལས་དང་བྱ་ལས་ཡོགས་སུ་སྟེར་རྒྱུ་མེད་དེ། ང་འགྲོ་ཟེར་བ་ལ། འགྲོ་བའི་བྱ་བ་འདི་ལས་ལ་པར་འཇུག་པའི་རྩོལ་བ་མིན་ལ། ལས་ལས་ཚུར་སྣང་བའི་འགྱུར་བའང་མིན། འགྲོ་བྱེད་ང་ཡིན་ལ། འགྲོ་བྱའང་ང་ཡིན་པས། བྱེད་པ་པོ་དང་བྱ་བའི་ཡུལ་ཐ་དད་དུ་མི་སྣང་བའམ། བདག་གཞན་གྱི་དབྱེ་བ་མེད་ཅིང་། ངོ་བོ་གཅིག་པར་འགྱུར་བས། རྣམ་དབྱེ་གསུམ་པ་འཇུག་མི་རུང་། ཉི་མ་ཤར་བ་ན། ཤར་བའི་བྱ་བ་ནི་ཉི་མ་རང་གི་ངང་གིས་གྲུབ་པར་སྣང་ཞིང་། ངོ་བོ་གཅིག་ཏུ་ཡོད་པས་ན། བྱེད་སྒྲ་འཇུག་པའི་དགོས་པ་མེད་སོང་།

དེས་ན་བྱེད་པ་གང་གི་བྱ་བ་ཞིག་ཐད་ཀར་ལས་དངོས་དང་འབྲེལ་ནས་མེད་ན། རྣམ་པར་དབྱེ་བའི་དགོས་པ་མེད་པས། བྱེད་སྒྲ་འཇུག་སྲོལ་མེད། ང་ལུག་རྫི་བྱས། ཞེས་པའི་ཚིག་འདིའི་བྱས་པ་ནི། གཞན་དུ་ན་བྱ་བྱེད་ཐ་དད་པ་ཅན་ཡིན་པས། བྱེད་པ་སྟོན་པའི་བྱེད་སྒྲ་འཇུག་དགོས་མོད། སྐབས་འདིར་ལས་ལ་རྩོལ་བ་འཇུག་དགོས་དོན་མེད་དེ། ང་དང་ལུག་རྫི་ངོ་བོ་གཅིག་ཏུ་གྲུབ་པའི་བྱ་བ་མཚོན་པ་ཙམ་ཡིན་པས། བྱེད་སྒྲ་མི་འཇུག་གོ། །

དཔལ་ལྡན་ཇ་ཉོ་བར་འགྲོ་ཟེར་བའི་ཚིག་འདི་ལས། ཇ་ཉོ་བའི་ལས་འདི་འགྲོ་བའི་དགོས་པ་ཙམ་དུ་ཟད་དེ། འགྲོ་བའི་བྱ་བ་མ་གྲུབ་ན། ཇ་ཉོ་ས་མི་འགྲོ། དེས་ན་ཚིག་འདིའི་གནད་ཀ་འགྲོ་བ་ལ་ཐུག་ཡོད། འགྲོ་བ་བྱ་བའི་ལས་དང་འབྲེལ་མེད་ལ། འགྲོ་བྱ་འགྲོ་བྱེད་གཉིས་ཀ་ངོ་བོ་གཅིག་པར་སྣང་བས། རྣམ་དབྱེ་གསུམ་པ་འཇུག་དོན་མེད་སོང་།

ང་འགྲོ་ལ་བཤད། ནད་པ་ཉལ་ནས་དཔེ་ཆ་ལྟ། ལྟ་བུ་དག་ལས། ཚིག་ཕྲད་ལ་དང་ནས་ཀྱིས་བྱ་བ་སྔ་ཕྱི་དུས་རིམ་གྱིས་འཇུག་པར་མཚམས་སྦྱོར་ནས། བྱ་བ་ཕྱི་མ་དེ་བྱ་བ་སྔ་མ་གྲུབ་པའི་ཤུལ་དུ་འཇུག་པ་ཡིན་པར་བསྟན་ཡོད། དེས་ན་འཇུག་རིམ་སྔ་མའི་བྱ་བ་དེ་ལས་དངོས་དང་འབྲེལ་མེད་པས། བྱེད་སྒྲ་འཇུག

དོན་མེད་སོང་། འདི་ནི་བོད་སྐད་ཀྱི་གོམས་སྲོལ་ལམ་བརྡ་སྤྲོད་པའི་ཆོས་ཉིད་ཅིག་ཡིན་ཏེ། ཚད་ལྡན་དུ་མཐོང་ངོ་། །དོན་གྱི་ཞིབ་ཆ་ཀུ་ཤའི་རྩེ་ལྟར་ཕྲ་བ་ཙམ་ཡང་རྣམ་པར་ཕྱེ་ནས་སྟོན་པ་འདི། བོད་སྐད་རང་གི་ཁྱད་ཆོས་ཐུན་མོང་མ་ཡིན་པ་ཞིག་གོ། །

དོན་ཚན་བཞི་བ། ལ་དོན།

སུ་རུ་ར་དང་ཏུ་དུ་ན། །
ལ་དོན་རྣམ་པ་དྲུག་ཡིན་ཏེ། །
ས་སུ་ག་བ་དྲག་མཐར་ཏུ། །
ང་ད་ན་མ་ར་ལ་དུ། །
འ་དང་མཐའ་མེད་རའམ་རུ། །
ན་ལ་དག་ནི་སྐབས་བསྟུན་སྦྱོར། །
ལས་དང་ཆེད་དང་རྟེན་གནས་དང་། །
དེ་ཉིད་ཚེ་སྐབས་སྟོན་བྱེད་ཡིན། །

ལ་དོན་ནི་ལའི་དོན་ཅན་གྱི་སྒྲ་སྟེ། རྣམ་དབྱེར་འཇུག་པ་ན། རང་དབང་ཅན་ན་དང་། གཞན་དབང་ཅན་སུ་རུ་ར་ཏུ་དུ་བཅས་ལས་སུ་བྱ་བ་དང་། དགོས་ཆེད་དང་། རྟེན་གནས་དང་། ཚེ་སྐབས་དང་། དེ་ཉིད་རྣམས་སྟོན་བྱེད་དུ། ལ་སྒྲའི་འཇུག་པ་དང་ཕལ་ཆེར་མཐུན་པས། སྤྱི་མིང་དུ་ལ་དོན་ཞེས་བཏགས་སོ། །

འདིར་ཕལ་ཆེར་ཐེར་དོན་ནི། དོན་སྟོན་ཚུལ་དང་། བརྗོད་བདེ་མིན་དབང་གིས། འདི་རྣམས་དོན་ལྔ་པོ་ལས་གང་ལ་གང་འཇུག་པ་དང་། གང་མི་འཇུག་པའི་

ཐད་དུ་ཁྱབ་ཆེ་ཆུང་གི་ཁྱད་པར་ཡོད་དེ། དཔེར་ན། གཟུགས་ལ་ལྟ། བསླབ་སྦྱོང་དུ་དཔེ་ཆ་ཉོ། མཚོ་སྔོ་ན་ཡོད། ལྷག་པར་མཛེས། དུས་ཚོད་བརྒྱད་ཐོག་ཏུ་སོང་། ལྟ་བུ་སོགས་ལ། གཟུགས་སུ་ལྟ། བསླབ་སྦྱོང་ན་དཔེ་ཆ་ཉོ། མཚོ་སྔོ་ལ་ཡོད། ལྷག་པ་ལ་མཛེས། དུས་ཚོད་བརྒྱད་ཐོག་ན་སོང་། ཞེས་མི་རྫོང་པས་གསལ།

ཐོབ་ཐང་ནི། འཇུག་ཡང་འཇུག་ས་ལ་སུ་ཐོབ་སྟེ། གཡས་སུ་ཞལ། ཡོངས་སུ་རྫོགས་པ། ལྟ་བུ་དང་། རྗེས་འཇུག་ག་བ་དང་། ཡང་འཇུག་ད་ལ་ཏུ་ཐོབ་སྟེ། སྐམ་ཐོག་ཏུ་བཞག །ཁབ་ཏུ་བཞེས། ཚིག་ཟིནད་ཏུ་གསལ། ཕ་རོལད་ཏུ་ཕྱིན་པ། ལྟ་བུ་དང་། རྗེས་འཇུག་ང་ད་ན་མ་ར་ལ་དྲུག་ལ་དུ་ཐོབ་སྟེ། གོང་དུ་འཕེལ། བཤད་དུ་འགྲོ། དྲིན་དུ་གཟོ། ཁྲིམ་དུ་བསྟད། འཁྱེར་དུ་འཇུག །གཞལ་དུ་ཅི། ལྟ་བུ་དང་། རྗེས་འཇུག་འ་དང་མཐའ་རྟེན་མེད་པ་ལ་ར་དང་རུ་ཅི་རིགས་འཇུག་སྟེ། མཐའ་རུ་ཕྱིན་པ། རྗེ་མཐོ་རུ་འཕུར། ལྟ་བུ་ཚིག་བར་ཕྱེ་བ་དང་། མཐར་ཕྱིན། རྗེ་མཐོར་འཕུར། ལྟ་བུ་ཚིག་བར་བསྡུས་པའོ། །

དེ་ཡང་སྒྲ་འདྲེས་ན་གདངས་འགྱུར། ཞེས་པ་བཞིན། ཁ་སྐད་དུ་ཚིག་ཕྲད་ཀྱི་སྒྲ་རྣམས་རྗེས་འཇུག་གིས་དྲངས་པའི་ཤུགས་ཀྱིས་ཟུར་ཆག་ཅིང་བརྗོད་སླ་བར་གྱུར་ནས། རྗེས་འཇུག་གི་རང་སྒྲ་ཏ་ལམ་ལ་དོན་གྱི་ཚབ་ཏུ་ཟེར་ཡང་བར་བྱས་ནས་འཇུག་པ་ཡིན་ཏེ། དཔེར་ན། གཡག་ག་ཁལ་འགེལ། གཡོན་ཕྱོགས་ག་བསྡད་བྱུང་། གང་ང་འགྲོ་རྒྱུ། ཚོད་ད་མ་ལྟ། གཞན་ན་ཡོད། རྒྱལ་ཁབ་བ་ཕན་ཐོགས། ཁྲིམ་མ་འགྲོ། ནམ་མཁའ་འ་འཕུར། མཛལ་སྐོར་ར་ཤོག །ཡུལ་ལ་བུད་སོང་། ལྟ་བུ་སོགས་དང་། ས་མཐའ་ཅན་ལ་དམིགས་བསལ་གྱིས་འ་འཇུག་སྟེ། བཀྲ་ཤིས་འ་སྐོར་མོ་སྐྱེ། ལྟ་བུའོ། །

ད་ནི་ལ་དོན་འཇུག་པའི་དོན་ཚན་ལྔ་པོའི་ཁྱད་པར་མདོ་ཙམ་བསྟན་པ།

ལས་དང་ཆེད་དང་རྟེན་གནས་དང་། །
དེ་ཉིད་ཚེ་སྐབས་ལྔ་པོའི་ཁྱད། །
ཡུལ་ལ་བྱ་བ་འཇུག་པ་དང་། །
ཡུལ་གྱི་དགོས་པ་སྒྲུབ་པ་ལས། །
ལས་དང་དགོས་ཆེད་འདྲ་བ་མིན། །
བྱ་བྱེད་ངོ་བོ་ཐ་དད་དང་། །
ཐ་མི་དད་པའི་ཆ་ནས་ནི། །
ལས་དང་དེ་ཉིད་ཁྱད་པར་བྱུང་། །
ཡུལ་གང་བྱ་བ་བྱེད་ས་དང་། །
དངོས་པོ་ཡོད་ས་སྟོན་པ་ལས། །
ལས་དང་གནས་གཞི་སོ་སོ་ཡིན། །
བྱ་བ་གང་ཞིག་ཡུལ་དང་དུས། །
གང་དང་ལྡན་པའི་ཆ་ནས་ནི། །
གནས་གཞི་ཚེ་སྐབས་མི་གཅིག་གོ། །
དེ་དག་རིམ་བཞིན་དཔེར་བརྗོད་ན། །
ཐབ་ཏུ་མེ་བཏང་ཞེས་པའི་ཚེ། །
བྱ་བྱེད་ངོ་བོ་ཐ་དད་པ། །
ཡིན་པས་དེ་ཉིད་མིན་པ་དང་། །
བྱ་བ་འཇུག་ས་བསྟན་པས་ན། །
དགོས་ཆེད་ཡང་ནི་མིན་པ་དང་། །

ཡུལ་ལ་བྱ་བ་བྱེད་ཙམ་གྱིས། །
གནས་གཞིའང་མིན་ཏེ་ལས་དངོས་ཡིན། །
མགྲོན་པོར་མི་གཏོང་ཞེས་པ་ན། །
ཡུལ་གྱི་དགོས་པ་སྒྲུབ་པའི་ཕྱིར། །
དགོས་ཆེད་ཡིན་གྱི་བྱ་ཡུལ་མིན། །
ཐབ་ཏུ་མི་ཡོད་ཅེས་པ་ན། །
དངོས་པོའི་ཡོད་ས་བསྟན་པས་ན། །
རྟེན་གནས་ཡིན་གྱི་ལས་སོགས་མིན། །
མེ་ནི་དྲག་ཏུ་འབར་བ་ན། །
བྱ་བྱེད་ངོ་བོ་གཅིག་པའི་ཕྱིར། །
བྱ་བའི་ཡུལ་མིན་དེ་ཉིད་ཡིན། །
ནུབ་མོར་མེ་བཏང་ཟེར་བའི་ཚེ། །
བྱེད་དུས་མཚོན་པས་ཚེ་སྐབས་ཉིད། །
ལས་དང་རྟེན་གནས་མིན་པ་གསལ། །

དང་པོ། ལས་སུ་བྱ་བ།

གཉིས་པ་ལས་སུ་བྱ་བ་སྟེ། །
བྱ་བ་འཇུག་སའི་ཕྱོགས་དང་གནས། །
ལ་དོན་གང་ཅུང་སྦྱར་བར་བྱ། །
བྱ་བ་འཇུག་སའི་ཡུལ་དེ་ནི། །
བྱེད་པའི་ཆ་དང་ལྡན་པ་ལ། །
ར་ལ་མིན་པ་སྦྱོར་མི་ཅུང་། །

ལས་སུ་བྱ་བའི་ལས་ནི་བྱ་བའི་ཡུལ་དང་། བྱ་བ་ནི་སེམས་ཅན་གྱི་རྩོལ་བ་དང་བེམ་པོའི་འགྱུར་བའོ། །དེས་ན་བྱ་བའི་ཡུལ་ཞིག་གཞིར་བཟུང་ནས། དེ་ལ་བྱ་བ་བྱེད་པ་ལ་ལས་སུ་བྱ་བ་ཟེར་རོ། །

བྱ་བའི་ཡུལ་ལ་རྣམ་པ་གཉིས་ཡོད་དེ། བྱ་ཡུལ་ཙམ་མམ་བྱ་བའི་ཡུལ་ཕལ་བ་ནི། བྱ་བ་གཏད་སའི་ཕྱོགས་ཙམ་དང་། བྱ་བ་བྱེད་སའི་གནས་ཙམ་ཡིན་པའི་རིགས་ལ། ན་སྦྲ་སྦྱར་ན་བརྗོད་མི་བདེ་བ་མ་གཏོགས། ལ་དོན་རྣམས་ལ་སྦྲའི་དོད་དུ་ཐོབ་ཐང་ལྟར་གང་རུང་འཇུག་ཆོག །དཔེར་ན། པེ་ཅིན་དུ་འགྲོ་བ་ན། པེ་ཅིན་བྱ་བའི་ཡུལ་དང་། འགྲོ་བ་བྱ་བ་ཡིན་པར་དུ་སྦྲས་རྣམ་པར་ཕྱེ་ཞིང་། གཙོ་ཆེར་འགྲོ་ཞེས་བྱ་བ་གཏད་སའི་ཕྱོགས་པེ་ཅིན་ཡིན་པར་བསྟན་པ་དང་། རྫི་བོས་ནེའུ་གསིང་དུ༷་ལུག་འཚོ་བ་ན། བྱེད་པ་པོ་རྫི་བོས་ལུག་འཚོ་བའི་བྱ་བ་བྱེད་སའི་གནས་ཏེ་བྱ་བའི་ཡུལ་ནི། ནེའུ་གསིང་ཡིན་པར་གོ་བ་ནི། དུ་ཞེས་པའི་ལའི་དོན་ཅན་གྱི་སྦྲས་བསྟན་པའོ། །དེ་བཞིན།

སྡོད་དུ༷་བཙུག
ཚེ་རིང་ཁྲིམ་དུ༷་ལོག
རྒྱུ་སྐར་བཟོས་མ་ནམ་མཁའི་དབྱིངས་སུ༷་འཕངས།

ཕྲན་པོའི་ཡོན་ཏན་ཁར༷་འཕྱིན་ཏེ། །
མཁས་པའི་ཡོན་ཏན་ཁོང་དུ༷་སྦེད། །
སོག་མ་ཆུ་ཡི་སྟེང་དུ༷་འཕྱོ། །
ནོར་བུ་སྟེང་དུ༷་བཞག་ཀྱང་འབྱིང་། །

(ས་སྐྱ་ལེགས་བཤད་ལས)

ལྟ་བུ་བྱ་བ་འཇུག་སའི་ཕྱོགས་ཙམ་སྟོན་པའི་རིགས་ལ། ཕྱོགས་མཚོན་བྱེད་

ཀྱི་མིང་སྟེ། ཕྱི་ནང་། མདུན་རྒྱབ། གཡས་གཡོན། ཕར་ཚུར། མགོ་མཇུག །སྟོད་སྨད། སྟེང་འོག །ཐོག་མཐའ་བར་གསུམ་སོགས་ལ་ལ་དོན་སྦྱར་རྒྱུ་མང་། འདི་རིགས་ཀྱི་ཁྱད་ཆོས་ནི། གང་ཞིག་གང་དུ་ཕྱིན་པའམ་འཇུག་པར་མཚོན།

ལུག་ཁྲུ་རི་ངོས་སུ་འགྲམས།
ནགས་ཚལ་དུ་སྔོང་བོ་གཙོད།
ཁོ་ཚོས་ཚོམས་ཆེན་དུ་གློག་བརྙན་ལྟ་ཡིན་ཡོད།

ནགས་ཚལ་ཕུན་སུམ་ཚོགས་པ་དེར། །
དོན་མེད་ནམ་མཁའི་བྱ་ཡང་འཕོར། །
གང་ལ་བདེ་སྐྱིད་འཛོམས་པ་དེར། །
མ་བསྐུས་པར་ཡང་སྐྱེ་བོ་འདུ། །

(ཞིང་གི་བསྟན་བཅོས་ལས)

ལྟ་བུ་རྣམས་ལས། ལ་དོན་གྱིས་བྱ་བ་བྱེད་ས་བསྟན་པ་ཡིན་གྱི། དངོས་པོ་ཡོད་ས་བསྟན་པ་མིན་པས་ན། ལས་སུ་བྱ་བ་མ་གཏོགས། གནས་གཞིར་མི་འགྲོ་སྟེ། བྱ་བའི་ཡུལ་ཞེས་པའི་མིང་གིས་ཀྱང་དོན་གྱི་ངོ་བོ་འདི་གསལ་བར་བྱས་ཡོད་པས་བསྙོན་དུ་མེད་དོ། །འདི་རིགས་ཀྱི་ཁྱད་ཆོས་ནི་གང་གིས་གང་དུ་ཅི་ཞིག་བྱེད་པར་མཚོན།

བྱེད་པ་པོས་བྱ་བ་འཇུག་སའི་ཡུལ་ལམ་བློ་གཏད་སའི་ཡུལ་གང་བྱེད་པའི་ཆ་དང་ལྡན་པ་ལ། རྗེས་འཇུག་འ་དང་མཐའ་མེད་དག་ལ་ར་སྒྲ་ཟུར་ཡང་བས། ལ་སྒྲའི་ཚབ་ཏུ་འཇུག་ཆོག་པ་མ་གཏོགས། ལ་དོན་གཞན་དག་ལའི་ཚབ་ཏུ་འཇུག་མི་རུང་། དཔེར་ན། ཡོ་བྱད་དྲིལ་ལ་བཀལ་ཟེར་བ་ལ། ཡོ་བྱད་དྲིལ་དུ་བཀལ་མི་ཟེར། དོན་ནི་གོང་གསལ་བྱ་བ་འཇུག་སའི་ཕྱོགས་ཙམ་མམ་གནས་ཙམ་བསྟན་པ

མ་ཡིན་པར། བྱེད་པ་པོས་ལས་ཏེ་ཡོ་བྱད་དགལ་སའི་ཡུལ་ནི་དྲིལ་ཡིན་ལ། དྲིལ་དེ་ཡང་བྱེད་པར་གྱུར་ནས་ལས་ཀྱི་དངོས་པོ་དེ་ཁུར་དུ་བླངས་པར་གྱུར་པས་ན། ལ་སྒྲ་རང་མ་གཏོགས། ལ་སྒྲའི་ཚབ་གཞན་གྱིས་སྟོན་ས་མི་འགྲོ། དཔེར་ན། ཇོང་དཔོན་གྱི་གྲོས་ཚོགས་ལ་ཇོང་དཔོན་རང་ཞུགས་པ་ལས། ལས་བྱེད་ཕལ་བ་ཞིག་ཚབ་ཏུ་མངག་མི་རུང་བ་ལྟ་བུའོ། །ཡང་ན་བྱེད་པ་པོས་ཕར་བྱ་བའི་ཡུལ་ལ་བྱ་བ་ཞིག་བཙུག་པ་ན། ཡུལ་དེ་བྱེད་པར་གྱུར་ནས་ཚུར་ལྡོས་བཅས་ཀྱི་ལན་ཞིག་བཙའ་རྒྱུ་ཤུགས་བསྟན་དུ་ཡོད་པ་ཞིག་སྟེ། དཔེར་ན། དགྲ་ལ་འཐབ་པ་ན། བྱེད་པ་པོས་ཕར་བྱ་བའི་ཡུལ་དགྲ་ལ་འཐབ་པའི་བྱ་བ་འཇུག་པའི་ཚེ། བྱ་བའི་ཡུལ་དགྲ་དེ་ཡང་བྱེད་པ་པོར་གྱུར་ནས། ཚུར་ངོ་ཡ་བྱེད་པའམ། མགོ་གདགས་པའམ། ཡང་ན་འབྲོ་བའི་བྱ་བ་ཞིག་བཙའ་རྒྱུ་ཚིག་ཟིན་དུ་མེད་ཀྱང་དོན་ལ་གནས་འདུག་གོ། །དེས་ན། བྱ་བའི་ཡུལ་བྱེད་པའི་ཆ་དང་ལྡན་པར་ལ་སྒྲ་རང་མ་གཏོགས་ལ་དོན་གཞན་དག་འཇུག་མི་རུང་། དེ་བཞིན།

མི་ལ་སྲིག
ནད་པར་གོས་སྐོན།
ཟ་ཁང་ལ་སྐམས་ལུག་བཙོང་།

ཀ་པླ་ལ་ནས་སྤུ་ཞིག་བཏོགས། །ཁ་ཡི་ཟུར་དུ་བཙུགས་པ་འདྲ། །
ག་ནས་བལྟས་ཀྱང་འདྲི་འདྲ་བ། །ང་ལ་གནོད་པ་མ་སྐྱེལ་ཨང་། །

(དགེ་འདུན་ཆོས་འཕེལ་གྱིས)

དར་སིང་དཀར་མོ་གངས་སྟོད་འཁྱིམས་པ་ལ། །
ཁ་ཆར་བུ་ཡུག་གནོད་པ་མ་མཛད་ཅིག །
ཐང་དཀར་རྒོད་པོ་གནམ་འཕང་གཅོད་པ་ལ། །

མདའ་མཁན་དཔའ་བོས་གནོད་པ་མ་མཛད་ཅིག །

(སྣང་ས་འོད་འབུམ་གྱི་རྣམ་ཐར་ལས)

ལྟ་བུ་སོགས་ཏེ། འདི་རིགས་ཀྱི་ཁྱད་ཆོས་ནི། བྱེད་པ་པོའི་ཤུགས་རྐྱེན་ཐེབས་སའི་ཡུལ་དེར་ལྟོས་བཅས་ཀྱི་འགྱུལ་སྐྱོད་ཅིག་འབྱུང་ངེས་པར་མཚོན།

ཡང་། བྱེད་པ་པོའི་དབང་པོ་དྲུག་གང་རུང་གི་རྩོལ་བ་འཇུག་སའི་ཡུལ་དངོས་ཡིན་པར་སྟོན་པ་ལའང་། ལ་ར་གཉིས་མ་གཏོགས་ལ་དོན་གཞན་དག་ཚབ་ཏུ་འཇུག་མི་རུང་། དོན་ནི། ཡིད་སོགས་ཀྱི་བྱ་བ་ཡུལ་དེ་ལ་དངོས་སུ་བཙུག་མེད་ཀྱང་། ཡུལ་དེ་ལ་བརྟེན་ནས་བསྒྲུབ་པའམ་འབྱུང་བ་ཡིན་ཏེ། ཡུལ་དེའི་རྒྱུ་རྣམས་རང་འབྲས་སྐྱེད་པའི་བྱེད་པར་འགྱུར་བའི་ཕྱིར་རོ། །དཔེར་ན། སྟག་ལ་སྐྲག་པ་ན། སྐྲག་པའི་བྱ་བ་དེ་བྱ་བའི་ཡུལ་སྟག་གི་འཇིགས་པར་བསམས་ནས་བྱུང་བ་ཡིན་པ། ལ་སྒྲས་གསལ་བར་བྱས་པ་དང་། གྲོགས་ལ་བློ་གཏད་པ་ན། གྲོགས་ཀྱི་གཞུང་དྲང་ཞིང་ཞེ་བཟང་བ་ལ་བལྟོས་ནས་ཡིད་ཆེས་པར་བྱེད་པ་ཡིན་ནོ། །དེ་བཞིན།

དགྲ་ལ་སྡང་ཞིང་གཉེན་ལ་བྱམས།
གནའ་གཏམ་ལ་ཉན་དགའ་ཆེ།

གཏམ་མདོ་མེད་བཤད་ན་རྣ་ལ་གཟན། །
ཤ་རུས་པ་ཟོས་ན་སོ་ལ་གནོད། །

ཡོན་ཏན་ལྡན་པ་ཡོན་ཏན་ལ། །
དགའ་ཡི་ཡོན་ཏན་མེད་རྣམས་མིན། །
སྦྲང་རྩི་འཛིན་པ་མེ་ཏོག་ལ། །
དགའ་ཡི་ཤ་སྦྲང་དེ་ལྟ་མིན། །

(ས་སྐྱ་ལེགས་བཤད་ལས)

ལྷ་བུ་སོགས་སོ། །འདི་རིགས་ཀྱི་ཁྱད་ཆོས་ནི། ཡུལ་གང་ལ་བློ་ཁ་ཕྱོགས་པ་ཙམ་གྱིས་སྣང་བ་ཅི་རིགས་ཤིག་ཤར་བར་མངོན།

གོང་གསལ་བྱ་བ་ཞིག་བྱ་བའི་ཡུལ་ཕལ་བ་སྟེ་ལས་ཙམ་ལ་སྦྱར་ན། དེ་གཉིས་ཀའི་བར་དུ་ལ་དོན་ཞིག་འཇུག་དགོས་ཏེ། བདག་གཞན་ཆོས་གཉིས་ཀྱི་ངོ་བོ་མ་འདྲེས་པར་སོ་སོར་དབྱེ་བའི་ཆེད་དུ་ཡིན་ཞིང་། བྱ་བ་ཞིག་བྱ་བའི་ཡུལ་གཙོ་བོ་སྟེ་ལས་དངོས་ལ་སྦྱར་ན། དེ་གཉིས་ཀའི་བར་དུ་ལ་དོན་འཇུག་མི་རུང་སྟེ། ལས་དང་བྱ་བའི་ངོ་བོ་ཐ་དད་དུ་མི་སྣང་བའི་ཕྱིར་ཡིན། དཔེར་ན། ལྷ་ཐང་དུ་འགྲོ་དང་། ལྷ་ཐང་འགྲོ་ཟེར་བ་གཉིས་དོན་མི་གཅིག །སྔ་མ་ནི་ལྷ་ཐང་བྱ་བའི་ཡུལ་དུ་བཟུང་ནས། དེ་ལ་འགྲོ་བ་པོ་ཞིག་འགྲོ་བའི་དོན་ཅན་དུ་གྱུར་ཡོད་ལ། ཕྱི་མ་ནི་ལྷ་ཐང་འགྲོ་བ་པོར་གྱུར་ནས། དེ་རང་འགྲོ་བའི་དོན་ཅན་དུ་གྱུར་ཏོ། །སྟོང་བུ་འཇོམས་དང་། སྟོང་པོ་ལ་འཇོམས་ཟེར་བ་གཉིས་དོན་མི་འདྲ། སྔ་མ་འཇོམས་པའི་བྱ་བ་དེ་ལས་ཀྱི་དངོས་པོ་སྟོང་པོ་དང་མཉམ་དུ་སྦྱར་ནས། ཤུགས་བསྟན་གྱི་བྱ་བའི་ཡུལ་ས་ལ་སྟོང་པོ་རང་འཇོམས་པ་ཡིན་པས། བྱ་བ་དང་ལས་ངོ་བོ་གཅིག་པར་སྣང་བས། རྣམ་དབྱེ་འཇུག་དོན་མེད་སོང་། ཕྱི་མ་འཇོམས་པའི་བྱ་བ་དེ་ཤུགས་བསྟན་གྱི་བྱེད་པ་མདུང་ལྷ་བུའི་ཡོ་བྱད་ཅིག་གིས་བྱ་བའི་ཡུལ་སྟོང་པོའི་སྟེང་དུ་འཇུག་པ་ཡིན་པས། བྱ་བ་དང་ཡུལ་གྱི་ངོ་བོ་ཐ་དད་དུ་སྣང་བས་རྣམ་དབྱེ་འཇུག་པའི་དགོས་པ་བྱུང་ངོ་། །ཤ་གཏུབ་པ་དང་། ཤ་ལ་གཏུབ་པ་གཉིས་དོན་མི་འདྲ། སྔ་མ་གཏུབ་བྱ་དང་གཏུབ་བྱེད་འབྲེལ་ཞིང་། གཏུབ་པའི་སྦྱོར་བར་བརྟེན་ནས། ཤ་རང་གྲི་ཁ་ནས་དུམ་བུར་སོང་བ་མ་གཏོགས། ཤ་བྱ་བའི་ཡུལ་དུ་བཞག་ནས། དེའི་སྟེང་དུ་གཏུབ་པའི་བྱ་བ་གཞན་ཞིག་བྱེད་པའི་རྣམ་པ་མི་འཆར་བ་དང་། ཕྱི་མ་གཏུབ་བྱེད་ཀྱིས་གཏུབ་བྱ་ཞིག་བྱ་བའི་ཡུལ་ཤའི་སྟེང་དུ་བཞག་ནས་གཏུབ་པ་མ་གཏོགས། ཤ་རང་སིལ་བུར་གྱུར་པའི་རྣམ་པ་མི་སྣང་ངོ་། །དེ་བཞིན།

ས་བརྐོས།

སྡོང་པོ་གཅོད།

དཔའ་ཆེན་གྱིས་ལུག་བཤལ།

ཀུན་ཏུ་རྒྱུས་ཚུལ་ཁྲིམས་བསྲུངས། (མདོ་མཛངས་བླུན་ལས)

ལྟ་བུ་སོགས་ལ་རྣམ་དབྱེ་གཉིས་པ་འཇུག་སྲོལ་མེད་དོ། །

གཉིས་པ། དགོས་ཆེད།

རྣམ་དབྱེ་བཞི་བ་དགོས་ཆེད་ནི། །
བྱེད་པ་པོ་དང་བྱ་བའི་ཡུལ། །
གང་གི་དགོས་པ་བསྒྲུབ་པའི་ཆེད། །
བྱ་བ་བྱེད་པར་སྟོན་བྱེད་ཡིན། །

བྱེད་པ་པོ་གང་ཟག་མ་ཟད་སྲོག་ཆགས་གཞན་ཅི་རིགས་ཤིག་ཡིན་ཡང་། བྱ་བ་ཞིག་བྱེད་པར་དམིགས་ཡུལ་རེ་ཡོད། དཔེར་ན། ལུག་གཙང་པོའི་ཁར་རྒྱུག་པ་ཡང་། ཆུ་འཐུང་རྒྱུ་དམིགས་ཡུལ་རེ་ཡོད་མོད། རྣམ་དབྱེ་བཞི་བ་ནི་དམིགས་ཡུལ་དེ་ལྟ་བུ་ཞིག་མི་སྟོན་པར། བྱེད་པ་པོ་ཅི་རིགས་ཤིག་གིས་རང་གི་དགོས་པའམ་བྱ་བའི་ཡུལ་གྱི་དགོས་པ་ཞིག་བསྒྲུབ་པའི་ཆེད་དུ་བྱ་བ་ཞིག་བྱེད་པར་སྟོན་པ་ཡིན་ནོ། །

བྱེད་པ་པོས་རང་གི་དགོས་པ་ཞིག་གི་ཆེད་དུ་བྱ་བ་བྱེད་པར་སྟོན་པ་ནི། རོང་པས་ལྟོ་གོས་སུ་ཞིང་བཏབ་པ། དཔེར་མཚོན་ན། ལྟོ་གོས་དགོས་པའི་ཆེད་དུ་བྱེད་པ་པོ་རོང་པས་ཞིང་བཏབ་པའི་བྱ་བ་བྱས་པ་ཡིན་པར། སུ་སྒྲས་བསྟན་པའོ། །དེ་བཞིན།

ཆ་མ་ལ་འགྲོ།

གཡུལ་དུ་གོ་བགོས།

རྒྱལ་ཁབ་བསྲུང་བར་དམག་རྩལ་སྦྱོང་།

གོས་སུ་ཉོས་ཀྱང་ཤ་ལ་བརྟེས། (ཐོན་མིའི་ཞལ་ལུང་ལས)

འགྱུར་བཞི་བསྒྲུབ་པར་ན་གཞོན་གང་མང་ལག་རྩལ་སྦྱོང་བར་མངགས།

དེའི་ཚེ་ཚོང་པ་ལྔ་བརྒྱ་ཙམ་ཞིག་རྒྱ་མཚོར་ཞུགས་ཏེ། རིན་པོ་ཆེ་ལེན་དུ་སོང་བ་ལས་རྒྱ་སྲིན་ཁ་གདངས་པ་དང་ཕྲད་ནས། གྲུ་ཡང་ཤིན་ཏུ་མགྱོགས་པར་རྒྱ་སྲིན་གྱིས་ཟ་འདོད་པའི་ཁར་སོང་ངོ་། ། (མདོ་མཛངས་བླུན་ལས)

ལྟ་བུ་སོགས་སོ། །

དེ་ཡང་བྱ་བ་སྒྱུར་སའི་གཞི་ལ་ཆོས་དང་བྱ་བའི་ཁྱད་པར་ཡོད་ཀྱང་། དོན་ལ་ཐ་དད་མེད་དེ། སྤྱིར་ཚིག་སྣ་བསྡུས་མ་བསྡུས་པའི་ཕྱིར་ཡིན། ཆ་མ་ལ་འགྲོ་ཞེས་པའི་ཚིག་ཁ་གྲོལ་ན། ཆ་མ་འཐུ་བར་འགྲོ་ཟེར་བ་ལྟ་བུས་གསལ།

བྱེད་པའི་ཆ་དང་ལྡན་པའི་བྱ་བའི་ཡུལ་གྱི་དགོས་པ་བསྒྲུབ་པའི་ཆེད་དུ་བྱ་བ་བྱེད་པར་སྟོན་པ་ལ། ར་སྒྲ་ཟེར་ཡང་བས་ཚིག་པ་ལས་ལ་དོན་གཞན་དག་ལའི་ཚབ་ཏུ་འཇུག་མི་རུང་། མགྲོན་པོ་ལ་མེ་བཏང་བ་དཔེར་མཚོན་ན། བྱ་བའི་ཡུལ་མགྲོན་པོའི་དགོས་པ་བསྒྲུབ་པའི་ཆེད་དུ་མེ་བཏང་བའི་བྱ་བ་བྱེད་པའི་ཚེ། བྱ་བའི་ཡུལ་མགྲོན་པོ་དེ་བྱེད་པར་གྱུར་ནས། ཁ་ལག་བསྐྱོ་བའམ་དུ་བ་འཐེན་པར་མེ་དེ་བེད་སྤྱོད་པར་འགྱུར་བས་གསལ། དེ་བཞིན།

རྟ་ལ་ཆས་བྱིན།

གྲོགས་དགའ་བར་རོགས་རམ་བྱེད།

དབུལ་པོ་རྣམས་ལ་སྦྱིན་པ་གཏང་བར་བྱ།

ཁྲིལ་མེད་རྣམས་ལ་ཕན་བཏགས་ཀྱང་། །བྱ་བ་ཟིན་ན་རྗེད་པར་འགྱུར། །
ཆུ་བོ་ཕ་རོལ་བརྒལ་བ་ན། །གྲུ་གཟིངས་ལྟོས་པ་མེད་པར་འདོར། །

(ཆུ་ཡི་བསྟན་བཅོས་ལས)

ལྟ་བུ་སོགས་སོ། །

དགོས་ཆེད་དང་ལས་སུ་བྱ་བའི་ཚིག་སྦྱོར་ལ་ལ་དཔེར་ན། ཞིང་ལ་ཆུ་འདྲེན་དང་། ཀ་ལ་ཆུ་འདྲེན། ལྟ་བུ་ཆེས་མཚུངས་པས་ན། ཁ་ཅིག་གིས་གཉིས་ཀའང་ལས་སུ་བྱ་བའི་མཚན་གཞིར་འདོད་པ་ནི། དོན་གྱི་ཞིབ་ཆ་མ་རྟོགས་པར་མངོན་ཏེ། གཅིག་ཏུ། སུམ་ཅུ་པའི་གཞུང་ལུགས་ནི། ཚིག་གི་སྦྱོར་ཚུལ་གྱི་རྣམ་པ་ཙམ་སྟོན་པ་མ་ཡིན་གྱི། དོན་གྱི་ཁྱད་པར་གྱི་ངོ་བོ་ཉིད་སྟོན་པ་ཡིན་པའི་གནད་འདི་མ་ཟིན་ལ། ཚིག་སྦྱོར་གྱི་རྣམ་པ་མཚུངས་པ་ཙམ་གཞིར་བཟུང་བའི་ཕྱོགས་སུ་ལྷུང་བའི་ཕྱིར་དང་། གཉིས་སུ། བྱ་བའི་ཡུལ་གྱི་དགོས་པ་བསྒྲུབ་པར་བྱ་བ་ཆེད་དུ་བྱེད་པའི་དགོས་ཆེད་དང་། བྱ་བའི་ཡུལ་གྱི་དགོས་པ་མི་ལྟོས་པར་བྱ་བ་ཙམ་བྱེད་པའི་ལས་སུ་བྱ་བ་གཉིས་ཀྱི་སྤྱི་རིས་མ་ཕྱེད་པའི་ཕྱིར་དང་། གསུམ་དུ། བྱེད་པ་པོའི་དམིགས་ཡུལ་དང་། བྱ་བའི་ཡུལ་གྱི་དགོས་པ་གཉིས་ཀྱི་ཁྱད་པར་མ་ཕྱེད་པར། ཉ་ཉུང་མཉམ་བསྲེ་བྱས་པའི་ཕྱིར། དེ་ལུགས་ཀྱི་ཆོས་ཉིད་མ་རྟོགས་ལོག་རྟོག་ཏུ་གྱུར་པ་ཡིན་ནོ། །

ཡང་། ལ་ལས། ཞིང་ལ་ཆུ་འདྲེན་པའི་ཞིང་ནི། ལོ་ཏོག་ལ་མ་དམིགས་པར་ས་ལ་དམིགས་པ་ཡིན་ན། ལས་སུ་བྱ་བའི་མཚན་གཞིར་འགྲོའོ་ཟེར། ཚིག་འཕྲི་སྐམ་པོས་བརྫར་ཤ་མི་ཆོད་པས། །ལུང་དང་རིགས་པས་དཔྱད་ན་རང་བཞིན་རྟོགས། །སྨྲ་རིག་པའི་ཐད་དུ་ཐོན་མི་གཉིས་པར་གྲགས་པའི་སི་ཏུ་པཎ་ཆེན་གྱི་ཞལ་ནས། བྱ་བ་གང་ཞིག་གིས་བྱ་བའི་ཡུལ་དེའམ། དེ་དང་འབྲེལ་བའི་ལས་ལ་ཕན་འདོགས་པར་འགྱུར་བའི་དོན་གྱི་ཆེད་དུ་བྱ་བའི་ཡུལ་ལ་འཇུག་པ་རྣམ་དབྱེ

བཞི་བ། ཞེས་གསུངས་པས་གནད་འདི་ཕིགས་ཏེ། ལེགས་བཤད་ཚད་ལྡན་དུ་མཐོང་ངོ་། །དེར་བརྟེན། ཞིང་ལ་ས་རུ་བཟུང་ཡང་། ས་ཡིས་ལོ་ཏོག་བསྐྱེད་པར་རྒྱུ་ཡི་དགོས་པ་ཡོད་པས། རྒྱུ་འདྲེན་པ་ཡང་བྱ་བའི་ཡུལ(ས)དེ་དང་འབྲེལ་བའི་ལས་ཏེ། སྨྱུ་གུ་འབྲུས་པའམ་ལྟང་བུ་སྐྱེ་བ་ལ་ཕན་འདོགས་པ་ཡིན་པས། དགོས་ཆེད་ཀྱི་མཚན་གཞི་རང་ཡིན་ནོ། །འདིར་དགོས་པ་ཞེས་པ་དང་། ཕན་འདོགས་པ་ཞེས་པ་གཉིས་ཚིག་བཤད་ཚུལ་མི་གཅིག་ཀྱང་དོན་སྟོན་ཚུལ་གཅིག་སྟེ། བྱེད་པ་པོ་རང་གིའམ་བྱ་བའི་ཡུལ་གང་གི་དགོས་པ་སྒྲུབ་པ་ནི་ཕན་འདོགས་པ་ཉིད་དེ། དགོས་པ་བསྒྲུབས་བྱུང་ན་ཕན་ཐོགས་སོང་བ་མ་ཡིན་ནམ། དགོས་ཆེད་གསལ་བྱེད་ཀྱི་སྒྲ་སྟེ། ཆེད། ཕྱིར། སླད། དོན། རྒྱུ་མཚན་རྣམས་གང་རུང་ཅམ་མམ། ལ་དོན་གྱི་གྲོགས་སུ་སྦྱར་ནས། བྱེད་པ་པོ་དང་བྱ་བའི་ཡུལ་གང་རུང་གི་དགོས་པ་སྟོན་ཆོག །དཔེར་ན།

དོན་དེ་ལ་རྟོད་པ་ཆུང་ཆེད་དུ་སྤང་རི་འདི་ནས་སུམ་ཆ་དེ་སྤྲེའུ་ལ་གསོལ་རས་གནང་རོགས་མཛོད། (བྱ་སྤྲེལ་གྱི་གཏམ་རྒྱུད་ལས)

སྐྱེས་པའི་ཚུལ་ཞུགས་མཛེས་མ་ཀུའུ་དབྱིན་ཐེས། །
ལིང་ཧྲིང་པེ་ལ་རང་གཤིས་མཚོན་སླད་དུ། །
ནོར་བུའི་འཕྲ་ལྡན་རྒྱན་ཆའི་ཚོན་བུ་གཅིག །
སློབ་དཔོན་དགའ་མའི་སྙིམ་པར་གཏད་ནས་སོང་། །

(ཕྲ་མོའི་རྒྱན་ཏེ་སྙན་ངག་སྡེབ་དོན་ལས)

ང་འབུ་སྲང་བུ་འདྲ་བ་ཞིག་གི་དོན་ལ་ཁོ་སྐྱེས་པ་ཁྲོ་གཞི་སྡོག་བཅད་པས་མི་ཡོང་ངོ་། །

(འགྲོ་བ་བཟང་མོའི་རྣམ་ཐར་ལས)

ལྟ་བུ་རྣམས་ལས་ལ་དོན་ལ་དགོས་ཆེད་གསལ་བྱེད་ཀྱི་ཚིག་གྲོགས་སྦྱར་ནས

དགོས་པ་བསྟན་པའོ། །

མི་རིགས་འདྲ་མཉམ་དུ་ངེས་ཆེད་མི་རིགས་སྲིད་ཇུས་གཏན་ལ་ཕབ་པོ། །

བུར་ཤིང་གཅོད་པ་རོ་ཡི་ཕྱིར། །ཕ་སྐྱེས་གསོད་པ་པགས་པའི་སླད། །
དོན་མཐུན་འཛོམས་པ་ནོར་གྱི་དོན། །རྒྱལ་པོར་གྲོལ་བ་འབངས་ཀྱི་ཆེད། །

(ཤིང་གི་བསྟན་བཅོས་ལས)

ལྟ་བུ་སོགས་དགོས་ཆེད་གསལ་བྱེད་ཀྱི་སྒྲ་ཙམ་གྱིས་དགོས་པ་བསྟན་པའོ། །

གསུམ་པ། རྟེན་གནས།

རྣམ་དབྱེ་བདུན་པ་རྟེན་གནས་ནི། །
གང་ཞིག་གར་ཡོད་སྟོན་བྱེད་དེ། །
གནས་དང་གནས་པའི་དོན་ཅན་དུ། །
ལ་དོན་གང་ཡང་འཇུག་ཉུང་གི། །
རྟེན་དང་བརྟེན་པའི་དོན་ཅན་དུ། །
ར་ལ་མིན་པ་འཇུག་མི་ཉུང་། །

རྟེན་གནས་ནི་ཆོས་གང་ཞིག་གནས་གང་དུ་ཡོད་པར་སྟོན་པར་བྱེད་པ་སྟེ། རི་རྩ་ན་ཆུ་མིག་ཡོད་ཟེར་བར། ཆུ་མིག་ཅེས་པའི་ཆོས་དེ་ཡོད་སའི་གནས་ནི། རི་རྩ་ཡིན་པར་ན་སྒྲས་བསྟན་པའོ། །

གནས་དང་གནས་པའི་དོན་ཅན་ཏེ། གནས་བྱའི་ཆོས་ཤིག་གནས་གཞི་གང་ན་ཡོད་པ་ཙམ་དུ་སྦྱར་བའི་དོན་ཅན་ནི། གནས་གཞི་ཕལ་བ་ཡིན་པས། ཐོབ་ཐང་ལྟར་ལ་དོན་གང་ཉུང་འཇུག་ཚོག །རི་དོགས་སུ་ལུག་ཡོད། ཅེས་པ་དཔེར་མཚོན་ན།

གནས་གཞི་རི་ངོས་དང་གནས་བྱ་ལུག་གཉིས་གཞི་གཅིག་མིན་པས་རང་ཤུགས་སུ་འབྲལ་སླ་སྟེ། ལུག་རི་ངོས་ན་ཡོད་པ་ཙམ་མོ། །ཡང་། རིའི་ཕང་བ་ལ་གྲོང་སྡེ་ཆགས་པ་དཔེར་མཚོན་ན། རིའི་ཕང་བ་དང་གྲོང་སྡེ་གཞི་གཅིག་མིན་པས། སོ་སོར་འཕྲལ་རུང་ལ། གྲོང་བ་རྣམས་རིའི་ཕང་བ་དེར་བསྡད་མ་འདོད་ན། གནས་གཞན་ཞིག་ཏུ་སྤོར་ཆོག་པ་ལྟ་བུ་ཡིན་ནོ། །དེ་བཞིན།

ཟི་ལིང་དུ་བཟོ་གྲྭ་མང་།
ཁྲིམ་དུ་འགྲུལ་བ་འགའ་ཡོང་ནས་ཡོད།

དཀྱིལ་འཁོར་བར་སྣང་ཁམས་ན་ཡོད། ལྷ་བཟོ་དཀྱིལ་འཁོར་དབུས་ན་བཞུགས།

(ཁིད)

བྲག་རིའི་ཉིན་དུ་ཤུག་པ་དང་སྲིབ་ཏུ་གསོམ་པ་སྐྱེས།
ཆུ་སྣོད་བརྒྱ་ལ་ཟླ་བ་བརྒྱ།

མང་མང་འདུས་པའི་ཚོགས་གྲལ་དུ། །འདྲ་འདྲ་ལྟ་བུ་མང་ན་ཡང་། །
རང་རང་ཁྱད་ཆོས་མི་འདྲ་བ། །སྐྱེ་བོ་རྣམས་ཀྱི་བྱད་གཟུགས་བཞིན། །

(ཐོག་མའི་བྱང་ལྷན་ཏེ་སྙན་ངག་གི་རྣམ་བཤད་གསལ་སྒྲོན་ལས)

ལྟ་བུ་སོགས་སོ། །

རྟེན་དང་བརྟེན་པའི་དོན་ཅན་ཏེ། རྟེན་བྱའི་ཆོས་ཤིག་རྟེན་གཞི་གང་ལ་ཐོགས་པའམ་དབང་བ་ཉིད་དུ་སྒྱུར་བའི་དོན་ཅན་ནི། རྟེན་གཞི་གཙོ་བོ་ཡིན་པས། ར་སྒྲ་ཟེར་ཡང་བས་མ་གཏོགས་ལ་དོན་གཞན་རྣམས་ལའི་ཚབ་ཏུ་འཇུག་མི་རུང་། དཔེར་ན། སིལ་སྡོང་ལ་ཡལ་ག་མང་། ཞེས་པའི་ལའི་དོད་དུ་དུ་སྒྲ་འཇུག་མི་རུང་སྟེ། རྟེན་དང་བརྟེན་པ་གཉིས་གཞི་གཅིག་ལ་འབྲེལ་དམ་པོ་ཆགས་ཡོད་པས། རང་ཤུགས་སུ་སོ་སོར་འབྲལ་མི་རུང་བ་དང་། །བཀྲ་ཤིས་ལ་གཟིག་

ལྷགས་ཤིག་ཡོད། ཅེས་པའི་ལའི་ཚབ་ཏུ་སུ་སྨྲ་འཇུག་མི་རུང་སྟེ། རྟེན་གཞི་བཀྲ་ཤིས་དང་བརྟེན་བྱ་གཟིག་ལྷགས་གཉིས་བདག་དང་བདག་གི་བར་འབྲེལ་བས། གང་ཞིག་གང་དུ་ཡོད་པ་ཙམ་བསྟན་པ་མ་ཡིན་གྱི། གང་ཞིག་གང་ལ་དབང་བ་དངོས་བསྟན་པ་ཡིན་ཞིང་། དེ་ཡང་རང་ཤུགས་སུ་སོ་སོར་མི་འབྲལ་བའི་ཕྱིར་རོ། །དེ་བཞིན།

མི་དམངས་ལ་རང་དབང་ཡོད། རྒྱུ་ལ་འབྲས་བུ་ཐོགས།
བཤད་པའི་ཁ་ལ་ཚངས་དབྱངས་གྲུབ། །ཉན་པའི་ཡིད་ལ་ཡེ་ཤེས་སྐྱེས། །

(གྲུ་གླིང་གཡུལ་འགྱེད་ལས)

དམག་དཔོན་བཙན་ལྷ་རྡོ་རྗེ་ན་རེ། ཁོ་རེ་མི་དམར་ཧ་དམར་སྐྱ། བཤད་རྒྱུ་ཁྱོད་ལ་ཡོད་ཀྱང་བདེན་པ་ང་ལ་ཡོད། ཟེར་ནས་གླུ་འདི་བླངས་སོ། །

(སྟག་གླིང་གཡུལ་འགྱེད་ལས)

བརྩོན་འགྲུས་ཅན་ལ་གྲུབ་པ་མང་། རང་སྒྲོང་ཅན་ན་རིག་པ་རྒོད། །

ལྟ་བུ་སོགས་སོ། །

བཞི་བ། ཚེ་སྐབས།

ཚེ་སྐབས་བྱ་བ་བྱེད་དུས་དང་། །
འབྱུང་དུས་ནས་ཡིན་སྟོན་བྱེད་ཡིན། །

ཚེ་སྐབས་ནི་བྱ་བ་གང་ཞིག་ནམ་ཚོད་བྱེད་པ་དང་། འགྱུར་ལྡོག་གང་ཞིག་ནམ་ཚོད་བྱུང་བའི་དུས་སྟོན་བྱེད་ཡིན་ནོ། །དེ་ལ་སྔ་མ་ནི་དཔེར་བརྗོད་ན། སྐྱ་རེངས་སུ་ལུས་རྩལ་སྦྱངས། ཞེས་པར། སྐྱ་རེངས་ནི་དུས་ཚོད་དང་། ལུས་

རྩལ་སྦྱངས་པ་བྱ་བ་ཡིན་པ། སུ་ཞེས་པའི་ལའི་དོན་ཅན་གྱི་སྒྲས་རྣམ་པར་ཕྱེ་ཞིང་། ལུས་རྩལ་སྦྱངས་པའི་དུས་ནི་སྐྱ་རེངས་ཡིན་པ་གསལ་བར་བྱས་པ་ལྟ་བུ། དེ་བཞིན།

བོད་ཡིག་ཐོག་མར་ཐོན་མི་སམྦྷོ་ཊས་གསར་དུ་བརྩམས་པ་ཡིན་ཞེས་གྲགས།
བཅིངས་གྲོལ་མ་བྱས་གོང་དུ་ངལ་རྩོལ་མི་དམངས་ཀྱི་འཚོ་བ་ཧ་ཅང་སྡུག
དེང་སྐབས་སུ་རང་རྒྱལ་དུ་སྤྱི་ཚོགས་རིང་ལུགས་ཀྱི་ཕྲིན་ལས་རྣམ་བཞི་དེང་རབས་ཅན་དུ་སྒྱུར་བཞིན་མཆིས།
ཉེ་ཆར་ང་ཚོས་ཟབ་སྦྱོང་བྱེད་ཀྱིན་ཡོད།
རྗེས་སུ་ངས་རྒྱ་ཡིག་ཀྱང་ཨེ་ཤེས་ཤེས་བལྟ།

རྫུན་དང་ཕྲ་མ་གཡོ་རྒྱུ་གསུམ། །འཕྲལ་ལམ་དུ་འགྲོ་ཡང་ཕུགས་སུ་ཕུང་། །
(བྱ་སྤྲེལ་གྱི་གཏམ་རྒྱུད་ལས)

ལྟ་བུ་སོགས་རིམ་བཞིན་གཉིས་རེར་བྱ་བ་བྱས་ཟིན་པའི་དུས་འདས་པ་དང་། བྱེད་བཞིན་པའི་དུས་ད་ལྟ་བ་དང་། བྱེད་འགྱུར་གྱི་དུས་མ་འོངས་པ་རྣམས་བསྟན་པའོ། །

ན་ནིང་ནས་ད་ལོའི་བར་དུ་ང་མཚོ་སྔོན་མི་རིགས་སློབ་གྲྭ་ན་ཟབ་སྦྱོང་བྱས་ཤིང་བསྡད།
ཟླ་བརྒྱད་པར་ཁོ་པེ་ཅིན་གྲོང་ཁྱེར་སོགས་སུ་ལྟད་མོ་བལྟ་བར་ཕྱིན་སོང་།
ཉ་གང་དུ་ཟླ་འཛིན་བྱུང་།
ཉིན་མོ་དཀར་ལ་རྐེ་ཉལ་མ་བྱེད།
ནམ་གུང་དུ་ཙུང་ཟད་གཉིད།

ལྟ་བུ་རིམ་བཞིན་ལོ། ཟླ། ཚེས། ཉིན། མཚན་མོ་སོགས་བསྟན་པའོ། །

ཏག་ཏུ༷་ལུག་རྫི་བྱེད།

ཁོ་མྱུར་དུ༷་བུད་སོང་།

ནམ་ཞིག་ལ༷་འོང་རྒྱུ་ཆ་མ་འཚལ།

ལྟ་བུ་དུས་ཀྱི་རྒྱུན་དང་། སྒློ་བུར་དང་། ངེས་མེད་རྣམས་བསྟན་པའོ། །
འགྱུར་ལྡོག་གང་ཞིག་ནམ་ཚོད་བྱུང་བའི་དུས་སྟོན་པར་དཔེར་ན།

མེ་ཏོག་སེར་ཆེན་སོས་ཀར༷་བཞད།

ལྷུང་གཡུགས་མ་ཐག་ཏུ༷་ཆར་བབས། ཡུད་ཙམ་དུ༷་ཡང་ཐང་སོང་།

ལོ་རེ་བཞིན་དུ༷་ཇེ་སྐྱིད་རེད།

རྒྱལ་ཚབ་རྗེ་ནི་རབ་བྱུང་དྲུག་པའི་ཤིང་འབྲུག་ལོར༷་འཁྲུངས་ནས་རབ་བྱུང་བདུན་པའི་
ལྕགས་ཕག་ལོར༷་གཤེགས(1364-1431)

ལྟ་བུ་སོགས་སོ། །

ལྔ་བ། དེ་ཉིད།

དེ་ཉིད་ལས་དང་བྱ་བ་གཉིས། །
ངོ་བོ་གཅིག་ཏུ་གྲུབ་པ་དང་། །
ཚུལ་དང་ཚད་གཉིས་སྦྱར་བ་ལས། །
ཁྱད་ཆོས་ངེས་ཅན་སྟོན་བྱེད་ཡིན། །

སྤྱིར་དེ་ཉིད་ཅེས་པ་དེ་ཁོ་ན་ཉིད་དེ། ཆོས་རྣམས་ཀྱི་གནས་ལུགས་མཐར་ཐུག་པའི་ངེས་པར་ངོས་འཛིན་མོད། སྐབས་འདིའི་དེ་ཉིད་ནི། དེ་འདྲའི་དོན་མིན་གྱི། དེ་དེ་རང་ཡིན་པའི་ངོ་བོ་གཅིག་འགྱུར་སྟོན་བྱེད་ཡིན་ཏེ། ལས་དང་བྱ་བ་

གཉིས་ངོ་བོ་གཅིག་ཏུ་གྲུབ་པའི་དེ་ཉིད་ཙམ་ལའི་དོན་ཅན་གྱི་སྒྲ་ལ་བརྟེན་ནས་ཤེས་ཚོག་པ་ཞིག་ཡིན།

དེ་ཡང་ནང་གསེས་ཁྱད་པར་བཞི་ཡོད་དེ།

གཅིག །ལས་དང་བྱ་བ་གཉིས་ངོ་བོ་གཅིག་ཏུ་སྦྱར་ནས་ཆོས་གང་གི་ངང་ཚུལ་སྟོན་པར་བྱེད་པ་ཞིག་སྟེ།

ཉི་མ་འོད་དུ་འཆར། ཞེས་པར། འོད་ནི་ལས་དང་འཆར་བ་བྱ་བ་གཉིས་དུ་སྒྲས་ངོ་བོ་གཅིག་ཏུ་སྦྱར་ཅིང་། འཆར་བ་འོད་དེ་ཉིད་ལས་ལོགས་སུ་མེད་ལ། འོད་ཀྱང་འཆར་བ་ལས་ལོགས་སུ་མེད་པར་བྱས་ནས། ཉི་མའི་ངང་ཚུལ་བསྟན་པའོ། །དེ་བཞིན།

མེ་ཚ་སྲེག་ཏུ་གྲུབ།
ཆུ་རླན་གཤེར་དུ་ངེས།
རྐྱེན་ངན་གྲོགས་སུ་ཤར།
ཁྲིམ་པ་ཟབས་སུ་འདོན་པ་བཅོ་ལྔ་ཡོད།

ཆོས་སྐྱོང་བཟང་པོ་བསིལ་ལྡན་ལྗོངས་འདི་ཡི། །
གྲངས་མེད་མཁས་པའི་གཙུག་རྒྱན་མ་ཡིན་ཏེ། །
དྲན་དབང་གཞན་གྱི་རྣམ་དཔྱོད་སྤོབས་པའི་ཚོགས། །
འཕྲོག་པའི་ཆོས་རྒྱན་ཉིད་དུ་ངེས་པ་ལགས། །

(ཆོས་ལ་བསྟོན་དོར་ཏེ་དབྱངས་ཅན་དགྱེས་གླུ་ལས)

ལྟ་བུ་སོགས་སོ། །

གཉིས། ལས་དང་བྱ་བ་གཉིས་ངོ་བོ་གཅིག་ཏུ་སྦྱར་ནས། བྱ་བའི་ཡུལ་གྱི་འགྱུར་ཚུལ་སྟོན་པར་བྱེད་པ་ཞིག་སྟེ།

རྒྱ་ཡིག་བོད་ཡིག་ཏུ་བསྒྱུར། ཞེས་པ་ན། ལས་བོད་ཡིག་དང་བྱ་བ་བསྒྱུར་བ་གཉིས་ཏུ་སྒྲས་ངོ་བོ་གཅིག་ཏུ་སྦྱར་ནས་བྱ་བའི་ཡུལ་རྒྱ་ཡིག་གི་རྣམ་པ་འགྱུར་ཚུལ་བསྟན་པའོ། །དེ་བཞིན།

ཏ་རྒྱུག་པར་བྱེད།
བ་བྲིས་མ་དྲུས་མར་རེ།
སླུ་ཤགས་ཡི་གེར་བྲིས།
མཚོན་ཆ་ཐམས་ཅད་ཀྱང་མེ་ཏོག་གི་ཆར་དུ་གྱུར།(ལེགས་བཤད་རིན་པོ་ཆེའི་གཏེར་མཛོད་ལས།)

ཁ་ཟས་མ་ཞུ་དུག་ཏུ་འགྱུར། །
དུག་ཀྱང་ཤེས་ན་སྨན་དུ་འགྱུར། །(ས་སྐྱ་ལེགས་བཤད་ལས།)

ཁོང་འདབ་ཆགས་ལྕགས་ལ་བཟོས་པ་མིན། །
ང་སྤྲེའུ་མར་ལ་བཟོས་པ་མིན། །(བྱ་སྤྲེལ་གྱི་གཏམ་རྒྱུད་ལས།)

ང་དགུང་སྔོན་དབྱིངས་ཀྱི་སྤྲིན་གསར་ལ། །གོས་རྡོ་འཛམ་ཡོང་བའི་རེ་བ་བྱེད། །
སྤྲིན་གོས་སུ་གྱོན་པ་ག་ནས་ཡོང་། །འབྲུག་སྒྲོག་ལྡེ་དང་འཁྲིགས་སྤྲང་ཆར་ངོམ། །
(སྣང་ས་འོད་འབུམ་གྱི་རྣམ་ཐར་ལས)

ཁྱི་བརྒྱབ་རྡོ་ལ་དབྱུག་པ་རེད། །མདུང་བསྣུན་ཁྲག་ལ་མཛུབ་མོ་རེད། །
ཞགས་འཕེན་ཕ་བོང་སྐུད་འཐེན་རེད། ། (གྲུ་གླིང་གཡུལ་འགྱེད་ལས)

ལྟ་བུ་སོགས་སོ། །

གསུམ། བྱ་ལས་ངོ་བོ་གཅིག་ཏུ་སྦྱར་ནས་བྱེད་པའི་སྤྱོད་ཚུལ་ལམ་འགྱུར་ཚུལ་སྟོན་པ་སྟེ། ཁོང་ག་ལེར་ཕེབས་པ་ན། ལས་ག་ལེ་དང་བྱ་བ་ཕེབས་པ་གཉིས་ར་སྒྲས་ངོ་བོ་གཅིག་ཏུ་སྦྱར་ནས་བྱེད་པ་པོ་ཁོང་གི་འགྲོ་ཚུལ་མཚོན་པ། དེ་བཞིན།

རྟ་མགྱོགས་པར་རྒྱུག
ཁ་བ་ལྷབ་ལྷུབ་ཏུ་བབས།
ཀུ་ཤུ་སྨིན་ནས་ཁ་དོག་དམར་པོར་གྱུར།
དོན་དག་ཚབ་ཚུབ་ཏུ་བྱེད་མི་རུང་།

ལྟ་བུ་སོགས་སོ། །

བཞི། ཁྱད་ཆོས་དང་ཚད་གཉིས་ངོ་བོ་གཅིག་ཏུ་སྦྱར་ནས་ཁྱད་གཞི་ཕོ་ཐག་རེ་སྟོན་པ་སྟེ།

འཚོ་བ་ལྷག་པར་སྐྱིད་པ་ན། ཚད་ལྷག་པ་དང་ཁྱད་ཆོས་སྐྱིད་པ་གཉིས་ར་སྤྲས་ངོ་བོ་གཅིག་ཏུ་སྦྱར་ནས། ཁྱད་གཞི་འཚོ་བའི་གནས་ཚུལ་ཕོ་ཐག་ཅིག་བསྟན་པ་དང་། དེ་བཞིན།

ཁྱོད་ཀྱིས་བཤད་པ་ངེས་པར་བདེན།
མཁས་པ་མཆོག་ཏུ་གྱུར་པ་ཞིག་རེད།
ལྷ་ཁང་བཞེངས་པ་ཁྱད་དུ་འཕགས།
རི་མོ་བྲིས་པ་ཀུན་ཏུ་མཛེས།

ཞག་གཅིག་གདུང་འདེགས་འཕྲུལ་གྱིས་ཡོངས་བརྟེན་ཅིང་། །
གསེར་སྦྱུངས་ཅིབས་མ་བརྒྱ་ཡིས་ཉེར་མཛེས་པ། །
སྲུས་ཀྱང་མ་བྱུས་རང་བྱུང་དྲུང་གི་གྲུར། །
མཆོད་སྤང་གི་ཚལ་ན་རྣམ་པར་བཀྲ། །

(ཤ་མོའི་གབ་ཚིག་སྐྱེ་དགུའི་ས་སློ་གྲོས་རྒྱ་མཚོས)

སྨྲ་བའི་དབང་པོ་ཁྱོད་ཀྱི་རྣམ་དཔྱོད་འདི། །

རབ་ཏུ་སྨྲ་ཞིང་རྩུབ་པའི་རང་བཞིན་དང་། །
ཤིན་ཏུ་རྣོ་བའི་ངར་དང་མི་ལྡན་ཡང་། །
ལོག་རྟོག་ཚང་ཚིང་ཅིག་ཅར་གཅོད་འདི་མཆར། །

(ཁྱད་པར་བརྗོད་པའི་རྒྱན་ཏེ་དབྱངས་ཅན་དགའ་གླུས)

ལྟ་བུ་སོགས་སོ། །

དོན་ཚན་ལྔ་བ། ན་སྒྲ།

ན་སྒྲ་གལ་འཇུགས་གཞུང་འཇུགས་དང་། །
རྒྱུ་མཚན་དང་ནི་མཐུན་མི་མཐུན། །
འོས་དང་མི་འོས་སྐྱོན་པ་དང་། །
ཐེ་ཚོམ་རྣམས་ལ་འཇུག་པ་ཡིན། །

ན་སྒྲ་ལ་དོན་དུ་དོན་ཚན་ལྔ་ལ་འཇུག་པ་གོང་གསལ། ཕྲད་རྐྱང་དུ་འཇུག་པ་མཁས་པ་རྣམས་ཀྱི་བཞེད་པ་དེ་འདྲ་མི་གཅིག་ཀྱང་། མཐའ་དཔྱད་ན་དོན་ཚན་བརྒྱད་འདྲ་ཡོད་དེ།

དང་པོ། གལ་འཇུགས་པ།

བརྗོད་བྱའི་ཆོས་ཤིག་གི་མཐའ་གཅིག་དམིགས་ཀྱིས་བཀར་ནས་སྟོན་པ། དཔེར་ན།

མི་དེ་སྐྱེས་བུ་དམ་པ་དང་ཕལ་བ་གཉིས་ལས། སྐྱེས་བུ་དམ་པ་ཡིན་ངེས་ན། ཡོན་ཏན་

ཁྱད་པར་ཅན་དང་ལྡན་པ་ཞིག་ཡིན་དགོས། (གསེར་ཏོག་པའི་སུམ་རྟགས་ལས།)

སང་ཉིན་ལམ་གྲོགས་ཨེ་ཡོད། ཡོད་གྲང་ན་ཨ་ཙག་འགྲོ།

(བློ་གསལ་འཇུག་ངོགས་ལས།)

དམ་པ་དཔོན་དུ་བསྐོས་གྱུར་ན། །རང་གི་འབངས་ལ་ལྷག་པར་བྱམས། །
མ་རབས་མཐོ་སར་བཞག་གྱུར་ན། །རང་གི་རིས་ལ་ལྷག་པར་འཚེ། །

(རྒྱལ་པོ་ལུགས་ཀྱི་བསྟན་བཅོས་ལས།)

ལྟ་བུ་དང་། འདི་འདྲའི་རིགས་ལ་གལ་ཏེ་དང་གལ་སྲིད་ཅེས་པའི་བརྟག་པ་མཐའ་བཟུང(གང་བརྟག་པར་བྱ་བ་སྐབས་ཐོག་ཡིན་པའི་དབང་དུ་བཏང་ནས་མཐའ་བཟུང་བ)གི་ཚིག་གྲོགས་སྦྱར་རྒྱུ་མང་སྟེ།

གལ་ཏེ་བུ་ཁྱོད་ཀྱིས་ཡུལ་དུ་མཐུའི་རྟགས་མ་ཐོན་པར་ལོག་བྱུང་ན། ང་མ་རྐན་ཁྱོད་རང་གི་མདུན་དུ་ཤེབས་ནས་ཤི་སྡོད་དོ་ཟེར། (མི་ལ་རས་པའི་རྣམ་ཐར་ལས)

གལ་སྲིད་ང་འོང་མ་ཐུབ་ན་ངའི་ཚབ་ཏུ་མི་གཞན་ཞིག་མངགས།

(དག་ཡིག་གསར་བསྒྲིགས་ལས)

ལྟ་བུ་སོགས་སོ། །

གཉིས་པ། གཞུང་འཇུགས་པ།

བརྗོད་བྱའི་དོན་སྙིང་དམིགས་ཀྱིས་བཀར་ནས་གསལ་བར་སྟོན་པ་སྟེ།

ཐ་སྙད་ཅེས་པར་འགྲོལ་ཚུལ་མང་ཡང་། དངོས་སུ་ན་མིང་དང་ཕྲད་ཀྱི་སྤྱི་མིང་ངོ་། །
ཐེག་ཆེན་དང་ཐེག་དམན་ལ་འདྲ་ས་དང་མི་འདྲ་ས་མང་སོད། མདོར་ན་ཐེག་ཆེན་གྱི་

ལུགས་ནི་སྒོ་ཀུན་ནས་གཞན་ལ་ཕན་འདོགས་པ་དང་། ཐེག་དམན་གྱི་ལུགས་ནི་གཞན་ལ་གནོད་པ་མི་སྐྱེལ་བ་ཉིད་དོ། །

མིང་གི་ཆགས་ཚུལ་དྲིལ་ན་འདོད་རྒྱལ་དང་རྗེས་གྲུབ་གཉིས་སོ། །

སྤྱིར་བཟོ་རིགས་ལ་རྒྱས་པར་ཕྱེ་ན་བསམ་གྱིས་མི་ཁྱབ་ཀྱང་། གཙོ་བོར་བསྡུ་ན། སྒྲ་བ་རིན་ཤེས་ཀྱིས། བཟོ་ནི་ལུས་དང་ངག་དང་ཡིད་བཟོའོ་ཞེས་གསུངས་པ་ལྟར་རོ། །

(རོལ་མོའི་བསྟན་བཅོས་ལས)

ལྟ་བུ་སོགས་སོ། །

གསུམ་པ། རྒྱུ་མཚན་སྟོན་པ།

རྒྱུ་ཡོད་ན་འབྲས་བུ་འབྱུང་། (སྒྲ་གསལ་འཇུག་ངོགས་ལས།)

ལྷུང་མ་གཡུགས་ན་སྔོང་བོ་མི་གཡོ།

རྟ་ངན་ན་ལ་ཐག་རྗེ་རིང་རེད། དཔའ་མེད་ན་དགྲ་ཡས་རྗེ་བརྙས་རེད།

རྒྱུན་ཆགས་བསྟེན་པ་མ་བཏང་ན། །མི་འགྲུབ་བྱ་བ་ཅི་ཡང་མེད། །

ཆུ་ཐིགས་རྟག་ཏུ་འབབ་པ་ཡིས། །བྲག་གི་རི་བོ་འབིགས་ལ་ལྟོས། །

(ཆུ་ཡི་བསྟན་བཅོས་ལས།)

རིག་པའི་གནས་ལྔར་ལེགས་པར་མ་སྦྱངས་ན། །

དགྲ་བཅོམ་གྱིས་ཀྱང་ཀུན་མཁྱེན་ཐོབ་མི་སྲིད། །

དེ་བས་དོན་གཉིས་མཐར་ཕྱིན་བྱ་བའི་ཕྱིར། །

ཀུན་མཁྱེན་ལམ་འདིར་མཁས་རྣམས་བརྩོན་པར་རིགས། །

(སྟག་ཚང་ལོ་ཙཱ་བ་ཤེས་རབ་རིན་ཆེན་རྒྱལ་མཚན་གྱི་གསུང་།)

ལྟ་བུ་སོགས་སོ། །

གཞན་ཡང་། མི་མེད་ན་དུ་བ་ཇི་ལྟར་ཡོད། ཅེས་པ་ལྟ་བུ་རྣམས་ལ། མཁས་པ་ལ་ལས་རྒྱུ་མཚན་དོན་གྱིས་བསྟན་པའི་དཔེར་འཁོད་པ་འགྲིག་མོད་ཀྱང་། འདྲི་ཁུལ་བྱས་པ་ཙམ་ལས་རྒྱུ་མཚན་བསྟན་པའི་རིགས་ལས་དབྱེ་བ་ཆེར་མི་སྣང་བས། དེའི་ཁོངས་སུ་བསྡུས་ན་འོས་སྙམ།

བཞི་པ། མཐུན་པ་དང་མི་མཐུན་པ་བསྟན་པ་ལས།

༡ ཚིག་སྔ་ཕྱི་མཐུན་པར་བསྟན་པ།

འགྲོ་ན་འགྲོ།

ཐུག་པ་བསྐོལ་ན་ཐུག་པ་བསྐོལ།

མགོ་ལ་ཚད་ན་མགོ་ལ་ཚད། །

འདོམ་པས་འཇལ་ན་འདོམ་པས་འཇལ། །

(བྱ་སྤྲིལ་གྱི་གཏམ་རྒྱུད་ལས།)

གལ་ཏེ་གཤེགས་ན་གཤེགས་པར་མཛོད། །
ཁྱོད་ཀྱི་བགྲོད་པས་བདག་ལ་ནི། །
གདུང་བ་ཡུན་རིང་འབྱུང་མི་འགྱུར། །
འདི་ལ་ཁྱོད་ནི་དོགས་མི་འཚལ། །

(རྗེས་གནང་གིས་འགོག་པ་སྟེ་སྙན་ངག་མེ་ལོང་ལས།)

ལྟ་བུའོ། །

༢ ཚིག་དོན་སྔ་ཕྱི་མི་མཐུན་པར་བསྟན་པ།

གསེར་ཡིན་ན་ར་གན་མིན།

ཁྱོད་ལ་དགོས་ན་ང་ལ་མི་དགོས།

འདི་སྔོན་དུ་སྡིག་པ་སྤྱོད་པ་ཞིག་ཡིན་ན། ད་ནི་དགེ་བ་ལ་ཡིད་འཇུག་པར་བྱེད་དོ། །

(སི་ཏུའི་འགྲེལ་ཆེན་ལས།)

ལྟ་བུ་སོགས་སོ། །

ལྔ་བ། འོས་པ་དང་མི་འོས་པ་བསྟན་པ་ལས།

༡ འོས་སུ་ཆེ་བ་སྟེ། འོས་པ་ནན་གྱིས་འཛིན་པར་བསྟན་པ།

ཆུ་ལ་མེ་འབར་ན་ཤིང་ལ་ཡོས་འབར།

སྤྲང་མས་ལས་ལ་འབད་ན། དབུལ་པོ་རྣམས་བཤད་དུ་ཅི།

བླུན་པོས་ཡི་གེ་ཤེས་ན་མཁས་པ་ལྟ་ཅི་སྨོས། (སློ་གསལ་འཇུག་ངོགས་ལས།)

ལྟ་བུའོ། །

༢ འོས་པར་དཀའ་བ་སྟེ། མི་འོས་པ་དམིགས་ཀྱིས་འཛིན་པར་བསྟན་པ།

ལས་ཡིན་པ་བྱས་ན་མིན་པ་ཟེར། དཔེ་པད་མ་བྲིས་ན་ཁྱི་རྗེས་ཟེར། (གྲུ་གྲུ་གོ་རྗོང་ལས།)

བཟང་བྱས་ན་ངན། ཇ་བླུགས་ན་གཅིན།

ནང་དུ་བསྡད་ན་གྲུང་ངོས་ཡོགས་རིས་ཟེར། །

ཕྱི་ལ་སོང་ན་མགོ་ཡང་འཕྱུན་མོ་ཟེར། །

(སྣང་ས་འོད་འབུམ་གྱི་རྣམ་ཐར་ལས)

༣ འོས་ཤིང་མི་འོས་པ་སྟེ། དངོས་པོ་གཅིག་གིས་བྱ་རུང་བ་དེ། དངོས་པོ་གཞན་ཞིག་གིས་བྱ་མི་རུང་བར་བསྟན་པ།

བློ་གྲོས་ལྡན་པས་མི་རྟོགས་ན༷། །བླུན་པོའི་ཚོགས་ཀྱིས་ཅི་ལ་རྟོགས། །
མིག་ལྡན་རྣམས་ཀྱིས་མི་མཐོང་ན༷། །ལོང་བས་མཐོང་བ་སྲིད་འགྱུར་རམ། །

(འོས་ཤིང་མི་འོས་པའི་དོན་གཞན་བཀོད་པ་སྟེ་སྙན་ངག་རྣམ་བཤད་གསལ་སྒྲོན་ལས)

ལྟ་བུ་སོགས་སོ། །

དྲུག་པ། སྨོན་པ་སྟོན་པ།

ཁྱེད་ཀྱི་ནད་དྲག་ན༷་གྲོང་བ་ཀུན་དགའོ། །
བདག་མཁས་པར་གྱུར་ན༷་ཅི་མ་རུང་། (བློ་གསལ་འཇུག་ངོགས་ལས།)
སེམས་ཅན་ཐམས་ཅད་བདེ་བ་དང་ལྡན་ན༷་སྙམ་མོ། །(སི་ཏུའི་འགྲེལ་ཆེན་ལས།)

ལྟ་བུ་སོགས་སོ། །

དོན་ཚན་དྲུག་པ། ལ་སྒྲ།

ལ་སྒྲ་མཚམས་སྦྱོར་གཞན་འདྲེན་དང་། །
ཉམས་དང་འབྱུང་ཁུངས་སྟོན་པ་དང་། །
ལྷག་མ་སྦྱུད་པ་རྣམས་ལ་འཇུག །

ལ་སྒྲ་རྣམ་དབྱེའི་ཕྲད་གཙོ་བོ་ཡིན་པར་མ་ཟད། ཚིག་ཕྲད་རྐྱང་བའང་ཡིན་ལ། སྔ་མའི་འཇུག་པ་བཤད་ཟིན་པ་ལྟར་རོ། །ཕྱི་མའི་འཇུག་པ་རྒྱུགས་ཆེ་བ་གཤམ་གསལ།

དང་པོ། ཚིག་ལྷ་ཕྱིའི་མཚམས་སྦྱོར་བ་ལ་བཞི་སྟེ།

༡ ཁྱད་ཆོས་མཐུན་པ་གཉིས་མཚམས་སྦྱར་ནས་ཁྱད་གཞི་གང་གི་རང་བཞིན་ནམ་རྣམ་པ་མཚོན་པ།

ཐག་པ་སྲ་ལ་གྲིམ་པ་ཞིག་གིས་ཚོ་ཚོ་རྐང་ལག་བཀྱིགས་ཤིང་བསྡམས།

(གཡག་ལུག་ར་ཕག་གི་གཏམ་རྒྱུད་ལས)

གཏམ་འཛིགས་ལ་ཟིལ་ཆེ་བ། དོན་བཟང་ལ་བཅུད་ཆེ་བ་འགའ་དང་འགའ་ཐོངས་ཤིག

(བྱ་སྤྲེལ་གྱི་གཏམ་རྒྱུད་ལས)

ད་རང་གཉིས་གྲོས་ཆ་སྙིངས་ཆེ་ལ་བབ་བརྟན་པ། ཕྱུགས་ནས་མི་འགྲོད་པ་གཅིག་བྱེད་དགོས་པ་འདུག (སྒོམ་ཆེན་དང་རྫ་ཅིག་ལས)།

དཀར་མོ་རྒྱན་ཞེས་བྱ་བ་བུ་མོ་གཟུགས་མཛེས་ལ་མི་ཆོས་ཕེར་བ། དགྲ་གཉེན་གང་ལའང་ཆགས་སྡང་གི་ནུས་ཐོན་པ་ཞིག་ཡོད་པ། (མི་ལ་རས་པའི་རྣམ་ཐར་ལས)

བཞིན་རས་ཁྲོ་གཉེར་ནག་ལ་རིད་པ་འདི།།
གཞན་གྱིས་ཤེས་དོགས་གདོང་འབག་གྱོན་པ་མིན།།
གཡར་པོའི་ལང་ཚོ་ཀ་བས་བཅོམ་བྱས་ནས།།
མི་རྟག་རང་མདོག་དུས་སུ་བསྟན་པ་ཡིན།།

(ཉམས་སྒྲོང་རྒན་པོའི་འབེལ་གཏམ་ལས)

ལྟ་བུའོ། །

༢ ཁྱད་ཆོས་འགལ་བ་གཉིས་མཚམས་སྦྱར་ནས་མི་མཐུན་པའི་ཚིག་རྒྱན་བྱེད་པ།

ཁ་འཛམ་ལ་ཁོག་རྫུབ།
མི་དེ་ང་རྒྱལ་ཆེ་ལ་ཡོན་ཏན་གྱིས་དབུལ་བ་ཞིག་གོ། །

མགོ་བོ་ཆེ་ཡང་ལྷ་བྱེད་མིག་ནི་ཆུང་། །
དྲི་འཛིན་རིང་ལ་མཇུག་མ་ཐུང་ཞིང་ཕྲ། །
གོམ་སྟབས་དལ་ལ་བགྲོད་པ་ཤིན་ཏུ་མགྱོགས། །
སྟོབས་ལྡན་སླང་པོའི་བཞོན་པ་མིག་སྔར་མཛེས། །

(འགལ་བའི་རྒྱན་ཏེ་དུང་དཀར་བས)

ལྷ་བྲུབ། །
༣ བྱ་བ་གཉིས་མཚམས་སྦྱར་ནས་དུས་སྟ་ཕྱིའི་གོ་རིམ་བསྟན་པ།

རྟ་ཞོན་ལ་སོང་།
ཚར་བུ་ཉོ་ལ་སློག་པ་བཟོ།

ཁྱོད་ཤིན་ཏུ་ལེགས་པར་ཉན་ལ་ཡིད་ལ་ཟུངས་ཤིག་དང་། ཁྱོད་ལ་བསྟན་པར་བྱའོ། །

(མདོ་མཛངས་བླུན་ལས)

ལྷ་བྲུབ། །
༤ ཚིག་ག་གཉིས་མཚམས་སྦྱར་ནས་དོན་ངེས་ཅན་ཞིག་བསྟན་པ།

ཡོན་ཏན་དང་པོ་སློབ་དཀའ་ལ། །ཤེས་བཞིན་མེད་ན་ཉམས་པ་སླ། །
ཆུ་ཐིགས་བསགས་པས་འགེང་དཀའ་ཡང་། །དབོ་ན་ཅིག་ཅར་ཉིད་དུ་འཛད། །

(ཆུ་ཡི་བསྟན་བཅོས་ལས)

གདང་ཁའི་བྱ་ཕོ་འདི་ལ་དཔེ་ལོངས་ལ། །ཞོགས་པ་ལང་བའི་སྔ་མ་བུ་མོས་མཛོད། །

སྒོ་ཁའི་བྱི་མོ་འདི་ལ་དཔེ་ལོངས་ལ། །དགུང་མོ་ཉལ་བའི་རྗེས་མ་བུ་མོས་མཛོད། །

(སྣང་ས་འོད་འབུམ་གྱི་རྣམ་ཐར་ལས)

བསྟོད་པས་དགའ་བར་མི་འགྱུར་ལ། །སྨད་པས་མི་དགར་མི་འགྱུར་ཞིང་། །
རང་གི་ཡོན་ཏན་ལེགས་གནས་པ། །སྐྱེ་བོ་དམ་པའི་མཚན་ཉིད་ཡིན། །

(ས་སྐྱ་ལེགས་བཤད་ལས)

ལྟ་བུ་སོགས་སོ། །

གཉིས་པ། དོན་གཞན་འདྲེན་པ།

སྟག་གཟིག་དོམ་དྲེད་སོགས་གཅན་གཟན་ཡིན་ལ། གླ་གཉན་ཤྭ་གཙོད་སོགས་རི་དྭགས་ཡིན་ནོ། །

ཀ་ཁ་ཙ་ཚ་ཏ་ཐ་དང་། །པ་ཕ་ཙ་ཚ་ཤ་ས་ཨར། །
མགྲིན་པ་མན་གྱི་སྒྲ་མེད་ལ། །གཞན་རྣམས་དེ་དང་ལྡན་པའོ། །
ཤིང་བཅད་ནས་ཆོད་པ་ལས། བཅད་པ་བྱེད་པའི་རྩོལ་བ་ཡིན་ལ། ཆོད་པ་ལས་ཀྱི་འགྱུར་བ་ཡིན་ནོ། །

ལྟ་བུ་རྣམས་སོ། །

གསུམ་པ། འབྱུང་ཁུངས་སྟོན་པ།

བདེ་སྐྱིད་ལ་བུ་གུ་སྐྱེས། ཞེས་པ་དཔེར་མཚོན་ན། བུ་གུ་སྐྱེས་ཞེས་འབྱུང་བྱའི་ཆོས་འདིའི་འབྱུང་སའི་ཁུངས་ནི་དེའི་མ་བདེ་སྐྱིད་ཡིན་པ་ལ་སྦྲས་བསྟན་པའོ། །དེས་ན་འདི་རིགས་ཀྱི་ལ་སྒྲའི་ཚབ་ཏུ་བྱེད་སྒྲ་འཇུག་མི་རུང་། བདེ་སྐྱིད་ཀྱིས་བུ་གུ་བསྐྱེད་ཟེར་ན། དོན་སྐྱོན་དུ་འགྱུར་ཏེ། ཕོག་པའི་བུ་དེ་ནམ་སྐྱེ། དུས་ཀྱི་

གཞན་དབང་ཡིན་གྱི། མ་ཡི་རང་དབང་མིན་པའི་ཕྱིར། སྐབས་འདིའི་བདེ་སྐྱིད་ནི་བུ་གུ་སྐྱིད་བྱེད་ཀྱི་བྱེད་པ་པོར་མི་འགྱུར་ཏེ། བུ་གུ་སྐྱེ་སའི་སྐྱེ་ཁུངས་སུ་ངེས་པ། ཚད་མས་གྲུབ་པའོ། །

དེ་ཡང་། སྡོང་པོ་ལ་ཡལ་ག་སྐྱེས། ཞེས་པ་དང་གཞིབས་ན། ཚིག་སྦྱོར་གྱི་རྣམ་པ་འདྲ་བ་རང་ཡིན་ཡང་། དོན་སྦྱོར་གྱི་མཚན་ཉིད་གཏན་ནས་མི་གཅིག་སྟེ། ཡལ་ག་སྐྱེས་པ་ལྗོན་ཤིང་ལ་ཐོགས་ཤིང་གཅིག་ཏུ་འབྲེལ་བས་ན། ལ་སྒྲས་ཡལ་ག་རྟེན་སའི་གཞི་སྡོང་པོ་ཡིན་པར་བསྟན་པ་དང་། བུ་གུ་སྐྱེས་པ་མ་ལས་ཆད་ཅིང་སོ་སོར་བྱེ་བས་ན། ལ་སྒྲས་བུ་གུ་འབྱུང་སའི་ཁུངས་བདེ་སྐྱིད་ཡིན་པར་བསྟན་པའོ། །དེ་བཞིན།

བླ་མ་ལ་ལུང་མནོས།
དགེ་རྒན་ལ་དཔེ་ཁྲིད་ཞུས།

ཚེ་འདི་ཡུན་ཐུང་ཤེས་བྱའི་རྣམ་པ་མང་། །ཚེ་ཡི་ཚད་ཀྱང་ཅི་ཙམ་མི་ཤེས་པས། །
ངང་པས་ཆུ་ལ་འོ་མ་ལེན་པ་ལྟར། །རང་གི་འདོད་པ་དང་དུ་བླང་བར་བྱ། །

(ཇོ་བོ་རྗེའི་གསུང་)

ལྟ་བུ་རྣམས་སོ། །

བཞི་བ། ལྷག་མ་བསྡུས་པ།

ཚིག་དེའི་དོན་གསལ་བས། ཚིག་གི་ཟླ་བོ་ལྷག་མ་བཤད་པའི་དགོས་པ་མེད་པར་བསྡུས་བྱུང་བར་སྟོན་པ་ཞིག་སྟེ། དཔེར་བརྗོད་ན། ཤ་སྒོ་ཁ་མ་འཛོག །ཁྱིས་ཐོས་འགྲོ། ཞེས་པའི་ཚིག་འདིས་གོ་བརྡ་གསལ་བར་འཕྲོད་པས་ན། དེའི་རྗེས་སུ་བདག་ཕྱིས་སམ། ནང་དུ་ཁྱེར། ལྟ་བུའི་ཚིག་གྲོགས་ལྷག་མ་བཤད་མི་དགོས་པར

བསྡུ་བའི་ཆེད་དུ། ཤ་སྐོ་ཁ་མ་འཇོག །ཁྱིས་ཟོས་འགྲོ་ལ། ཞེས་པ་ལྟར་ཚིག་མཐར་ལ་སྒྲ་སྦྱར་ནས་ལྷག་མ་བསྡུས་པར་བསྟན་པའོ། །ལ་སྒྲ་མ་སྦྱར་ན་ཚིག་དོན་དེ་འདྲ་མི་འགྱུར་བའི་སྐྱོན་དུ་སྣང་བའི་ཕྱིར་རོ། །དེ་བཞིན།

ངས་ཁོ་ལ་བཤད་ཡོད། ཁྱོད་སོང་དང་ཁོས་རོགས་རམ་བྱེད་ལ།

བརྐུ་བྱེད་ཀྱིན་སྡོད་དང་། ཁྲིམས་ལ་ཐོགས་འགྲོ་ལ།

ཕོ་ཉལ་བ་མང་ན་དོན་མགོ་འཚོར་ལ། མོ་ཉལ་བ་མང་ན་ལས་མགོ་འཚོར་ལ།

ལྟ་བུ་སོགས་སོ། །

ལྔ་པ། ཉམས་མཚོན་པ།

ཡིད་ཀྱི་འགྱུར་བ་སྟེ་དགའ་བའམ་ཁྲོ་བ་སོགས་རབ་ཏུ་རྒྱས་ནས་ངག་ཏུ་ཐོན་པའི་ཉམས(ཉམས་འགྱུར་བྱ་བ་འབོད་སྒྲའི་སྐབས་སུ་གསལ)སྣ་ཚོགས་མཚོན་པར་འཇུག་པ་ཞིག་སྟེ། སྐྱོན་གྱི་ཉེས་དམིགས་མ་རྟོགས་པར། །གོལ་སར་ཡང་འཁྱོར་སླན་པ་ལ། །ཞེས་པའི་ཚིག་མཐའི་ལ་སྒྲས་མི་སྡུག་པའི་ཉམས་མཚོན་པའོ། །དེ་བཞིན།

ཡི་གེ་མ་ཤེས་རྟགས་པ་ལ། སྒྲུང་དཔེ་ལྟ་འདོད་ཅེ་རེ་ལོང་།

རྨི་ལམ་ནང་དུ་བྱུང་བའི་ཨ་མ་དེ། །ད་ལྟ་དངོས་སུ་ཡོད་ན་དགའ་བ་ལ། །

(འགྲོ་བ་བཟང་མོ་ལས)

ཨ་ཞང་གིས་ནི་ཨ་ཁུ་ལ་བུ་མང་པོ་ཡོད་པས་རྒོལ་མ་ནུས། གཞན་ཡུལ་མི་ངེད་རང་ལ་དཀར་བ་རྣམས་ནི་མ་སྨད་ཚོ་སྙིང་རྗེ་བ་ལ་ཟེར། མི་དྭ་བ་མི་འདུག

(མི་ལ་རས་པའི་རྣམ་ཐར་ལས)

གཞན་སེམས་བསྲུང་བའི་ཁྲལ་མེད་རང་དབང་ཅན། །

དྲི་ལྡན་མེ་ཏོག་གསར་པའི་བཅུད་ཀྱིས་འཚོ། །
བར་སྣང་ཡངས་པོར་བདེ་བའི་སྣང་གླུས་འཁོར། །
ཡིད་འོང་སྤྲང་སྟེའི་བུ་འདི་སྐྱིད་པ་ལ། །

(སྐབས་མིན་བསྟོད་པའི་རྒྱན་ཏེ་བོད་མཁས་པས)

ལྡུ་བུ་སོགས་རིམ་བཞིན་མི་སྡུག་པའི་ཉམས་དང་། སྙིག་པའི་ཉམས་དང་། སྙིང་རྗེ་བའི་ཉམས་དང་། རྨད་བྱུང་གི་ཉམས་སོགས་མཚོན་པའོ། །

དོན་ཚན་བདུན་པ། འབྱུང་ཁུངས།

ནས་ལས་གཉིས་ནི་འབྱུང་ཁུངས་དང་། །
དགར་དང་སྡུད་པ་རྣམས་ལ་འཇུག །
གཞན་ཡང་ནས་སྒྲ་ཕྲད་རྐྱང་དུ། །
མཚམས་སྦྱོར་དག་ལའང་འཇུག་པ་ཡོད། །

རྣམ་དབྱེ་ལྔ་བ་ནས་ལས་གཉིས་ནི་འབྱུང་ཁུངས་དང་། དེའི་ཡན་ལག་གི་ཚུལ་དུ་སྣང་བའི་དགར་བ་དང་། སྡུད་པ་དག་སྟོན་བྱེད་ཡིན་ལ། ཀཱ་སི་ཀཱའི་སུམ་རྟགས་འགྲེལ་ཆེན་དུ། དེ་ལྟར་དགར་སྡུད་ལ་འཇུག་པའི་སྒྲ་འདི་རྣམས་ཀྱང་འཕྲད་གཞན་མ་ཡིན་པར། རྣམ་དབྱེ་ལྔ་བའི་ཡན་ལག་ཉིད་དུ་ཤེས་དགོས་ཏེ། དགར་བ་ནི་གང་ལས་དགར་བའི་གཞི་དེ་ལས་ཁྱད་པར་དུ་བྱུང་བ་ལྟར་སྣང་བ་དང་། །སྡུད་པ་ནི་ཐོག་མ་གང་ནས་བརྩམས་པ་དེ་ལས་བསྡུ་རྒྱུ་གནས་སྐབས་ཐམས་ཅད་བྱུང་བ་དང་འདྲ་བའི་ཕྱིར། འབྱུང་ཁུངས་ཀྱི་རྣམ་དབྱེ་སྦྱར་བར་སྣང་བའི་ཕྱིར་རོ། །འོ་ན་འབྱུང་ཁུངས་ཉིད་དུ་སློས་པས་ཚིག་གོ་སླམ་ན། འབྱུང་ཁུངས

ལ་འཇུག་པར་བསྟན་པ་ནི་འབྱུང་ཁུངས་དངོས་དང་། དེ་དང་ཆ་འདྲ་བ་གཙོ་བོ་རྣམས་སྡུད་པའི་དོན་དང་། དགར་སྡུད་གསུངས་པ་ནི་འབྱུང་ཁུངས་དངོས་དང་ཆ་མཐུན་པ་གཉིས་ཀ་མ་ཡིན་ཡང་། ཚིག་སྦྱོར་ཙམ་གྱིས་ཆ་མཐུན་དང་འདྲ་ཙང་དུ་ཡོད་པའི་ཕྱིར། ལྷ་བའི་ཡན་ལག་ཕལ་བར་གྱུར་པ་རྣམས་སྡུད་པའི་དོན་ཡིན་པས་སྐྱོན་མེད་དོ། །ཞེས་གསུངས་པ་ཁིབས་ཆེ་བས། མཁས་པའི་ལེགས་བཤད་དུ་མཐོང་ངོ་། །

ནས་ལས་གཉིས་ནི་ཕྲད་རང་དབང་ཅན་ཡིན་ཡང་དོན་ལ་འཇུག་ཚེ། གང་འཇུག་གང་མི་འཇུག་པའི་ཁྱད་པར་ཡོད་དེ། གཤམ་གསལ་གྱི་དོན་སྟོན་ཚུལ་ལས་ཤེས་པར་བྱ།

འབྱུང་ཁུངས་ནི་གང་ལས་འབྱུང་བའི་ཁུངས་དང་། དེ་ལས་བྱུང་བའི་ཆོས་གཉིས་སོ་སོར་འབྱེད་ཅིང་གཙོ་ཆེར་འབྱུང་ཁུངས་ལ་ཉེ་བར་བྱེད་པའི་རྣམ་དབྱེ་སྟེ(གསེར་ཏོག་སུམ་རྟགས་ལས)དཔེར་ན། རྒྱ་མཚོ་ནས་ནོར་བུ་བྱུང་། ཞེས་པར། འབྱུང་བྱ་ནོར་བུ་དང་། འབྱུང་ཁུངས་རྒྱ་མཚོ་ཡིན་པར་ནས་ཞེས་པས་བསྟན་པའོ། །དེ་ལ་རིགས་གཉིས་ཏེ།

དང་པོ། འབྱུང་ཁུངས་དངོས།

ཆོས་གང་ཞིག་ཁུངས་གང་ལས་དངོས་སུ་བྱུང་བའམ་ཕྱུང་བའི་ཁུངས་སྤྱི་ཙམ་པ་ལ་ལས་སྒྲ་དང་ཁུངས་ཟུར་ཙམ་པ་ལ་ནས་སྒྲས་སྟོན་པ་སྟེ།

ས་ནས་རྩྭ་སྐྱེས།

རི་རྩ་ནས་ཆུ་མིག་བྱུང་།

ཁ་ནས་ཚིག་ཤོར་ཡུ་བ་ཐུང་། (སློམ་ཆེན་དང་རྫ་ཚིག་ལས)

ཐབས་མཁས་པས་རྒྱ་མཚོ་མཐའ་ནས་བསྐོར། །
དོན་ནོར་བུ་རྒྱ་མཚོའི་གཏིང་ནས་བླངས། ། (བྱ་སྤྲེལ་གྱི་གཏམ་རྒྱུད་ལས)

རང་དོན་གཞན་དོན་བྱེད་སྙམ་གང་ཡིན་ཡང་། །
སེམས་ལ་བསམ་པ་ངག་ནས་སྨྲ་མི་བྱ། །
ངག་ནས་སྨྲས་ནས་ཇི་བཞིན་འབད་པས་སྒྲུབས། །
མ་གྲུབ་བར་དུ་ཡལ་བར་འདོར་མི་རུང་། །

(བྱ་མགྲིན་སྔོན་ཟླ་བའི་རྟོགས་བརྗོད་ལས)

ལྟ་བུ་རྣམས་ལས་ནས་སྒྲས་འབྱུང་ཁུངས་ཟུར་ཙམ་བསྟན་པ།

ས་བོན་ལས་མྱུ་གུ་སྐྱེས།
མེ་ཏོག་ལས་དྲི་བསུང་འཐུལ།

ལེགས་བཤད་བྱིས་པ་དག་ལས་ཀྱང་། །མཁས་པ་རྣམས་ཀྱིས་ཡོངས་སུ་ལེན། །
དྲི་ཞིམ་བྱུང་ན་རི་དྭགས་ཀྱི། །ལྟེ་བ་ལས་ཀྱང་གླ་རྩི་ལེན། །

(ས་སྐྱ་ལེགས་བཤད་ལས)

ཡུལ་གྱི་བདེ་སྡུག་སྐྱོན་ཡོན་རྣམས། །ཕལ་ཆེར་དོན་མེད་ངག་ལས་གསལ། །
བདེན་པའི་མི་ལ་དྲི་ཞིང་དཔྱད། །དོན་མེད་ངག་ལས་དོན་མང་རྟོགས། །

(རྒྱལ་པོ་ལུགས་ཀྱི་བསྟན་བཅོས་ལས)

ལྟ་བུ་རྣམས་ལས་ལས་སྒྲས་འབྱུང་ཁུངས་སྤྱི་ཙམ་པ་བསྟན་པའོ། །

འབྱུང་ཁུངས་དངོས་སྟོན་པ་ལ། སྤྱིར་ནས་ལས་གང་རུང་སྦྱར་ཆོག་པ་འདྲ་ཡང་། ཕྲ་ཞིབ་རིགས་པས་བརྟགས་ན། དོན་ལ་ཁྱད་པར་ཡོད་དེ། ས་ནས་རྩྭ་སྐྱེས་ལ། ས་ལས་རྩྭ་སྐྱེས་མི་ཟེར། ས་བོན་ལས་མྱུ་གུ་སྐྱེས་ལ། ས་བོན་ནས་མྱུ་གུ་

སྐྱེས་མི་ཟེར། འདི་ནི་བརྗོད་བདེ་མི་བདེ་ཙམ་གྱི་དོན་མིན་པར། འབྱུང་ཁུངས་ཀྱི་དང་ཟུར་གྱི་ཁྱད་པར་གཏོད་པའི་ཕྱིར་ཏེ། འབྱུང་བྱ་སྨྱུ་གུ་དེ་འབྱུང་ཁུངས་ས་བོན་གྱི་ལ་རག་ལས་ནས་ཡོད་པ་ལྟ་བུའི་རིགས་ལ་ལས་སྒྲས་སྟོན་པ་དང་། འབྱུང་བྱ་རྨ་དེ་འབྱུང་ཁུངས་སའི་ཟུར་ཙམ་མམ་ཆ་ཤས་ཤིག་ལ་རག་ལས་ནས་ཡོད་པ་ལྟ་བུའི་རིགས་ལ་ནས་སྒྲས་སྟོན་པ་ཡིན། འདི་ལུགས་མཁས་ཆེན་རྣམས་ཀྱི་གསུང་ལས་གསལ་ཏེ། རྒྱལ་དབང་ལྔ་བས་རྣམ་འགྱུར་གྱི་དཔེ་ལ།

གངས་ཅན་མཁས་པའི་དབང་པོ་ཤོང་སྟོན་རྗེ། །
འཕགས་ཡུལ་པཎ་ཆེན་ཁྲིད་ནས་བྱོན་པ་བཞིན། །
སྟོན་མེད་ལེགས་པར་བཤད་པའི་གསུང་གི་ཚོགས། །
དྲང་སྲོང་ཕུར་བུའི་ངག་ལས་བླངས་པ་བཞིན། །

ཞེས་གསུངས་པ་ལྟ་བུའོ། །གནས་ལུགས་འདི་འབྱུང་ཁུངས་ཆ་འདྲ་བ་དང་། དཀར་བ་དག་ལའང་ཁྱབ་བོ། །

གཉིས་པ། འབྱུང་ཁུངས་ཆ་འདྲ་བ།

འབྱུང་ཁུངས་དངོས་མིན་ཡང་། སྐབས་དེར་ཆོས་གང་ཞིག་གང་ལས་བྱུང་བའི་འབྱུང་ཁུངས་ཀྱི་ཚུལ་དུ་སྣང་བ་ཞིག་ཡིན་པར་སྟོན་པ་ལ། ནང་གསེས་ཀྱི་དབྱེ་བ་ལྟར་ནས་ལས་གང་འཚམས་རེ་འཇུག་དགོས།

ལྷ་ས་ནས་འོངས།
ནམ་མཁའ་ནས་ཕབ།
ཐག་པ་ཕྲ་ས་ནས་ཆད། །རྡོག་པ་སྲབ་ས་ནས་བརྡོལ། །

ངེད་གཉིས་ནས་སྔོན་ཆད་དྲང་སྲོང་ཆེན་པོ་དོན་ཀུན་གྲུབ་པ་དེའི་དྲུང་ནས་ཟབ་རྒྱའི་གདམས་ངག་ཐོབ་པ་ཡིན་ཀྱང་། ཉམས་སུ་ནི་ཅུང་ཟད་ཀྱང་མ་ལོན།

(གཏམ་པད་མའི་ཚལ་གྱི་ཟློས་གར་ལས)

ལྔ་བ་འབྱུང་ཁུངས་དང་འདྲ་བའི་ཟུར་ཙམ་པ་སྟེ། གནས་ཕྱོགས་སམ་དངོས་པོའི་ཆ་ཤས་ཤིག་ལས་ཆོས་ཤིག་བྲལ་བའམ་ཕྲལ་བ་སྟོན་པའི་རིགས་ལ་ནས་སྒྲ་འཇུག་པའོ། །

རྭ་ལས་ལྷུང་།

སྟན་ལས་ལངས།

བྱ་བའི་འཇུག་ལྡོག་ལ་མ་ལྗོངས་པར་ཤིན་ཏུ་ཉམ་ང་བའི་བྱ་བ་ལས་ཐོལ་ཞིང་གཟུར་ནུས་པ་ནི་དཔའ་ཞིང་མཛངས་པའི་རྟགས་ཡིན།

ལྔ་བ་འབྱུང་ཁུངས་དང་འདྲ་བའི་གཞི་གྲྀ་ཙམ་པ་ལས་ཆོས་ཤིག་བྱུང་བ་བསྟན་པའི་རིགས་ལ་ལས་སྒྲ་འཇུག་པའོ། །

དུ་བ་ལས་མེ་ཤེས།

ཁ་གདངས་པ་ལས་བློ་རིག

སྤྱོད་པ་ལས་བསམ་པ་བཟང་ངན་གོ།

བློ་དང་ལྡན་ན་མ་སྨྲས་ཀྱང་། །རྣམ་འགྱུར་ཉིད་ལས་བསམ་པ་གོ། །
བལ་བོའི་སེའུ་མ་ཐོས་ཀྱང་། །ཁ་དོག་ཉིད་ལས་ཐོ་བ་ཤེས། །

(ས་སྐྱ་ལེགས་བཤད་ལས)

ལྔ་བ་འབྱུང་ཁུངས་དང་འདྲ་བའི་རྒྱུན་ཞིག་ལས་ཤེས་པ་ཞིག་བྱུང་བ་བསྟན་པའི་རིགས་ལ་ལས་སྒྲ་འཇུག་པའོ། །

སུམ་རྟགས་ཤེས་པའི་ཐོག་ནས་སྐད་ངག་སོགས་སྦྱང་།
ཕོ་དགའ་བའི་ངང་ནས་གླུ་འདི་ལྟར་བླངས་སོ། །

མི་ལ་རྗེ་རྗེ་སེང་གེས་ཚོང་གི་སྒོ་ནས་ནོར་སྤེལ་བས་སྟར་ལས་ཀྱང་ཕྱུག་པར་འགྱུར།

(མི་ལ་རས་པའི་རྣམ་ཐར་ལས)

མཚོ་སྔོན་མི་རིགས་དཔེ་སྐྲུན་ཁང་ནས་དཔར།
གོང་རྩ་འཇུགས་ནས་ཐག་བཅད་པ་ཡིན།

དེ་ནས་དུས་གཞན་ཞིག་ལ་བུ་མོ་དེ་ཕུ་ནུ་མོ་གཞན་དག་དང་ཕྲད་ནས། སོ་སོ་ནས་ཁྱོའི་ཡོན་ཏན་ཅི་ཡོད་སྨྲས་པ། (མདོ་མཛངས་བླུན་ལས)

ལྟ་བུ་འབྱུང་ཁུངས་དང་འདྲ་བའི་བྱེད་པ་ཞིག་ལས་བྱ་བ་ཞིག་བྱུང་བ་བསྟན་པའི་རིགས་ལ་ནས་སྒྲ་འཇུག་པའོ། །

ཁང་བ་ཤིང་ལས་གྲུབ་པ།
བརྩོན་འགྲུས་ལས་ཡོན་ཏན་འཕྲོར།
ལོངས་སྤྱོད་ཡོད་དོ་ཅོག་ངལ་རྩོལ་ལས་བྱུང་བ་ཡིན།

ཉི་མ་འབུམ་གྱི་ཁེངས་པ་འཕྲོག་བྱེད་པའི། །
གསེར་སྦྱངས་ལས་གྲུབ་ལྷ་མིའི་མཆོད་སྡོང་ཆེ། །
སྲིད་ན་རྙེད་དཀའི་ནོར་བུའི་འཕྲ་ཚོམས་ཀྱིས། །
སྤྲས་འདི་འཛམ་གླིང་མཛེས་པའི་རྒྱན་གཅིག་ཉིད། །

(འཕྲོར་བ་རྒྱ་ཆེ་བའི་རྒྱན་ཏེ་སྲེ་སྲིད་སངས་རྒྱས་རྒྱ་མཚོས)

ལྟ་བུ་འབྱུང་ཁུངས་དང་འདྲ་བའི་རྒྱུ་ཞིག་ལས་འབྲས་བུ་ཞིག་བྱུང་བ་བསྟན་པའི་རིགས་ལ་ལས་སྒྲ་འཇུག་པ་སོགས་རིགས་བསྒྲེས་ནས་ཤེས་པར་བྱའོ། །

གསུམ་པ། རིགས་མཐུན་པའི་དགར་བ།

རིགས་མཐུན་པའི་དགར་བ་ནི་དགར་གཞི་རིགས་མཐུན་པ་སྤྱི་ལས་དགར་བྱ་བྱེ་བྲག་པ་མཆོག་དམན་གང་རུང་ཞིག་ཡོགས་སུ་བཀར་ནས་སྟོན་པ་སྟེ།

རྟ་ཡི་ནང་ནས་ཅང་ཤེས་མཆོག
བཞོན་པའི་གྲས་ནས་བོང་བུ་ཞན།
རྒྱུ་སྐར་དབུས་ནས་ཟླ་བ་གསལ།
ཡོངས་སྤྱོད་ཀྱི་ནང་ནས་ཉེར་མཁོ་ཆེ་ཤོས་ལྟོ་གོས་ཡིན།

ཀྱི་ཀྱི་རི་བོང་དང་དེ་ཕོ་རྒྱུར་ལ་གསོན། །ཁྱོད་རྣམ་གཉིས་བྱ་དང་རི་དྭགས་ཀྱི། །
ཁྲོད་ནས་བློ་ལྡན་ཡིན་ནོ་ཞེས། །རྣ་བ་གཉིས་ཀྱིས་སྟེར་ནས་ཐོས། །
དོན་ཡང་དག་ཡིན་པ་ད་ལན་ཤེས། ། (བྱ་སྤྲེལ་གྱི་གཏམ་རྒྱུད་ལས)

ལྟ་བུ་ཏྲུག་སྒྲ་དང་འབྲེལ་བའི་སྡེ་ཚན་ཞིག་གི་ནང་ནས་ཕྱི་རུ་བཀར་བ་ལ་ནས་སྒྲ་འཇུག་པའོ། །

ཁ་དོག་རྣམས་ལས་དཀར་པོ་ཉིད་མཛེས་སོ། །(ཕྲ་ཧྲིའི་སུམ་རྟགས་ལས)
ཁང་བ་མང་པོ་ལས་གསེར་ཏོག་ཅན་དེ་ནི་དཔེ་ཁང་ཡིན་ནོ། །(ཐོན་མིའི་ཞལ་ལུང་ལས)

བཟོ་བོ་དེ་ཚོ་ལས་ཀུན་བཟང་དང་གྲགས་པ་ལག་རྩལ་མཁས།
སྤྱོད་པ་མཐའ་དག་ལས་རྒྱུ་འབྲས་བསྒོག་པ་བཙོག །

ལྟ་བུ་ཐད་ཀར་བསྒྱུར་ནས་བཀར་བ་ལ་ལས་སྒྲ་འཇུག་པའོ། །

བཞི་པ། རིགས་མི་མཐུན་པའི་དཀར་བ།

རིགས་མི་མཐུན་པའི་དཀར་བ་ནི། འགལ་ཟླར་གྱུར་པའི་དངོས་པོ་ཞིག་མཚུངས་ཆོས་ཡོད་པའི་དངོས་པོ་ཞིག་དང་བསྡུར་ནས་དཀར་བ་ལ་ལས་སྒྲ་ཁོ་ན་འཇུག་པ་སྟེ།

ཧ་ལས་ཧཱ་མོང་ཆེ།
མི་ཡུལ་སྐྱིད་པའི་གོང་བ་ལས། རང་ཡུལ་སྡུག་པའི་ཆ་ཁ་དྲོ།

མི་འགྲིག་འགྲིག་པའི་ལས་ཀ་ལས། །ལྷ་ཁང་ལ་སྐོར་བ་བརྒྱབ་པ་དགའ། །

(བྱ་སྤྲེལ་གྱི་གཏམ་རྒྱུད་ལས)

པད་མ་རྟུལ་མང་ཟླ་བ་འཛད། །
དེ་དག་ལས་ཀྱང་ཁྱོད་ཀྱི་བཞིན། །
མཚུངས་པ་ལས་ཀྱང་ཁྱད་པར་འཕགས། །
ཞེས་པ་སྨད་པའི་དཔེ་རུ་འདོད། །

(སྙན་ངག་མེ་ལོང་ལས)

བསོད་སྙོམས་དགོས་ན། སྐྱེ་གཟུགས་རྨ་བྱ་ལས་མཛེས་པ། གསུང་ངག་ཁུ་བྱུག་ལས་སྙན་པ། ཐུགས་རིག་འཇའ་ཚོན་ལས་བཀྲ་བ། སྐུ་དབང་རི་རབ་ལས་ཆེ་བ། མྱུང་སྟོད་རི་ནང་བའི་དཔོན་མོ་སྣང་ས་འོད་འབུམ་བྱ་བ་ཕ་གི་ཡིན་པ་དེ་ལ་ཞུས།

(སྣང་ས་འོད་འབུམ་གྱི་རྣམ་ཐར་ལས)

ལྟ་བུ་སོགས་དང་། ལས་སྒྲའི་འཇུག་ཚུལ་འདིའི་དོད་དུ་བས་སྒྲ་འཇུག་རུང་སྟེ།

འགྲོ་མ་ནུས་ལ་བས་ཐུར་ལ་ངལ། །དགྲ་མ་ཐུབ་ཕྱི་ལས་ནང་གི་བཙོག །

(གྲུ་གུ་གོ་རྫོང་ལས)

བཅོམ་ལྡན་འདས་ཀྱིས་རབ་ཏུ་བྱུང་བའི་བསོད་ནམས་ནི། རི་རབ་ལྷུན་པོ་བས་དཔངས་མཐོ། རྒྱ་མཚོ་བས་གཏིང་ཟབ། ནམ་མཁའ་བས་རྒྱ་ཆེའོ་ཞེས་གསུངས་སོ། །

(མདོ་མཛངས་བླུན་ལས)

བདག་པས་གཞན་གཅེས།

ལྟ་བུ་སོགས་སོ། །

ལྔ་བ། སྡུད་པ།

ཡུལ་དང་། དུས་དང་། ཆོས་དང་། གྲངས་སོགས་མགོ་གང་ནས་བརྩམས་ཞིང་། མཐའ་གང་ལ་ཐུག་པའི་བར་མཚམས་གང་ཡོད་རྣམས་སྡུད་པར་བྱེད་པ་ལ་ནས་སྒྲ་ཁོ་ན་འཇུག་སྟེ།

ལྷ་ས་ནས་བླ་བྲང་བར།

རྒྱལ་ཁབ་གསར་བ་ཚུགས་ནས་ད་ཐུག་བར་ལོ་ངོ་སོ་བདུན་འགོར་སོང་།

བྱིས་པ་འདིས་བརྒྱ་ནས་སྟོང་བར་གྱི་གྲངས་ཀ་བརྩི་ཤེས།

མགོ་བརྩམས་ནས་མཇུག་རྫོགས་པའི་བར་དུ་བརྩོན་པ་མ་བཏང་ངོ་། །

ཆུ་ཆེན་པོ་རྒྱ་མཚོའི་ནང་ཞིག་ན། །ཆེ་ཆུ་སྲིན་འཛིན་ཁྲི་རྒྱལ་པོ་ནས། །

ཆུང་ཉ་སྲམ་སྦལ་ལྕོང་ཡན་ཆོད་གནས། ། (བྱ་སྤྲེལ་གྱི་གཏམ་རྒྱུད་ལས)

ལྟ་བུ་སོགས་སོ། །གཞན་ཡང་། ནས་སྒྲ་ཐད་རྐྱང་དུ་མཚམས་སྦྱོར་བར་འཇུག་པ་ནི། ལྷག་བཅས་དང་མཚུངས་ཏེ། སྐབས་དེར་ཤེས་པར་བྱའོ། །

འདིར་ནས་སྒྲ་ལྷག་བཅས་སུ་འཇུག་པ་ཁ་སྐད་དུ་བརྗོད་སླ་བར་གྱུར་ནས། ཧ་ལམ་རྗེས་འཇུག་རང་སྒྲ་ལ་ས་མཐའ་སྦྱར་བ་ཡིན། དཔེར་ན། བླངས་ངས་བྱིན་ནས་དགའ་འས་དགོད། ཁུར་རས་ཚུ་ཁ་བརྐལ་ལས་བུད། ཁྱི་གུས་རིག་གས་དེད་དས་སོང་། རྡོ་ཡིས་བརྒྱབ་བས་འཁྱམས་མས་བྲོས། ལྟ་བུ་དང་། རྗེས་འཇུག་ས་ཟུར་ཡང་བར་གྱུར་པས་འས་ཐོབ་སྟེ། གོན་རྒྱུ་བརྗེས་འས་ཅི་བྱེད། ལྟ་བུ་དང་། ཡང་ས་ཆ་ལ་ལའི་ཁ་སྐད་དུ། རྗེས་འཇུག་དའི་སྒྲ་རྗེས་འཇུག་ལ་ལྷར་སློག་པའི་དབང་གིས། དས་སྒྲ་ལས་སྒྲར་འགྱུར་བ་ཡོད་དེ། བསྡད་དས་མ་འདུག་ལ། བསྡད་ལས་མ་འདུག་ཅེས་གྲགས་པ་ལྟ་བུའོ། །

དོན་ཚན་བརྒྱད་པ། འབོད་སྒྲ།

འབོད་པའི་སྒྲ་ནི་གང་ཟག་ལ། །
ཀྭ་བརྡ་རྒྱག་པའི་བརྡ་དག་ཡིན། །
ཡིད་འགྱུར་ངག་ཏུ་ཤར་བའི་ཉམས། །
མཚོན་བྱེད་བརྡ་ཡང་འབོད་སྒྲར་འདོད། །

འབོད་སྒྲ་མིང་གི་ཐོག་མར་འཇུག་པ་མང་། ཚིག་གི་བར་དང་མཐའ་མར་ཡང་འཇུག་པ་ཡོད་དོ། །སྤྱིར་རང་ལས་ཆེ་བའི་ཡུལ་ལ་ཀྱེའམ་ཀྱེ་ཀྱེ་དང་། རང་དང་མཉམ་པའི་ཡུལ་ལ་ཀ་ཡེ་དང་། རང་ལས་དམན་པའི་ཡུལ་ལ་ཨྭ་ཡེའམ་ཨ་བས། བོད་བྱ་སྤྱིར་བཏང་བ་ལ་ཨ་རོག་ཅེས་བོས་མོད། དེ་ཡང་མཐའ་གཅིག་ཏུ་མ་ངེས་སོ། །

གཞན་ཡང་དགྲ་དང་མི་དགའ་སའི་སྐྱེས་པ་ལ་ཕོ་རེ་དང་། སྐྱེས་མེད་ལ་མོ་

རེ་ཞིས་འབོད་པ་ཡོད། སྦྱོར་ཚུལ་གཤམ་གསལ།

ཀྱེ་མིའི་བདག་པོ་གཟིགས་སུ་གསོལ། (མི་དབང་རྟོགས་བརྗོད་ལས)

ཀྱེ་ཀྱེ་རི་དྭགས་དང་དེ་ཕོ་ཚུར་ལ་གསོན། (བྱ་སྤྲེལ་གྱི་གཏམ་རྒྱུད་ལས)

གྲོགས་པོ་ཉོན་དང་ཀ་ཡེ།

ཀ་ཡེ་ཁྱོད་གང་ལ་འགྲོ།

ཨ་རོག་ཁྱོད་སུ་བཙལ་གྱིན་ཡོད།

ཨ་བས་མཚམས་རྗེའི་མདུན་ན་གནས་པའི་སྐྱེས་པ་མ་ཡེངས་ཉོན་དང་།

(རྒྱལ་བུ་ནོར་བཟང་གི་རྣམ་ཐར་ལས)

ཙ་ཡེ་མ་འགྲོ་ཙ་ཡེ།

ལྷ་རྗེད་ཀྱི་ཆིག་ངན་དེ་སྲོག་བདག་སྟག་དམར་དབང་བཙན་གྱི་མཆང་ལ་ཕོག་པས། སྤྲུལ་ལ་ཆེར་ལྡུག་བརྒྱབ་པ་བཞིན། ང་རྒྱལ་བཟོད་གླགས་མེད་པ་ཞིག་སྐྱེས་ནས། འཕྲུལ་མདུང་དེ་ཕྲག་ལ་གཟར་ཅིང་། ཡ། ཁོ་རེ་ཕོ་གསར་དམར་པོ་སྐྱ། ལས་བྱས་ཚད་བཤམ་བཤད་ཁ་ཕོ་ཆེ། ང་དཔའ་བོ་ཚིག་གསུམ་འདྲ་མ་ཡོད། ཟེར་ནས་གླུ་འདི་བླངས་སོ། །

(གླུ་གླུ་གོ་རྫོང་ལས)

འགོང་མོ་བསྟན་བཤིག་ཚབས་ཆེན་མོ་རེ། (ཇ་ཆང་ལྷ་མོའི་བསྟན་བཅོས་ལས།)

བྱང་ལན་མེད་ཚངས་པ་མེ་རི་དེས། ཨ་སྟག་འཁྱིལ་བའི་གླུ་མོའི་གླུ་ཉན་པ་དང་། ང་རྒྱལ་ཤིན་ ཏུ་འབྲུགས་ཏེ། རལ་གྲི་ཕྲག་གོང་དུ་ཕྱར་ཞིང་གདོང་དུ་བུད་ནས། ཡ་མོ་རེ་སྣང་ཆེན་ཆེ་ཟད་མ། དུས་དེ་རིང་དཔའ་བོའི་གླུ་ལ་ཉོན།

(གླུ་གླུ་གོ་རྫོང་ལས)

ལྟ་བུ་སོགས་སོ། །

ཉམས་མི་འདྲ་བ་སྟོན་པའི་ངག་གི་བརྗ་སྒྲ་ཚོགས་ཀྱང་འབོད་སྒྲ་ཡིན་པར་

འདོད། དེ་ལ་ཐོག་མར་ཉམས་འགྱུར་ཞེས་བྱ་བ་ཤེས་དགོས། ཉམས་འགྱུར་གཉིས་སུ་ཕྱེ་བའི་བློ་ཡི་འཆར་སྒོ་ལ་འགྱུར་བ་དང་། འགྱུར་བ་དེ་ལུས་ངག་ཏུ་ཐོན་པའི་རྣམ་པ་ལ་ཉམས་ཟེར་རོ། །དེ་ཡང་སྙན་ངག་གྱི་དོན་ལས། སྤྱིར་ཉམས་དང་འགྱུར་ཞེས་པ་ནི། དགའ་བ་དང་ཁྲོ་བ་སོགས་ཡིད་ཀྱི་ཀུན་སློང་གཡོས་ནས་ཕྱི་ལུས་ངག་ཏུ་མ་ཤར་བའི་གནས་སྐབས་ནི་འགྱུར་བ་ཡིན་ལ། དེ་ཉིད་སྟོབས་རྒྱས་ནས་དབུགས་ཀྱི་རྒྱུ་བ་ཡང་རྒྱུན་ལྡན་དང་མི་འདྲ་ཞིང་། བཞིན་འཛུམ་པའམ་ཁྲོ་གཉེར་བསྡུས་པ་ལྟ་བུ་ལུས་ངག་ཏུ་ཤར་བ་ནི་ཉམས་ཡིན་ནོ། །ཞེས་པ་ལྟར་རོ། །

གླུས་གར་རམ་སྙན་ངག་གི་སྒོ་ནས་སྤྱི་ཚོགས་ཀྱི་འཚོ་བ་མཚོན་པར་མཁས་པའི་སྒྱུ་རྩལ་གལ་པོ་ཆེ་ཞིག་ནི། ཉམས་སྣ་ཚོགས་ཇི་མ་ཇི་བཞིན་དུ་འདོན་པའི་ལུས་ཀྱི་སྟངས་སྟབས་དང་། ངག་གི་བཛ་སྦྱོར་ལ་ཐུག་ཡོད་པས། སྒེག་པ་དགོད་པ་རྔམ་བྱུང་དང་། །དཔའ་བ་དྲག་ཤུལ་འཇིགས་རུང་དང་། །སྙིང་རྗེ་དང་ནི་མི་སྡུག་པའོ། །ཞེས་པ་རྣམས་ལ་གར་རམ་སྙན་ངག་གི་ཉམས་བརྒྱད་ཅེས་གྲགས། ཡིད་ཀྱི་འགྱུར་བ་ཤུགས་དྲག་པར་གྱུར་ནས་ངག་ཏུ་ཐོན་པའི་ཉམས་སྣ་ཚོགས་པ་ཡོད་ཀྱང་། བསྟན་བྱ་ཏ་ལམ་ཉམས་འདི་བརྒྱད་དུ་བསྡུ་རུང་ངོ་། །དེ་ལ།

དང་པོ། སྒེག་པའི་ཉམས་མཚོན་པ།

དགའ་ཞིང་ཆགས་པའི་ཉམས་མཚོན་པའི་འབོད་སྒྲ་ལ། ཀྱེ་ཀྱེ། ཨེ་ཨེ། ཨ་ཧོ། ཨ་མ། ཨེ་མ། ཨ་ཏ་ཏ་སོགས་ཡོད། འཇུག་ཚུལ་དཔེར་ན།

དགའ་སྐྱིད་དེ་ལྟར་ཡོད། ཨེ་མ་ངོ་མཚར་ཆེ། (རྒྱ་བཟའ་ཁབ་ཏུ་བཞེས་པ་ལས)

ཀྱེ་ཀྱེ་ངག་སྙན། ཀྱེ་ཀྱེ་ངག་སྙན། མ་སྨྲག་མ་སྨྲག་སེམས་ཀྱི་དཔའ་སྐྱིད།

(གཏམ་པད་མའི་ཚལ་གྱི་གླུས་གར་ལས)

སྲིན་མོའི་རྒྱལ་མོ་དེ་ཏད་དེ་ལངས་ནས། ཨ་མ་འདི་འདྲའི་དགའ་བ་ལ། དེ་རིང་ང་ལ་

མཁའ་འགྲོའི་ཤ་འཁྱིད་བྱུང་། (གྲུ་གླིང་གཡུལ་འགྱེད་ལས)

ཨེ་མ་ཧོ་མཚུངས་མེད་རྒྱལ་བའི་སྲས། །ཨེ་མ་ཧོ་ཕྱུལ་བྱུང་ཡོན་ཏན་གཏེར། །
ཨེ་མ་ཧོ་མཐུ་སྟོབས་ནུས་པའི་བདག །ཨེ་མ་ཧོ་ས་ཡི་དབང་ཕྱུག་རྒྱལ། །

(གཞོན་ནུ་ཟླ་མེད་ཀྱི་རྟོགས་བརྗོད་ལས)

པད་མའི་ཕུང་པོར་བྱུང་བའི་བུ། །བྱུན་བྱུན་འཕུར་བའི་རྣད་བྱུང་དབྱངས། །
ཐ་དད་གདངས་འགྱུར་དེ་དག་ནི། །ཨ་ཧོ་སྙེ་དགུའི་དགའ་སྐྱེད་སྒྲ། །

(གནས་གསུམ་ངེས་པ་སྟེ་སྣན་ངག་གི་རྣམ་བཤད་གསལ་སྒྲོན་ལས)

ལྟ་བུའོ། །

གཉིས་པ། དགོད་པའི་ཉམས་མཚོན་པ།

དགའ་བ་རབ་ཏུ་རྒྱས་པའི་ཉམས་མཚོན་པའི་འབོད་སྒྲ་ལ། ཧ་ཧ། ཧེ་ཧེ། ཧིམ་ཧིམ་སོགས་ཡོད་དེ།

ཁོ་ཤིན་ཏུ་དགའ་ནས་ཧ་ཧ་བགད།

ཧ་ཧ་ཀྱཱ་རེ་བྱམས་སོ་མཁས་པའི་དབང་། །
ཁྱེད་ཐུགས་འཁྱེད་ཆེ་བཏན་བརྗིད་ལྷུན་པོ་བཞིན།།
ཚོག་གི་བསེར་བུ་ཕྲ་མོས་གཡོ་མ་ཡིན། །
ཤིང་བལ་རེག་པའི་ཁང་བཟང་ཇི་བཞིན་ནོ། །

(དཔའ་རིས་རབ་གསལ་གྱི་གསུང་འབུམ་ལས)

མགོ་ཨ་ན་ན། སྐེད་པ་ཨ་ཚ་ཚ། རྐང་བ་ཨ་ཆུ་ཆུ། ཅི་རེད།
ཕུར་བ་བརྡབས་ནས་རྡ་རྟོད་པ་རེད། ཡིན་ཐལ།

ལུང་བའི་ཕུ་ཡི་འདྲེ་ཕྲུག་ཅིག །ལུང་མདོར་བསླེབས་ནས་ཀྱི་ཞིག་བཏབ། ཅི་རེད། ཧིམ་ཧིམ། འཕྲུན་བཏང་བ་ཡིན་ཐལ།

གཞོན་ནུ་ཚོས་གཏམ་མཚར་བ་དེ་ཐོས་མ་ཐག་ཏུ། ཏ་ཏ་དང་ཧེ་ཧེ་དགོད་མ་ཤོར་བ་གཅིག་ཀྱང་མེད་དོ། །

ལྟ་བུའོ། །

གསུམ་པ། རྣད་ཟླུང་གི་ཉམས་མཚོན་པ།

ངོ་མཚར་བ་ཉེ་བར་འཕེལ་བའི་ཉམས་མཚོན་པའི་འབོད་སྒྲ་ལ། ཀྱེ་མ་ཧོ། ཨ་ལེ། ཨ་རེ། ཨ་ལ་ལ། ཨེ་མ། ཨ་མཚར་སོགས་ཡོད་དེ།

ཨ་ལེ་སྔོན་འབྲོག་དགོན་ཐང་སྟོང་འདིར་ད་ནི་ལྷའི་གྲོང་ཁྱེར་འཕོས་པ་འདྲའོ། །

དོན་དུ་འདུའོ་ཨ་ལ་ལ། །གནད་དུ་འདྲིལ་ལོ་ཨེ་མ་ཧོ། །ཞེས་ཟེར་བས། འདབ་ཡངས་ཀྱི་ཡིད་ལ་ལྷག་པར་འཐད་དེ་བློ་གྲོས་མཐར་ཕྱིན་པ་ཞིག་སྐད་དོ། །

(གཏམ་པད་མའི་ཚལ་གྱི་ཟློས་གར་ལས)

ཨ་མཚར་བྱིས་པ་ལོ་དགུ་ཅན་ཞིག་སློབ་གྲྭ་ཆེན་མོར་ཞུགས་བྱུང་ཟེར།

གཞོན་ནུ་མྱུན་པ་ཅན་གྱིས་བསམ་པ། ཨེ་མ། མངོན་པར་དགའ་བའི་གཙུག་ལག་ཁང་ཞེས་པ་འདིའོ། ། (གཞོན་ནུ་དྲུག་གི་རྟོགས་བརྗོད་ལས)

ཁྱོད་ཀྱི་གྲགས་པའི་ཕུང་པོ་ནི། །དཔག་ནུས་མིན་ཡང་འདིར་ཤོང་བ། །
ས་སྐྱོང་སྲིད་པ་གསུམ་གྱི་ནི། །ཁོངས་དག་ཨེ་མ་ཤིན་ཏུ་ཡངས། །

(ངོ་མཚར་ཕུལ་བྱུང་སྙེ་བོད་མཁས་པས)

ལྟ་བུའོ། །

བཞི་པ། དཔའ་བའི་ཉམས་མཚོན་པ།

རྒོད་གཡེར་ཆེ་བའི་ཉམས་མཚོན་པའི་འབོད་སྒྲ་ལ། ཀྱེ་ཧོ། ཨའུ་ཙི། ཧོ་མ་ཡ་སོགས་ཡོད་དེ།

ཀྱེ་ཧོ་འདི་འཚོགས་ཀུན་གྱིས་ཉོན། དགྲ་སྡེ་ཕམ་ལ་ཉེ། ཚང་མས་དཔའ་སྙིང་དང་། རྒྱལ་ཁ་ང་ཚོར་དབང་།

ཡང་བསྐྱར་མདའ་གཅིག་འཕེན་ལམ་ནས། ཐོག་རྒོད་དགྲ་ལ་ཧོ་མ་ཡ། (གྲུ་གུ་གོ་རྫོང་ལས)

ཨ་ཉོག་རྒྱུགས་པའི་སྟོང་གཏམ། སྤུག་ཁྱོད་འདུས་ང་ལ་འགྲན་པ་ཨའུ་ཙི།

(གྲུ་གུ་གོ་རྫོང་ལས)

ལྟ་བུའོ། །

ལྔ་པ། སྡུག་བསྔལ་གྱི་ཉམས་མཚོན་པ།

ཁྲོ་བ་ཉེ་བར་འཕེལ་བའི་ཉམས་མཚོན་པའི་འབོད་སྒྲ་ལ། ཧེན། ཧེ་ཧེ་དག་ཡོད་དེ།

ཧེན། ཁྱོད་ཁྲི་ཐན་གཙོགས་པའི་ལུས་རྟགས་ལ། ང་གཤིན་རྗེ་འཇོམ་པའི་གསོད་རྟགས་འཇོག

ཧེ་ཧེ། ཁྱོད་ལྟ་བུ་ངའི་སེན་མོའི་བར་གྱི་ཤིག་རེད། འཕྲུལ་མ་ཉིད་དུ་ཡན་ལག་ལྔ་བོ་ས་ལ་ཕོབ་དང་དགའ།

ལྟ་བུའོ། །

དྲུག་པ། འཇིགས་རུང་གི་ཉམས་མཚོན་པ།

བག་ཚ་ཞིང་ཁྲུམ་པའི་ཉམས་མཚོན་པའི་འབོད་སྒྲ་ལ། ཕ་ཕ། ཨ་ཙ་མ། ཨ་ཙེ། ཨ་མ་མ་སོགས་ཡོད་དེ།

ཤེས་རབ་ཀྱི་རལ་གྲི་སོ་གཉིས་མ། །ཤེས་བྱའི་མཁའ་ལ་གདེངས་ཆེས་པས། །
རང་མགོ་རྨས་པ་ཨ་ཙ་མ། །རྗེ་ཕྱོགས་གཅིག་ཡིན་ན་ཆོག་པ་ལ། །

(གུང་ཐང་བསྟན་པའི་སྒྲོན་མེས)

གདོན་དེ་འཇིགས་ཤིང་སྐྲག་སྟེ་ར་ལས་ནས། ཕ་ཕ་མི་ལ་མི་ལ་ཞེས་ཡང་ཡང་ཟེར་ཞིང་འཇིགས་པའི་སྐད་དུ་མ་ཤོར།

(མི་ལ་རས་པའི་རྣམ་ཐར་ལས)

ཀྱི་ཧད་ཀྱི་ཧུད་འཇིགས་ཤིང་སྐྲག་པ། །ཨ་ཙི་ཨ་ཙི་གློ་བུར་རྐྱེན་ངན། །
ཅི་བྱེད་ཅི་བྱེད་མ་རུང་འཆི་བ། །འཕྲལ་དུ་འདི་རུ་བདུད་པོ་སུ་སླེབ། །

(གཏམ་པད་མའི་ཚལ་གྱི་ཟློས་གར་ལས)

ལྟ་བུའོ། །

བདུན་པ། སྙིང་རྗེའི་ཉམས་མཚོན་པ།

མྱ་ངན་རྒྱས་པའི་ཉམས་མཚོན་པའི་འབོད་སྒྲ་ལ། ཀྱེ་མ། ཀྱི་ཧུད། ཨ་ཁ་ཁ། ཨ་མ་མ་མ། ཨ་ཚ(སྲེག་པ་ལ)། ཨ་ཆུ་ཆུ(གྲང་བ་ལ)། ཨ་ཡོ(ན་བ་ལ)སོགས་ཡོད།

ལྷ་ཆོས་བྱེད་པར་བདག་པོས་གཙུག་གཡུ་བརྒྱན། །
མི་ཆོས་བྱེད་པར་ཨ་ནེས་ཕྲག་དོག་བྱས། །

ཕ་མའི་དྲུང་དུ་བུ་མོ་སྡོད་དབང་མེད། །
ཀྱེ་མ་ཀྱི་ཧུད་བུ་མོ་སེམས་པ་སྡུག །

(སྣང་ས་འོད་འབུམ་གྱི་རྣམ་ཐར་ལས)

བྱམས་བརྩེས་སྐྱོང་བའི་ཕ་མ་སྤྲོག་དང་བྲལ། །
ཡུལ་མི་གཉེན་བཤེས་དགྲ་སྡེས་ལྷག་མེད་བཙོམ། །
ལྷབ་ལྷབ་མེ་ལྕེ་འབར་བའི་ཁྱིམ་གྱི་ནང་། །
གསོན་པོར་འཚིག་པའི་བུ་ཕྲུག་ཀྱི་མ་ཧུད། །

(སྙིང་རྗེའི་ཉམས་ཏེ་ཚིག་རྒྱན་རིག་པའི་སྒོ་འབྱེད་ལས)

བྱང་མེ་གླིང་རྒྱལ་པོས། ད་ནི་བཀའ་བློན་དེ་དྲུག་རྣམས་གླིང་སྡིག་གིས་དམར་བསད་བཏང་བས་མི་ཚད། རྒྱལ་པོ་སྐུ་མཆེད་གཉིས་ཀྱང་ཐར་མེད་བྱུས། ད་ཇི་ལྟར་བྱ་བསམས་ནས་ཨ་ཁ་ཁ་ཟེར།

(མེ་གླིང་གཡུལ་འགྱེད་ལས)

ཡིད་འཕྲོག་མས་འདི་སྐད་དོ། །ཨ་མ་མ་མ་འདི་འདྲའི་སེམས་ཉིད་ཀྱི་སྐྱོ་བ། བསམ་བློ་གང་ནས་བཏང་ཡང་འབྲལ་དུ་ཕོད་པ་མི་འདུག །ཅེས་རྒྱལ་པོའི་སྟག་དོང་གི་དཀར་ཐག་ནས་བཟུང་སྟེ་སྤྱན་ཆབ་བསིལ།

(རྒྱལ་བུ་ནོར་བཟང་གི་རྣམ་ཐར་ལས)

ཀྱི་མ་ཆགས་པར་གྱུར་པའི་སྡུག་བསྔལ་མི་བཟོད་པ་འདི་ལ་གཟིགས། ཀྱི་ཧུད་ཆན་མོས་སྡུག་བསྔལ་ནི་བཟོད་དཀའོ། །

(གཞོན་ནུ་དྲུག་གི་རྟོགས་བརྗོད་ལས)

ལྔ་བུའོ། །

བརྒྱད་པ། མི་སྡུག་པའི་ཉམས་མཚོན་པ།

སྐུགས་བློ་བར་སྣང་པའི་ཉམས་མཚོན་པའི་འབོད་སྒྲ་ལ། ཕེ། དེ་དེ། ཏ་ཏ། ཨ་ཏ། ཧོ་ཧོ། ཀྱི་ཧུད་སོགས་ཡོད།

ཕེ། ཁྲེལ་མེད་མ། ངོ་ཚ་མེད་ན་ཁྱི་དང་འདྲ།

དེ་དེ་ཉམས་རྟོགས་མེད་པའི་སློམ་ཆེན་དགོད་རེ་བྲོ། །
རང་དོན་མི་འགྲུབ་གཞན་དོན་ཡ་རེ་མཚར། ། (སློམ་ཆེན་དང་རྫ་ཅིག་ལས)

ཏ་ཏ་ཁ་ནས་ཆོག་ཤོར་ཡུ་བ་བྱུང་། (སློམ་ཆེན་དང་རྫ་ཅིག་ལས)

ཧོ་ཧོ་རང་ཚོད་མ་ཐུབ་ངོ་རེ་ཚ།

ཀྱི་ཧུད་ཀན་མོ་མི་སྡུག་ཁྲོ་གཉེར་མ། །
བྱ་བྱེད་ལུགས་དང་མི་མཐུན་ཅི་ཕྱིར་བྱེད། །(ཉམས་སྒྱུར་ཀན་པོའི་འབེལ་གཏམ་ལས)

རང་མཐོང་ཆེ་ཞིང་སྡུགས་འོས་ཡོན་ཏན་ཕྲ། །
དོན་མེད་སྨྲ་བ་མང་ཡང་ལེགས་བཤད་ཉུང་། །
ན་ཚོད་ཀན་ཡང་བློ་གྲོས་ཆེས་གཞོན་པ། །
ཀྱི་ཧུད་སྔོངས་པའི་འབྲུལ་འདིས་སུ་མ་བཅོམ། །

(འགལ་བའི་རྒྱན་ལས་རྫས་འགལ་བ་སྟེ་ཞྭ་དམར་བས)

གོང་གསལ་ཉམས་བརྒྱད་པོ་སོ་སོ་མཚོན་བྱེད་ཀྱི་འབོད་སྒྲ་ཏུ་མ་རེ་ཡོད་པ། སྐབས་དང་བསྟུན་ནས་གང་འོས་འཇུག་དགོས། འབོད་སྒྲ་ལ་ལའི་འཇུག་ཡུལ་མཐའ་གཅིག་ཏུ་མ་ངེས་ཏེ། འབྲེལ་ཉེ་བའི་ཉམས་གཉིས་གསུམ་ལ་འཇུག་པའང་ཡོད་དེ།

དགའ་དྲགས་ན་ཧ་ཧ་ཧེ་ཧེ། །སྡུག་དྲགས་ན་ཨ་ཧ་ཨེ་ཧེ། །
མཚར་དྲགས་ན་ཨ་ལ་ལ་ལ། །འཇིགས་དྲགས་ན་ཨ་མ་མ་མ། །

(དམྱལ་གླིང་རྫོགས་པ་ལས)

ཞེས་འབོད་སྒྲ་འབྱུང་བ་ལྟ་བུ་སོགས་སོ། །

ལེའུ་གཉིས་པ། ཕྲད་གཞན་དབང་ཅན་བཤད་པ།

དོན་ཚན་དང་པོ། རྫོགས་ཚིག

གོ་ངོ་དོ་ནོ་བོ་མོ་འོ། །
རོ་ལོ་སོ་ཏོ་རྫོགས་ཚིག་སྟེ། །
སྐབས་བབ་བརྗོད་དོན་རྫོགས་པ་ཙམ། །
སྟོན་བྱེད་སྒྲ་ཡིན་ཐོབ་ཐང་ནི། །
ད་དྲག་ཏོ་དང་མཐའ་མེད་འོ། །
གཞན་རྣམས་རྗེས་འཇུག་རང་འདྲར་སྦྱར། །

རྫོགས་ཚིག་གི་ཐོབ་ཐང་ནི། ད་དྲག་མཐར་ཏོ་དང་། མཐའ་རྟེན་མེད་པའི་མཐར་འོ་དང་། གཞན་རྣམས་རྗེས་འཇུག་རང་འདྲའི་རྗེས་སུ་སྦྱར་བ་ཡིན། དཔེར་ན། ཕྱིནད་ཏོ། །མཐོའོ། །མཆོག་གོ། །བཟང་ངོ་། །བྱེད་དོ། །ཡིན་ནོ། །ཁྱབ་བོ། །ལམ་མོ། །མདའ་འོ་(མདའོ)། །གསེར་རོ། །འཁྲུལ་ལོ། །ཞིབས་སོ། །ལྟ་བུའོ། །

གོ་སོགས་ཚིག་མཐར་སྦྱར་བས། སྐབས་བབ་ཀྱི་བརྗོད་དོན་དེ་ཉིད་རེ་ཞིག་རྫོགས་པར་སྟོན་པས་རྫོགས་ཚིག་ཅེས་དང་། བརྗོད་བྱའི་དོན་དེ་ཙམ་རྗོད་བྱེད་ཚིག་གི་ཟླ་བོ་རྣམས་རེ་ཞིག་སྡུད་པར་བྱས་པས་ཟླ་སྡུད་ཅེས་གྲགས་པ། མིང་གི་རྣམ་གྲངས་ཙམ་ལས་དོན་གཅིག་སྟེ། དཔེར་བརྗོད་ན། ཁྱིམ་བདག་གིས་གསོལ་

བ། འདི་ནི་བདག་གིས་རྟོགས་པ་མ་ལགས་ཀྱི། བདག་གི་མནའ་མ་བློ་དང་ལྡན་པ་ཞིག་མཆིས་པ་དེས་རྟོགས་སོ། །(མདོ་མཛངས་བླུན་ལས)ཞེས་པའི་ཚིག་མཐར་སོ་སྒྲ་སྦྱར་ནས། སུས་རྟོགས་པའི་དོན་དེ་ཙམ་ཇོགས་པར་བསྟན་པའོ། །ཡང་ན། བདག་གིས་རྟོགས་པ་མ་ལགས་ཀྱི། ཞེས་པ་ཙམ་གྱིས་བརྗོད་དོན་མི་ཚང་བས། ཚིག་འདིའི་རྗེས་སུ་སྣར་ཡང་ཚིག་གྲོགས་སམ་ཚིག་གི་ཟླ་བོ་སྟེ། བདག་གི་མནའ་མ་བློ་དང་ལྡན་པ་ཞིག་མཆིས་པ་དེས་རྟོགས་སོ། །ཞེས་ཚིག་ཁ་བསྐངས་ཤུལ་ཇོགས་ཚིག་སྦྱར་བ་དེ་ལ་སྣར་བསྡུའམ་ཟླ་སྡུད་ཅེས་ཀྱང་བྱའོ། །དེ་བཞིན།

མི་ཡི་དེ་ཉིད་ཐོབ་པ་གང་། །བདག་གཞན་ཕན་པར་བརྩོན་པའོ༷། །

(དྲི་མེད་དྲིས་ལན་རིན་པོ་ཆེའི་ཕྲེང་བ་ལས)

དེ་ལ་བརྟེན་ནས་ཡུལ་དེ་ཡང་འབྱོར་བ་རྒྱས་པ། ལོ་ཕྱུགས་ལེགས་པ། བདེ་སྐྱིད་ཕུན་སུམ་ཚོགས་པ་བྱུང་བ་ཡིན་པར་གདའོ༷། །

(བྱ་སྤྲེལ་གྱི་གཏམ་རྒྱུད་ལས)

ཚུལ་ཁྲིམས་ནི་བྱང་ཆུབ་ཏུ་འཇུག་པའི་རྩ་བ། ཟག་པ་མེད་པའི་མཆོག །མྱ་ངན་ལས་འདས་པའི་བདེ་བར་འགྲོ་བའི་ལམ་མོ༷། །ཚུལ་ཁྲིམས་དག་པ་བསྲུངས་པའི་བསོད་ནམས་ནི་ཚད་མེད་དཔག་ཏུ་མེད་དོ༷། །

(མདོ་མཛངས་བླུན་ལས)

དྲང་སྲོང་ཆེན་པོ་མྱུར་མགྱོགས་ཆེ། །འབོད་དོ༷་གླིང་དཀར་གྲོགས་ལ་བྱོན། །
མཆོད་དོ༷་གཏོར་མ་སྐྱེམས་ཕུད་བཞེས། །ཐད་དོ༷་སྣང་བའི་དགྲ་སྒྲོག་ཆོད། །
བཙོལ་ལོ༷་བདག་གི་བསམ་པ་སྒྲུབས། །

(མོན་གླིང་གཡུལ་འགྱེད་ལས)

དཀར་རོ་མཁའ་ལ་ཟླ་བའི་གཟུགས། །འདོད་ལྡན་ཁྲོད་ན་ན་ཆུང་གདོང་། །
མཁས་མང་ཚོགས་པའི་མདུན་ས་ན། །ཆོས་སྐྱོང་བཟང་པོའི་རྣམ་དཔྱོད་མཆོག །

(ཡོན་ཏན་བརྗོད་པ་ཐོག་མའི་གསལ་བྱེད་དེ་དབྱངས་ཅན་དགྱེས་གླུ་ལས)

ལྟ་བུ་སོགས་སོ། །

བུ་མོ་ཞིག་བཙས་ན་ནོར་ཕྱུགས་ཀྱང་རྒྱལ་པོས་བཞེས་པར་ཟད་ན། གལ་ཏེ་ཁྱེའུ་ཞིག་བྱུང་ན་ཕོ་ནོར་བདག་དངོས་ཡིན་ནོ་སྙམ་དུ་བསམས་ནས། རྒྱལ་པོ་ལ་འདི་སྐད་ཅེས་གསོལ་ཏོ། །

(མདོ་མཛངས་བླུན་ལས)

ཁྱོད་སྟོན་གཞན་དང་བློ་སྣ་མི་མཐུན་པར། །
སློབ་གཉེར་ཙམ་ལ་སྡུག་རུས་བྱས་སོ་སྐད། །
ད་ནི་རི་སྟོངས་འདི་འདྲར་གྲོགས་མེད་དུ། །
སྒྲུབ་ལ་འབད་ཀྱང་སུ་ཞིག་དད་པར་འགྱུར། །

(ཆའི་རྒྱན་ལས་སྨད་པའི་ཟློལ་གྱིས་བསྟོད་པ་སྟེ་ཞྭ་དམར་བས)

བཅོམ་ལྡན་འདས་ཀྱིས་ངས་བལྟས་ན་འཁོར་འདིའི་ནང་ན་སྦྱིན་པ་རྣམ་པར་དག་པ་ནི་འདི་ལས་འདའ་བ་མེད་དོ། །ཞེས་བཀའ་བསྩལ་ཏོ། །

(མདོ་མཛངས་བླུན་ལས)

ལྟ་བུ་རྣམས་ཀྱི་རྫོགས་ཚིག་གི་རྗེས་སུ་ཚིག་གཞན་བྱུང་ཡང་། སྔ་མའི་ཚིག་གྲོགས་མིན་པ་གསལ། གཞན་ཡང་། ངེས་པར་བྱེད་པའི་རྫོགས་ཚིག་ཏུ། བདག་དང་བདག་གི་བ་ལ་ཡིན་དང་། གཞན་དང་གཞན་གྱི་བ་ལ་རེད་འཇུག་པ་མང་། དཔེར་ན། ང་ཡིན། འདི་ང་ཚོའི་སློབ་གྲྭ་ཡིན། ང་འགྲོ་རྒྱུ་ཡིན། ཁྱོད་

ཚང་གི་རེད། རྟག་དཀའ་ཚང་གི་ཁྱིམ་མཚེས་ཀུན་བདེ་ཚང་རེད། ཁོ་འགྲོ་རྒྱུ་རེད། ཏ་ཅང་བཟང་པོ་ཞིག་རེད། ལྟ་བུ་སོགས་སོ། །

ཡང་། ཨ་མདོའི་ཁ་སྐད་ལས་བྱ་བའི་དུས་གསལ་བྱེད་ཀྱི་རྫོགས་ཚིག་ཏུ། མ་འོངས་པ་ལ་རེད་དང་། ད་ལྟ་བ་ལ་གི་དང་། འདས་པ་ལ་ཟིག་འཇུག་པ་མང་སྟེ། ནམ་ལང་རྒྱུ་རེད། ཁ་འཕྲོ་ཚོས་གྲོས་བྱས་ནས་ཐག་གཅད་རྒྱུ་རེད། འགྲོ་ཁ་མི་ཉན་གི། དཔེ་ཆ་འདོན་གིན་ཡོད་གི། ཡི་གེ་བསྒྱུར་བཏང་ཟིག །ཆབ་རོམ་ཆགས་བཞག་ཟིག །རྩ་བསྐམས་སོང་ཟིག །ལྟ་བུ་སོགས་དང་། ཕྱིར་དུས་གསུམ་ལ་རེད་སྦྱར་ཚོག །རྒྱང་མཐོང་གིས་བལྟས་ན་རིག་རྒྱུ(གི)རེད། སློག་བརྙན་ལྟ་གིན་ཡོད་པ་རེད། དཔེ་ཆ་ཞིག་བརྩམས་བྱུང་བ་རེད། ལྟ་བུའོ། །

ཡང་། མ་རངས་པའམ་ཟུར་ཟ་བྱེད་པའི་རྫོགས་ཚིག་ཏུ་ལོ་སྙ་སྦྱོར་ཚུལ་ཡོད་དེ།

རྒྱ་ནོར་གསོག་སྒྲུབ་བྱེད་པ་དེ། །གསར་བརྗེའི་དོན་དུ་ཡིན་ནོ་ལོ། །
ཁ་གསག་ཇོ་སྲུང་བྱེད་པ་དེ། །གཞུང་དོན་ཁོ་ན་ཡིན་ནོ་ཟེར། །

(བཟ་སྤྲོད་བློ་གསལ་དགའ་སྟོན་ལས)

ཤེས་རབ་མེད་པའི་རྒྱུ་མཚན་གྱིས། །བླུན་པོ་ཡོན་ཏན་མི་སློབ་ལོ། །
བརྟགས་ན་ཤེས་རབ་མེད་ཉིད་ཀྱིས། །བླུན་པོས་འབད་པ་ལྷག་པར་དགོས། །

(ས་སྐྱ་ལེགས་བཤད་ལས)

དེས་ན་མི་རྟག་པའི་ཆོས་འདུ་ཤེས་བཅོས་མ་མ་ཡིན་པ་ཞིག་རྒྱུད་ལ་མ་སྐྱེས་ན། ཆོས་ཞུ་ལོ་དང་བྱེད་ལོ་ཇི་ཙམ་བྱས་ཀྱང་། མཐར་ཆོས་དྲེད་ཀྱི་རྒྱུར་འགྱུར་བ་ཡིན།

(ཀློང་ཆེན་སྙིང་ཏིག་གི་ཁྲིད་ཡིག་ལས)

ལྟ་བུ་སོགས་སོ། །

དོན་ཚན་གཉིས་པ། བདག་སྒྲ།

པ་ཕོ་བ་ཕོ་མ་མོ་རྣམས། །
གང་མིང་གི་ནི་མ་མཐའ་ན། །
ཕྲད་མེད་གསར་དུ་སྦྱར་བ་ན། །
བདག་པོའི་སྒྲ་རུ་ཤེས་པར་བྱ། །
སྐྱེས་པ་མཚོན་བྱེད་པ་ཕོ་ནི། །
ག་ད་བ་ས་ན་མར་སྦྱར། །
བ་ཕོ་ང་འ་ར་ལ་དང་། །
མཐའ་མེད་རྣམས་ལ་འཇུག་པ་ཡིན། །
བུད་མེད་མཚོན་བྱེད་མ་མོ་གཉིས། །
རང་དབང་ཅན་ཏེ་ཅི་རིགས་སྦྱར། །

བདག་སྒྲ་ནི་མིང་གང་རུང་གི་མ་མཐའ་ན། ཕྲད་པ་ཕོ་སོགས་ཅི་རིགས་སྦྱར་མེད་པར། དེ་རིགས་གསར་དུ་སྦྱར་ཚེ། དངོས་པོའམ། བྱ་བའམ། ཁྱད་ཆོས་གང་ཞིག་གང་ཟག་གང་ལ་ཡོད་པར་གྱུར་པའི་ཆ་ནས། བདག་པོའི་དོན་ཅན་དུ་སོང་བས་བདག་སྒྲ་ཞེས་བྱའོ། །དེ་རྣམས་ཀྱི་མཚན་གཞི་གཤམ་གསལ།

དང་པོ། དངོས་པོའི་མིང་ལ་སྦྱར་བ།

འབྲོག །རོང་། སྐུ་མདུན། སླུ། ཁ་ལོ། སྙིང་མ། ཚང་། ཁམས། ཟླ་ཐང་སོགས་ལ་བདག་སྒྲ་སྦྱར་ནས། འབྲོག་པ། རོང་བ། སྐུ་མདུན་པ། སླུ་བ། ཁ་ལོ་བ།

ཉིང་མ་བ། ཆང་མ། ཁམས་མོ། ཐླ་བྲང་མ། ཞེས་པ་སོགས་གང་ཟག་གི་མིང་དུ་གྱུར་པ་དང་། དངོས་པོའི་མིང་ལ་མཁན་ཞེས་པའང་འུང་ཤས་ཤིག་སྦྱར་ཆོག་སྟེ། ཡིག་མཁན། གར་མཁན། གར་མཁན་མ། སྨན་ངག་མཁན། ལྟ་བུ་རྣམས་སོ། །

གཉིས་པ། བྱ་བའི་མིང་དཔེ་ལ་སྦྱར་བ།

ཡོད་པ། བྱེད་པ། ཤེས་པ། རྩོམ་པ། སྨྲ་བ། རྩེ་བ། སྐྱོ་སྐྱུང་བ། ཞིང་འབྲིག་པ། རྟ་ཞོན་པ། སྲུང་བ་སོགས་ཀྱི་མིང་མཐའ་པ་བ་དག་ནི་མིང་གི་ཆ་ཤས་ཡིན་ལ། དེ་ཚོའི་མཐའ་མར་བདག་སྒྲ་གསར་དུ་སྦྱར་ནས། ཡོད་པ་པོ། བྱེད་པ་པོ། ཤེས་པ་པོ། རྩོམ་པ་བ། སྨྲ་བ་པོ། རྩེ་བ་པོ། སྐྱོ་སྐྱུང་བ་པོ། ཞིང་འབྲིག་པ་པོ། རྟ་ཞོན་པ་པོ། སྲུང་བ་མ། ལྟ་བུ་སོགས་གང་ཟག་སྟོན་པར་གྱུར་ཏོ། །

འདི་རིགས་ལ་ཞིབ་ཆ་ཤེས་དགོས་ས།

(༡)བདག་སྒྲ་ཏ་ལམ་པོ་སྦྱར་ཡང་། བ་སྦྱར་ན་མི་ཆོག་པ་མེད་པའང་མང་སྟེ། ཡོད་པ་པོ་ལ་ཡོད་པ་བ་དང་། ཤེས་པ་པོ་ལ་ཤེས་པ་བ་ལྟ་བུ།

(༢)གང་ཟག་ཏུ་སྦྱར་བའི་མིང་ལ་ལའི་ཚིག་བར་བསྡུས་ཆོག་སྟེ། བྱེད་པ་པོ་ལ་བྱེད་པོ་དང་། ཡོད་པ་པོ་ལ་ཡོད་པོ་ལྟ་བུ།

(༣)བྱ་བའི་མིང་མཐའ་དང་བདག་སྒྲ་བསྡུས་ཆོག་སྟེ། སྐྱོ་སྐྱུང་བ་པོ་ལ་སྐྱོ་སྐྱུང་དང་། རྟ་ཞོན་པ་བ་ལ་རྟ་ཞོན་ལྟ་བུའོ། །

(༤)ཉམས་སུ་ལེན་པ་པོ། ལག་ཏུ་ལེན་པ་པོ་ལྟ་བུའི་ལའི་དོན་ཅན་གྱི་སྒྲ་བསྡུས་ན་མིང་མཐའ་པ་ཙམ་བདག་སྒྲར་གྱུར་ཏེ། ཉམས་ལེན་པ། ལག་ལེན་པ་ལྟ་བུ།

(༥)སི་ཏུའི་འགྲེལ་ཆེན་ལས། བདག་པོའི་སྒྲ་ལ་པ་ཉིད་དོ། །ཞེས་པ། བདག་སྒྲ་མཐའ་གཅིག་ཏུ་དེ་ལྟར་སྦྱར་ན་འཕོད་སྦྱོལ་དང་འགལ་བས་བརྗོད་མི་བདེ་བ་

མང་བར་འགྱུར་རོ། །

(༦)བདག་སྒྲའི་དོན་དུ་གང་ཟག་གི་མིང་སྦྱར་ཚིག་སྟེ། ཤེས་མི། མཛལ་མི། སློ་སྤྱང་མི་ལྟ་བུ།

(༧)མཁན་པོ་ནི་མཁས་པའི་དོན་ཡིན་པས་བྱ་བ་བྱེད་ཆ་ཅན་ལ་བདག་སྒྲ་མཁན་ཞེས་པ་སྦྱར་ཚིག་སྟེ། འབྲི་མཁན། འདོན་མཁན། གླུ་ལེན་མཁན། ལྟ་བུ་སོགས་སོ། །

གསུམ་པ། ཁྱད་ཆོས་ཀྱི་མིང་ལ་སྦྱར་བ།

ཁྱད་ཆོས་ཀྱི་མིང་གི་མིང་མཐའ་པ་བ་དག་པོ་བོ་མ་ཅི་རིགས་སུ་བཟེས་ན། གང་ཟག་གི་མིང་དུ་གྱུར་འགྲོ། དཔེར་ན། ཕྱུག་པ་ལ་ཕྱུག་པོ། བཙན་པ་ལ་བཙན་པོ། མཛེས་པ་ལ་མཛེས་མ། ཆུང་བ་ལ་ཆུང་མ་ལྟ་བུ་སོགས་སོ། །

བཞི་བ། དངོས་པོའི་མིང་ལ་པ་བ་མ་དག་ཅུང་ཅུང་ཙམ་ལས་ཕལ་ཆེར་ཅན་ལྡན་སྦྱར་བ།

ཡོན་ཏན་པ། ལེ་ལོ་བ། དབང་ཆེན་མ། བློ་ལྡན། སྟོབས་ལྡན། བློ་གྲོས་དང་ལྡན་པ། ཤེས་རབ་ཅན། བརྩོན་འགྲུས་ཅན། སེར་སྣ་ཅན། ལྟ་བུ་སོགས་ཏེ། ཅན་ལྡན་གཉིས་པོ་གང་ཞིག་གང་ལ་ཡོད་པ་སྟོན་པའི་སྒོ་ནས་བདག་སྒྲ་དང་མཚུངས་ཀྱང་། དེ་དག་སེམས་ཅན་གཞན་དང་ཁྱེམ་པོ་ལའང་འཇུག་སྟེ། སེང་གེ་ལ་སྟོབས་ལྡན། རི་བོང་ལ་བློ་ལྡན་ནམ་རིག་པ་ཅན། ཉི་མ་ལ་དྲོད་གསལ་ཅན། མེས་རྒྱལ་ལ་སྟོབས་འབྱོར་མངའ་ཐང་ལྡན་པ་ཞེས་སྦྱར་ཚིག་པས་གསལ།

ཁ་ཅིག་གིས་མ་ནི་ངེས་མེད་སྐབས་དང་སྦྱར། ཞེས་མ་ཡིག་གིས་སྐྱེས་ཕོ་མོ་ཁྱད་མེད་ལ་མཚོན་ཏེ། གོང་མ། བླ་མ། ཇ་མ། སློབ་མ། ལྟ་བུ་སོགས་དཔེར་བཀོད་པ་འཐད་པར་མ་མཐོང་སྟེ། ཐ་སྙད་འདི་རིགས་ཐོག་མ་ཉིད་ནས་གང་ཟག་

གི་མིང་དུ་གྲུབ་ཡོད་པས། མ་ནི་མིང་མཐའམ་མིང་གི་ཆ་ཤས་སུ་གྲུབ་པ་ཉིད་ལས། བདག་སྒྲ་བྱས་ནས་གསར་དུ་སྦྱར་བ་མ་ཡིན་ནོ། །དེར་མ་ཟད་གླིན་པ། ཁོལ་པོ། ལྷ་བུ་སོགས་ཀྱི་ཆ་ཤས་ཕྱི་མ་རྣམས་ཀྱང་ཐོག་མ་ཉིད་ནས་གང་ཟག་གི་མིང་དུ་གྲུབ་པའི་མིང་མཐའ་ཡིན་གྱི་བདག་སྒྲ་མ་ཡིན་ཞིང་། ཕོ་མོའི་རྣམ་ཕྱེ་ཆེ། དེ་རིགས་ཀྱི་སྐྱེས་མ་རྣམས་ལ་ད་གཟོད་གླིན་མ༵། བཙན་མོ༵། ཁོལ་མོ༵། རོང་མོ༵་ཞེས་བདག་སྒྲ་གསར་དུ་སྦྱར་བ་ཡིན་ནོ། །

ཞར་བྱུང་དང་པོ། མིང་མཐས་མིང་མི་གཅིག་པ་སྤྱེལ་ཚུལ།

མིང་མཐའ་པ་ཕོ་བ་བོ་མ་མོ་རྣམས་མིང་སྤྱེལ་བའི་ནུས་པ་ཏ་ཅང་ཆེ་སྟེ། བདག་སྒྲར་སྦྱར་ནས་གང་ཟག་གི་མིང་གང་རུང་སྟོན་པར་མ་ཟད། མིང་གང་རིགས་ཀྱི་མཐར་སྦྱར་ན། དོན་གྱི་ངོ་བོ་གཞན་ཞིག་སྟོན་པའི་མིང་དུ་འགྱུར་ལ། ལྕགས་ཀྱུ། ཞེས་པ་ཡོ་བྱད་ཅིག་གི་མིང་ཡིན་མོད། དེ་ལ་མིང་མཐའ་བ་སྦྱར་ནས། ལྕགས་ཀྱུ་བ་ཞེ་ན། སྔོ་སྨན་ཞིག་གི་མིང་དུ་གྱུར་ཏོ། །དཔེ་དེ་བཞིན། ཁུ་བྱུག་དང་། ཁུ་བྱུག་པའི་སྔ་མ་བྱ་ཞིག་གི་མིང་དང་། ཕྱི་མ་སྔོ་སྨན་ཞིག་གི་མིང་ངོ་། །ཤིང་རྟ་དང་། ཤིང་རྟ་མོའི་སྔ་མ་འབྲུད་བྱེད་ཀྱི་མིང་དང་། ཕྱི་མ་བྱ་ཞིག་གི་མིང་ངོ་། །ཤིང་པར་དང་། ཤིང་དཔར་མའི་སྔ་མ་ཡི་གེའམ་རི་མོ་དཔར་བྱེད་ཀྱི་མིང་དང་། ཕྱི་མ་དཔར་བྱུང་བའི་ཡིག་ཆའམ་རི་མོའི་མིང་ངོ་། །ཁྲི་གང་དང་། ཁྲི་གང་བའི་སྔ་མ་གྲངས་ཚད་ཀྱི་མིང་དང་། ཕྱི་མ་དཔེ་ཆ་སྣ་རིང་ངམ་དེ་རིང་ཚད་ཀྱི་དངོས་པོ་ཞིག་གི་མིང་ཡིན་པ་ལྟ་བུ་སོགས་སོ། །

དེས་མི་ཚད། ཚིག་གང་འཚམས་ཀྱི་མཐར་སྦྱར་ན། ཚིག་དེ་ཙམ་དོན་གྱི་ངོ་བོ་སྟོན་པའི་མིང་དུ་བསྒྱུར་ཐུབ། དཔེར་ན། ཤིང་འདོམ་དོ་བ་སྦོམ་ཕྲ་མཉམ་པ་ཁྱད་པར་མེད་པ་ཞིག་བསྐྱུར་ཏེ། ཤིང་འདིའི་མགོ་མཇུག་གང་ཡིན་ལ་བྱེ་བྲག

ཕྱི་ཞིག་བསྒྲོའོ(མདོ་མཛངས་བླུན་ལས)། ཞེས་པ་ལས། ཤིང་འདོམ་དོ་བ་ཟེར་བ། མིང་ཙམ་བསྟན་པ་ཡིན། གལ་ཏེ་མིང་མཐའ་བ་དོར་ན། ཚིག་ཏུ་གྱུར་པ་ཡིན་ནོ། །ཤེལ་གྱི་མཆོད་རྟེན་བང་རིམ་བཞི་བ་ཅིག་ཕྱུག་ཏུ་བྱུང(བཀའ་ཆེམས་ཀ་ཁོལ་མ་ལས)ཞེས་པ་ལས། ཤེལ་གྱི་མཆོད་རྟེན་བང་རིམ་བཞི་བ་ཟེར་བ། མིང་ཙམ་བསྟན་པ་དང་། མིང་མཐའ་བ་དོར་ནས། ཤེལ་གྱི་མཆོད་རྟེན་བང་རིམ་བཞི་ཟེར་ན། ཚིག་ཏུ་གྱུར་པ་ཡིན་པར། རིགས་བསྒྲེས་ནས་ཤེས་པར་གྱིས་ཤིག །

ཞར་བྱུང་གཉིས་པ། མདོ་དབུས་སྐད་དུ་མིང་མཐའ་པ་བའི་སྦྱོར་སྟོལ་གྱི་གཅིག་ས་དང་མི་གཅིག་ས།

རྟགས་ཀྱི་འཇུག་པའི་ལུགས་ལྟར་ན། །མིང་མཐའ་པ་བའི་ཐོབ་ཐང་ནི། །
ག་ད་བ་ས་ན་མར་པ། །ང་འ་ར་ལ་མཐའ་མེད་བཞོ། །
མཐའ་རྟེན་ག་ད་བ་ས་དང་། །ན་མ་དྲུག་པོའི་སྦྱོར་སྟོལ་ནི། །
མདོ་དབུས་ཁྱད་མེད་གཅིག་པ་ཡིན། །རྗེས་འཇུག་ང་འ་ར་ལ་དང་། །
མཐའ་མེད་རྣམས་ལ་ཁྱད་པར་ཡོད། །ཨམ་སྐད་ཀུན་ཏུ་བ་སྦྱར་ཅིང་། །
དབུས་སྐད་བྱ་བའི་མིང་ལ་ནི། །ཆ་ཡ་ཁྱད་མེད་བ་སྦྱར་ཏེ། །
སོང་བ་མྱུར་བ་སྐྱོན་འདོར་བ། །དོན་གོ་བ་དང་དགའ་བ་བཞིན། །
དངོས་པོར་ང་ལ་མཐའ་མེད་གསུམ། །ཆ་ཡ་ཁྱད་མེད་པ་སྦྱར་ཏེ། །
ན་བྲང་པ་དང་མཆིལ་པ་དང་། །ཅིའུ་མཆིལ་པ་དང་ཐ་པ་བཞིན། །
འ་ར་གཉིས་པོར་ཆ་ལ་པ། །ཡ་ལ་བ་སྦྱར་དཔེར་བརྗོད་ན། །
རིད་མདའ་བ་དང་མདའ་པ་དང་། །རྒྱ་གར་བ་དང་གར་པ་བཞིན། །
ཁམས་སྐད་དབུས་སྐད་རྗེས་མཐུན་ཏེ། །པ་པོ་བ་བོ་ཇི་བཞིན་སྦྱོར། །
མིང་མཐའ་སྦྱར་བ་ཡུལ་དང་བསྟུན། །མདོ་དབུས་སྐད་ཀྱི་ཁྱད་ཆོས་ཐོན། །
ཡ་མ་ཟུང་དུ་སྦྱར་བ་ནི། །ཐོབ་ཐང་གང་ལའང་མི་འགྱུར་རོ། །

དོན་ཚན་གསུམ་པ། རྒྱན་སྡུད།

ཀྱང་ཡང་འང་གསུམ་རྒྱན་སྡུད་དེ། །
མཐུན་དང་མི་མཐུན་རྒྱན་གཉིས་དང་། །
སྡུད་པ་དག་ལ་འཇུག་པ་སྟེ། །
ག་ད་བ་ས་དྲག་མཐར་ཀྱང་། །
ང་ན་མ་ར་ལ་མཐར་ཡང་། །
འ་དང་མཐའ་མེད་འང་ངམ་ཡང་། །

རྒྱན་སྡུད་ཀྱང་ཡང་འང་གསུམ་གྱི་ཐོབ་ཐང་ནི། རྗེས་འཇུག་ག་ད་བ་དང་། འཇུག་ཡང་འཇུག་ས་དང་། ད་དྲག་རྣམས་ལ་ཀྱང་ཐོབ་སྟེ། ཡག་ཀྱང་། བཞད་ཀྱང་། བབ་ཀྱང་། མཛེས་ཀྱང་། ལེགས་ཀྱང་། ཕྱིནད་ཀྱང་། ཐརད་ཀྱང་། འཁྱིལད་ཀྱང་། ལྟ་བུ་དང་། རྗེས་འཇུག་ང་ན་མ་འ་ར་ལ་རྣམས་ལ་ཡང་ཐོབ་སྟེ། བཟང་ཡང་། མདོན་ཡང་། འཆམ་ཡང་། དགའ་ཡང་། ཤར་ཡང་། གསལ་ཡང་། ལྟ་བུ་དང་། རྗེས་འཇུག་འ་དང་མཐའ་རྟེན་མེད་པར་འང་དང་། ཁང་བ་སྟོང་ཚེ་ཡང་ཐོབ་སྟེ། བློའང་མཛངས་ལ་དཔའ་ཡང་ཆེ། ལྟ་བུའོ། །

རྒྱན་སྡུད་ཀྱི་ནང་ཚན་རྒྱན་ཞེས་པ་ཚིག་རྒྱན་ཏེ། ཚིག་མཛེས་བྱེད་ཀྱི་རྒྱན་དུ་འཇུག་པ་ལ། མཐུན་པའི་ཚིག་རྒྱན་དང་། མི་མཐུན་པའི་ཚིག་རྒྱན་སྣ་ཁ་གཉིས་ཡོད་དེ།

དང་པོ། མཐུན་པའི་ཚིག་རྒྱན།

ཆོས་མཐུན་པ་གཉིས་གཞི་གཅིག་ལ་སྦྱར་ནས་མཚོན་པར་བྱེད་པ་སྟེ། དཔེར་ན།

ཉི་མའི་འོད་ནི་གསལ་ཡང་གསལ།
དམར་ཡང་དམར་ལ་མཁས་ཀྱང་མཁས།
རི་དྭགས་གཞན་གྱིས་ལབ་གྱུར་ན། །
མཛེས་ཀྱང་མཛེས་ལ་འདྲ་ཡང་ཆགས། །

(བྱ་སྤྲེལ་གྱི་གཏམ་རྒྱུད་ལས)

ཁྱེད་གཉིས་ཐུགས་སེམས་གསེར་དང་འདྲ། །
གསེར་བཟང་པོའི་ཁ་དོག་ཛོམས་ཀྱང་དགོས། །
དགོས་ཀྱང་དགོས་ཏེ་བྱུང་ཡང་བྱུང་། །
ངེད་བྱ་སྤྲེལ་ཚོགས་ཀྱི་སྐྱིད་གཞི་འདི། །
ཁྱོད་གཉིས་ཀྱིས་སྨུམ་པ་མཛད་ཟེར་ན། །
མི་འགྲིག་པ་ཡང་ཡོང་དོན་མེད། །

(བྱ་སྤྲེལ་གྱི་གཏམ་རྒྱུད་ལས)

ཉོན་དང་གནའ་མིའི་གཏམ་དཔེ་ལ། །བཀྲས་ཆེས་ན་ཞི་ནག་གཏིང་ནས་འཁྱུག །
ཟ་ཆེས་ན་སྦྲང་དཀར་མཆིན་ཁ་ན། །ཡུན་རིང་ན་བུ་མོ་མ་ལ་འགྲོན། །
ཟེར་ཡང་ཟེར་ལ་བདེན་ཀྱང་བདེན། །

(སྟག་གླིང་གཡུལ་འཁྲུག་ལས)

ལྔ་པ། ཚིག་གི་ཐ་སྙད་རིགས་འདྲ་གཉིས་ངེས་བྱ་དང་ངེས་བྱེད་དུ་སྦྱར་བའི་

སྒོ་ནས། བརྗོད་དོན་གནད་དུ་ཕབ་ཅིང་ཚིག་མཛེས་པར་བྱེད་པའི་རྒྱན་དུ་འགྱུར་རོ། །

དཔལ་ཡང་འབར་ལ་ཡིད་ཀྱང་འཕྲོག (ཕྲ་ཧྲིའི་སུམ་འགྲེལ་ལས)

ཁ་དོག་མཛེས་ལ་དབྱིབས་ཀྱང་ལེགས། (གསུང་རབ་རྒྱ་མཚོའི་སུམ་རྟགས་ལས)

བང་ཡང་མྱུར་ལ་ཤ་ཡང་རྒྱས། (ཐོན་མིའི་ཞལ་ལུང་ལས)

ལྟ་བུ། དོན་མཐུན་པ་གཉིས་ཚིག་གཅིག་ལ་སྦྱར་ནས། གསེར་གཞུང་ལ་མར་ཁུས་བཀང་བ་བཞིན་བརྗོད་གཞི་གང་གི་ཡོན་ཏན་རྒྱས་པར་བཏང་བའི་སྒོ་ནས་ཚིག་མཛེས་པར་བྱེད་པའི་རྒྱན་དུ་འགྱུར་རོ། །

གཉིས་པ། མི་མཐུན་པའི་ཚིག་རྒྱན།

དོན་སྔ་ཕྱི་མི་མཐུན་པ་གཉིས་གཞི་གཅིག་ལ་སྦྱར་ནས་ཚིག་མཛེས་པར་བྱེད་པ་སྟེ། དཔེར་ན།

མིག་མཐོང་མེད་ཀྱང་རྣ་ཐོས་ཡོད། (རྒྱལ་བུ་ནོར་བཟང་གི་རྣམ་ཐར་ལས)

ཚིག་ལ་སྙན་ཆ་མི་ཆེ་ཡང་། དོན་ལ་ཟབ་དགུའི་རོ་བཅུད་གདའ།
(གཏམ་པད་མའི་ཚལ་གྱི་ཟློས་གར་ལས)

རང་འདོད་དང་ཧམ་པ་གཡོ་སྒྱུ་གསུམ། །
འཕྲལ་ལམ་དུ་འགྲོ་ཡང་ཕུགས་མི་བརྟན། །(ཕྱ་སྤྲེལ་གྱི་གཏམ་རྒྱུད་ལས)

སྐད་རིགས་ཐམས་ཅད་ཤེས་ན་བཟང་མོད་ཀྱང་། །
རང་གི་ཕ་སྐད་བརྗེད་ན་ངོ་ཚ་ཡིན། །(བསླབ་བྱ་ནོར་བུའི་ཕྲེང་བ་ལས)

སྐྱེ་བོ་དམ་པ་རྒུད་གྱུར་ཀྱང་། །སྤྱོད་པའི་ཁྱད་པར་ལྷག་པར་མཛེས། །
མེ་ནི་ཐུར་དུ་ཁ་བསྟན་ཀྱང་། །མེ་ལྕེ་གྱེན་དུ་འབར་བར་མཐོང་། །

(ས་སྐྱ་ལེགས་བཤད་ལས)

འོན་ཏེ་སྙིང་སྟོབས་མཐུ་རྩལ་ལྡན་ན་ཡང་། །
ཤེས་རབ་ཟབ་མོའི་དཔལ་དང་མི་ལྡན་ན། །
འཇིགས་པ་མེད་སྙོམ་གདོང་ལྔའི་དབང་པོ་ནི། །
བློ་ལྡན་རི་བོང་འཕྲུལ་གྱིས་བཅོམ་ཞེས་ཐོས། །

(གཞོན་ནུ་ཟླ་མེད་ཀྱི་རྟོགས་བརྗོད་ལས)

ལྟ་བུ། ཚིག་དོན་ཕན་ཚུན་འགལ་བར་སྦྱར་ཅིང་ལོག་ཕྱོགས་ནས་ངང་ཚུལ་ལམ་སྤྱོད་ཚུལ་ཞིག་མངོན་སུམ་དུ་གཏོད་པའི་རྒྱན་དུ་གྱུར་ཏོ། །

མི་མཐུན་པའི་རྒྱན་ལ་ཚིག་གྲོགས་ཀྱང་སྦྱར་རྒྱུ་ཡོད་དེ། ཡིན་ན་ཡང་། འོན་ཀྱང་། ལྟ་བུ་དག་དང་། མི་མཐུན་པ་གསལ་བྱེད་ཀྱི་ཕྲད་ཀྱང་ཡོད་དེ། འོན་ཏེ། འོན་ཏང་། མོད་རྣམས་སོ། །

སྡུད་པ་ནི་བསྡུ་བར་བྱ་བ་ཞིག་དངོས་སུ་བསྟན་ཚེ། བསྡུ་བྱ་དང་སྡུད་བྱེད་གཉིས་ཀ་ཚིག་སྔ་ཕྱིར་བརྗོད་པ་ཡིན་ཞིང་། ཤུགས་ལ་བསྟན་ཚེ། བསྡུ་རྒྱུའི་ཚིག་གྲོགས་བསྡུས་ནས། སྡུད་བྱེད་ཀྱི་ཚིག་ཙམ་བརྗོད་པས་ཆོག་པ་ཡིན་ཏེ། དཔེར་བརྗོད་ན། ཕོས་རྒྱ་ཡིག་ཀྱང་ཤེས། ཞེས་པ་ན། སྡུད་བྱེད་ཀྱི་ཚིག་ཏུ་ཀྱང་སྦྲ་སྦྱར་ནས། བསྡུ་བྱ་བོད་ཡིག་འདྲ་ཤེས་པ་བསྡུས་པའི་དོན་ཅན་དུ་གྲུབ་མོད། གལ་ཏེ་བསྡུ་བྱ་གསལ་བར་བྱེད་པའི་དགོས་པ་ཡོད་ན། ཕོས་བོད་ཡིག་ཤེས་ལ། རྒྱ་ཡིག་ཀྱང་ཤེས་ཟེར་བ་ལྟར། སྡུད་བྱེད་ཀྱི་ཚིག་གྲོགས་སུ་བསྡུ་བྱ་བོད་ཡིག་ཤེས་པ་ལྟ་བུ་བརྗོད་པའོ། །འདི་ལ་རིགས་གསུམ་ཡོད་དེ།

དང་པོ། ཕན་ཚུན་སྡུད་པ།

དཔེ་ཆ་འདི་ཆབ་སྲིད་ཀྱི་བསླབ་དེབ་ཀྱང་ཡིན། སྐད་ཡིག་གི་བསླབ་དེབ་ཀྱང་ཡིན།
ཁོང་ནི་ང་ཚོའི་སློབ་གྲྭའི་མགོ་འདྲེན་ཡང་ཡིན་ལ། བོད་ཡིག་དགེ་རྒན་ཡང་ཡིན།
ཁྱོད་འགྲོ་དགོས་དང་། ཟླ་བའང་འགྲོ་དགོས།

ལྟ་བུ་རྣམས་བསྡུ་བྱ་དང་སྡུད་བྱེད་གཉིས་སྟོབས་མཉམ་པས། ཚིག་སྔ་ཕྱིའི་གོ་རིམ་བརྗེས་ནས་ཕར་སྡུད་ཚུར་སྡུད་བྱས་ཚིག

གཉིས་པ། སྔ་མས་ཕྱི་མ་སྡུད་པ།

བླུན་པོས་ཀྱང་ཤེས་ན་མཁས་པ་ལྟ་ཅི་སྨོས།
མི་དམངས་ཀྱི་དོན་དུ་སྲོག་ཀྱང་སྤོ་ཕོད་ན། དཀའ་ཚེགས་འཛེམ་ག་ལ་དཔེ།
རང་སྐྱོན་མཁས་པ་རྣམས་ཀྱིས་ཀྱང་། སྐྱོན་དུ་གོ་བ་ཤིན་ཏུ་དཀའ།
མི་དེ་རང་གི་གྲིབ་མ་ལའང་ཡིད་མི་ཆེས།

ཨ་མ་ཡང་ང་བུ་གཅིག་པུ་ལ་སེམས་འཕྲེང་བས། ངེད་རྣམས་མཐོང་མཐོང་གི་བར་དུ། ང་ལ་མིག་ཅེ་རེ་དུ་ཞིང་བསྡད་འདུག

(མི་ལ་རས་པའི་རྣམ་ཐར་ལས)

ལྟ་བུ་རྣམས་ལས་སྔ་མ་གསུམ་དུ་བསྡུ་བྱ་དངོས་སུ་བསྟན་པ་དང་། ཕྱི་མ་གཉིས་སུ་བསྡུ་བྱ་ཤུགས་ལ་བསྟན་པའོ། །

གསུམ་པ། ཕྱི་མས་སྔ་མ་སྐྱུད་པ།

ལུས་རྟགས་མ་ཟད། སྙན་ངག་ཀྱང་ཤེས།

རྟ་ཡིས་བརྒལ་དཀའི་ཆུ་བོ་ཡང་། །མང་དུ་གྱེས་ན་ལུག་ཀྱང་ཐུབ། །

དབྱངས་ཅན་ཁྱོད་ཞལ་མཚར་སྡུག་ལྡན་པ་ཡིས། །
ཆུ་སྐྱེས་པད་མའི་རྗེས་སུ་འགྲོ་མིན་ཏེ། །
མིག་ལྡན་ཀུན་ཡིད་འཕྲོག་པའི་འཛུམ་མདངས་དང་། །
ཞིམ་པོའི་དྲི་བསུང་ཕྱོགས་བཅུར་འཐུལ་འདིས་ཀྱང་། །

(བསྟུས་པའི་དཔེ་སྐྱེ་པཎ་ཆེན་བློ་བཟང་ཡེ་ཤེས་ཀྱིས)

ཁོ་རི་མོ་བྲིས་ནའང་མཁས།
ངེད་ཕྱིའུ་སྡོད་པའི་གནས་ལ་ཡང་། །ཁྱོད་བྱ་ཚོགས་ཡོང་དང་ཡོང་བཞིན་ཡོད། །

ལྟ་བུ་རྣམས་ལས་ཚིག་སྔ་མ་གསུམ་དུ་བསྡུ་བྱ་དངོས་སུ་བསྟན་པ་དང་། ཕྱི་མ་གཉིས་སུ་བསྡུ་བྱ་ཤུགས་ལ་བསྟན་པའོ། །

གཞན་ཡང་། ཡང་སྒྲ་ཀྱང་འང་གཉིས་དང་མི་མཐུན་པར་དོན་གཞན་སྟོན་པར་འཇུག་པའང་ཡོད་དེ།

ཁོ་དེ་རིང་ཡོང་ལ། ཡང་ན་སང་ཉིན་ཡོང་ངོ་། །
དཔེར་བརྗོད་འདི་ཡང་ན་ལས་སུ་བྱ་བའི་ཡིན། ཡང་ན་དགོས་ཆེད་ཀྱི་ཡིན།

ལྟ་བུ་རྣམས་ན་སྒྲ་དང་བསྡེབས་ནས་གདམ་ངའི་དོན་དུ་འཇུག་པ།

ནམ་ཡང་། དེ་ཡང་། སླར་ཡང་། དེ་ནས་ཡང་། ད་ཐེངས་ཡང་རྒྱལ་ཁ་ལོན་སོང་། བསམ་བློ་ཡང་ཡང་བཏང་། དོན་དེ་གོ་སླ་བས་ཡང་དང་ཡང་དུ་བཤད་མི་དགོས། ལྟ་བུ་རྣམས་བསྐྱར་བའི་དོན་དུ་འཇུག་པའོ། །

དོན་ཚན་བཞི་བ། ལྷག་བཅས།

དེ་ཏེ་སྟེ་གསུམ་ལྷག་བཅས་ཏེ། །
ན་ར་ལ་ས་དྲག་མཐར་ཏེ། །
ད་དེ་ག་ང་བ་མ་འ། །
མཐའ་མེད་རྣམས་ལ་ས་སྟེ་ཐོབ། །
མཚམས་སྦྱོར་དམ་བཅའ་གཞན་འདྲེན་དང་། །
འགལ་བ་རྣམས་ལ་འཇུག་པ་འོ། །

ལྷག་བཅས་དེ་ཏེ་སྟེ་གསུམ་གྱི་ཐོབ་ཐང་ནི། རྗེས་འཇུག་ད་མཐར་དེ་དང་། ན་ར་ལ་ས་ད་དྲག་གི་མཐར་ཏེ་དང་། ག་ང་བ་མ་འ་དང་མཐའ་མེད་རྣམས་ཀྱི་མཐར་སྟེ་ཐོབ་སྟེ། བཤད་དེ། ཡིན་ཏེ། འདར་ཏེ། གསལ་ཏེ། བྱས་ཏེ། བསྒྱུརད་ཏེ། བཞག་སྟེ། བཟང་སྟེ། ཁྱབ་སྟེ། བགམ་སྟེ། འབབ་སྟེ། གོ་སྟེ། ལྟ་བུ་སོགས་སོ། །

ལྷག་བཅས་ནི་ཚིག་སྔ་མའི་བརྗོད་དོན་མ་རྫོགས་པའི་ལྷག་མ་དང་བཅས་པ་དྲངས་ནས་དོན་ཆ་ཚང་ཞིག་སྟོན་པར་བྱེད་པའི་སྒྲའོ། །དེ་ཡང་ལྷག་མ་འདྲེན་ཚུལ་རྣམ་པ་བཞི་ཡོད་དེ།

དང་པོ། མཚམས་སྦྱོར་བའི་ལྷག་བཅས།

བྱ་བ་སྔ་མའི་འཁོར་ཡང་བྱ་བ་ཞིག་མཚམས་སྦྱར་ནས་དེ་དག་ཕན་ཚུན་གྱི་འབྲེལ་ཆགས་ལུགས་ངེས་ཅན་ཞིག་སྟོན་པ།

ཛ་བསྒོལ་ཏེ༷་ཁོལ།
ཚང་འཕྲུངས་ཏེ༷་བཟི།
ས་བོན་བཏབ་སྟེ༷་སྨྱུ་གུ་སྐྱེ།
བྱ་བ་འབད་པས་བསྒྲུབས་ཏེ༷་ཕུན་སུམ་ཚོགས་པར་གྲུབ་སོང་།

ལྟ་བུ་སོགས་བྱེད་པའི་རྩོལ་བ་དང་ལས་ཀྱི་འགྱུར་བ་གཉིས་དུས་རིམ་པར་འཇུག་པར་མཚམས་སྦྱོར་ནས། རྒྱུ་གང་ལས་འབྲས་བུ་གང་བྱུང་བར་བསྟན་པའོ། །

ལག་པ་བསླལ་ཏེ༷་ཟས་ཟ།
སྒྲོན་མེ་བཀར་ཏེ༷་དཔེ་ཆ་ལྟ།
འདང་ཡང་ཡང་བརྒྱབ་སྟེ༷་དཔྱད་པ།

བྱ་བ་ཆེ་ཆུང་གང་བྱེད་ཀྱང་། །མཁས་པས་རྟག་ཏུ་བསྒྲིམས་ཏེ༷་བྱ། །

(ས་སྐྱ་ལེགས་བཤད་ལས)

ལྟ་བུ་རྣམས་བྱེད་པས་བྱ་བ་གཉིས་དུས་རིམ་གྱིས་འཇུག་པར་མཚམས་སྦྱོར་ནས། མཐུན་རྐྱེན་གང་ལ་བརྟེན་ནས་དོན་གང་གཉེར་བར་བསྟན་པའོ། །

གཞོག་པ་བརྒྱངས་ཏེ༷་འཕུར།
ཚིག་སྒྲ་དང་བཅས་ཏེ༷་འབར།
མཚར་སྐྱེས་ཏེ༷་ཧ་ཧ་བགད།
མིག་ཆེས་ཆེར་བགྲད་དེ༷་ཞིབ་ཏུ་བལྟས།

ལྟ་བུ་སོགས་བྱ་བ་གཉིས་ཧ་ལམ་དུས་མཉམ་པར་འཇུག་པར་མཚམས་སྦྱོར་ནས་སྒྲུབ་བྱེད་གཅིག་པར་བསྟན་པའོ། །

གོང་གསལ་མཚམས་སྦྱོར་བའི་ལྷག་བཅས་ཀྱི་ཚབ་ཏུ་ནས༷་སྒྲ་འཇུག་པ་མང་

སྟེ། ཇ་བསྐོལ་ན༷ས་ཁོལ། འདང་བཀྱུབ་ན༷ས་བཤད། མེ་ཏོག་གད་ན༷ས་འབྲས་བུ་ཐོགས། ལྟ་བུ་སོགས་སོ། །

གཉིས་པ། དམ་བཅའ་བའི་ལྷག་བཅས།

ཚིག་སྔ་མའི་དོན་གསལ་བྱེད་དུ་ཚིག་ཕྱི་མ་དྲངས་ནས་ཤེས་བྱའི་གནས་ངེས་པ་ཞིག་སྟོན་པ་སྟེ། མི་རྟག་སྟེ༷་བྱས་པའི་ཕྱིར། ཞེས་པ་དཔེར་མཚོན་ན། མི་རྟག་པ་ཡིན་པར་དམ་བཅས་ནས་དེའི་རྒྱུ་མཚན་བྱས་པ་ཡིན་པར་སྟེ་སྒྲས་བསྟན་པའོ། །དེ་བཞིན་དུ།

མེ་ཡོད་དེ༷་དུ་བ་ཡོང་བའི་ཕྱིར།
སྤྱོད་པ་བཟང་སྟེ༷་གཞུང་དྲང་ཞིང་བློ་གསལ་བའི་རྟགས་སོ། །
དགའ་བར་རིགས་ཏེ༷་རྒྱལ་ཁ་ཐོན་པས་སོ། །

ལྟ་བུ་རྣམས་རྒྱུ་མཚན་འདྲེན་པའོ། །

ཚིག་རྒྱན་ཏེ༷་ཚིག་མཛེས་པར་བྱེད་པའི་རྒྱན་ནོ། །
དཔེ་ཆོས་ཏེ༷་དཔེའི་སྒོ་ནས་བརྗོད་བྱའི་ཆོས་ཀྱི་དོན་གསལ་བར་བྱེད་པའི་ངག་རྒྱུན་ཞིག་གོ། །

སངས་རྒྱས་ཏེ༷་མ་རིག་པའི་གཉིད་སངས་པ་དང་ཤེས་བྱ་ལ་བློ་གྲོས་རྒྱས་པའོ། །

(སྒྲ་སྒོ་མཚོན་ཆ་ལས)

ལྟ་བུ་རྣམས་ངེས་ཚིག་འདྲེན་པའོ། །

འབྱུང་བ་བཞི་སྟེ༷་ས་ཆུ་མེ་རླུང་ངོ་། །
འདོད་ཡོན་ལྔ་སྟེ༷་གཟུགས་དང་སྒྲ་དང་དྲི་དང་རོ་དང་རེག་བྱའོ། །

རིག་གནས་ཆེ་བ་ལྔ་སྟེ། སྒྲ་དང་ཚད་མ་དང་བཟོ་དང་གསོ་བ་དང་ནང་དོན་རིག་པའོ། །

ལྟ་བུ་རྣམས་ཆོས་ཀྱི་རྣམ་གྲངས་འདྲེན་པའོ། །

ཉི་མ་ལ་འཇིག་རྟེན་མིག་ཅེས་བྱ་སྟེ། འོད་སྟོང་ཅན་ནམ། སྣང་བའི་མཛོད་དམ། མུན་པའི་དགྲ་ཡང་ཟེར་རོ། །

གོ་ལ་སོགས་པ་ཛོགས་ཚིག་སྟེ། སྣར་བརྩུ་ཟླ་སྤུད་ཅེས་ཀྱང་བྱ།

ཉི་མའི་གཉེན་ནི་པད་མ་སྟེ། དྲི་བཟང་ཁང་ཡང་དེ་ཡིན་ནོ། །

ལྟ་བུ་རྣམས་མིང་གི་རྣམ་གྲངས་འདྲེན་པའོ། །

བློན་པོས་བསམ་པར། ཀ་ཡེ་ཐབས་བཟང་པོ་ཞིག་གདའ་སྟེ། ཅན་དན་སོལ་བར་བཏང་ནས་འཚོང་དགོས་པར་འདུག་སྙམ་ནས། ཅན་དན་མེར་བསྲེགས་ཏེ་སོལ་བར་བཏང་།

(དགེ་ལྡན་ལེགས་བཤད་ཀྱི་འགྲེལ་བ་ལས)

དགེ་རྒན་བསྐྱང་རྒྱུ་གལ་ཆེ་སྟེ། འགྱུར་བཞི་བསྐྱུན་པར་མི་སྨ་དགོས། མི་སྨ་བསྐྱང་བར་སློབ་གསོ་དགོས། སློབ་གསོ་བསླུབ་པར་དགེ་རྒན་དགོས།

ང་རྒྱལ་རང་ཉིད་ཉམས་བྱེད་དེ། །ཐོས་ལམ་འགོག་ཅིང་གྲོགས་དང་འགལ། །
བྱུར་སྨ་འདྲེན་ལ་འགྲན་ཟླ་བསླང་། །ཉེས་དམིགས་མང་བས་ཚར་དུ་ཆོད། །

ལྟ་བུ་རྒྱས་བཤད་འདྲེན་པའོ། །

དུད་འགྲོ་ནི་དུད་ནས་འགྲོ་བ་སྟེ། རྟ་ནོར་ལུག་གསུམ་ལ་སོགས་པའོ། །

འགྲོས་མགྱོགས་ཏེ་རླུང་ལས་མྱུར།

སྐྱེས་སྨན་དེ་མགོ་བོ་ཡང་ལ་ཁོག་པ་དོག་སྟེ། དཀར་ལྷབ་ནག་འཚུབ་སྟོན་ཁའི་གནམ་ངོ་འདྲའོ། །

བཞིན་རས་མཛེས་ཏེ། ཆུ་སྐྱེས་གསར་བའི་དཔལ་འཕྲོག་ཅིང་། ཟླ་བ་ལའང་སྐྱེངས་པ་སྐྱེར།

ལྟ་བུ་དཔེ་འདྲེན་པའོ། །

གསུམ་པ། གཞན་འདྲེན་པའི་ལྷག་བཅས།

རྗོད་བྱེད་སྔ་མའི་འཕྲོར་བརྗོད་བྱ་གཞན་ཞིག་དྲངས་ནས། ཚིག་སྔ་ཕྱིའི་དོན་ཐ་དད་པར་སྟོན་པ་སྟེ།

འདི་ནི་ར་གན་ཏེ་འདི་ནི་གསེར་རོ། །
ཁྲི་རྐན་འཛུམ་ན་དགའ་རྟགས་ཏེ། །གཉེན་རྗེ་འཛུམ་ན་གནོད་པའི་རྟགས། །
གཡི་དཀར་ནི་རི་དྭགས་མིན་ཏེ་གཅན་གཟན་ནོ། །

ལྟ་བུ་རྣམས་སོ། །

བཞི་པ། འགལ་བ་འདྲེན་པའི་ལྷག་བཅས།

བརྗོད་བྱ་སྔ་མའི་འཕྲོར་བརྗོད་བྱ་ལོག་པ་ཞིག་དྲངས་ནས་ཚིག་སྔ་ཕྱིའི་དོན་འགལ་བར་སྟོན་པ་སྟེ།

ཁ་བཤིག་པ་སླ་སྟེ་ལས་པ་དཀའ། །གོས་དྲལ་བ་སླ་སྟེ་དྲུབ་པ་དཀའ། །
རྐྱོད་གཡོ་བ་སླ་སྟེ་བསྐྱུམ་པ་དཀའ། །(གྲུ་གུ་གོ་རྫོང་ལས།)

སྐྱིད་ཟེར་བ་དཔོན་པོའི་ལག་ན་ཡོད། །ང་ཉོ་བསམ་ཡོད་དེ་ཉོ་ཐབས་མེད། །
སྡུག་ཟེར་བ་གཡོག་པོའི་མགོ་ན་ཡོད། །ང་བཙོང་བསམ་ཡོད་དེ་བཙོང་ཐབས་མེད། །

སྐྱོན་གྱིས་གོས་པ་ཆེས་སླ་སྟེ། །ཡོན་ཏན་སློབ་པ་དེ་ལྟ་མིན། །

ཤིང་ལ་མེ་ལྕེ་མཆེད་སླ་སྟེ། ཆུ་བོ་སོ་སོར་འབྱེད་པ་དཀའ། །

(ཤིང་གི་བསྟན་བཅོས་ལས)

ལྟ་བུ་སོགས་སོ། །

གཞན་ཡང་། ལྷག་བཅས་ཀྱི་སྒྲ་བྱ་བ་ལ་འཇུག་ཚེ། བྱ་བ་དེའི་མིང་མཐའ་པ་བ་དག་སྦྱོར་མི་སྦྱོར་གྱི་ཁྱད་པར་ཤེས་རྒྱུ་གལ་ཆེ། དཔེར་ན། ཤོག་བུ་རས་ལ་བརྫུས་པ་སྟེ། །མ་ཡིན་ཡིན་མདོག་བྱས་པའི་དཔེའོ། །ཞེས་དང་། ཤོག་བུ་རས་ལ་བརྫུས་ཏེ། །གོན་པ་ཨེ་ཉན་ལྟ་གི། །ཞེས་པའི་ཚིག་གཉིས་ཀྱི་ལྷག་བཅས་ཀྱི་དོན་སྟོན་ཚུལ་མི་གཅིག །སྔ་མ་བྱ་བ་མིང་མཐའ་ཅན་ལ་སྦྱར་ནས་དམ་བཅས་པ་དང་། ཕྱི་མ་བྱ་བ་མིང་མཐའ་མེད་པ་བ་ལ་སྦྱར་ནས་མཚམས་སྦྱར་བ་ཡིན་ནོ །

དོན་ཚན་ལྔ་པ། འབྱེད་སྡུད།

གམ་ངམ་དམ་ནམ་བམ་མམ་འམ། །
རམ་ལམ་སམ་ཏམ་འབྱེད་སྡུད་དེ། །
ད་དྲག་ཏམ་དང་མཐའ་མེད་འམ། །
གཞན་རྣམས་མིང་མཐའི་རྗེས་མཐུན་སྦྱོར། །
འབྱེད་པ་སྡུད་པ་ཐེ་ཚོམ་དང་། །
དྲི་བ་གདམ་ང་རྣམས་ལ་འཇུག །

འབྱེད་སྡུད་ཀྱི་ཐོབ་ཐང་ནི། མཐའ་རྟེན་དང་མཐུན་པར་སྦྱར་བ། གཅིག་གམ། ཅུང་ངམ། མེད་དམ། ཡིན་ནམ། འཐབ་བམ། བསམ་མམ། ཟེར་རམ། ཡུལ་ལམ། ཤེས་སམ། ལྟ་བུ་དང་། རྗེས་འཇུག་འ་དངོས་སུ་བྲིས་ཡོད་མེད་ལ་

འམ་ཐོབ་སྟེ། ཁ་སྐོང་བའི་ཚེ་བར་ཚིག་འཇུག་པ་དང་། སྐོང་མི་དགོས་ན་བར་ཚིག་མི་འཇུག་སྟེ། དགའ་འམ། གོ་འམ། དགའམ། གོའམ། ལྟ་བུ་དང་། ཡང་འཇུག་དའི་མཐར་ཏམ་ཐོབ་སྟེ། ཐེནད་ཏམ། མ་བསྒྱུརད་ཏམ། བྲལད་ཏམ། ལྟ་བུ་སོགས་སོ། །

དོན་གྱི་སྦྱོར་ཚུལ་ལ་འབྱེད་པ་དང་། སྡུད་པ་དང་། ཐེ་ཚོམ་དང་། དྲི་བ་དང་། གདམ་ང་ལྔ་ཡོད་དེ།

དང་པོ། འབྱེད་པ།

དབྱེ་གཞི་གཅིག་ལས་དབྱེ་བ་དུ་མ་སོ་སོར་འབྱེད་པ་སྟེ། དཔེར་ན། དུས་ཚིགས་བཞི་སྟེ། དབྱར་རམ། སྟོན་ནམ། དགུན་ནམ། དཔྱིད་དོ། །ཞེས་པ་ན། དབྱེ་གཞི་དུས་ཚིགས་བཞི་ལས། དབྱེ་བ་དབྱར་སྟོན་དགུན་དཔྱིད་རྣམས་རམ་དང་ནམ་དག་གིས་སོ་སོར་ཕྱེ་བ། ལྟ་བུའོ། །དེ་བཞིན།

དུག་གསུམ་ནི་འདོད་ཆགས་སམ། ཞེ་སྡང་ངམ། གཏི་མུག་གོ། །

མཁན་སློབ་ཆོས་གསུམ་ནི། མཁན་པོ་བོ་དྷི་ས་ཏྭ་འམ། སློབ་དཔོན་པད་མ་འབྱུང་གནས་སམ། ཆོས་རྒྱལ་ཁྲི་སྲོང་ལྡེ་བཙན་ནོ། །

རྟེན་པ་བཞི་དང་མི་རྟེན་པ་བཞི་སྟེ། ཆོས་ལ་རྟེན་པ་དང་གང་ཟག་ལ་མི་རྟེན་པའམ། དོན་ལ་རྟེན་པ་དང་ཚིག་ལ་མི་རྟེན་པའམ། ངེས་དོན་ལ་རྟེན་པ་དང་དྲང་དོན་ལ་མི་རྟེན་པའམ། ཡེ་ཤེས་ལ་རྟེན་པ་དང་རྣམ་ཤེས་ལ་མི་རྟེན་པའོ། །

ལྟ་བུ་རྣམས་དབྱེ་བའི་རྣམ་གྲངས་ངེས་པ་ཡོད་ཚུལ་ལོ། །

སློབ་མའི་ཉེར་མཁོ་ནི་སྨྱུ་གུའམ། སྣག་ཚའམ། ཤོག་གུ་རྣམས་སོ། །

རང་རེའི་སློབ་གྲྭ་ན་མི་རིགས་མང་སྟེ། རྒྱའམ། བོད་དམ། སོག་པོའམ། ཡུ་གུར་རམ།

ཧེ་ཧེ་སོགས་བཅུ་ལྷག་ཅིག་ཡོད་དོ། །
ལེགས་པར་ཤེས་ན་འདི་ལྟ་སྟེ། འཆད་དུས་རྩོད་པའམ་རྩོམ་ལ་མཁས།

ལྟ་བུ་རྣམས་དབྱེ་བའི་རྣམ་གྲངས་ངེས་པ་མེད་ཚུལ་ལོ། །

གཉིས་པ། སྡུད་པ།

བསྡུ་བྱ་དུ་མ་བསྡུ་གཞི་གཅིག་ཏུ་སྡུད་པ་སྟེ། དཔེར་ན། སྲོང་བཙན་སྒམ་པོའམ། ཁྲི་སྲོང་ལྡེ་བཙན་ནམ། མངའ་བདག་ཁྲི་རལ་པ་ཅན་ནི་ཆོས་རྒྱལ་མེས་དབོན་རྣམས་གསུམ་མོ། །ཞེས་པའི་བསྡུ་བྱ་སྲོང་བཙན། ཁྲི་སྲོང་། མངའ་བདག་བཅས་འམ་དང་ནམ་སྒྲ་དག་གིས་ཆོས་རྒྱལ་མེས་དབོན་རྣམ་གསུམ་ཞེས་པའི་བསྡུ་གཞི་གཅིག་ཏུ་བསྡུས་པ་དང་། དེ་བཞིན།

དེང་རབས་ཅན་དུ་འགྱུར་བར་ཁ་གཏད་པའམ། འཛིག་རྟེན་ཁམས་ལ་ཁ་གཏད་པའམ།
མ་འོངས་པར་ཁ་གཏད་པ་ནི། སློབ་གསོ་བྱ་བའི་གཏད་སོ་གསུམ་མོ། །
སྙན་ངག་གམ། མངོན་བརྗོད་དམ། སྡེབ་སྦྱོར་རམ། ཟློས་གར་རམ། སྐར་རྩིས་རྣམས་
རིག་གནས་ཆུང་བ་ལྔའོ། །

ལྟ་བུ་བསྡུ་བྱའི་རྣམ་གྲངས་ངེས་པ་ཡོད་ཚུལ་ལོ། །

ཆུ་སྐྱུར་རམ་ནེ་ཙོ་ནི་འདབ་ཆགས་སོ། །
གསེར་རམ། དངུལ་ལམ། ཟངས་སམ། ལྕགས་སམ། རྡོ་སོལ་སོགས་ནི་གཏེར་རྫས་ཡིན།

མིང་གཞི་གཉིས་སམ་གསུམ་འབྲེལ་ལམ། །དེ་ལ་དབྱངས་ཀྱི་གཞི་ལྡན་ཡང་། །
གང་དུ་འང་འཇུག་མིན་སྦྱོར་བ་འང་མིན། །(སུམ་རྟ་བའི་རྩ་བ་ལས)

ལྟ་བུ་བསྡུ་བྱའི་རྣམ་གྲངས་ངེས་པ་མེད་ཚུལ་ལོ། །

མུ་ཏིག་ནི་རིན་ཐང་ཆེ་སྟེ། མུ་མེན་ནམ་བྱུ་རུ་ཡང་ངོ་། །
ཐང་དཀར་ནི་བྱ་ཡིན་ལ། ཁྭ་ཏ་འམ་སྐྱ་ཀ་སོགས་ཀྱང་བྱ་ཡིན།

ལྟ་བུ་སྔ་མར་སྦྱོར་བའི་ཆོས་དང་རིགས་མཐུན་པ་ཕྱི་མར་སྦྱོར་བ་བསྡུས་པའོ། །

གསུམ་པ། ཐེ་ཚོམ།

ཡིན་མིན་མཐའ་གཉིས་མ་ངེས་པར་དོགས་པ་ཟ་བར་སྟོན་པ་སྟེ།

ཅི་འདི་ལྗོན་པའི་སྙིང་མོས་ཚལ་ལ་གནས་པའི་ལྷ་མོ་ཞིག་གམ། མིའི་བུ་མོ་ཁྱད་པར་དུ་མཛེས་པ་ཞིག་ཡིན་སྙམ་ཐེ་ཚོམ་དུ་གྱུར།

(གཞོན་ནུ་ཟླ་མེད་ཀྱི་རྟོགས་བརྗོད་ལས)

ཨ་མ་ལན་གཅིག་ཤི་ནས་སླར་ལོག་པ། །
འདི་ནི་རྨི་ལམ་ཡིན་ནམ་མངོན་སུམ་ཡིན། །
རྨི་ལམ་ཡིན་ན་བུ་ཆུང་སྣང་བ་སྐྱོ། །
མངོན་སུམ་ཡིན་ན་བུ་ཆུང་ལོས་ཀྱང་དགའ། །

(སྣང་ས་འོད་འབུམ་གྱི་རྣམ་ཐར་ལས)

དཀར་མཛེས་ཆུ་འཛིན་གཞོན་ནུའི་དུམ་བུ་ལ། །
རྣམ་བཀྲ་དབང་གཞུ་གསར་བས་འཁྱུད་དམ་ཅི། །
འོན་ཏང་སྒྲ་བའི་ལྷ་མོ་ཁྱེད་ཀྱི་སྐུར། །
སྣ་ཚོགས་དར་གྱིས་བསྒྲུབས་སམ་འཕྱང་མོ་ཤུག །

(ཐེ་ཚོམ་གྱི་དཔེ་སྟེ་དབྱངས་ཅན་དགྱེས་གླུ་ལས)

འགྲིག་གམ་མི་འགྲིག་བརྡར་ཤ་མི་ཆོད།

ལྟ་བུ་སོགས་སོ། །

བཞི་པ། དྲི་བ།

བརྗོད་བྱའི་དོན་གསལ་བྱེད་དུ་དྲི་བར་འཇུག་པ་སྟེ།

དོན་དག་དེ་ཐག་ཆོད་དམ།

ཕ་མས་བུ་མོ་མ་མཇལ་ཡུན་རིང་སོང་། །བུ་མོ་སྣང་ས་སྐུ་ཁམས་བདེ་ལགས་སམ། །

(སྣང་ས་འོད་འབུམ་གྱི་རྣམ་ཐར་ལས)

སང་ཉིན་ཁྱོད་འགྲོ་རྒྱུའམ་མི་འགྲོ།

རྒྱལ་པོས་སྨྲས་པ། ཁྱོད་ལ་ཤ་གཞན་ཞིག་སྦྱིན་ན་ཟའམ། ཁྲས་སྨྲས་པ། བདག་ནི་གསར་དུ་བཀུམ་པའི་ཤ་རློན་པ་མཆིས་ན་འཚལ་ལོ་ཞེས་སྨྲས་པ། (མདོ་མཛངས་བླུན་ལས)

ལྟ་བུ་མ་ཤེས་པ་དྲིས་པ།

རི་མགོ་ལྦ་ན་མཚོ་ཞིག་འདུག་ཟེར་བ་ཤེས་སམ།
ད་ལྟ་བཤད་ཟིན་པ་གོའམ་མ་གོ

ང་ཡི་རིགས་རྒྱུད་གྲགས་པ་བསམ་གྲུབ་དེ། །
ཕྱི་ཡི་ལྟགས་རི་ནང་གི་ནོར་བུ་ཡིན། །
ཕོ་ལོ་དྲུག་གསུམ་བཅོ་བརྒྱད་བསླེབས་ནས་ཡོད། །
ཁྱོད་ཀྱིས་དེ་ཡི་ཁྱིམ་ཐབ་མི་བྱེད་དམ། །

(སྣང་ས་འོད་འབུམ་གྱི་རྣམ་ཐར་ལས)

ལྟ་བུ་ཆོད་བཀག་པར་དྲིས་པའོ། །

ཕྱིད་བུད་ཡོང་ངམ།

ཉིན་གུང་ཉི་མས་གདུངས་པ་ཡི། །
སླང་པོ་དག་ནི་མཚོར་འཇུག་པ། །
ཉི་མའི་ཕྱོགས་སུ་ར་པད་མོ་རྣམས། །
གཙོམ་པར་འདོད་པ་ཡིན་ནམ་སྙམ། །

(སེམས་ལྡན་རབ་རྟོག་སྤྲི་སྙན་ངག་མེ་ལོང་ལས)

ལྟ་བུ་ཤེས་བཞིན་དུ་དྲིས་པའོ། །

ཁ་ནས་ཐོན་ཚད་ལབ་ན་འཐུས་ཡོང་ངམ། །
སེམས་ལ་གང་ཤར་ལག་ལེན་འཐུས་ཡོང་ངམ། །

(སློམ་ཆེན་དང་རྫ་ཅིག་ལས)

རིགས་གཟུགས་ལང་ཚོ་ལྡན་ན་ཡང་། །ཡོན་ཏན་མེད་ན་མཛེས་མ་ཡིན། །
རྨ་བྱ་སྤུ་སྟུག་ཡིད་འོང་ཡང་། །ཆེན་པོའི་རྒྱན་དུ་འོས་སམ་ཅི། །

(ས་སྐྱ་ལེགས་བཤད་ལས)

གལ་ཏེ་རྫོངས་པ་ལ་ལ་དག་དེའི་རྩལ་མ་ཤེས་པས་ལོག་པར་རྟོག་ན་ཡང་། ངས་གཤིན་རྗེའི་གཤེད་མ་འདྲ་བའི་དཔུང་གི་ཚོགས་མངགས་ཏེ། ཚར་བཅད་ན་མི་འཇིགས་སམ། ཞེས་བྱ་བ་ལ་སོགས་པ་གཏམ་གྱི་དྲིལ་ཇམས་པོ་ཆེ་རབ་ཏུ་བསྒྲགས།

(མི་དབང་རྟོགས་བརྗོད་ལས)

ལྟ་བུ་ཁོང་སློང་དུ་དྲིས་པའོ། །

གོང་གསལ། དོགས་གཞི་དྲི་བ་ལ་མཐའ་གཉིས་པོ་ཆ་མཉམ་པར་དོགས་ན། མཐའ་གཉིས་ཀ་བཀོད་ནས་ཡིན་ནམ་མིན་ཞེས་པ་ལྟ་བུར་སྦྱར་བ་དང་། མཐའ་གཅིག་ཤས་ཆེ་བར་ཕྱོགས་པ་ལ་མཐའ་དེ་ཙམ་བཀོད་ནས་ཡིན་ནམ། ཡང་ན་མིན་

ནམ་ཞེས་པ་འདྲ་སྦྱར་བའོ། །

གཞན་ཡང་དྲི་བ་ལ་ཨེ་སྒྲ་ཡང་འཇུག་པ་མང་སྟེ། ཁྱོད་ཀྱིས་ཤེས་སམ་ཞེས་པ་ལ། ཁྱོད་ཀྱིས་ཨེ་ཤེས་ཞེས་དྲིས་པ་ལྟ་བུའོ། །ཨམ་སྐད་དུ་དྲི་བ་ལ་ནེ་ཞེས་པའི་སྒྲ་འཇུག་པ་ཁྱབ་ཆེ། དཔེར་ན། ཁྱོད་ཡོང་ནེ། དོན་དག་དེ་ཕྲོ་བཟང་གིས་མི་ཤེས་ནེ། ལྟ་བུའོ། །

ལྷ་བ། གདམ་ང་།

གདམ་བྱ་གཉིས་སམ་དུ་མ་ལས་གང་རུང་ཞིག་བདམས་ནས་ངེས་པར་བྱེད་པ་སྟེ།

ཡོན་ཏན་ཀུན་རྫོགས་སྐྱེ་བོ་བསྟེན། །ཡང་ན་ཐ་མལ་འགྲོགས་པ་བདེ། །
བུམ་པ་ཆུ་ཡིས་གང་བ་འམ། །ཡང་ན་སྟོང་བ་ཁུར་བ་སླ། །

(ས་སྐྱ་ལེགས་བཤད་ལས)

ཁ་བཏགས་གཡོགས་པ་དེ་སྐེ་ལ་གྱོན་ནས་རེ་ཞིག་རི་མོར་བྲིས་པའི་གཟུགས་བརྙན་ལྟར་གཡོ་འགུལ་མེད་པའམ། དགུན་གྱི་ཁུ་བྱུག་བཞིན་དུ་སྒྲ་བ་མེད་པར་ཡུད་ཙམ་གནས།

(རྫོ་རིང་པཎྜི་ཏའི་རྣམ་ཐར་ལས)

ཁྱོད་རང་དབང་བའི་ནོར་གསེར་སེ་བ་གཅིག་གམ། ནས་ཕུལ་གང་ངམ། མར་ཉག་གཅིག་གམ། གོས་དར་རྒྱང་སྣ་གཅིག །དུད་འགྲོ་ཚེ་འཛུགས་གཅིག་ཀྱང་མིག་གིས་མ་མཐོང་།

(མི་ལ་རས་པའི་རྣམ་ཐར་ལས)

མིག་རིག་རིག་པོར་ལྟ་ཞིང་། འདི་ནི་མངོན་སུམ་སྣང་བའམ། རྨི་ལམ་མམ། སྒྱུ་མའི་འཕྲུལ་འཁོར་རམ། མིག་ཤེས་འཁྲུལ་བ་གང་ལས་བྱུང་སྙམ་དུ་རྟོག་པར་བྱེད་པ་ལས།

མངོན་སུམ་གྱི་དགའ་བ་ཉམས་སུ་མྱོང་བར་རིག་ནས་ཡིད་ལ་ངོ་མཚར་རྒྱ་ཆེར་གྱུར།

(གཞོན་ནུ་ཟླ་མེད་ཀྱི་རྟོགས་བརྗོད་ལས)

ལྟ་བུ་སོགས་སོ། །

གོང་གསལ་གྱི་ཐེ་ཚོམ་དང་དྲི་བ་དང་གདམ་ང་གསུམ་ནི་འབྱེད་པའི་ཁོངས་སུ་གཏོགས་པའོ། །

དོན་ཚན་དྲུག་པ། མཉམ་སྦྱོར།

ཅིང་ཞིང་ཤིང་གསུམ་མཉམ་སྦྱོར་ཏེ། །
ག་ད་བ་དང་ད་དྲག་ཅིང་། །
ང་ན་མ་འ་ར་ལ་དང་། །
མཐའ་མེད་ཞིང་དང་ས་མཐར་ཤིང་། །
ཁྱད་ཆོས་མཉམ་པར་སྦྱོར་བ་དང་། །
བྱ་བ་དུས་མཉམ་སྦྱོར་བ་འོ། །

མཉམ་སྦྱོར་གྱི་སྒྲ་ཅིང་ཞིང་ཤིང་གསུམ་གྱི་ཐོབ་ཐང་ནི། རྗེས་འཇུག་ག་ད་བ་དང་ཡང་འཇུག་དའི་རྗེས་སུ་ཅིང་ཐོབ་སྟེ། དྲག་ཅིང་། འདོད་ཅིང་། འཐབ་ཅིང་། བསྐུར་ཅིང་། ལྟ་བུ་དང་། རྗེས་འཇུག་ང་ན་མ་འ་ར་ལ་དང་། མཐའ་རྟེན་མེད་མཐར་ཞིང་ཐོབ་སྟེ། བཟང་ཞིང་། ཡིན་ཞིང་། འཛམ་ཞིང་། དགའ་ཞིང་། འབར་ཞིང་། འགྲེལ་ཞིང་། བདེ་ཞིང་། ལྟ་བུ་དང་། འཇུག་ཡང་འཇུག་ས་ལ་ཤིང་ཐོབ་སྟེ། ཤེས་ཤིང་། ཡངས་ཤིང་། ལྟ་བུ་སོགས་སོ། །

ཅིང་ཞིང་ཤིང་གསུམ་དོན་སྦྱོར་ཚུལ་གཉིས་ཡོད་དེ།

དང་པོ། ཁྱད་ཆོས་མཉམ་པར་སྦྱོར་བ།

ཁྱད་ཆོས་གཉིས་མཉམ་དུ་སྦྱར་ནས་ཁྱད་གཞི་གང་གི་རང་བཞིན་ནམ་རྣམ་འགྱུར་ཞིག་མཚོན་པར་བྱེད་པ་སྟེ།

ང་ཚོའི་འཚོ་བ་བདེ་ཞིང་སྐྱིད།

སྙན་ཞིང་འཇེབས་པའི་ཚིག་གིས་གདམས་པར་གསོལ་བས། རྒྱལ་པོ་ཟླ་བའི་བློ་གྲོས་ཡབ་

སྲས་ནི་ཚིག་དེ་དག་བདེན་པར་བཟུང་སྟེ་དགའ་ཞིང་མགུ།

(གཞོན་ནུ་ཟླ་མེད་ཀྱི་རྟོགས་བརྗོད་ལས)

མཚུ་ནི་དམར་ཞིང་གུག་པ་དང་། །གཤོག་པ་ལྗང་ཞིང་མཉེན་པ་དང་། །

མགྲིན་པ་ཁ་དོག་གསུམ་ཕྲེང་ཅན། །ནེ་ཙོ་འདི་དག་ཚིག་འཇམ་ལྡན། །

(རིགས་རང་བཞིན་བརྗོད་པའི་རྒྱན་ཧྲེ་སྙན་ངག་མེ་ལོང་ལས)

སྙིང་པ་ཕྲ་ཞིང་རོ་སྨད་སྦོམ། །མཆུ་དམར་མིག་ནི་དཀར་བ་མིན། །

ལྟེ་བ་དམའ་ཞིང་ནུ་མ་མཐོ། །བུད་མེད་ལུས་ཀྱིས་སུ་མ་བཅོམ། །

(འགལ་བའི་རྒྱན་ལས་རྫས་འགལ་བ་སྟེ་སྙན་ངག་མེ་ལོང་ལས)

ལྟ་བུ་སོགས་སོ། །

གཉིས་པ། བྱ་བ་གཉིས་དུས་མཉམ་པར་སྦྱོར་བ།

གཅིག །བྱ་བ་གཉིས་དུས་མཉམ་པར་སྦྱར་ནས་བྱེད་པ་པོ་གཅིག་ཡིན་པར་མཚོན་པ་སྟེ།

མགོ་བོ་གུག་གུག་བྱས་ཤིང་བཟང་ངོ་ཟེར།

རྒན་པོས་རྟ་བོང་གི་སྐྱངས། བ་ལང་གི་ལྕི་བ། ཁྱི་ལུད་རྣམས་འཐུ་ཞིང་འོང་།

(མི་ལ་རས་པའི་རྣམ་ཐར་ལས)

དྲི་བྲལ་རབ་དཀར་མཛེས་པའི་གཟི་བྱིན་ཆགས། །
དལ་གྱིས་གཡོ་ཞིང་བགྲོད་པའི་ཆ་ལུགས་ཅན། །
བལྟས་པས་མི་ངོམས་སྙིང་གི་དུམ་བུ་ཁྱོད། །
སྟོན་ཁའི་སྤྲིན་གྱི་ཕུང་པོར་ལན་བརྒྱར་འགྲན། །

(སྦྱར་བའི་དཔེ་སྟེ་སྙན་ངག་སྤྱི་དོན་ལས)

མཚུ་སྔོས་ཨུ་དུམ་ཝ་རའི་འདབ་མའི་དབུས། །
སྲབ་འཛུམ་རོ་འཛིན་སྨྱུག་དམར་རབ་འཁྲུག་ཅིང་། །
མ་འདྲེས་རྣམ་པར་གསལ་བའི་སྒྲུན་གྱི་འཛབ། །
སྨིན་མའི་ནགས་ཀླུང་སྟུག་པོའི་ཁྲོད་ན་གཡོ། །

(མི་ལྡན་པའམ་མི་འོས་པའི་གཟུགས་ཅན་ཏེ་རྒྱལ་དབང་ལྔ་པས)

ལྟ་བུའོ། །

གཉིས། བྱ་བ་གཉིས་དུས་མཉམ་པར་སྦྱར་ནས་སོ་སོའི་འབྱུང་གཞི་གཅིག་པར་མཚོན་པ་སྟེ།

འཁོར་ལ་བྱམས་པས་སྙོམས་ཁྱབ་ན། །འཁོར་རྣམས་འདུ་ཞིང་དོན་ཀུན་འགྲུབ། །

(རྒྱལ་པོ་ལུགས་ཀྱི་བསྟན་བཅོས་ལས)

ཡ་རབས་རྣམས་ལ་བསྟོད་བྱ་ཞིང་། །མ་རབས་རྣམས་ཀྱི་མགོ་འཕང་སྨད། །
དེ་ལྟར་ལེགས་ཉེས་ཤན་འབྱེད་པའི། །མི་བདག་གང་ན་ཡོད་པ་དེར། །
སྐྱེ་བོ་ཡ་རབས་དགའ་འགྱུར་ཞིང་། །མ་རབས་རྣམས་ཀྱང་བག་ཡོད་འགྱུར། །

(གོང་དང་གཅིག)

ལོ་འགའ་ལོན་ནས་བལྟ་རུ་ཕྱིན་པའི་ཚེ། །
དེ་ལས་མི་མིན་སྤྲེལ་མིན་བཞི་བརྒྱར་འཕེལ། །
ཤིང་ཐོག་ཟད་ཅིང་བཀྲེས་པས་འཐབ་ཅིང་རྩོད། །
ཡི་དྭགས་ལྟ་བུ་སྙིང་རྗེའི་གནས་སུ་མཐོང་། །

(མཁས་པའི་དགའ་སྟོན་ལས)

ལྟ་བུའོ། །

གསུམ། བྱ་བ་གཉིས་དུས་མཉམ་པར་སྦྱར་ནས། སྔ་རྐྱེན་ཕྱིས་འབྱུང་མཚོན་པ་སྟེ།

མདའ་འཕངས་ཤིང་ཐོག
རས་གཤགས་ཤིང་ཤོགས།

སྐྱིན་ཐང་དྲག་ཤུལ་བྱུང་བ་ན། །སྐྱེས་པའི་རྩྭ་ལྷང་སྐྱོལ་ཞིང་འགྲོ། །
འཁྲིང་བའི་རྐང་སྨུགས་གཙོག་ཅིང་འགྲོ། །བསྐོད་པའི་ཡལ་འདབ་གཅོད་ཅིང་འགྲོ། །
སྨིན་པའི་འབྲས་སུ་གཏོར་ཞིང་འགྲོ། །རྒྱས་པའི་མེ་ཏོག་བརླག་ཅིང་འགྲོ། །

(གཏམ་པད་མའི་ཚལ་གྱི་ཟློས་གར་ལས)

ལྟ་བུའོ། །

བཞི། བྱ་བ་གཉིས་དུས་མཉམ་པར་ཚིག་ཀ་གཉིས་ལ་སྦྱར་ནས། དོན་རྣམ་གནས་ཚུལ་ཞིག་གསལ་བར་མཚོན་པ་སྟེ།

དྲེགས་པས་ཡོན་ཏན་ཉམས་འགྱུར་ཞིང་། །འདོད་པས་ངོ་ཚ་ཉམས་པར་བྱེད། །

(ས་སྐྱ་ལེགས་བཤད་ལས)

མུན་པ་ཤིན་ཏུ་སྟུག་པོས་རང་གི་གཟུགས་ཀྱང་མི་མཐོང་ཞིང་། སྡོད་གནས་ཀྱི་ཤིང་སྡོང་

གི་ཡལ་ག་རྣམས་རླུང་གིས་བསྐྱོད་ཅིང་སྤྲུགས་པས་ས་ལ་ལྷུང་ལ་ཁད་ལྷུང་ལ་ཁད་ལ། ཤིང་གི་ཡལ་ག་གཅིག་ལ་སྦྲར་འཛེན་བྱས་ཏེ་གནས་སོ། །

(བྱ་མགྲིན་སྔོན་ཟླ་བའི་རྟོགས་བརྗོད་ལས)

རླུང་དམར་གྱི་གསེབ་ནས་སེར་བ་ཐ་ར་ར་འབེབས་ཤིང་། སྟེང་གི་ནམ་མཁའ་ནས་འབྲུག་སྒྲ་ཙ་རྟ་རྟ་བསྒྲགས་ཏེ། གློག་དམར་གྱི་ཞགས་པ་བར་སྣང་ལ་འཚུབ་འཚུབ་འཁྱུགས་བྱུང་བས།

(གཏམ་པད་མའི་ཚལ་གྱི་ཟློས་གར་ལས)

ལྷ་བུའོ། །

ལྟ། བྱ་བ་གཉིས་དུས་མཉམ་པར་སྦྱར་ནས་བྱེད་ཡུན་རིང་ཙམ་མཆོན་པ་སྟེ།

སླུ་ལེན་ཞིང་འདུག

དཔེ་ཆ་བལྟས་ཤིང་བསྡད་དོ། །

 བློན་པོ་གཞན་དག་ཀྱང་རྒྱུ་མཚན་དེ་རྣམས་ཐོས་པས་མ་དགའ་སྟེ། ཡིད་ལ་ཟུག་རྔུ་བསྐྱེད་པར་གྱུར་ནའང་། ལེགས་ཉེས་དཔྱོད་པའི་བློ་གྲོས་མ་ཐོན་ཏེ། ཐབས་ཚུལ་ཇི་ལྟ་བུ་ཞིག་བཟང་ངམ་སྙམ་སྟེ་སེམ་ཉིའི་དྲ་བར་ཚུད་ཅིང་གནས།

(གཞོན་ནུ་ཟླ་མེད་ཀྱི་རྟོགས་བརྗོད་ལས)

ལྟ་བུ་སོགས་སོ། །

ཡང་། བྱ་བ་བྱེད་ཡུན་རིང་ཙམ་མཆོན་པའི་རིགས་ཀྱི་ད་ལྟ་བ་ལ་ཀྱིན་གྱིན་གིན་ཡིན་བཞི་དང་བཞིན་སྒྲ་དང་། འདས་ཀྱང་མ་འགགས་པ་ལ་ནས་སྒྲ་དང་། ལྷག་བཅས་སྦྱར་བ་མང་། དཔེར་ན། འཚོ་བ་བདེ་བཞིན་མཆིས། གློག་བརྙན་ལྟ་ཡིན་ཡོད། ཇ་འཐུང་གིན་འདུག །རི་མོ་བྲིས་ནས་བསྡད་སྣང་། མགྲོན་པོ་དང་ཞལ་བཛ་གནང་ནས་བཞུགས་སོ། །ལྟ་བུའོ། །

དོན་ཚན་བདུན་པ། འདྲེན་སྒྲ།

ཅེས་ཞེས་གཉིས་ནི་འདྲེན་སྒྲ་སྟེ། །
ཀ་ད་བ་དང་ད་དྲག་ཅེས། །
ང་ན་མ་འ་ར་ལ་ས། །
མཐའ་མེད་རྣམས་ལ་ཞེས་སྦྱར་ནས། །
ལུང་དང་དོན་གཞན་འདྲེན་པ་དང་། །
རྗོད་བྱེད་སྒྲ་འམ་མིང་དང་ཚིག །
གང་གི་གསལ་བྱེད་འདྲེན་པའོ། །

ཅེས་ཞེས་གཉིས་ཀྱི་ཐོབ་ཐང་། རྗེས་འཇུག་ག་ད་བ་དང་ད་དྲག་གི་མཐར་ཅེས་ཐོབ་སྟེ། ཤོག་ཅེས། ཡོད་ཅེས། རྒྱལ་ཁབ་ཅེས། པར་ཕྱིནད་ཅེས། ལྟ་བུ་དང་། རྗེས་འཇུག་ང་ན་མ་འ་ར་ལ་མཐའ་མེད་རྣམས་ལ་ཞེས་ཐོབ་སྟེ། འཇང་ཞེས། ཡིན་ཞེས། ཁྲིམ་ཞེས། དཀའ་ཞེས། འབར་ཞེས། ཡུལ་ཞེས། རྡོ་ཞེས། ལྟ་བུ་དང་། འཇུག་ཡང་འཇུག་སའི་མཐར་གནའ་དུས་སུ་ཐོབ་ཐང་ལྟར་ཤེས་སྦྱར་ཀྱང་། ཕོ་བའི་དོན་དུ་འབྲུལ་སླ་བར་གཟིགས་ནས་མཁས་པ་ཕྱི་མ་རྣམས་ཀྱིས་དམིགས་བསལ་དུ་ཞེས་སྦྱར་བའོ། །དོན་ལ་འཇུག་པ་གསུམ་ཡོད་དེ།

དང་པོ། ལུང་འདྲེན་པ།

གཏམ་མམ་རྩོམ་དུ་བསྟན་བཅོས་གཞན་ལས་ཚིག་རྩ་བ་ཅན་ལུང་དུ་དྲངས་ནས་བརྗོད་བྱའི་དོན་ངེས་པར་བྱེད་པ་དང་། ཡང་ན། མཁས་ཆེན་དག་གི་ཚིག་

དོན་ཅན་ནམ། ཡོངས་གྲགས་ཀྱི་གཏམ་དཔེའམ། དཔེ་ཆོས་སམ། ལེགས་བཤད་སོགས་དྲངས་ནས་སླ་བའི་ནུས་པ་ཇེ་ཆེར་གཏོང་བ་སྟེ།

ཞིང་དུ་ཆུ་འདྲེན་པ་ནི། དགོས་ཆེད་ཀྱི་དཔེར་བརྗོད་ཡིན་ཏེ། སི་ཏུའི་འགྲེལ་ཆེན་ལས། བྱ་བ་གང་ཞིག་གིས་བྱ་བའི་ཡུལ་དེའམ། དེ་དང་འབྲེལ་བའི་ལས་ལ་ཕན་འདོགས་པར་འགྱུར་བའི་དོན་གྱི་ཆེད་དུ་བྱ་བའི་ཡུལ་ལ་འཇུག་པ་རྣམ་དབྱེ་བཞི་བ་ཞེ༷ས་པས་གསལ།

སྟོན་རྒྱལ་པོ་ཁྲི་སྲོང་ལྡེ་བཙན་གྱི་སྐུ་རིང་ལ། བོད་ཁམས་སུ་འབྲུག་ཡོང་རྒྱུན་ཆག་མེད་པར་ཡུལ་སྐྱིད་དུས་བདེ་བས། རྒན་མོ་གསེར་ཁུར་འཇོམས་མཁན་མེད་ཅེ༷ས་གྲགས།

རྫུད་ལམ་ཐུར་ལ་བདེ་ཞེ༷ས་པ་ལྟར། ངན་ཡོབ་ཁ་སླ་བས། ཕྱིས་པ་དག་ལ་བསམ་པ་ཡར་སེམས་དང་། སྐྱུད་པ་ཡར་འཕེལ་བསླབ་རྒྱུ་གལ་ཆེ།

རང་མཐོང་ཆེ་བའི་རྩ་བ་ང་རྒྱལ་ཡིན། རྒྱལ་པོ་ལུགས་ཀྱི་བསྟན་བཅོས་ལས། འདོད་པའི་ལོང་བས་སྡིག་མི་མཐོང་། །དམུས་ལོང་གིས་ནི་གཟུགས་མི་མཐོང་། །དྲེགས་པ་ཡིས་ནི་སྐྱོན་མི་མཐོང་། །བདག་ལྟས་དེ་ཉིད་མི་མཐོང་ངོ་། །ཞེ༷ས་གསུངས་པར་སོམས།

བཤད་པ་མི་བདེན་སྤྱོད་པ་བདེན། །ངུས་པ་མི་བདེན་མཆི་མ་བདེན། །ཞེ༷ས་པ་ལྟར། ཚིག་ལ་དེ་འདྲ་མ་རྟོན་དོན་ལ་རྟོན་རྒྱུ་གལ་ཆེ།

ལྟ་བུ་སོགས་སོ། །

གཉིས་པ། དོན་གཞན་འདྲེན་པ།

མིང་ངམ་ཚིག་གི་ཤུལ་དུ་ནན་ཏན་ནམ། དཔེའམ། ཟུར་ཟ་སོགས་དོན་ཁྱད་པར་ཅན་ཞིག་དྲངས་པ་སྟེ།

ཡོའུ་ཞུན་ཆུང་དུས། ཐེངས་གཅིག་དཔེ་ཁྲིད་མཉན་དུ་ཡོང་བ་འཁྱིས་པས། དགེ་རྒན་གྱིས་བཀའ་བཀྱོན་ཙམ་གནངས། ཁོས་འགྱོད་བཤགས་སུ་མདུན་འཇོག་གི་ངོས་ལ་སྔ་ཞེས་ཡི་གེ་རེ་བརྐོས་པ། དེ་ནས་ཁོ་རང་རྒྱུན་དུ་སྔ་བ་གསུམ་གྱི་སྔོན་མར་སླེབ་པར་བྱས་སོ། །

མཚོ་མོ་ཕ་རོལ་གྱི་ནགས་ཚལ་ན། ལེ་ཉིན་མཆོག་གི་གཡུ་ཡི་ལས་ཤག་ཅེས་པ་ཡོད། དེའི་ཀླད་ནི་ཨ་སྔོན་དང་། གཞི་ནེའུ་གསེང་དང་། ཕུ་ཐོ་ཞིག་ནི་ཁོང་གི་བཞུགས་སྒྲིགས་ཡིན།

ཡོག་འཚོ་ཟས་ནོར་རྙེད་པ་འགའ། །མཁས་པ་དབུལ་པོ་ཁྱད་དུ་གསོད། །
སྤྲིལ་རྒན་རྣམས་ཀྱིས་མི་བཟུང་ནས། །མཇུག་མ་མེད་ཅེས་བཞད་གད་བྱེད། །

(ས་སྐྱ་ལེགས་བཤད་ལས)

ལྡེ་བུ་སོགས་སོ། །

གསུམ་པ། སྒྲ་མིང་ཚིག་གསུམ་གྱི་གསལ་བྱེད་འདྲེན་པ།

དཔེར་ན།

ཀུ་རུ་ཞེས་གྲག་པའི་བྱ་དེ་ཁུ་བྱུག་གོ། །

གདོན་དེ་འཇིགས་ཤིང་སྐྲག་སྟེ་ཧ་ལས་ནས། ཕ་ཕ་མི་ལ་མི་ལ་ཞེས་ཡང་ཡང་ཟེར་ཞིང་འཇིགས་པའི་སྐད་དུ་མ་ཤོར། (མི་ལ་རས་པའི་རྣམ་ཐར་ལས)

ཀྲུ་ཀྲུ་ག་ཡུ་ཨ་དར་རྒྱལ་པོའི་གེའུ་ཚང་གཏོར་ཟེར་བའི་གེའུ་ཚང་ཞེས་པ་ནི་བྲག་ཕུག་གོ། །

སྙན་ངག་མེ་ལོང་ཞེས་བྱ་བ་ལས། རྩོམ་གྱི་ལུས་སྦྱོར་རྒྱན་གསུམ་དང་། སྐྱོན་ཡོན་སོགས་གསལ་བར་བསྟན་སྣང་།

འགྲོ་གྲོགས་གྲིབ་མ་ནག་རིལ་དང་། འདུག་གྲོགས་ཕུས་མོ་སྐྱ་རིལ་རེད། ཅེས་པ་མགོན་མེད་སྐྱབས་བྲལ་གྱི་དཔེའོ། །

རྫུན་གྱིས་ཕ་རོལ་བསླུས་སོ་ཞེས། །སླམ་ན་རང་ཉིད་བསླུས་པ་ཡིན། །
ལན་གཅིག་རྫུན་པར་སྨྲ་བ་དེ། བདེན་པར་སྨྲས་ཀྱང་དོགས་པ་སྐྱེ། །

(ས་སྐྱ་ལེགས་བཤད་ལས)

རྒྱལ་བའི་བསྟན་ལ་རྒྱལ་བ་གཉིས་པ་ཞེས། །
སྟགས་པ་དོན་ལྡན་བློ་བཟང་གྲགས་པ་ཡི། །
མཁྱེན་བརྩེ་ནུས་གསུམ་འཇམ་དཔལ་པད་དཀར་འཛིན། །
གསང་བའི་བདག་པོ་དངོས་སུ་གྲུབ་པ་བཞིན། །

(རིམ་པ་ཅན་གྱི་རྒྱན་ཏེ་སྙན་ངག་སྤྱི་དོན་ལས)

ལྟ་བུ་སོགས་སོ། །

གཞན་ཡང་། ཁ་སྐད་དུ་ཅེས་ཞེས་དག་གི་དོད་དུ་ཟེར་ཡང་འཇུག་མོད། ཚིག་དངོས་དྲང་བ་ལ་ཅེས་ཞེས་དག་དང་། ཚིག་གི་དོན་ཙམ་དྲང་བ་ལ་ཟེར་སྦྱར་ན། དྲང་བྱའི་ཁྱད་པར་གསལ་བར་གཏོད་པའི་ལེགས་ཆ་མཆིས་ཏེ། དཔེར་ན། ཆོས་ཞེས་པ་སེམས་རྒྱུད་འཆོས་པ་ཡིན་ཞེས་བཙུན་པ་དཀོན་མཆོག་བསྟན་པའི་སྒྲོན་མེས་གསུངས་པ་དང་། ཞེ་རྒྱུད་བཙོས་ན་འཆོས་པར་འགྱུར་བའི་སྒོ་ནས་ཆོས་ཟེར་བ་ཡིན། ལྟ་བུའི་ཚིག་གཉིས་ཀའི་དོན་འདྲ་ཡང་། སྔ་མའི་ཞེས་སྒྲས་ཚིག་དངོས་དྲངས་ནས་ལུང་བསྟན་པ་དང་། ཕྱི་མའི་ཟེར་སྒྲས་གསུང་དེ་ཡི་དོན་ཙམ་དྲངས་པའོ། །འདི་ལྟར་ཁག་བགོས་ནས་སྦྱར་ན། གཏམ་བཤད་ལུགས་དང་མཐུན་པར་མ་ཟད། ཚིག་དངོས་དྲངས་པ་དང་ཚིག་ཤུལ་གྱི་དོན་ཙམ་དྲངས་པའི་འབྲེལ་བའང་སྟོང་བར་འགྱུར་བས། དེ་ལུགས་ཀུན་གྱིས་སྤྱོལ་བར་ཤོག་ཅིག

དོན་ཚན་བརྒྱད་པ། འདྲེན་སྒྲ།

ཅེའོ་ཞེའོ་ཤེའོ་གསུམ། །
གཞན་གྱི་སྐད་ཆ་དྲངས་པ་ཙམ། །
སྡུད་པར་བྱེད་པའི་སྒྲ་ཡིན་ཏེ། །
ཐོབ་ཐང་མཉམ་སྦྱོར་དག་དང་མཚུངས། །

ཅེའོ་ཞེའོ་ཤེའོ་གསུམ་ནི། ཅེས་ཞེས་ཤེས་གསུམ་རྫོགས་ཚིག་དང་འབྲེལ་བའི་ཕྲད་གསུམ་སྟེ། ཅེས་བྱའོ། །ཞེས་བགྱིའོ། །ཤེས་བྱ་བའོ། །ལྟ་བུ་རྣམས་ཀྱི་ཚིག་བར་བསྡུས་ནས་གྲུབ་པ་ཡིན་ལ། ཐོབ་ཐང་ནི་ཅིང་ཞིང་ཤིང་གསུམ་གྱི་ཐོབ་ཐང་དང་མཚུངས་ཤིང་། འཇུག་དོན་ནི་ཅེས་དག་གི་འཇུག་པ་དང་རྫོགས་ཚིག་གི་འཇུག་པ་གཉིས་ཀའི་ཆ་དང་ལྡན་ཏེ།

དང་པོ། གཞན་ཚིག་དྲངས་པ་ཙམ་གྱིས་བརྗོད་དོན་བསྡུས་པ།

མི་ཤེས་ཤེས་ཁུལ་མ་བྱེད། བླུན་པོ་སྒྲ་བ་ཐུང་ན་མཛེས་ཤེའོ། །

ལན་བདུན་གྱི་བར་དུ་ཅི་ཞིག་འདོད་ཅེས་དྲིས་པ་དང་། ཁྱོད་ཀྱི་གོ་ཆ་འདོད་དོ་ཞེའོ། །

(ཁྱད་པར་འཕགས་བསྟོད་ཀྱི་འགྲེལ་པ་ལས)

རྒྱལ་པོ་སྒྲ་བ་ཚིག་གཅིག་ཡིན་པས། བློན་པོ་དག་གིས་ཡར་ཞུ་མ་ཕོད་ཅེའོ། །

(གྲུ་གུ་གོ་རྫོང་ལས)

ཟ་འདོད་ངལ་འཛོམ་ལྟོ་འདུན་ཅན། །སྤུ་མེད་པ་ཡི་ཕག་པ་ཡིན། །ཞེའོ།

བྱ་ཚིག་འཇུག་མཁས་ན། བརྗོད་པ་གསོན་ཉམས་ལྡན། དེའི་ཕྱིར་ཚིག་སྦྱོར་གྱི་ངོ་ལ་བྱ་བའི་མིང་ནི་འདྲེན་བྱེད་ཡིན་ཞེའོ། །

གླུ་སྐད་སྙན་མོ་ཐོས་ནས། པི་ཝང་གྲགས་སོ་ཞེའོ། །

མི་དེ་ལག་མི་གཙང་ཞེའོ། །

ལྟ་བུ་སོགས་སོ། །

གཉིས་པ། མིང་དང་ཚིག་གི་དོན་དེ་ཙམ་རྫོགས་པར་སྟོན་པ།

ཚིག་གི་ཟླ་བོ་རེ་ཞིག་སྡུད་པར་འགྱུར་བའི་དོན་སྟོན་པས་ན། གོ་སོགས་ལ་ཟླ་སྡུད་ཅེའོ། །

གསོ་བ་རིག་པའི་ཚིག་མཛོད་གཡུ་ཐོག་དགོངས་རྒྱན་རྩོམ་མཁན་གྱི་མིང་ལ་དབང་འདུས་ཞེའོ། །

མི་དཔའ་མཛངས་ཅན་མགོ་ཐོན་པའི་ཉིན་ཡོད་པའི་དཔེ་ལ་སྐྱིའུ་ནང་སྐྱུང་བུ་ཞེའོ། །

ལྟ་བུ་སོགས་སོ། །

ཨ་མདོའི་ཁ་སྐད་དུ་ཅེའོ་དག་གི་དོད་དུ་ཟེར་གི་ཞེས་འཇུག་པ་མང་། མི་དེ་ཁ་འཇམ་ཁོག་རྩུབ་ཅིག་རེད་ཅེའོ་ལ། མི་དེ་ཁ་འཇམ་ཁོག་རྩུབ་ཅིག་རེད་ཟེར་གི། ལྟ་བུའོ། །

དོན་ཚན་དགུ་པ། དོགས་སློང་།

ཅི་ན་ཞེ་ན་ཤེ་ན་གསུམ། །
བརྗོད་གཞི་གང་ཞིག་འདྲི་ཚུལ་གྱིས། །
དོགས་པ་སློང་བའི་སྒྲ་ཡིན་ཏེ། །
ཐོབ་ཐང་མཉམ་སྦྱོར་དག་དང་མཚུངས། །

ཅི་ན་ཞེ་ན་ཤེ་ན་གསུམ་ནི་དོགས་པ་སློང་བའི་སྒྲ་སྟེ། འདྲི་བའི་ཚུལ་གྱིས་ཉན་མཁན་ལ་རྣམ་ཤེས་གཏོད་པར་བཅུག་ཐོག །རྗོད་པར་བྱ་བའི་གཞི་གང་སྟོན་པར་བྱེད་པ་སྟེ།

སྐྱེས་བུ་གླེན་པ་གང་ཞེ་ན། །མཁས་བྱའི་གནས་ལ་མི་སློབ་པའོ། །

(དྲི་མ་མེད་པའི་དྲིས་ལན་ལས)

ཚུལ་ཁྲིམས་ཀྱི་ཕན་ཡོན་ཅི་རེད་ཅེ་ན། འཇམ་མགོན་བླ་མས། ཚུལ་ཁྲིམས་ཉེས་སྤྱོད་དྲི་མ་འཁྲུད་པའི་ཆུ། །ཉོན་མོངས་ཚ་གདུང་སེལ་བའི་ཟླ་བའི་འོད། །སྐྱེ་དགུའི་དབུས་ན་ལྷུན་པོ་ལྟ་བུར་བརྗིད། །སྟོབས་ཀྱིས་བསྡིགས་པ་མེད་པར་འགྲོ་ཀུན་འདུད། །ཅེས་གསུངས་སོ། །

བསླབ་ལ་འདུ་ཤེས་ཇི་ལྟ་བ་འཛིན་དགོས་ཤེ་ན། རང་ལ་ནད་པའི་འདུ་ཤེས་དང་། དགེ་བའི་བཤེས་གཉེན་ལ་སྨན་པ་ཆེན་པོའི་འདུ་ཤེས་དང་། ཡོན་ཏན་ལ་སྨན་བཟང་པོའི་འདུ་ཤེས་དང་། སློབ་གྲོགས་ལ་ནད་གཡོག་གི་འདུ་ཤེས་དང་། རྟོགས་པ་དང་ཉམས་སུ་ལེན་པ་ལ་ནད་འཚོ་བའི་འདུ་ཤེས་བསྐྱེད་པར་བྱའོ། །

སྣན་ངག་མེ་ལོང་ལ་གཞུང་ཚད་ཇི་ཙམ་དང་དོན་ཇི་ཙམ་གྱིས་བསྡུས་ཡོད་ཅེ་ན། ལེའུ་དང་པོར་ཤོ་ལོ་ཀ ༡༠༥ གཉིས་པར ༣༦༥ གསུམ་པར ༡༨༦ སྤྱི་ཁྱོན་ཤོ་ལོ་ཀ ༦༥༦ ཡོད།

(སྙན་ངག་གནད་བསྡུས་མཛུབ་མོས་རི་སྟོན་ལས)

ལྟ་བུ་སོགས་ཏེ་ཕལ་སྐད་ཀྱི་ཟེར་ན་ཞེས་པ་དང་དོན་གཅིག་གོ། །

ངོ་ཚན་བཅུ་བ། སླུལ་སྒྲོན།

ཅིག་ཞིག་ཤིག་གསུམ་སླུལ་སྒྲོན་ཏེ། །
ལས་སུ་ཉེ་བར་སླུལ་བ་དང་། །
འདོད་དོན་འགྲུབ་པར་སྒྲོན་པ་དང་། །
གྲངས་ཚོད་སྟོན་པར་འཇུག་པའོ། །

ཅིག་ཞིག་ཤིག་གསུམ་གྱི་ཐོབ་ཐང་གོང་བཞིན་ནོ། །དོན་གྱི་སྦྱོར་ཚུལ་ལ་གསུམ་སྟེ།

དང་པོ། གཞན་ལ་མངག་པའི་ཚིག་མཐར་སྦྱོར་བ།

ཁྱོད་ཀྱིས་དཔེ་ཆ་ལྟོས། ལྟ་བུ་དང་། གདམས་ངག་གི་ཚུལ་དུ་སླུལ་བ་ལ། སླུལ་ཚིག་གི་མཐར་དང་སྒྲ་སྦྱར་བ། ལྟོས་དང་། ལྟ་བུ་དང་། སྐབས་སུ་བབ་པ་ཉེ་བའི་ཚུལ་དུ་སླུལ་བ་ལ། སླུལ་ཚིག་གི་མཐར་ཅིག་ཞིག་ཤིག་གང་འཚམ་རེ་སྦྱར་བར་བྱ་སྟེ།

ཞིབ་ཏུ་ལྟོས་ཤིག །ཡིག་སྐྱོན་ལུས་པར་མ་འཇུག

ཇི་ལྟར་བསྒོ་བ་ཡིད་ལ་འདོམས་པར་བྱས་ཏེ། བླང་དོར་བག་ཡོད་པར་གྱིས་ཞིག

(གཞོན་ནུ་ཟླ་མེད་ཀྱི་རྟོགས་བརྗོད་ལས)

དེའི་ཚེ་སྲིད་པ་གཞོན་ནུས་གསོལ་བ། མིའི་བདག་པོ་མཁྱེན་པར་མཛོད་ཅིག །དེ་ནི་བདག་པོ་ནས་བསྒྲལ་བར་ཁས་འཆེ་ན། དེ་བཞིན་དུ་གནང་བ་སྩོལ་ཅིག །རྒྱལ་པོས་ལགས་སོ། །ཁྱོད་ཀྱིས་ཇི་ལྟར་སྨྲས་པ་བཞིན་དུ་གྱིས་ཞིག་ཅེས་གནང་བ་བྱིན་ནོ། །

(གཞོན་ནུ་ཟླ་མེད་ཀྱི་རྟོགས་བརྗོད་ལས)

ཛོ་སྲུས་རྩར་ཕེབས་པ་དང་། མི་ཁྱོད་འོང་སར་ང་འོངས་པ་མེད་པས་བདག་ལ་སྲོག་སྐྱོལ་ཅིག་ཟེར། (མི་ལ་རས་པའི་རྣམ་ཐར་ལས)

ལྟ་བུ་སོགས་དང་། ཡང་། གཞན་གྱི་སྤྱོད་པ་འགོག་པར་ཉེ་བའི་ཚུལ་གྱིས་སྐུལ་བ་ལ། དགག་སྒྲ་དང་སྦྱར་བའི་བྱ་བ་ད་ལྟ་བའི་མཐར་འཇུག་པ།

མ་མཇལ་བ་ཡུན་རིང་སོང་བས་གང་མགྱོགས་གཉེན་འཕྲད་ལ་ཕེབས་ཆོག་པས་སྒུག་བསྡད་མ་མཛད་ཅིག (སྣང་ས་འོད་འབུམ་གྱི་རྣམ་ཐར་ལས)

དངུལ་གཡོག་ཅན་གྱི་གསེར་སྦྲང་བུང་བ་ཁྱོད། །ཁ་ལོའི་མེ་ཏོག་ང་ལ་མ་ཆགས་ཞིག །

(སྣང་ས་འོད་འབུམ་གྱི་རྣམ་ཐར་ལས)

ལྟ་བུ་སོགས་སོ། །

གཉིས་པ། སྨོན་པའི་ཚིག་མཐར་སྦྱོར་བ།

དཔེར་ན།

བཀྲ་ཤིས་པར་གྱུར་ཅིག

དགེ་ལེགས་སྨོན་ལམ་འགྲུབ་གྱུར་ཅིག །བདག་གི་རེ་བ་རྫོགས་གྱུར་ཅིག །
བུ་ཕྲོད་ཚེ་རབ་བརྟན་གྱུར་ཅིག །དཔལ་འབྱོར་ལོངས་སྤྱོད་རྒྱས་གྱུར་ཅིག །

(གཞོན་ནུ་ཟླ་མེད་ཀྱི་རྟོགས་བརྗོད་ལས།)

བཀྲ་ཤིས་བདེ་ལེགས་སུ་འགྱུར་བར་ཤོག་ཅིག །

ལྟ་བུ་དང་། སྨོན་པའི་དོན་དུ་བྱ་བ་ད་ལྟ་བའི་མཐར་ཤོག་སྒྲའང་འཇུག་སྟེ།

ཇི་འདོད་ཐམས་ཅད་འགྲུབ་པར་ཤོག
གཏན་དུ་བདེ་བ་འཐོབ་པར་ཤོག

ལྷག་བསམ་ལུས་སྟོབས་རྫོགས་པའི་ཤེས་རབ་ཀྱིས། །
ས་སྲུང་དབང་པོ་རིགས་པའི་སྣ་ཞགས་ཀྱིས། །
མཚོན་ཆ་རབ་ཏུ་འབར་བའི་འཁོར་ལོ་ཡིས། །
བདུད་བཞིའི་དཔུང་ཚོགས་མྱུར་དུ་མཐར་བྱེད་ཤོག །

(དཔའ་རིས་རབ་གསལ་གྱི་རིགས་ལམ་ག་བུར་ཆུ་རྒྱུན་ལས)

ངག་གི་འདོད་པ་འབད་མེད་དུ། །འཇོ་བའི་དབྱངས་ཅན་ལྷ་མོ་དེ། །
བློ་གྲོས་རྒྱས་པའི་དངོས་གྲུབ་ཀུན། །སྩོལ་བའི་བཀྲ་ཤིས་དཔལ་སྟོན་ཤོག །

(ཤིས་བརྗོད་ཀྱི་རྒྱན་ཏེ་རྒྱལ་དབང་ལྔ་པས)

ལྟ་བུ་སོགས་སོ། །

གསུམ་པ། གྲངས་མང་ཉུང་གི་ཚོད་ཙམ་སྟོན་པ།

ང་ཚོའི་སློབ་གྲྭ་ན་སློབ་མ་སྟོང་ཚོ་གཉིས་ལྷག་ཅིག་ཡོད།

དྲེགས་པས་ཡོང་བ་འགའ་ཞིག་ནི། །རང་གི་སྐྱོན་རྣམས་མ་བསམས་པར། །
ཡོན་ཏན་ཕྲ་མོས་རབ་མགུ་བ། །ཁྱིམ་པའི་ནང་གི་སྦལ་བ་བཞིན། །

(མགོན་པོ་ཀླུ་སྒྲུབ་ཀྱི་གསུང)

ལྟ་བུ་གྲངས་རགས་ཚོད་བསྟན་པ།

སྒོར་མོ་སྟོང་ཞིག་བསྐྱིས་ནས་བུད་སོང་།

སྔོན་འདས་པའི་དུས་ན། ཁྱིམ་བདག་ཅིག་ལ་ཁྱེའུ་སྤུན་གཉིས་ཤིག་ཡོད་དེ། གཅིག་ནི་སྦྱིན་པ་ཞེས་བྱ། གཅིག་ནི་ཚུལ་ཁྲིམས་ཞེས་བྱ་སྟེ། (མདོ་མཛངས་བླུན་ལས)

ལས་གྲོགས་ལྔ་དྲུག་ཙམ་ཞིག་དགོས།

ལྟ་བུ་གྲངས་ངེས་ཚོད་བསྟན་པ།

ངོ་ཞིག་ཐུག་ན་འདོད།

སྐབས་ཤིག་ན་ནགས་ཚལ་དང་ཉེ་བའི་འདབས་རོལ་ཞིག་ཏུ་བུ་མོ་གཞོན་ནུ་མ་ལམ་གོལ་བར་འཁྱམས་པ་གཅན་གཟན་གཏུམ་པོ་དག་གིས་གཙེས་ཏེ། ལུས་སྲོག་བྲལ་མ་ཐག་པ་ཞིག་མདུན་དུ་མཐོང་ངོ་། ། (གཞོན་ནུ་ཟླ་མེད་ཀྱི་རྟོགས་བརྗོད་ལས)

བྱ་བ་ཆེན་པོ་སྒྲུབ་པའི་ཚེ། །འབད་པ་ཡིས་ནི་གྲོགས་བཟང་བསྟེན། །
ནགས་ཚལ་ཆེན་པོ་མེས་བསྲེག་ན། །རླུང་ཞིག་ཅི་ནས་གྲོགས་སུ་དགོས། །

(ས་སྐྱ་ལེགས་བཤད་ལས)

ལྟ་བུ་རྣམས་གྲངས་གཅིག་གི་ཚོད་བསྟན་པ་སྟེ། སྤྱིར་གཅིག་ཅེས་པ་བསྡུས་ནས་བརྗི་གཞིའི་རྗེས་སུ་ཐད་ཀར་སྦྱར་བ་ཡིན། དོན་ནི་གཅིག་ཏུ་ཁ་སྐད་དུ་གཅིག་ཟིག་ཅེས་བརྗོད་ཀྱང་ཡིག་སྐད་དུ་གཅིག་ཅིག་ཅེ་ན་བརྗོད་མི་བདེ་ཞིང་སྒྲ་གཅིག

པས་ཅིག་ནི་གཅིག་གི་ཚབ་དང་ཚད་ཀྱི་ཕྲད་པོ་གཉིས་བཅད་པ་དང་། གཉིས་སུ་བསྒྱི་གཞི་འདི་རིགས་ལས་མང་པོ་ཞིག་ལ་གཅིག་ཅེས་ངེས་པ་སྙེར་དཀའ་ཡང་། གཅིག་གི་ཚོད་དུ་སྣང་བས། ཅིག་ཤིག་ཞིག་གསུམ་ཐོབ་ཐང་ལྟར་གཅིག་ལྟ་བུའི་ཚོད་དུ་སྦྱར་བ་ཡིན་ནོ། །གྲངས་མང་ཉུང་གི་ཚོད་སྟོན་པའི་རིགས་ལ་ཨམ་སྐད་དུ་ཐྲིག་སྐྲ་ཐྲོར་ཡང་བར་བྱུས་ནས་འཇུག་པ་ཡིན་ཏེ། མི་འགའ་ཐྲི༷ག་འོང་གིན་ཡོད། ལྟ་བུའོ། །

ལེའུ་གསུམ་པ། ཕྲད་རང་དབང་ཅན་བཤད་པ།

དོན་ཚན་དང་པོ། ནི་སྒྲ།

ནི་སྒྲ་དཀར་དང་བརྣན་པ་དང་། །
རྒྱུ་མཚན་ཁ་སྐོང་རྣམས་ལ་འཇུག །

དང་པོ། དཀར་བ།

དཀར་གཞི་གཅིག་ལས་དཀར་བྱ་གཅིག་གམ་དུ་མ་དམིགས་ཀྱིས་བཟུང་ནས་མཆོག་ཏུ་འམ། དམན་པའམ། ཐ་དད་པའམ། ངོ་བོ་མ་འདྲེས་པའམ། དཀར་བྱ་དུ་མ་སོ་སོར་བཀར་ནས་ཁྱད་པར་བ་ཞིག་སྟོན་པ་སྟེ། ཡོན་ཏན་དང་ལྡན་པ་ནི་མི་གོ་ཆོད་ཅན་ནོ། །ཞེས་པ་ལས། དཀར་བའི་གནས་མི་ཡི་ཚོགས་པ་དམིགས་ཀྱིས་མ་སྨོས་ཀྱང་། དེ་རྣམས་ལས་ཡོན་ཏན་དང་ལྡན་པ་གང་ནི་སྒྲས་ལོགས་སུ་བཀར་ནས་བསྟན་པ་ལྟ་བུ། དེ་བཞིན།

བསམ་འཕེལ་དབང་རྒྱལ་ནི་ནོར་བུ་རྣམས་ཀྱི་མཆོག་གོ། ། (སྙི་གསལ་འཇུག་ངོགས་ལས)

ལྟ་བུ་མཆོག་ཏུ་དཀར་བ།

ཚིག་མེད་དོན་ནི་ཤེས་པའི་གནའ་གཏམ་སྟེ། །

དོན་མེད་ཚིག་སྤྱི་ནེ་ཙོའི་མ་ཎི་ཡིན། ། (རྗེ་སྲིས་དགེ་བཤེས་ཀྱི་གསུང)

སྤྱོད་པའི་ཐ་ཚད་ནི་མ་བྱིན་པར་ལེན་པའོ། །
བོང་བུ་ནི་བཞོན་པ་ཐ་མ་ཞིག་གོ། །

ལྟ་བུ་དམན་པར་དགར་བའོ། །

ཕྱུགས་ལས་ནི་ཞིང་ལས་དང་མི་འདྲ།
སྔོན་པོ་ནི་ལྗང་ཁུ་དང་ཐ་དད་པ་རེད།

ལྟ་བུ་ཐ་དད་པར་དགར་བའོ། །

ནོར་བུ་ནི་རིན་པོ་ཆེའི་བྱེ་བྲག་གོ། །
གྲོ་བ་ནི་ལྗོན་ཤིང་ཞིག་མིན་ལ། སྟག་པའི་ཤུན་པ་ཤོག་བུ་འདྲ་བ་དེའོ། །

ལྟ་བུ་ངོ་བོ་མ་འདྲེས་པར་སོ་སོར་དགར་བའོ། །

དབྱངས་བདུན་ནི་བར་མ་དང་། དྲང་སྲོང་། ས་འཛིན། དྲུག་སྐྱེས། ལྔ་ལྡན། བློ་གསལ། འཁོར་ཉན་རྣམས་སོ། །
མཆོག་གསུམ་ནི་སངས་རྒྱས་དང་། ཆོས་དང་། དགེ་འདུན་ནོ། །

ལྟ་བུ་དགར་གཞི་གཅིག་ལས་དགར་བྱ་དུ་མ་སོ་སོར་དགར་བའོ།

གཞན་ཡང་། ལྷའི་ནང་ནས་བརྒྱ་བྱིན་ནི་མིག་སྟོང་དང་ལྡན་པའོ། །རྟ་མཆོག་ནི་རྟ་གཞན་ལས་འགྲོས་མགྱོགས། ལྟ་བུ་སོགས་ནི་སྤྱིའི་དགར་བ་དངོས་མིན་ཏེ། ནུས་ལས་དག་གི་དགར་བའོ། །

གཉིས་པ། བརྟན་པ།

ཁྱད་ཆོས་སམ། ཡོན་ཏན་ནམ། བྱ་བ་ཅི་རིགས་ཤིག་ནི་སྒྲས་ནན་ཏན་བྱས་ནས་མངོན་པར་བསྟན་པ་སྟེ།

མེ་ཏོག་འདི་དག་མདོག་ནི་མཛེས། དྲི་ནི་ཞིམ། བུང་བ་མ་བོས་མགྲོན་དུ་འོངས། ལམ་ཐག་ནི་རིང་། ཉི་མ་ནི་དྲོ། ཡང་ན་ཁྱོད་ཀྱིས་གཏམ་ཞིག་ཤོད། ཡང་ན་ངས་གཏམ་ཞིག་བཤད། (མི་རོ་རྩེ་སྨུང་ལས)

ལྟ་བུ་ཁྱད་གཞི་གང་གི་ཁྱད་ཆོས་ནན་ཏན་བྱེད་པའོ། །

ཁྱོད་སྨྲ་ནི་མཁས། གཟུགས་ནི་བཟང་། བློ་ནི་ཆེ། རྒྱལ་པོར་མི་ཡོང་བའི་རྒྱུ་མཚན་ཅི་ཡོད། (བྱ་མགྲོན་ཞོན་ཟླ་བའི་རྟོགས་བརྗོད་ལས)

ཁོང་ནི་དཔའ་ཞིང་ཁོང་ནི་མཛངས། སྐྱིའུ་ནང་སྐྱུང་བུ་ཡིན་ཏེ། དམག་དཔོན་དུ་བསྐོས་ན་འོས་སུ་ཆེའོ། །

བོད་ཀྱི་རིག་གནས་ཀྱི་ཆ་དུ་མར་སྦྱངས་པ་རྩལ་དུ་ཕྱིན་པའི་རྡོ་རིང་བསྟན་འཛིན་དཔལ་འབྱོར་ནི་གཞོན་ནུའི་དུས་ནས་བོད་ཀྱི་གླུ་གར་རོལ་མོའི་སྒྱུ་རྩལ་ལ་ཤིན་ཏུ་མཁས་པ་ཞིག་ཡིན།

ལྟ་བུ་སྐྱེ་བོ་གང་གི་ཡོན་ཏན་ནན་ཏན་བྱེད་པའོ། །

སྤང་བར་བྱ་བ་ནི་སྤོངས། བསྒྲུབ་པར་བྱ་བ་ནི་སྒྲུབས།

ཁྱོད་ལ་བྱུང་ན་ཉེ་ཚན་ཇི་འདྲ་ཡོད་གསུངས། སྔར་ཡོད་ཟེར་བ་ནི་མ་ཐོས། ཡི་གེ་ནི་དེ་གདའ། རྣལ་འབྱོར་པ་ལ་དྲིས་པས། རྒྱུས་ནི་མི་འདུག་ཞུས།

(མི་ལ་རས་པའི་རྣམ་ཐར་ལས)

ལྟ་བུ་བྱ་བ་ནན་ཏན་བྱེད་པའོ། །

གསུམ་པ། རྒྱུ་མཚན།

ཚིག་སྔ་མའི་དོན་གསལ་བྱེད་དུ་ནི་སྒྲས་ཚིག་ཕྱི་མ་དྲངས་ནས་མངོན་པར་སྟོན་པ་སྟེ།

ཀུན་གསལ་ཞེས་བྱ་བ་ནི༷། འཛིག་རྟེན་ཀུན་ལ་གསལ་བའི་སྣང་བ་ཅན་ཏེ་ནམ་མཁའོ། །
(དུང་དཀར་བའི་སུམ་རྟགས་ལས།)

ཤེར་ཕྱིན་ནི༷་ཤེས་རབ་ཀྱི་ཕ་རོལ་ཏུ་ཕྱིན་པའོ། །

ལྟ་བུ་མིང་གང་གི་ངེས་ཚིག་བརྟན་གྱིས་བསྟན་པའོ། །

མེ་ནི༷་ཚ་ཞིང་སྲེག་པའོ། །
སྤྲིན་ནི༷་རླངས་པ་བར་སྣང་དུ་འཕགས་པ་གྲང་རེག་དང་ཕྲད་ནས་ཆུ་རྡུལ་ཕྲ་མོར་ཆགས་པའི་ཚོགས་པའོ། །

ལྟ་བུ་ཆོས་ཅན་གང་གི་མཚན་ཉིད་བརྟན་གྱིས་བསྟན་པའོ། །

སྟག་གཟིག་དོམ་དྲེད་ལ་སོགས་པ་ནི༷་གཅན་གཟན་ནོ། །
སྙིང་དང་། གློ་བ། མཁལ་མ། མཆེར་བ། མཆིན་པ་བཅས་ནི༷་དོན་ལྔའོ། །

ལྟ་བུ་བསྡུ་བྱ་དེ་དག་གི་བསྡུ་གཞི་བརྟན་གྱིས་བསྟན་པའོ། །

ལུས་ཀྱི་སྣོད་དྲུག་ནི༷་རྒྱུ་མ། ཡོང་ག །ཕོ་བ། གཉེ་མ། ལྒང་བ། མཁྲིས་པ་རྣམས་སོ། །
ཕྱུགས་རིགས་ནི༷་རྟ་ནོར་ལུག་གསུམ་ལ་སོགས་པའོ། །

ལྟ་བུ་དབྱེ་གཞི་དེའི་དབྱེ་བ་རྣམས་བརྣན་གྱིས་བསྟན་པའོ། །

བོད་ཀྱི་གླུ་ཡི་སྦྲིག་ཚུལ་ནི༷། གཙོ་ཆེར་རིམ་པ་གསུམ་ཡོད་པའི་དང་པོ་དང་གཉིས་པ་མཚོན་བྱེད་ཀྱི་དཔེ་ཡིན་ལ། གསུམ་པ་མདོར་བསྟན་པའི་དོན་ཡིན་ཏེ། ཡར་བཅད་ཚིག་ལ་དཔེ་ཞིག་དགོས། །དཔེ་མེད་ན་གཏམ་ལ་གོང་བ་མེད། །མར་བཅད་ཚིག་ལ་མདོ་ཞིག་དགོས། །མདོ་མེད་ན་གཏམ་ལ་ཅུམ་ཁ་མེད། །ཅེས་ཟེར་སྲོལ་ཡོད།

ལྟ་བུ་བརྗོད་གཞིའི་ནང་དོན་བརྣན་གྱིས་བསྟན་པའོ། །

བཞི་པ། ཁ་སྐོང་།

ཚིག་གི་ལྷ་བོ་ཞིག་གི་འབྲུ་མ་ལོངས་པར་ནི་སྦྲ་བསྡུན་ནས་ཁ་བསྐངས་ཤིང་དོ་བསྒམས་ནས་ངག་སྒྲན་པར་བྱེད་པ་སྟེ།

རྟ་ནི༷་རྐྱུན་མས་བརྐྱུས་སོང་། བ་ལང་ར་ན་ལུས་ཡོད།

ལྟ་བུ་ཚིག་གི་སྡེབ་བཅོས་ནས་བརྗོད་བདེ་བར་བྱས་པའོ། །

གང་མིང་བརྗོད་པའི་དང་པོ་ཅུ། །ཀྱི་སྒྱུར་བ་ནི༷་བོད་པ་ཡིན། །(སུམ་ཅུ་པའི་རྩ་བ་ལས)

པད་མ་རྣམས་ནི༷་མི་ཟུམ་ཞིང་། །ནམ་མཁའ་ལ་ཡང་མི་འགྲོ་བ། །
ཁྱོད་གདོང་ལྷ་བས་བདག་གི་ནི༷། །སྲོག་རྣམས་འཕྲོག་པ་ཉིད་དུ་འབད། །

(འགལ་བའི་གཟུགས་ཅན་ཏེ་སྙན་ངག་མེ་ལོང་ལས)

ཞུམ་པའི་སེམས་ནི༷་བྱུང་བའི་ཚེ། །སེམས་ཀྱི་གཟེངས་ནི༷་བསྟོད་པར་བྱ། །

(བྱང་ཆུབ་སེམས་དཔའི་ནོར་བུའི་ཕྲེང་བ་ལས)

ལྟ་བུ་ཚིག་བར་གྱི་ས་སྟོང་བཟུང་ནས་ཁ་བསྐངས་པའོ། །

དོན་ཚན་གཉིས་པ། དང་སྒྲ།

དང་སྒྲ་སྡུད་དང་འབྱེད་པ་དང་། །
རྒྱུ་མཚན་ཚེ་སྐབས་གདམས་ངག་དང་། །
བྱ་བ་སྦྱོར་སའི་ཡུལ་དང་ནི། །
ལྷན་པ་མཚུངས་འགལ་རྣམས་ལ་འཇུག །

སུམ་རྟགས་ཀྱི་གཞུང་རྣམས་སུ་དང་སྒྲའི་འཇུག་པ་ལྔར་བཤད་ཀྱང་། དོན་དུ་དགུར་སྣང་ངོ་། །

དང་པོ། སྡུད་པ།

བསྡུ་བྱའི་གྲངས་ངེས་མ་ངེས་ཅི་རིགས་གཞི་གཅིག་ཏུ་སྡུད་པ་སྟེ།

སྣག་ཚ་དང་། སྨྱུ་གུ་དང་། ཤོག་བུ་རྣམས་ནི་ཡི་གེ་བྲི་བའི་ཉེར་མཁོའོ། །
ཛཱ་ཏི་དང་། ཅུ་གང་དང་། གུར་གུམ་དང་། ལི་ཤི་དང་། སུག་སྨེལ་དང་། ཀ་ཀོ་ལ་ནི་སྨན་བཟང་དྲུག་གོ། །དེ་དག་རིམ་བཞིན་སྙིང་དང་། གློ་བ་དང་། མཆིན་པ་དང་། སྒྲོག་རྩ་དང་། མཁལ་མ་དང་། མཆེར་བ་ལ་ཕན་པས་སྨན་བཟང་དྲུག་ཅེས་བྱའོ། །

ལྟ་བུ་ཆོས་ཅན་ནམ་རིགས་བསྡུས་པའོ། །

དཀར་པོ་དང་། དམར་པོ་དང་། སེར་པོ་དང་། སྔོན་པོ་རྣམས་ཁ་དོག་གོ། །

མགྲིན་པ་རིང་ཞིང་ཕྲ་བ་དང་། །ལྟོ་བ་ལྡིར་ཞིང་ཆེ་བ་དང་། །

མཆུ་ནི་འཕྱང་ཞིང་ཞབས་ཞུམ་པའི། །ཀ་ལ་ཤ་འདི་བདུད་རྩིའི་སྣོད། །

(རིགས་རང་བཞིན་བརྗོད་པ་སྟེ་ཨ་ལག་ཤ་ངག་དབང་བསྟན་དར་གྱིས)

ལྟ་བུ་ཁྱད་ཆོས་བསྡུས་པའོ། །

ཉི་མ་སུམ་བརྒྱ་དང་དྲུག་ཅུ་རེ་ལྔ་ཚང་ན་ལོ་གཅིག་ལོན་པ་ཡིན།

སྲོག་གཅོད་པ། ལོག་པར་གཡེམ་པ། མ་བྱིན་པར་ལེན་པ་སྟེ་ལུས་ཀྱི་ལས་གསུམ་དང་། རྫུན། ཕྲ་མ། ཚིག་རྩུབ། ངག་འཁྱལ་ཏེ་ངག་གི་ལས་བཞི་དང་། བརྣབ་སེམས། གནོད་སེམས། ལོག་ལྟ་སྟེ་ཡིད་ཀྱི་ལས་གསུམ་བཅས་ལ་མི་དགེ་བ་བཅུ་ཟེར།

ལྟ་བུ་བསྒྲང་བྱ་བསྡུས་པའོ། །

རང་རྒྱལ་བཟོ་ཞིང་ཐོན་སྐྱེད་དང་། །རྒྱལ་འབངས་དཔལ་འབྱོར་ལྷན་ཅིག་འཕེལ། །
མི་དམངས་ཡིད་ཀྱི་དགའ་སྤྲོ་དང་། །རྒྱལ་ཁབ་སྙན་གྲགས་ལྷན་ཅིག་རྒྱས། །

(བྱ་བ་ཐ་དད་པ་ལྷན་ཅིག་བརྗོད་པ་སྟེ་རྡོ་རྗེ་རྒྱལ་པོས)

རིག་པ་གླེགས་བམ་ལ་གནས་དང་། །མ་བསྒྲུབས་པ་ཡི་གསང་སྔགས་དང་།
ཚིགས་སུ་མ་བྱས་ཡོ་བྱད་རྣམས། །དགོས་པའི་དུས་སུ་སླེབ་པར་དཀའ། །

(རྒྱལ་པོ་ལུགས་ཀྱི་བསྟན་བཅོས་ལས)

ལྟ་བུ་བྱ་བ་བསྡུས་པའོ། །

འཆད་དང་རྩོད་དང་རྩོམ་རྣམས་ལ། །ཐོགས་པ་མེད་ན་མཁས་པ་ཡིན། །

སྟོན་པའི་ནང་ན་རྟེན་འབྲེལ་སྟོན་པ་དང་། །
ཤེས་རབ་ནང་ན་རྟེན་འབྲེལ་ཤེས་པ་གཉིས། །
འཇིག་རྟེན་དག་ན་རྒྱལ་བའི་དབང་པོ་བཞིན། །

ཕྲུལ་བྱུང་ལེགས་པར་ཕྱེད་མཁྱེན་གཞན་གྱིས་མིན། །(རྟེན་འབྲེལ་བསྟོད་པ་ལས)

ལྟ་བུ་ཡོན་ཏན་བསྟུས་པའོ། །

གཉིས་པ། དབྱེ་བ།

དབྱེ་བར་བྱ་བའི་གྲངས་ངེས་མ་ངེས་ཅི་རིགས་གཞི་གཅིག་ལས་སོ་སོར་འབྱེད་པ་སྟེ།

འདོད་ཡོན་རྣམས་ཀྱི་མཆོག་ནི། མཛེས་པ་དང་། སྙན་པ་དང་། ཞིམ་པ་དང་། མངར་བ་དང་། འཇམ་པའོ། །
རོ་དྲུག་ནི་མངར་བ་དང་། སྐྱུར་བ་དང་། ཁ་བ་དང་། བསྐ་བ་དང་། ཚ་བ་དང་། ལན་ཚྭ་བའོ། །

ལྟ་བུ་ཁྱད་ཆོས་རྣམས་སོ་སོར་ཕྱེ་བའོ། །

བློ་མཐུན་དེ་གཏམ་ཡིག་རྩིས་གསུམ་ལ་མཁས་པ་དང་། ཉེ་རིང་མི་འཛིན་པ་དང་། ལས་ལ་བརྩོན་པ་དང་། འཐབ་ལ་དཔའ་བ་ཞིག་གོ། །
ཡུལ་འདིར་རྫོང་གཤིར་འཛོམས་པས། ཤིང་སྣ་མང་བ་དང་། ལོ་ཡགས་པ་དང་། འཚོ་བ་སྐྱིད་པའོ། །

ལྟ་བུ་ཡོན་ཏན་སོ་སོར་ཕྱེ་བའོ། །

དེ་ལ་ལྷན་ཅིག་སྐྱེས་པ་ཡི། །ང་རོ་རྣམ་པ་བཞི་ཡིན་ཏེ། །
འདྲེན་པ་དང་ནི་བཀུག་པ་དང་། །བསྒྱུར་བ་དང་ནི་ལྷེངས་ཉིད་དོ། །

(རོལ་མོའི་བསྟན་བཅོས་ལས)

སྔོན་འཇུག་ཡི་གེ་ལྔ་པོ་ལ། །ཕོ་དང་མ་ནིང་མོ་དང་ནི། །
ཤིན་ཏུ་མོ་དང་བཞི་རུ་དབྱེ། ། (རྟགས་འཇུག་གི་རྩ་བ་ལས)

ལྟ་བུ་རིགས་སོ་སོར་ཕྱེ་བའོ། །

སྦྱོར་ལམ་རྣམ་བཞི་ནི། འགྲོ་བ་དང་། འདུག་པ་དང་། ཉལ་བ་དང་། འཆག་པའོ། །

རྗེས་འཇུག་བཅུ་ཡི་དོན་ཤེས་ན། །འབྲི་དང་སློག་དང་འཆད་རྣམས་ཀྱི། །
མཚམས་སྦྱོར་སྒྲ་ལ་ཐོགས་མེད་ཅིང་། །འབྲེལ་བར་སྨྲ་བའི་མཆོག་ཏུ་འགྱུར། །

(སུམ་ཅུ་པའི་རྩ་བ་ལས)

ལྟ་བུ་བྱ་བ་སོ་སོར་ཕྱེ་བའོ། །

ངེད་ཚང་ལ་ནོར་སུམ་ཅུ་དང་ལུག་བརྒྱ་ལྷག་ཡོད།

ལྟ་བུ་གྲངས་ཀ་སོ་སོར་ཕྱེ་བའོ། །

དང་སྒྲ་སྡུད་པ་དང་འབྱེད་པ་ལ་འཇུག་པ་གམ་ངམ་སོགས་འབྱེད་སྡུད་ཀྱི་འཇུག་པ་དང་མཚུངས་སོ། །

གསུམ་པ། རྒྱུ་མཚན།

རྒྱུ་དང་འབྲས་བུ་འབྲེལ་བའི་དོན་ཅན་སྟོན་པ་སྟེ།

ཆུ་སྐྱུར་ལྷིང་བ་དང་ཆུ་ཡོད་པར་ཤེས།
སྨན་འཐུངས་པ་དང་ནད་སོས།
བརྩོན་འགྲུས་ཆུ་བོའི་རྒྱུན་བཞིན་བསྟེན་པ་དང་། ཡོན་ཏན་ཡར་ངོའི་ཟླ་བཞིན་རྒྱས།

ལྟ་བུའོ། །

བཞི་བ། ཚེ་སྐབས།

བྱ་བའི་དུས་སྟོན་པ་སྟེ།

ཅོང་བརྡུངས་པ་དང་ཚོམས་ཆེན་དུ་འཚོགས།
ནམ་ལངས་པ་དང་སློབ་གྲྭར་འགྲོ
སྟོན་ཁར་བསླེབས་པ་དང་ལོ་ཏོག་སྨིན།
ཉི་མ་ཤར་བ་དང་པད་མ་རྣམས་ཁ་བྱེ་བར་འགྱུར།

ལྟ་བུའོ། །

ལྔ་བ། གདམས་ངག

དོན་གང་འགྲུབ་པར་བྱེད་པའམ་ལེགས་པར་སྒྲུབ་པའི་གདམས་ངག་གམ་ཐབས་དམ་པ་སྟོན་པ་སྟེ། བརྩོན་འགྲུས་རྩོམས་དང་མཁས་པར་འགྱུར་རོ། །ཞེས་པ་ན། མཁས་པར་འགྱུར་བའི་དམིགས་ཡུལ་དེ་འགྲུབ་བྱེད་ཀྱི་ཐབས་སམ་གདམས་ངག་གམ་གདམས་པ་ནི་བརྩོན་འགྲུས་ཡིན་པར་དང་སྦྲས་བསྟན་པ་ཡིན། དེ་བཞིན་དུ།

རྩ་ཚིག་འདི་དག་བློ་ལ་ཟུངས་དང་བཀོལ་ས་མང་།
རྒྱལ་པོ་ན་རེ། ལྷ་མོ་དྲང་པོར་སྨྲས་དང་། ཁོ་བོ་ཤིན་ཏུ་དགའོ། །

(བྱ་མགྲིན་སྔོན་ཟླ་བའི་རྟོགས་བརྗོད་ལས)

བྱ་དེ་ཁྲུང་ཁྲུང་དཀར་པོ། །ང་ལ་གཤོག་རྩལ་གཡོར་དང་། །
ཐག་རིང་རྒྱང་ལ་མི་འགྲོ། །ལི་ཐང་བསྐོར་ནས་སླེབ་ཡོང་། །

ད་ཅུང་སྙིང་གཏམ་ལགས་པས་གསན་མཛོད་དང་། །
འགྲོགས་ལུགས་དགྲ་ལ་ཚོལ་དང་ཟབ་པ་ཡིན། །
སྙིང་གཏམ་བུ་ལ་གསོང་དང་བརྟན་པ་ཡིན། །
ཁ་ཏོན་གྲི་བར་སྐྱིལ་དང་བཙུན་པ་ཡིན། །
མཚང་གཏམ་བར་དུ་གསོང་དང་མཁས་པ་ཡིན། །
རང་མཚང་རང་གིས་བྲུས་དང་མཁས་པ་ཡིན། །
གཞན་མཚང་ལྷོད་ལ་ཞོག་དང་དགེ་བ་ཡིན། །
བློ་གཏད་སྙིང་གིས་སྐྱོངས་དང་ངོ་མཚར་ཆེ། །

(མི་ཆོས་གནད་ཀྱི་ཕྲེང་བ་ལས)

ཏ་ཅང་དགའ་བའི་དུས་དང་ཁྲོ་བའི་དུས། །
སེམས་ལ་གང་ཡོད་ཁ་ནས་འཆོར་ཉེན་ཡོད། །
དེ་ཕྱིར་དྲན་ཤེས་སྔོན་དུ་བསྟེན་བྱས་ནས། །
ཁ་ཏོན་གྲི་བར་སྐྱིལ་དང་བཙུན་པ་ཡིན། །

(བསླབ་བྱ་ནོར་བུའི་ཕྲེང་བ་ལས)

ལྟ་བུ་སོགས་སོ། །

སྦྱང་བ། འགལ་བ།

ཚིག་སྡུ་ཕྱི་མི་མཐུན་པར་སྟོན་པ་སྟེ།

དཔའ་རྒྱལ་ཆེ་དང་རིག་པ་ཞན།
ཐོས་སྦྱོང་དང་མཐོང་མ་སྦྱོང་།
བཤད་པ་མང་དང་ལག་ལེན་ཉུང་།
ང་ལ་སྙོར་མོ་ཡོད་དང་ཁྱོད་ལ་མི་སྐྱི།

ལྟ་བུ་ཀྱང་ཡང་འང་གསུམ་མི་མཐུན་པའི་ཚིག་རྒྱན་དུ་འཇུག་པ་དང་མཚུངས།

བདུན་པ། འཇུག་ཡུལ།

བྱེད་པ་པོ་གང་གི་བྱ་བ་འཇུག་སའི་ཡུལ་སྟོན་པ་སྟེ།

འགྲུལ་བ་དང་ཁ་བརྡ་བྱེད།
གནས་ཚུལ་དངོས་དང་བསྟུན་ནས་ཐག་གཅོད་པར་བྱ།

མི་གང་མཛའ་བ་མི་བརྟེན་པ། །དེ་དང་འགྲོགས་པར་སུ་ཞིག་འཐམ། །
ནམ་མཁའི་འཇའ་ཚོན་མདོག་མཛེས་ཀྱང་། །རྒྱུན་དུ་རེ་ན་བླུན་པོ་འཁྲུལ། །

(ས་སྐྱ་ལེགས་བཤད་ལས)

སྐྱེ་བོ་ཕལ་ཆེར་རང་ཉིད་དང་། །མཐུན་པའི་རིགས་ཀྱིས་གནོད་པ་སྐྱེལ། །
ཉི་མའི་འོད་ཟེར་ཤར་བ་ན། །འོད་ཟེར་གཞན་རྣམས་བརླག་པར་འགྱུར། །

(གོང་དང་གཅིག)

ལྟ་བུ་སོགས་སོ། །

བརྒྱད་པ། གང་དང་ལྡན་པ།

ཁྱད་གཞི་གང་ལ་ཁྱད་ཆོས་གང་ཞིག་ལྡན་པར་སྟོན་པ་སྟེ།

བརྩོན་འགྲུས་དང་ལྡན་པའི་མདུན། །དཀའ་བ་ནི་རིང་དུ་འབྲོས། །
ཁོང་ནི་སྐྱེས་ཐོབ་ཀྱི་ཤེས་རབ་དང་། སྦྱངས་སྟོབས་ཀྱི་ཡོན་ཏན་དང་ལྡན་པ་ཞིག་རེད།

དགྲ་བོ་སྙན་པར་སྨྲ་ན་ཡང་། །བློ་དང་ལྡན་པས་ཡིད་མི་བརྟན། །

ཚུ་སྐྱུར་བྱི་ལ་དེས་པ་ཡིས། །ཕ་རོལ་གསོད་ལ་རྟག་ཏུ་བརྩོན། །

(ས་སྐྱ་ལེགས་བཤད་ལས)

ལྟ་བུ་སོགས་སོ། །

དགུ་བ། མཚུངས་གསལ་གྱི་སྒྲ་འདྲེན་པ།

དཔེ་ཅན་གང་ལ་དཔེ་གང་སྦྱར་བ་མཚུངས་པ་གསལ་བྱེད་ཀྱི་སྒྲ་དྲངས་ནས་སྟོན་པ་སྟེ།

མཛེས་པའི་བཞིན་རས་ནི་ཟླ་བ་ཉ་གང་བ་དང་འདྲ།
སྐད་སྙན་པ་པི་ཝང་གི་གདངས་དང་ནོར་དོགས་བྱུང་།
གཞུང་འདིའི་བརྗོད་པ་ཁེབས་ཆེ་ཞིང་གཏིང་ཟབ་པས་རྒྱ་མཚོ་དང་མཚུངས།

མཁའ་དབྱིངས་ཚད་ནི་འདི་ཙམ་མམ། །ཆུ་གཏེར་ཟབས་སུ་འདི་ཙམ་ཞེས། །
སུས་ཀྱང་གཞལ་བར་མི་སྤྱོབས་པས། ཁྱོད་ཐུགས་དེ་དག་ཉིད་དང་མཚུངས། །

(ཐུགས་པའི་དཔེ་སྟེ། སྙན་ངག་གྱི་དོན་ལས)

ལྟ་བུ་སོགས་སོ། །

དོན་ཚན་གསུམ་པ། སྟོན་སྒྲ།

དེ་འདི་གཉིས་ནི་སྟོན་སྒྲ་སྟེ། །
ཐ་སྙད་སྤྱི་མའི་ཚབ་ཏུ་དང་། །
དངོས་པོ་བརྗོད་དོན་དུས་རྣམས་ལས། །

རིང་ལ་དེ་དང་ཉེ་ལ་འདིའོ། །

སུམ་ཅུ་པའི་རྩ་བ་ལས། ཐ་སྙད་དབང་དུ་གསུམ་ཡིན་ཏེ། དངོས་པོའི་དབང་དུ་བཞི་རུ་འགྱུར། །དུས་ཀྱི་དབང་དུ་གཉིས་ཡིན་ནོ། །ཞེས་དེ་སྒྲའི་འཇུག་པ་དགུ་ལུང་དུ་བསྟན་ཡོད་ལ། དོན་ཐོབ་ཀྱི་འདི་སྒྲ་གསུངས་མེད་ཀྱང་། དེ་སྒྲ་དང་རིགས་བསྒྲེས་ན། འདི་སྒྲ་ཡང་། ཐ་སྙད་དབང་དུ་གསུམ་ཞེས་པའི་ནང་ཚན་ཐ་སྙད་ཀྱི་ཚབ་ཏུ་འཇུག་མི་རུང་བའི་ལྷག་བཅས་ཤུད། གཞན་རྣམས་ཉེ་རིང་མི་གཅིག་པའི་སྒོ་ནས་སྦྱར་རུང་བར་མཐོང་ངོ་། །དེས་ན་དེ་སྒྲ་དང་འདི་སྒྲ་གཉིས་ཀའང་ཐ་སྙད་ཀྱི་ཚབ་ཏུ་འཇུག་རུང་ལ། དངོས་པོ་དང་དུས་ཀྱང་སྟོན་རུང་བས། ཐུན་མོང་གི་མིང་ལ་སྟོན་སྒྲ་ཞེས་བཏགས་ན་འགྲིག་པར་འདོད་དོ། །

དེ་ཡང་དེ་སྒྲས་རིང་ས་བོ་དང་། འདི་སྒྲས་ཉེ་ས་བོ་བསྟན་པའི་སྒོ་ནས། ལྟོས་བཅས་ཀྱིས་དོན་ཚན་བཞིར་འཇུག་པ་ལ།

དང་པོ། ཐ་སྙད་སྔ་མའི་ཚབ་ཏུ་འཇུག་པ།

ཐ་སྙད་གང་སླར་བརྗོད་པའི་དགོས་པ་ཡོད་ཚེ། རིང་ས་བོ་ལ་དེ་སྒྲ་དང་། ཉེ་ས་བོ་ལ་འདི་སྒྲ་ཚབ་ཏུ་སྦྱར་བ།

ཀློ་གློས་ནི་རྒྱ་ཆུ་རྫོང་གི་རྫོང་དཔོན་ཡིན། དེའི་ཐབས་མཁས། ཞེས་པ་ན། རྫོང་དཔོན་ཟེར་བའི་ཁྱད་པར་སྔ་མ་སྦྱར་བ་ན། གང་མིང་ཀློ་གློས་ཞེས་སློས་ཤིང་། ཁྱད་པར་ཕྱི་མ་ཐབས་མཁས་ཞེས་པ་སྦྱར་ཚེ། བཤད་མ་ཐག་པའི་མིང་དེ་སླར་ལེན་མི་དགོས་ཤིང་། ཐག་རིང་ན་ཡོད་པར་བལྟོས་ནས་ཐ་སྙད་དེའི་ཚབ་ཏུ་དེ་སྒྲ་སྦྱར་ནས་བསྟན་པ་རེད།

དཔེ་ཆ་འདི་ཁྱོད་ལ་སྦྱིན། འདིའི་ཁ་གསལ་ཞིང་དོན་འབྱོར། འདི་ལ་ལྟོས་དང་གོ་རྒྱུ་མང་། ཞེས་པར། ཚིག་སྔ་མ་སྦྱོར་བ་ལ་དངོས་པོ་རང་གི་མིང་སློས་

ཤིང་། ཚོག་ཕྱི་མ་རྣམས་སྦྱོར་ཚེ། དངོས་པོ་ཉེ་ལོགས་སུ་ཡོད་པར་བལྟོས་ནས། དཔེ་ཆ་ཞེས་པའི་ཚབ་ཏུ་འདི་ཞེས་སློས་པས་ཚོག་པ་ལྟ་བུའོ། །

དེ་བཞིན།

ཆུ་སྐྱེས་ནི་པད་མ་ཡིན་ལ། དེའི་དབྱིབས་མཛེས། དེའི་དྲི་ཞིམ། དེའི་རྩ་བ་ཟས་དང་སྨན་བྱེད་ཚོག

ཉིན་བྱེད་ཅེས་པ་ཉི་མ་ཡིན། འོད་སྟོང་ཅན་ཡང་དེ་ཡིན། འགྲོ་བའི་སྒྲོན་མེ་ཡང་དེ་ཡིན། ལོང་བའི་ཁ་ལོ་བ་ཡང་དེ་ཡིན།

དགེ་རྒན་གྱིས་རི་མོ་ཞིག་བྲིས་བྱུང་། ཁྱོད་ཀྱིས་ལྟོས་དང་། འདི་གསོན་ཉམས་དང་ལྡན་པ་ཞིག་རེད། འདི་ལ་འབྲི་རྩལ་ཐུན་མོང་མ་ཡིན་པ་ཞིག་མཆིས་སོ། །

ཀུ་ཤིང་གསེར་ཟེར་བ་འདི་ཡིན་ནམ། འདི་ང་ལ་ཚོངས་ཤིག་ངས་འདིས་རྒྱུན་ཆ་ཞིག་བརྟུང་དགོས།

ལྟ་བུ་རྣམས་སོ། །

གཉིས་པ། དངོས་པོ་སྟོན་པར་འཇུག་པ།

བདེན་པའི་དངོས་པོའམ། གསང་བའི་དངོས་པོའམ། བདག་གི་དངོས་པོའམ། གཞན་གྱི་དངོས་པོ་གང་རུང་ཞིག་ཐག་རིང་ཟད་དུ་ཡོད་པ་ལ་དེ་སྒྲ་དང་། ཐག་ཉེ་ན་ཡོད་པར་འདི་སྒྲ་སྦྱར་ནས་སྟོན་པ་སྟེ།

གཅིག །བདེན་པའི་དངོས་པོ་སྟོན་པར་འཇུག་པ་ནི། སྐབས་སུ་བསྟན་བྱའི་དངོས་པོ་གང་གི་ངོ་བོ་ཉིད་དྲང་པོའི་སྒོ་ནས་སྟོན་པར་འཇུག་པ་སྟེ། ནད་པ་དེའི་ནད་ད་དུང་དེ་བཞིན་རེད་ཅེ་ན། དངོས་པོ་ཞེས་པའི་ནང་གི་ངོ་བོའམ་ན་ཚུལ་སོ་

ན་གནས་པ་བདེན་པར་སྟོན་ཆེད། ནད་པ་ཐག་རིང་ས་ཞིག་ཏུ་ཡོད་པར་བསྐོས་ནས་མཚུངས་པ་གསལ་བྱེད་ཀྱི་སྒྲ་དང་སྦྱར་ནས་དེ་བཞིན་ཞེས་གོ་བར་བྱས་པ་དང་། འདི་འདི༷་ལྟར་ཕྱིས་ཞེས་པར། ཤུགས་བསྟན་གྱི་དངོས་པོ་ཡི་གེའམ་རི་མོ་མིག་ལམ་དུ་སྣང་བར་བསྐོས་ནས། ཕྱི་བྱའི་རྣམ་པའམ་འབྲི་ཚུལ་འདི་ལྟར་ཞེས་དྲང་པོར་བསྟན་པའོ། །དེ་བཞིན།

དེའི་ཚེ་དཔའ་བོ་སྲིད་པ་གཞོན་ནུ་དེ་ནི་ཐབས་མཁས་ཤིང་ཤེས་རབ་དང་ལྡན་པས་དེ༷་ལྟར་མི་རིགས་ཞེས་ཟློལ་གྱིས་སྨྲས།

(གཞོན་ནུ་ཟླ་མེད་ཀྱི་རྟོགས་བརྗོད་ལས)

མཁས་པ་ཡོན་ཏན་དཔག་མེད་ཀྱང་། །གཞན་གྱི་ཡོན་ཏན་ཆུང་ངུའང་ལེན། །
དེ༷་ལྟར་རྒྱུན་དུ་སྤྱོད་པ་ཡིས། །མྱུར་དུ་ཐམས་ཅད་མཁྱེན་པར་འགྲོ །

(ས་སྐྱ་ལེགས་བཤད་ལས)

ཁྱོད་གདོང་རི་དྭགས་མིག་གིས་མཚན། །ཟླ་བ་རི་དྭགས་ཉིད་ཀྱིས་མཚན། །
དེ༷་ལྟ་ན་ཡང་འདི༷་མཚུངས་ཉིད། །ཁྱད་འཕགས་མིན་ཞེས་ངོ་བསྟོད་དཔེ། །

(མཚུངས་པའི་དཔེ་ཡང་ཟེར་ཏེ་སྙན་ངག་མེ་ལོང་ལས)

ལྟ་བུའོ། །

གཉིས། གསང་བའི་དངོས་པོ་སྟོན་པར་འཇུག་པ་ནི། བརྗོད་བྱའི་དངོས་པོ་ཞིག་གཞན་གྱིས་ཤེས་པར་དོགས་ནས་གསང་བར་སྟོན་པར་འཇུག་པ་སྟེ།

ཁྱོད་ཀྱིས་དེ༷་ཕྱིས་ཚར་རམ། ཞེས་པ་ན། གཏམ་སྨྲ་བའི་ཚེ། གཞན་ལ་གོ་བར་མི་འཇུག་ཆེད། བརྗོད་བྱའི་དངོས་པོ་དངོས་སུ་མི་སྨྲ་ཞིང་། སྙིག་ཏུ་གྱུར་པར་བསྐོས་ནས། དེ་ཞེས་པས་བརྡ་སྤྲོད་སའི་ཉན་མཁན་གྱིས་གོ་བར་གྱུར་པ་དང་། འདི༷་གཞན་ལ་མ་བཤད། ཅེས་པ་ན། བརྗོད་བྱའི་དངོས་པོ་གཞན་ལ་

གསང་ཕྱིར། མངོན་སུམ་དུ་སྣང་བར་བསྒོས་ནས། འདི་ཞེས་པས་གོ་བར་བྱས་པའོ། །དེ་བཞིན།

ང་ཚོས་གྲོས་ཁ་བྱས་པ་འདི་གནས་སྐབས་སུ་ཁ་སྲུང་རོགས་བྱོས།
དེ་གཞན་ལ་མ་བཤད།
ལྡེ་མིག་དེ་རྒྱུན་དུ་འཛོག་ས་དེ་ལ་བཞག་ཡོད།

ལྟ་བུའོ། །

གསུམ། བདག་གི་དངོས་པོ་སྟོན་པར་འཇུག་པ་ནི། བརྗོད་པ་པོ་རང་དང་འབྲེལ་བའི་དངོས་པོ་སྟོན་བྱེད་དུ་འཇུག་པ་སྟེ། ངའི་སློག་པ་དེ་ཚེ་རིང་གིས་གོན་ནས་བུད་སོང་བ་ན། བདག་གི་དངོས་པོ་སྟེ་སློག་པ་ནི་ལོགས་སུ་མེད་པར་བསྒོས་ནས་དེ་ཞེས་པ་སྦྱར་ནས་བསྟན་པ་དང་། རང་རེའི་སློབ་གྲྭ་འདིར་མི་རིགས་མང་ངོ་། །ཞེས་པ་ན། བདག་དང་འབྲེལ་བའི་དངོས་པོ་སྟེ་སློབ་གྲྭ་ནི་མདུན་དུ་ཡོད་པར་བསྒོས་ནས་འདི་སྒྲ་སྦྱར་ནས་བསྟན་པའོ། །དེ་བཞིན།

ང་འདི་མི་བཀོད་པ་ཅན་ཞིག་མིན།
ཁོ་བོའི་འདྲ་པར་འདི་ཁྱོད་ལ་སྟེར།

ལྟ་བུའོ། །

བཞི། གཞན་གྱི་དངོས་པོ་སྟོན་པར་འཇུག་པ་ནི། མི་གཞན་པའམ་གཞན་དང་འབྲེལ་བའི་དངོས་པོ་སྟོན་བྱེད་དུ་འཇུག་པ་སྟེ། ཁོ་ཚོའི་ཁང་བ་དེ་ཞུབ་པ་བཟང་། ཞེས་པ་ན། གཞན་དང་འབྲེལ་བའི་དངོས་པོ་ཁང་བ་ནི་ཐག་རིང་ས་ཞིག་ཏུ་ཡོད་པར་བསྒོས་ནས་དེ་སྒྲ་སྦྱར་ནས་བསྟན་པ་དང་། ཁྱོད་ཀྱིས་བྲིས་པའི་འཆར་གཞི་འདི་ཡོངས་སུ་འགྲིག་གོ་ཞེས་པ་ན། གཞན་དང་འབྲེལ་བའི་དངོས་པོ་འཆར་གཞི་ནི་མིག་ལམ་དུ་ཡོད་པར་བསྒོས་ནས། འདི་སྒྲས་བསྟན་པའོ། །དེ་བཞིན།

དཔའ་ཆེན་དེ་ངེས་ངེས་དཔའ་ཆེན་ཞིག་རེད། དགྲ་ཡ་གསུམ་བཙེམ་ཐལ།
རི་མགོའི་ལུག་ཁྱུ་དེ་བསོད་ནམས་ཚང་གི་ཡིན་ན་ཐང་།

གདོང་འདི་འཇུམ་པའི་མེ་ཏོག་འབབ། །གཡོ་བའི་མིག་གི་བུང་བ་ཅན། །

(ལྡན་པའི་གཟུགས་ཅན་ཧེ་སླན་ངག་མེ་ལོང་ལས)

སྤྲང་པོ་རྒྱལ་གྱི་ཁྱུར་པོ་དེ། །ནང་དུ་ཅི་ཡོད་བརྒྱ་སྟེས་ཤེས། །

(མོན་གླིང་གཡུལ་འགྱེད་ལས)

ལྟ་བུ་རྣམས་སོ། །

གསུམ་པ། བརྗོད་བྱ་སྟོན་པར་འཇུག་པ།

ཚིག་སྔ་མ་ངེས་པར་བཟུང་ཞིང་ཚིག་ཕྱི་མ་དྲངས་ནས་དོན་ཁ་ཚང་ཞིག་སྟོན་པ་སྟེ། མི་དགའ་དགའ་མདོག་བྱེད་པ་དེ། །ཕོ་གསར་དམག་ལ་འགྲོ་བའི་རྟགས། །མི་སྐྱུག་སྐྱུག་མདོག་བྱེད་པ་དེ། །མོ་གསར་བག་མར་འགྲོ་བའི་རྟགས། །(སྐད་ས་འོད་འབུམ་གྱི་རྣམ་ཐར་ལས)ཞེས་པ་ན། ཚིག་སྔ་མ་དེ་སྨྲས་ངེས་པར་བཟུང་ཞིང་ཚིག་གྲོགས་ཕྱི་མ་དྲངས་ནས། ན་གཞོན་དམག་ལ་འགྲོ་ཚུལ་ལམ། བུ་མོ་གནས་ལ་འགྲོ་ཚུལ་བསྟན་པའོ། །གལ་ཏེ་ཚུལ་འདི་དག་ཉེ་ས་ནས་མཐོང་སྟེ་བརྗོད་པ་ཡིན་ན། དེ་སྨྲའི་ཚབ་ཏུ་འདི་སྨྲ་སྦྱར་ཆོག །དེ་བཞིན།

ཁྱོད་ཀྱི་བྱ་སྤྱོད་ངན་པ་འདི། །བཙོན་དུ་ལྟུང་བའི་སྔ་ལྟས་ཡིན། །

སྟར་གཏམ་དར་གྱི་མདུད་པ་དེ། །ང་དུང་མ་གྲོལ་དམ་ལགས་སམ། །
ཞི་འདོད་རྗོ་ཡི་རི་མོ་དེ། །ང་དུང་མ་ཟུམ་བཀྲ་ལགས་སམ། །
དམ་བཅའ་སྙིང་གི་ཕུར་བུ་དེ། །ང་དུང་མ་བུད་བརྟན་ལགས་སམ། །

(གཏམ་པད་མའི་ཚལ་གྱི་ཊཱིས་གར་ལས)

ལྟ་བུ་རྣམས་སོ། །

བཞི་བ། དུས་སྟོན་པར་འཇུག་པ།

སྐབས་ཐོག་བྱེད་བཞིན་པའམ། འབྱུང་བཞིན་པའམ། ཡོད་བཞིན་པའི་དུས་ནི་ད་ལྟ་བ་ཡིན་ཞིང་། ཉེ་བས་བསྡོས་ནས་འདི་སྒྲ་དང་། དུས་ད་ལྟ་བའི་སྐད་ཅིག་སྔ་མ་ཡན་ཆད་ཐམས་ཅད་འདས་པ་དང་། སྐད་ཅིག་ཕྱི་མ་ཕན་ཆད་ཐམས་ཅད་མ་འོངས་པ་ཡིན་པ། རིང་བར་བསྡོས་ནས་དེ་སྒྲ་སྦྱར་ནས་སྟོན་པ་སྟེ།

དེ་རིང་གི་ཉི་མ་འདི་ཤིན་ཏུ་དྲོའོ། །

གལ་ལ་ཐུག་པའི་དུས་འདིར་ཚང་མས་བསམ་བློ་གཏོང་ཡགས་བྱ་དགོས།

ཚེ་འདིར་དགོས་པའི་ལྟོ་གོས་གཏམ་གསུམ་པོ། །མ་བྱུང་བསམས་ནས་སྐྱོ་བ་སྐྱེས་པ་མིན། །

(སྣང་ས་འོད་འབུམ་གྱི་རྣམ་ཐར་ལས)

སྤྱི་ཚོགས་རིང་ལུགས་ཀྱི་ཕྲིན་ལས་རྣམ་བཞི་སྐྱུན་པའི་སྐབས་འདིར། སློབ་གྲོགས་ཚོ་རིག་པའི་བང་མཛོད་ལས་ཇི་འདོད་སྒྲུབ་པའི་ཡིད་བཞིན་ནོར་བུ་ཐབས་ཀྱིས་ལོངས་ཤིག །

ལྟ་བུ་རྣམས་ལས་འདི་སྒྲས་དུས་ད་ལྟ་བ་བསྟན་པའོ། །

ད་ཉིན་གི་ལོ་དེར། ང་སློབ་གྲྭ་འདིར་ཡོང་བ་ཡིན།

རྒྱལ་དབང་ལྔ་བ་བཞུགས་པའི་སྐབས་དེར། བོད་ཀྱི་རིག་གནས་དར་རྒྱས་ཆེ་ཞེས་གྲགས།

ད་གཞོན་པའི་དུས་དེའི་རིང་ལ་རྩེད་མོ་ལ་གཡེང་བས་ཡོན་ཏན་བཟང་པོ་ཞིག་སྦྱངས་མ་ཐུབ།

ལྟ་བུ་རྣམས་ལས་དེ་སྒྲས་དུས་འདས་པ་བསྟན་པའོ། །

སང་ཉིན་ཉི་མ་ཤར་བའི་དུས་དེ་ལ་འགྲོ་བར་བྱ།
འགྱུར་བཞི་མངོན་སུམ་དུ་བྱུང་བའི་དུས་དེ་ལ་ཐོན་ཆེ། འདོད་ཡོན་ལོངས་སྤྱོད་དེང་སང་གི་ཡན་དང་ཡན་ཞིག་ཡིན་སྲིད།

ལྔ་བུ་རྣམས་ལས་དེ་སྐྲས་དུས་མ་འོངས་པ་བསྟན་པའོ། །

དོན་ཆན་བཞི་བ། ཕྱི་སྐྲ།

གང་ཅི་ཇི་སུ་དུ་ནམ་དུག །
ཕྱི་ལ་ཁྱབ་པའི་སྒྲ་ཡིན་ཏེ། །
དཔེ་དང་གཞལ་ལ་ཇི་སྦྱོར་ཞིང་། །
དོན་ལ་ཅི་དང་མི་ལ་སུ། །
གྲངས་ལ་དུ་དང་དུས་ལ་ནམ། །
གང་ནི་དེ་དག་ཀུན་ལ་འཇུག །

ཕྱི་སྒྲ་འདི་རྣམས་གཙོ་བོར་དོན་བྱེ་བྲག་པ་ཞིག་དམིགས་སུ་མི་འཛིན་པར་ཕྱི་ལ་ཁྱབ་པ་ཙམ་སྟོན་པའམ་དྲི་བར་འཇུག་པ་ཡིན་ལ། འདི་དག་སོ་སོའི་འཇུག་ས་མི་གཅིག་སྟེ། སུ་ནི་གང་ཟག་དང་། དུ་ནི་གྲངས་ཀ་དང་། ནམ་ནི་དུས་ཚོད་དང་། ཅི་ནི་དོན་དང་། ཇི་ནི་དཔེ་དང་ཚོད་དཔག་པར་འཇུག་ཅིང་། གང་ནི་དེ་རྣམས་འཇུག་པའི་ཁོངས་མཐའ་དག་ལ་འཇུག་ཆུང་ངོ་། །དེ་དག་སོ་སོ་ཡང་དོན་གསལ་བྱེད་ཀྱི་སྒྲ་ཅི་རིགས་དང་སྦྱར་བའི་འཇུག་པ་མང་སྟེ།

ཞིག་སྟེ་སྐད་ཕྱིར་ལ་ལ་ཅི། །སྙིད་སྲིད་ལྟར་བཞིན་སྐད་འདྲ་ཇི། །

ཞིག་དག་ཚོ་འམ་རྣམས་ལ་སུ། །ཞིག་དུ་ཚོད་ཡང་དག་ལ་ནམ། །
གང་ནི་དེ་རྣམས་ཕལ་ཆེར་སྦྱར། །

དེ་ལྟར་དོགས་པའི་དོན་ལ་ཅི་ཞིག །མ་ངེས་པའི་དོན་ལ་ཅི་སྟེ། རྒྱུ་མཚན་གྱི་དོན་ལ་ཅི་ཕྱིར་རམ་ཅི་སླད། དྲི་བའི་དོན་ལ་ཅི་ལ། ཡོད་ཚད་ལ་ཇི་སྙེད། དུས་ཚད་ལ་ཇི་སྲིད། དཔེ་ལ་ཇི་འདྲའམ་ཇི་ལྟ་བུའམ་ཇི་ལྟར། དཔེ་དོན་མཚུངས་པ་ལ་ཇི་བཞིན(ཇི་ལྟ་བ་བཞིན)། གཞན་གཏམ་ལ་ཇི་སྐད། གང་ཟག་གཅིག་ལ་སུ་ཞིག །འགའ་ལ་སུ་དག །མང་བ་ལ་སུ་ཚོའམ་སུ་རྣམས། དུས་མ་ངེས་པ་ལ་ནམ་དང་ནམ་ཞིག །དུས་ཀྱི་ཆ་ལ་ནམ་དུ། དུས་སྐབས་ལ་ནམ་ཚོད། དུས་རྒྱུན་ལ་ནམ་ཡང་། ལྟ་བུ་ཅི་རིགས་སུ་སྦྱར་ཆོག

གོང་གི་དོན་གསལ་བྱེད་ཀྱི་སྒྲ་རྣམས་ལས། སྟེ། སྲིད། སྐད་འགའ་མ་གཏོགས། གཞན་རྣམས་གང་སྒྲ་དང་སྦྱར་རུང་ངོ་། །

སྤྱི་སྒྲ་རྣམས་དོན་ལ་འཇུག་པ་རྣམ་པ་བཞི་ཡོད་དེ།

དང་པོ། སྤྱི་ཁྱབ་སྟོན་པ།

རིགས་ཅན་སྤྱི་ལ་ཁྱབ་པ་ཙམ་སྟོན་བྱེད་དུ་འཇུག་པ་སྟེ།

ངན་པ་ཕལ་ཆེར་རང་གི་སྐྱོན། །གང་ཡིན་གཞན་ལ་འགོད་པར་བྱེད། །
ཡོན་ཏན་སྐྱོན་གཉིས་སུས་ཀྱང་གསལ། །འདྲིས་པ་འབྱེད་ཤེས་མཁས་པ་ཡིན། །
ངན་པ་ཇི་ལྟར་བཅོས་གྱུར་ཀྱང་། །རང་བཞིན་བཟང་པོ་འབྱུང་མི་སྲིད། །
རྒྱུན་དུ་གཞན་གྱིས་བསྐྱང་དགོས་པའི། །སྐྱེ་བོ་ནམ་ཞིག་ཅི་ནས་ཉམས། །

(ས་སྐྱ་ལེགས་བཤད་ལས)

ཅི་སྟེ་ལམ་ཆོད་མ་ཟིན་ན། ཨ་ཁུ་སྟག་གདོང་དཔོན་ལ་དྲིས་དང་ཤེས།

(གུ་གུ་གོ་རྫོང་ལས)

དོན་རྒྱན་ཚིག་རྒྱན་གབ་ཚིག་གི་རྒྱན་ཇི་སྙེད་པའི་མཚན་ཉིད་ཡོངས་སུ་རྟོགས་ཤིང་མཚན་གཞིའང་ཇི་ལྟ་བར་འགོད་མཁས།

དབྱར་ས་བཟང་སྤང་ལ་ཅི་ཡང་སྐྱེ། རྒན་ཤེས་རབ་རྣ་བར་ཅི་ཡང་ཐོས།

ནུས་པ་ཆུང་ཞིང་ཡན་ལག་ཆེས་ཕྲ་བས། །
སྟོབས་ལྡན་སྡོན་པ་གཞན་ལ་འཁྲིལ་བྱས་ཏེ། །
མཐོན་པོར་འཕགས་པ་རང་གི་མཐུར་རློམ་ཡང་། །
ནམ་ཞིག་རང་མདོག་སྨུར་དུ་སྟོན་པར་ངེས། །

(ཁྱད་ཆོས་ཐ་དད་ཐ་དད་མིན་པའི་བསྡུས་བརྗོད་དེ་དུང་དཀར་བས)

ལྟ་བུ་སོགས་སོ། །

གཉིས་པ། བྱེ་བྲག་པ་གསལ་བྱེད་དུ་ཐོག་མར་སྨྲི་ཙམ་སྟོན་པ།

རིགས་རྣམས་ལས་བྱེ་བྲག་པ་ཞིག་དམིགས་སུ་བཟུང་ནས་མངོན་པར་གཏོད་ཆེད་ཐོག་མར་རིགས་སྤྱི་ལ་ཁྱབ་པ་ཙམ་སྟོན་པར་འཇུག་པ་སྟེ།

གང་ལ་ཡོན་ཏན་མཆོག་མངའ་བའི། །དཀོན་མཆོག་དེ་ལ་ཕྱག་འཚལ་ལོ། །

(སུམ་ཅུ་བའི་རྩ་བ་ལས)

གང་ཞིག་བསྟེན་ན་ཡོན་ཏན་ཀུན། །འདོད་དགུར་སྩོལ་བའི་ཏོ་བོའི་རྗེ། །

(སི་ཏུའི་འགྲེལ་ཆེན་ལས)

ཇི་སྲིད་ངོ་ཚ་ཡོད་གྱུར་ན། །དེ་སྲིད་ཡོན་ཏན་རྒྱན་གྱི་མཆོག །(ས་སྐྱ་ལེགས་བཤད་ལས)

བུ་མོའི་ངོ་སྲུས་ཟིན་པ་དེ་ལ་སྟེར་རོ། །

(རྒྱལ་པོ་སྲོང་བཙན་སྒམ་པོས་རྒྱ་བཟའ་གོང་ཇོ་ཁབ་ཏུ་བཞེས་པའི་རྣམ་ཐར་ལས)

ལྟ་བུ་སོགས་སོ། །

གཞན་ཡང་། སློབ་དཔོན་གང་ཉིད་སྐུ་ཁམས་བཟང་བར་སྨོན། ཞེས་དང་། པི་ཤང་ཇི་བཞིན་ཉིད་ཀྱི་གསུང་དབྱངས་སྙན། ཞེས་པའི་ནང་གི་གང་ཉིད་ནི་དེ་ཉིད་དང་། ཇི་བཞིན་ནི་དེ་བཞིན་ཡིན་པས། རིགས་ཅན་བྱེ་བྲག་པ་ཞིག་སྟོན་པར་འཇུག་པ་ཡིན་ལ། དེ་ལས་ངོ་མཚར་གྱུར་པ་གང་། །ཞེས་པའི་གང་ནི་སྤྱི་ཙམ་སྟོན་ཁུལ་གྱིས་མེད་པའི་མཐའ་ཆོད་པའོ། །

གསུམ་པ། སྤྱི་ཁྱབ་ཙམ་དྲི་བར་འཇུག་པ།

རང་གིས་མ་ངེས་པའི་དོན་གང་གཞན་ལ་སྤྱི་ཁྱབ་ཏུ་དྲི་བར་འཇུག་པ་སྟེ།

ཁྱོད་གང་ནས་ཡོང་། ཡོང་གྲོགས་དུ་ཡོད། ཡོང་དོན་ཅི་ཡིན།
སུ་ལ་རེ་བ་བཅོལ། ཇི་ལྟར་བྱ། ནམ་འགྲོ །

བུ་མོ་ཁྱོད་ནི་དེ་རིང་གང་ནས་ཡོང་། །དོ་ནུབ་འགྲོ་བའི་ས་ཡུལ་གང་དུ་འགྲོ། །
ཁྱོད་ལ་ཕ་མ་གཉེན་ཚན་ཇི་འདྲ་ཡོད། །འཇིག་རྟེན་གཏན་གྲོགས་བདག་པོ་སུ་འདྲ་ཡོད། །
ཁྱིམ་དང་ལོངས་སྤྱོད་བུ་ཚ་གང་འདྲ་ཡོད། །བུ་མོ་ཁྱོད་ཀྱི་མིང་ལ་ཇི་སྐད་ཟེར། །

(སྣང་ས་འོད་འབུམ་གྱི་རྣམ་ཐར་ལས)

ལྟ་བུ་སོགས་སོ། །

བཞི་པ། གདམ་ང་དྲི་བར་འཇུག་པ།

གདམ་གཞི་གཅིག་ལས་གདམ་བྱ་གང་རུང་ཞིག་གསལ་བྱེད་དུ་དྲི་བར་འཇུག

པ་སྟེ།

ཁྱོད་ལ་དཔེ་ཆ་གང་དགོས།
སུམ་རྟགས་དང་སྙན་ངག་གང་སློབ་ཁ་སླ།
འགྲོ་འདོད་མི་མང་དང་སུ་འགྲོ་བར་འདུག་རྒྱུ།
ཤ་དང་བག་ཟླུམ་མིན་པ་མེད། ཁྱོད་ཀྱིས་ཅི་ཟ།
སང་ཉིན་དང་གནངས་ཉིན་ནམ་འོང་།
རྒྱ་མ་ དུ་དགོས།
གོང་ཆེ་ཆུང་ཇི་འདྲ་རེད།

ལྟ་བུ་སོགས་སོ། །

དོན་ཚན་ལྔ་པ། དགག་སྒྲ།

མ་མི་མིན་མེད་དགག་སྒྲ་སྟེ། །
མ་མི་གཉིས་ནི་ཐོག་མ་དང་། །
མིན་མེད་གཉིས་པོ་རྗེས་སུ་སྦྱོར། །
མིན་ལ་མ་ཡིན་མ་རེད་དང་། །
མེད་ལ་མི་འདུག་མི་སྣང་དང་། །
མི་གདའ་མི་མངའ་ཞེས་ཀྱང་བྱ། །

མ་མི་མིན་མེད་རྣམས་ཐ་སྙད་གང་གི་ཐོག་མཐའ་རྗེས་སུ་སྦྱར་ཆོ། སྦྱར་ཡུལ་གྱི་དོན་དེ་མེད་པའམ་མ་ཡིན་པར་སྟོན་པས་དགག་སྒྲ་ཞེས་བྱའོ། །སྦྱར་ཡུལ་ནི་

སྦྱོར་སྐོར་བཞི་ཡོད་པ་ལས། གང་ལ་གང་འཇུག་པ་དང་གང་མི་འཇུག་པ་གཤམ་གསལ།

དང་པོ། བྱ་བ་འགོག་པ།

བྱ་བ་བྱས་ཟིན་པའམ་བྱུང་ཟིན་པ་དང་། བྱེད་བཞིན་པའམ་འབྱུང་བཞིན་པ་དང་། བྱེད་འགྱུར་རམ་འབྱུང་འགྱུར་འགོག་པ་ལས། མ་ནི་འདས་པ་དང་སྐུལ་ཚིག་གཉིས་ལ་འཇུག་པ།

མ་བཏབ་གནད་དུ་ཟུག་པའི་མཚོན། །མ་འཐུངས་ཁོང་དུ་སོང་བའི་སྨན། །
མ་ཟློས་ཡིད་འཕྲོག་སྙིང་རྗེའི་རོ། །ཚིག་གི་ཁྱད་པར་རྣམས་ལ་ཡོད། །

(རྒྱལ་པོ་ལུགས་ཀྱི་བསྟན་བཅོས་ལས)

ཚོན་གྱིས་མ་བསྒྱུར་མཐོན་མཐིང་ནེའུ་གསིང་གཞིར། །
མ་བཀྲམ་མེ་ཏོག་སྣ་ཚོགས་ཚོམ་བུས་མཛེས། །
བསྐུལ་བ་མེད་པར་བྱུང་བའི་མགྲིན་དབྱངས་ཀྱིས། །
མ་འཕྲོགས་ཡིད་ཀྱི་ཚོམ་རྒྱན་དཔྱིད་ཀྱི་དཔལ། །

(ཕྱིའི་རྒྱ་ཚུང་ཟད་ཙམ་གྱིས་འབྲས་བུ་སྟོན་པའི་སྲིད་པ་ཅན་ཧེ་བོད་མཁས་པས)

སྐྱིན་པ་ཆུ་ཡིན་ཙང་སླ་བར་མ་གཏོང་།
ཁྲི་བོས་ནས་མ་རྟུང་།
རང་ཕན་གཞན་གནོད་མ་བྱེད།

ལྟ་བུའོ། །
མི་ནི་ད་ལྟ་བ་ལ་འཇུག་པ།

ཆང་མི་འཐུང་། དུ་བ་མི་འཐེན། ཞོ་ཡོད་ན་ཁྱེར་ཤོག

དེང་རབས་ཅན་བཞིའི་བགྲོ་གླེང་ནང་། །ལ་ལ་ལྷུགས་པའི་བརྩལ་ཞུགས་འཛིན། །
ཚན་རིག་མི་ཤེས་བླུན་པོ་ལ། །བཤད་རྒྱུས་དབེན་པ་ཆོས་ཉིད་དོ། །

(ཀུན་ཁྱབ་ཀྱི་དོན་གཞན་བཀོད་པ་སྟེ་རྡོ་རྗེ་རྒྱལ་པོས)

གནད་འགག་མི་ཕྱིག་དཔེར་བརྗོད་ཕྲེང་། །མང་ཡང་མགོ་བོ་ལྦོར་བའི་རྒྱུ། །

ལྟ་བུའོ། །
མིན་ནི་འདས་པ་དང་མ་འོངས་པ་གཉིས་ལ་འཇུག་པ།

འདི་ངས་ཉོས་པ་མིན། བློ་བཟང་གིས་བྱིན་པ་ཡིན།
ཁྱོད་ཀྱིས་བཤད་པ་མིན་ན། ཁོས་ཤེས་ས་མེད།
ང་དེ་རིང་འགྲོ་རྒྱུ་མིན།
རྩིས་རིག་གོ་རིམ་བཞིན་དུ་མ་བསླབས་ན་ཤེས་རྒྱུ་མ་རེད།

ལྟ་བུའོ། །
མེད་ནི་དུས་གསུམ་ག་ལ་འཇུག་པ།

བསྐྱར་རྒྱུ་ཅང་མེད།
དཔེ་ཆ་དཔར་མ་འདི་སུས་ཀྱང་བལྟས་མེད།
ཞིང་འདེབས་ཀྱིན་མི་འདུག

ལྟ་བུ་སོགས་སོ། །

གཉིས་པ། ཁྱད་ཆོས་འགོག་པ།

ཁྱད་གཞི་གང་ཟུང་གི་རང་བཞིན་ནམ་རྣམ་པའམ་ཚུལ་དང་ཚད་སོགས་འགོག་པ་ལ། མ་མི་མིན་མེད་བཞི་པོ་འཇུག་ཚོག

སྐྱིད་ཀྱི་མགོ་འཕང་མ་མཐོ། །སྡུག་གི་སེམས་འཕང་མ་དམའ། །

མི་འགྲིག་འགྲིག་པའི་ལས་ཀ་ལས། །ལྷ་ཁང་ལ་སྐོར་བ་བརྒྱབ་པ་དགའ། །

(བྱ་སྤྲེལ་གྱི་གཏམ་རྒྱུད་ལས)

སྐྱོ་སྣ་དེ་འདྲ་ཡག་པ་མིན་ཡང་། ཆགས་སྡང་གི་ཉུས་ཐོན་པ་ཞིག་ཡིན། བཟང་མེད་ངན་མེད་དགྲ་གཉེན་མི་ཕྱེད་པའི་གཟུ་བོ་ཞེས་པ་གསོན་ཡང་ཤི་བ་ཉིད་དང་མཚུངས། ལྟ་བུ་སོགས་སོ། །

གསུམ་པ། དངོས་པོ་དང་གྲངས་འགོག་པ།

དེ་ལ་མིན་དང་མེད་གཉིས་འཇུག་པ།

དགྲ་ལན་མ་འཁྱོད་དཔའ་བོ་མིན། །ཟས་ལན་མ་འཁྱོད་མཛངས་མ་མིན།

ཟླ་བ་སྐྱེངས་བྱེད་མཛེས་པ་འདི། །ཟླ་བས་ཚར་གཅོད་པད་མ་མིན། །
དེ་ཕྱིར་ཁྱོད་ཀྱི་གདོང་ཉིད་དོ། །ཞེས་པ་འདི་ནི་ངེས་པའི་དཔེ། །

(གཏན་འབེབས་ཀྱི་དཔེའང་ཟེར་ཏེ་སྙན་ངག་མེ་ལོང་ལས)

དེ་བ་ཚང་ན་ལས་ཐུབ་གསུམ་མིན་ན་བཞི་ཡོད།

ལག་པས་བདེ་བ་ཅན་ལ་འཕེན་མཁན་མེད། །
རྐང་པར་བཟུང་ནས་དམྱལ་བར་འཕེན་མཁན་མེད། །
རང་གི་སྐྱིད་སྡུག་རང་གི་ལག་ན་ཡོད། །
རང་གིས་རང་ཉིད་མི་བསླུ་ཤིན་ཏུ་གཅེས། །

(བསླབ་བྱ་ནོར་བུའི་ཕྲེང་བ་ལས)

འདོད་པས་གདུང་ལ་ཁྲིལ་མེད་ངོ་ཚ་མེད། །

བཀྲེས་པས་གདུང་ལ་སྤོབས་མེད་མདངས་ཀྱང་མེད། །

ནད་ཀྱིས་གདུང་ལ་གཉིད་མེད་བདེ་བ་མེད། །

(རྒྱལ་པོ་ལུགས་ཀྱི་བསྟན་བཅོས་ལས)

ལྟ་བུ་སོགས་སོ། །

བཞི་བ། འགོག་པའི་འགོག་པ།

མེད་པ་ལས་ལོག་པ་ཡོད་པར་བྱེད་པ་དང་། མིན་པ་ལས་ལོག་པ་ཡིན་པར་བྱེད་པ་ལ། དགག་སྒྲ་བཞི་པོ་སྐབས་དང་བསྟུན་ནས་གང་འཚམ་འཇུག་པ།

མི་སྙིར་རྒྱུ་དཔེ་མེད།

ཁྱོད་ཀྱི་ལག་ན་མེད་དོན་མེད།

བཤད་ན་མི་སྙིད་ས་མེད། །སོང་ན་མི་སྡུག་ས་མེད།

ཤེས་ན་མི་བཤད་པ་མེད། བཤད་ན་མི་ཚར་བ་མེད། །

ཕྱི་མར་མི་ལྟ་ཆོས་པ་མིན། །ཕྱིས་འབྱུང་མི་ལྟ་དཔོན་པོ་མིན། །

(གྲུ་གུ་གོ་རྫོང་ལས)

ཁྱོད་ལ་བཤད་རྒྱུ་ཡོད་དང་། ང་ལ་བདེན་པ་མེད་པ་མིན།

ལྟ་བུ་སོགས་སོ། །

ལྔ་བ། གཉིས་ཕྱེད་འགོག་པ།

ཟླ་བོར་གྱུར་པའི་ཆོས་གཉིས་ཀ་ཕྱེད་ཕྱེད་བཀག་ནས་ཆ་གཉིས་ལྡན་པའི་ཆོས་

གཅིག་གི་ངོ་བོ་ཙམ་སྟོན་པ་སྟེ།

རིང་མ་འགྲོག

རྒྱ་མ་བོད།

བྱ་མ་བྱིའུ།

འཕྲུར་མ་ལྡིང་།

ཤི་མ་གསོན།

ཡ་མ་བྲུང་།

ལྟ་བུ་སོགས་སོ། །

ཡང་། ཁ་ཅིག་གི་དཔེར་བརྗོད་དུ། མ་ཡིན་ནམ་མ་རེད་ཟེར་བ་མ་ཡི་ངོ་བོ་ཉིད་དུ་འཛིན་པ་མི་འགྲིག་སྟེ། མིན་པའི་མཚན་ཉིད་དུ་ངེས། མི་འདུག །མི་བདོག །མི་གདའ་རྣམས་ལ་མིའི་ངོ་བོར་བཟུང་བའང་མི་འགྲིག་སྟེ། མེད་པ་ཉིད་དུ་ངེས་ཏེ། དཔེར་ན། བཤད་རྒྱུ་མི་འདུག་ཅེས་པ། བཤད་རྒྱུ་མེད་ཟེར་བ་ལས། མི་བཤད་ཟེར་བ་མིན། མཛོ་མ་ཡིན་ཞེས་པ། མཛོ་མིན་ཟེར་བ་ལས། མ་མཛོ་ཟེར་སྲོལ་མེད། ཕོའི་མ་རེད་ཅེས་པ། ཕོའི་མིན་ཟེར་བ་ལས། ཕོའི་མ་ཟེར་བ་མིན། ལྟ་བུ་སོགས་ཀྱིས་གསལ་བར་མངོན་ནོ། །

རྟགས་འཇུག་གི་སྐོར།

ལེའུ་དང་པོ། ཡི་གེ་སྤྱི་བཤད་པ།

དོན་ཚན་དང་པོ། ཡི་གེའི་ངོ་བོ།

མིང་ཚིག་རྩོམ་པའི་གཞི་རུ་གྱུར་པ་ཡི། །
སྐད་ཀྱི་གདངས་ཏེ་ཡི་གེ་རྣམ་གཉིས་ལས། །
གནས་དང་བྱེད་པའི་རྣམ་འགྱུར་མི་གསལ་ཞིང་། །
སྒྲ་ཙམ་ཤས་ཆེ་བ་ནི་དབྱངས་ཡིག་དང་། །
གནས་བྱེད་རྣམ་འགྱུར་གསལ་ཞིང་སྐད་གདངས་ནི། །
ཁྱད་པར་ཅན་དུ་གྱུར་པ་གསལ་བྱེད་དོ། །
དབྱངས་གསལ་གཙོ་བྱེད་མགོ་འདོགས་འཕུལ་རྟེན་རྣམས། །
གང་རིགས་སྦྱར་བས་མིང་དང་ཚིག་སོགས་བྱུང་། །
མིང་ཚིག་སྦྱར་བས་ཚིག་ཏུ་གྲུབ་པ་དང་། །
ཚིག་ཕྲེང་སྤེལ་བ་ངག་གི་བརྗོད་པའོ། །

སྤྱིར་འཛིག་རྟེན་ཁམས་ན་སྐད་རིགས་སྣ་ཚོགས་ཡོད་པ་དང་། དེ་མཚུངས་ཡི་གེའི་རིགས་ཀྱང་མང་། རགས་པར་བསྡུས་ན། ཡི་གེ་སྦྱོར་ཀློག་ཅན་དང་། དཔེ་རིས་ཅན་གཉིས་སུ་འདུས་སོ། །

རིགས་འདི་གཉིས་ཀའི་གྲུབ་ལུགས་མི་འདྲ་བས། ངོ་བོའང་དེ་འདྲ་མི་གཅིག་

ལ། དབྱངས་གསལ་གཉིས་རྩ་བར་བྱས་ནས་གནས་རྣམས་སུ་བྱེད་པ་རྣམས་ཕྲད་པ་ལས་བྱུང་བའི་བོད་ཡིག་ལྟ་བུའི་ཡི་གེ་སྦྱོར་ཀློག་ཅན་གྱི་ངོ་བོ་ནི། མིང་དང་ཕྲད་སོགས་རྩོམ་པའི་གཞིར་གྱུར་པའི་སྐད་ཀྱི་གདངས་ཡིན་ཞིང་། དངོས་པོ་གང་དང་གང་གི་རི་མོའི་རྣམ་པ་ཙམ་བྲིས་པ་དེ་རིམ་གྱིས་ཡི་གེར་གྱུར་པའི་རྒྱ་ཡིག་ལྟ་བུའི་ཡི་གེ་དཔེ་རིས་ཅན་གྱི་ངོ་བོ་ནི། སྐད་ཀྱི་གདངས་སམ་སྒྲ་གང་ཞིག་འབྲུ་རུ་ཆགས་པ་མ་ཡིན་གྱི། སྐད་ཆ་མཚོན་བྱེད་ཀྱི་རྟགས་ཙམ་ཡིན་ནོ། །ཞེས་རྒྱ་སྐད་ཀྱི་བརྡ་སྤྲོད་པའི་གཞུང་རྣམས་སུ་བཤད་པ་ལྟར་རོ། །

དེ་ལ་བོད་ཀྱི་ཡི་གེ་གཅིག་གམ་གཉིས་སམ་དུ་མ་འདུས་པའི་མིང་གཞིའི་མཐར་རྗེས་འཇུག་གང་རུང་ཞིག་སྦྱར་བས། དོན་གྱི་ངོ་བོ་ཙམ་སྟོན་པའི་མིང་དང་། ཚིག་སྦྱོར་བྱེད་ཀྱི་ཕྲད་དུ་གྱུར་པ་དང་། མིང་དུ་མ་རྣམ་དབྱེའམ་ཚིག་ཕྲད་ཀྱིས་མཚམས་སྦྱར་ནས་ཚིག་ཏུ་གྱུར་པ་དང་། ཚིག་གི་ཕྲེང་བ་སྤེལ་ནས་གཞུང་དོན་གསལ་བར་བྱེད་པ་བརྗོད་པར་གྱུར་པོ། །

དོན་ཚན་གཉིས་པ། སྲོག་དང་རྐྱེན་གྱི་ཡི་གེ

སྲོག་ཡིག་དབྱངས་དང་ཚིག་གཉིས་ཏེ། །
གསལ་བྱེད་ནི་ཤུ་རྩ་དགུ་ལ། །
ཨ་ཡི་དབྱངས་ཀྱིས་བརྗོད་པ་དང་། །
ཡི་གེའི་ཁོངས་ནས་མིང་དབྱུང་བར། །
ཨི་རྣམས་ཕལ་ཆེར་ཞུགས་དགོས་ཕྱིར། །
བོད་ཡིག་ཚིག་གིས་མ་བཅད་ན། །

ཚིག་ཁྲིམ་འགྲུབ་པར་མི་སྲིད་དེ། །
སྔོན་རྗེས་མིང་གཞི་འབྲུལ་གྱུར་པས། །
བརྗོད་བྱ་སྟོན་བྱེད་མི་ནུས་ཕྱིར། །
རྐྱེན་ཡིག་དབུ་དང་ཤད་གཉིས་ཏེ། །
དབུ་ཁྱུད་ཡིག་མགོ་སྟོན་བྱེད་ཅམ། །
ཚིག་ལྷུགས་སྐབས་སུ་ཚིག་ཤད་ཅམ། །
ཚིགས་བཅད་དང་ནི་དོན་ཚན་རེ། །
རྫོགས་པའི་མཚམས་སུ་ཉིས་ཤད་འཐོབ། །
ལེའུ་མཚམས་བར་དང་གལ་འཛུགས་སུ། །
སྦྲུལ་ཤད་འབྲི་བའི་ལག་ལེན་ཡོད། །
ཐིག་མགོར་ཡིག་རྗོག་གཅིག་བྱུང་ཚེ། །
ཚུགས་ཐུབ་ཆེད་དུ་སྤུངས་ཤད་འབྲི། །
ཚིག་མཐར་ཀ་ག་ཤ་བྱུང་བ། །
ཁང་རིང་ཤད་དུ་བསྒྱིས་པ་ཡིན། །
ང་འ་ཤད་གོང་ཕྱི་ཚེག་འབྲི། །

དབྱངས་དང་ཚེག་ལ་སྦྱོག་ཅེས་བྱ་བ་ནི། ཡི་གེ་རྣམས་ཀྱི་སྦྱོག་ཏུ་ཞུགས་པའི་དོན་མ་ཡིན་པར། ཡི་གེ་རྣམས་བརྗོད་པ་གསལ་བར་བྱེད་པའི་ནུས་པ་སྐྱེར་བའི་སྒོ་ནས་སྦྱོག་ཟེར་བ་ཡིན། གཞན་དག་གི་འཇུག་པ་གསལ་བས་མ་སྤྲོས་སོ། །

གཞན་ཡང་། རྒྱུ་རིམ་པ་བདུན་ཞེས་བྱ་བ་ནི། ཚིག་ཁྲིམ་མི་འགྲུག་པ་ཚིག་གི་རྒྱུ། ཚིག་ཁང་མི་འགྲུག་པ་ཤད་ཀྱི་རྒྱུ། བརྗོད་དོན་མི་འགྲུག་པ་ལེའུའི་རྒྱུ། ཤོ་ལོ་ཀ་མི་འགྲུག་པ་བམ་པོའི་རྒྱུ། བམ་པོ་མི་འགྲུག་པ་བམ་པོའི་གྲངས་ཀྱི་རྒྱུ། མཐའ་མི་འགྲུག་པ་སྡེ་ཐིག་གི་རྒྱུ། གླེགས་བམ་མི་འགྲུག་པ་གདོང་ཡིག་གམ་སྤྱན་ཁྲེར་གྱི་རྒྱུ

རྣམས་ཡིན། ཚིགས་བཅད་ཀྱི་རྐང་པ་བཞི་འམ། ཚིགས་ལྷུག་གི་ཚིག་དབར་སུམ་ཅུ་སོ་གཉིས(སླ་རྩིས་སུ་ཚིག་དབར་སུམ་ཅུ)ལ་ཤློ་ཀ་གཅིག་དང་། ཤློ་ཀ་སུམ་བརྒྱ་ལ་བམ་པོ་གཅིག་ཏུ་བརྩིས་པ་དང་། པོ་ཏི་ཆེ་བ་ལ་ཤློག་གྲངས་ལྔ་བརྒྱ་དང་། འབྲིང་བ་ལ་ཤློག་གྲངས་བཞི་བརྒྱ་ཡས་མས་དང་། ཆུང་བ་ལ་ཤློག་གྲངས་ཉིས་བརྒྱ་ནས་སུམ་བརྒྱའི་བར་ཡིན་ནོ། །

དོན་ཚན་གསུམ་པ། ཕ་མ་བུ་ཚའི་ཡི་གེ

ཕ་ནི་གསལ་བྱེད་ཉེར་དགུ་སྟེ། །
བརྗོད་བྱ་སྟོན་བྱེད་གཙོ་བོའི་ཕྱིར། །
མ་ནི་ཨ་སྟེ་གསལ་བྱེད་ཀྱི། །
སྐད་གདངས་སྐྱེད་པའི་གནད་ཀྱིས་ཡིན། །
བུ་ཡིག་ཨི་ཨུ་ཨེ་ཨོ་དང་། །
ཡ་བཏགས་ར་བཏགས་དྲུག་ཡིན་ཏེ། །
ཕ་མའི་ཡི་གེར་ཕར་བསྐོས་ནས། །
གདགས་སུ་རུང་བའི་ཕྱིར་ཡིན་ནོ། །

ཀ་ནས་ཧའི་བར་གསལ་བྱེད་ཉེར་དགུ་པོ་ཕ་ཡིག་ཡིན་དོན་ནི། བརྗོད་བྱའི་དོན་སྟོན་པར་བྱེད་པའི་གཙོ་བོ་ཡིན་པའི་ཕྱིར་དང་། ཨ་ནི་མ་ཡིན་དོན་གསལ་བྱེད་ཀུན་གྱི་སྐད་གདངས་ཐོན་པར་བྱེད་པ་ཡིན་པའི་ཕྱིར། སྟེང་ན་ཞྭ་ལྟར་མཛེས་པ་གསུམ་སྟེ། གུག་གུ་འགྲེང་བུ་ན་རོ་དང་། འོག་ན་གདན་ལྟར་མཛེས་པ་གསུམ་སྟེ། ཞབས་ཀྱུ་ཡ་བཏགས་ར་བཏགས་བཅས་དྲུག་ནི་བུ་ཡིག་ཡིན་ཏེ། ཕ་མའི་ཡི་

གེར་ཕར་བལྟོས་ཤིང་གདགས་སུ་རུང་ལ། ཕ་མའི་ཡི་གེ་རྣམས་ལ་མ་བལྟོས་ཤིང་གདགས་སུ་མེད་པས་སོ། །

འོ་ན་ཝ་བཏགས་དང་ལ་བཏགས་གཉིས་ཅིའི་ཕྱིར་བུ་ཡིག་ཏུ་མ་བཞག་ཅེ་ན། ཝ་བཏགས་ནི་སྒྲ་མཚུངས་པའི་མིང་གི་ཁྱད་པར་གཏོད་པའི་དང་། མིང་གཞི་སྔོན་འཇུག་ཏུ་མི་འགྱུར་བར་བྱེད་པའི་རྟགས་ཙམ་སྟེ། དཔེར་ན། བཟའ་བའི་ཤ་དང་རི་དྭགས་ཤྭ་ལྟ་བུ་ལས། རི་དྭགས་ཞེས་པའི་དྭགས་ཀྱི་མིང་གཞི་ད་ལ་ཝ་མ་བཏགས་ན། ད་ཡིག་སྔོན་འཇུག་ཏུ་འགྱུར་སྲིད་པ་དང་། རི་དྭགས་ཀྱི་ཤྭ་ལ་ཝ་བཏགས་མེད་ན་བཟའ་བའི་ཤ་ལ་འགྱུར་སྲིད་པའོ། །ལ་བཏགས་ནི་མིང་གཞི་དང་བསྟེབས་ན་རང་གཟུགས་དངོས་སུ་ཡོད་པར་མ་ཟད། རང་སྒྲའང་བུ་ཡིག་གཞན་དག་ལྟར་འགྱུར་བ་མེད་པའི་ཕྱིར། བུ་ཡིག་གི་གྲས་སུ་དང་པོའི་སློབ་དཔོན་གྱིས་མ་བཞག་པ་ཡིན་ནོ། །(ཕོ་མོ་མ་ནིང་གི་ཡི་གེ་ཞེས་བྱ་བའི་དོན་ཚན་རྟགས་ཀྱི་འཇུག་པའི་སྐབས་སུ་བཤད་པར་བྱའོ)

དོན་ཚན་བཞི་བ། མགོ་འདོགས་འཕུལ་རྗེན་གྱི་ཡི་གེ

ཀ་སོགས་གསལ་བྱེད་སུམ་ཅུ་ལས། །
ར་མགོ་ལྡན་པ་ཀ་ག་ང་། །
ཇ་ཉ་ཏ་ད་ན་དང་ནི། །
བ་མ་ཙ་ཛ་བཅུ་གཉིས་ཏེ། །
ལ་མགོ་ཀ་ག་ང་ཅ་ཇ། །
ཏ་ད་པ་བ་ཧ་དང་བཅུ། །

ས་མགོ་ཀ་ག་ང་ཉ་ཏ། །
ད་ན་པ་བ་མ་ཙ་ལའོ། །
མགོ་ཅན་གསུམ་གྱི་ཀློག་ཚུལ་ནི། །
ར་མགོ་ལྕེ་རྩེ་འདར་བ་དང་། །
ལ་མགོ་ལྕེ་སློད་རྒྱ་ཡངས་བསྐྱེད། །
ས་མགོ་སོ་ཡི་བར་ནས་དབྱུང་། །
འདོགས་ཅན་ཡ་ར་ལ་ཝ་སྟེ། །
ཡ་བཏགས་ཀ་ཁ་ག་དང་ནི། །
པ་ཕ་བ་མ་བདུན་ཡིན་ཏེ། །
ར་བཏགས་ཀ་ཁ་ག་ད་དང་། །
པ་ཕ་བ་མ་ས་ཧ་བཅུ། །
ལ་བཏགས་ཀ་ག་བ་ཟ་དང་། །
ར་དང་ལྔ་སྟེ་ཝ་བཏགས་ནི། །
ཀ་ཁ་ག་ཉ་ད་ཚ་དང་། །
ཞ་ཟ་ར་ལ་ཤ་ཧ་འོ། །
གཞན་ཡང་གྲྭ་རྩྭ་ཕྱྭ་སོགས་ཡོད། །
འདོགས་ཅན་ཝ་ནི་རྟགས་ཙམ་སྟེ། །
ཡ་ར་ལ་གསུམ་འདོགས་ཅན་གྱི། །
སྒྲ་གདངས་ལ་ལ་ཆེས་མཚུངས་པས། །
མིང་གཞིའི་སྒྲ་ཟུར་ཐོན་པར་བགྱི། །
མགོ་འདོགས་ལྡན་པ་སུམ་བརྩེགས་ལས། །
ར་མགོ་ཡ་བཏགས་ཀ་ག་མ། །
ས་མགོ་ཡ་ར་འདོགས་པ་ཅན། །

གཉིས་ཀ་འང་ཀ་ག་པ་བ་མའོ། །
གང་ལ་གང་བཏགས་གོ་རིམ་བཞིན། །
གནས་ནས་དབྱུང་ཞིང་ཅིག་ཅར་བསྣུག །
གལ་ཏེ་ཟུར་ཞིག་ཆག་པས་ན། །
སྦྱོར་སློག་མི་དག་ཡིག་སྐྱོན་འབྱུང་། །
སྔོན་འཇུག་རྗེས་འཇུག་ཡང་འཇུག་རྣམས། །
རྟགས་འཇུག་སྐབས་སུ་བཤད་པར་བྱ། །

འདིར་ཅུང་ཟད་བཤད་དགོས་པ་ནི། མགོ་ཅན་འདོགས་ཅན་སུམ་བརྩེགས་ཅན་རྣམས་ཀྱི་མཚན་གཞིར་མགོ་འདོགས་གང་ཐོབ་མ་སྦྱར་བར་མིང་གཞི་རྐྱང་བ་ཙམ་བསྟན་པ་སློག་བདེ་བའི་ཆེད་དུ་ཡིན།

མགོ་ཅན་ར་ལ་ས་གསུམ་གྱི་ཀློག་ཚུལ་ལས། ར་མགོ་ཅན་ནི་ལྕེ་རྩེ་ཀན་ལ་གྲེན་དུ་ཕྲད་པ་ཆུང་གིས་བསྐྱོད་ནས་འདར་བ་དང་ཅིག་ཅར་མིང་གཞི་གང་གི་གདངས་ཕྱུང་བ་ཡིན་ཏེ། ཀ་ལྷ་བུར་དཔེ་མཚོན་ན། ལྕེ་རྩ་ཀན་ཕྱུག་དང་བྲལ་ནས་གདངས་ཐོན་པའི་ཐོག་མར་རི་ཞེས་གྲགས་པ་དང་། ལ་མགོ་ཅན་ནི་ལྕེ་རྩ་མགྲིན་པ་དང་། ལྕེ་རྩེ་ཀན་ཆུང་ལྕེ་མཐའ་གཉིས་ནས་འདོན་པ་དང་ལྷན་དུ་མིང་གཞི་གང་གི་སྒྲ་འབྱིན་པ་ཡིན། ལྒ་ལྷ་བུར་དཔེ་མཚོན་ན། ལྕེ་ངོས་སྟུན་སོ་ནས་སྒྲ་ཐོན་པའི་ཐོག་མར་ཡིད་ཅེས་གྲགས་པ་དང་། ས་མགོ་ཅན་ནི་ལྕེ་རྩེའི་མཐའ་གཉིས་སོ་རྩར་རེག་ཅིང་། ལྕེ་རྩེ་དང་སོའི་བར་ནས་ཆུང་ཕུད་པ་དང་སྦྲགས་ནས་མིང་གཞི་གང་གི་གདངས་བཏོན་པ་ཡིན། སྐ་ལྷ་བུར་དཔེ་མཚོན་ན། ལྕེ་རྩེ་སོ་དང་བྲལ་ནས་སྒྲ་བྱུང་བའི་ཐོག་མར་སྲི་ཞེས་གྲགས་པ་ཡིན་ལ། གཞན་རྣམས་ཀྱང་དེ་བཞིན་རིགས་བསྒྲེས་ནས་ཤེས་པར་བྱའོ། །

འདོགས་ཅན་ཡ་ར་ལ་ཝ་བཞིའི་ཀློག་ཚུལ་ལས། ཝ་བཏགས་ནི་གོང་དུ

བཤད་ཟིན་པ་ལྟར་མིང་གཞི་གང་ལ་བཏགས་ཀྱང་རྟགས་ཙམ་སྟེ། ཕྱིར་སྒྲ་ཟུར་ཐོན་པ་མེད་མོད་ཀྱང་། བརྡ་སྙིང་ཟུར་མ་ཆག་པ་རྣམས་ལ་སྒྲ་ཟུར་འབྱུང་བཞིན་ཡོད་དེ། སྭ་སྟི་ལ་སོ་སྟི་དང་། ནྭ་ཕྲུག་ལ་དོ་ཕྲུག་ལྟ་བུར་འདོན་པ་ནི། ཝ་སྒྲའི་ཟུར་ཐོན་པའི་རྟགས་སོ། །ཡ་བཏགས་ཅན་དང་། ར་བཏགས་ཅན་དང་། ལ་བཏགས་ཅན་ལ་ལ་ཀློག་མ་དག་ན་སྒྲ་གཅིག་པར་གྱུར་འགྲོ། དཔེར་ན། གྲ་དྲ་བྲ་གསུམ་ཀློག་པ་དག་ན། གྲ་སྒྲ་མགྲིན་པ་དང་། དྲ་སྒྲ་ལྕེ་རྩེ་དང་། བྲ་སྒྲ་མཆུ་ལས་བྱུང་བས་ཁྱད་པར་གསལ། ཀླ་སླ་བླ་གསུམ་ལས། ཀླ་སྒྲ་མགྲིན་པ་དམ་ཞིང་དྲག་པའི་ཚུལ་གྱིས་དང་། སླ་སྒྲ་མགྲིན་པ་སློད་ཅིང་ཞན་པའི་ཚུལ་གྱིས་དང་། བླ་སྒྲ་མ་མཆུ་ཡ་སོར་རེག་པའི་ཚུལ་གྱིས་འདོན་པ་ཡིན་པས་ཁྱད་གསལ། གཞན་དག་ཀྱང་དེ་བཞིན་བསྒྲེས་ནས་ཤེས་པར་བྱའོ། །

དོན་ཚན་ལྔ་བ། སྦྱོར་མི་རུང་བ་ཚེ་ཁག་བརྒྱ།

དབྱངས་བཞི་གང་ཡང་མི་འཇུག་པ། །
ཝ་དང་ཝ་བཏགས་ཅན་རྣམས་སོ། །
སྔོན་འཇུག་ཐོབ་པར་མི་སྲིད་པ། །
ཝ་འ་ར་ལ་ཏ་ཨ་ཧྲུག །
འདོགས་ཅན་ག་ཡིས་མི་འཕུལ་ཞིང་། །
ལ་མགོ་ཅན་ལ་འདོགས་བཞི་བྲལ། །
བརྩེགས་འཕུལ་བ་ཡིག་ཁོ་ནར་ངེས། །
འཕུལ་ཡིག་རང་སྟེར་འཇུག་མི་དཔེ། །

མིང་གཞི་མགོ་འདོགས་ཟུང་ལྡན་ནི། །
ཀ་ག་པ་བ་མ་ལས་མེད། །
མིང་གཞིར་འཕུལ་ཚུལ་མེད་པ་གསུམ། །
ཕ་ནི་མ་ནིང་ལ་མི་འཇུག །
མོ་ཡང་ཕོ་ལ་འཇུག་མི་འགྱུར། །
མ་ནིང་རང་ལ་རང་མི་འཇུག །

གསལ་བྱེད་རྣམས་ལས་ཝ་ཡིག་ལ་དབྱངས་བཞི་པོ་གང་ཡང་མི་འཐོབ་སྟེ། མིང་གཞིར་འཇུག་པ་རང་གཟུགས་ཙམ་དང་ཧ་ཅང་ཉུང་ཞིང་། འདོགས་ཅན་རྣམ་པ་བཞི་ལས་ཝ་བཏགས་ཅན་ལ་ཡང་གུག་གུ་སོགས་དབྱངས་བཞི་སྦྱོར་མི་ནུང་བས། ཝ་ལ་མེད་ཀྱང་ཆོག་པའི་ཡི་གེ་གཅིག་ཅེས་གྲགས་སོ། །ཞར་བྱུང་དུ། ར་བཏགས་ཊ་སྟྲ་ལྟྲ་བུའི་མིང་གཞི་ཅན་ཏེ། སླེ་ཊེས་དང་ཊོན་དང་ཊེས་སམ་ལྟྲ་བུ་ཞང་ཞུང་གི་སྐད་དང་། སྐར་མ་སྟོན་སྟབས་སྟེལ་ཞི་རྣམས། ལེགས་སྦྱར་གྱི་ཐ་སྙད་བོད་སྐད་དུ་དྲངས་པ་ལས་བོད་སྐད་རང་མིན་པ་དང་། ཁྲ་ནི་ཁྲིག་ཅེས་ལྷམ་མཐིལ་གྱི་སྒྲ་དང་། དགྱ་ནི་དགྱེས་དང་། བགྱ་ནི་བགྱི་བགྱིད་བགྱིས(ཛ་ཕོ་གཅིག) དང་། མགྲ་ནི་མགྲིན་དང་མགྲོན་དང་། ཀླ་ནི་ཀླང་བ་དང་། ལྷུ་ནི་གྲངས་ཀྱི་ལྷུ་དང་། ལྷྲ་ནི་སྣྲག་ལྷྲགས་ཞེས་དྲུག་སྒྲ་བསྡུས་ནས་གཞི་དང་ཐད་ཀར་སྦྱོར་སྐབས་དང་། སྐྱ་ནི་སྐྱོལ་དང་བསྐྱལ(ཛ་ཕོ་གཅིག)ལ་སོགས་པ་ནི། ཡི་གེ་རེ་རེ་བར་ཟད་ཅེས་གྲགས་སོ། །

སྔོན་འཇུག་ལྔ་པོ་གང་གི་འཇུག་ཡུལ་དུའང་མི་འགྱུར་བའི་ཡི་གེ་ནི། ཝ་འ་ར་ལ་ཧ་ཨ་དྲུག་ཡིན་པ་ལས། ར་ལ་གཉིས་ལ་འཕུལ་བྱེད་ཐོབ་པའི་ཡི་གེ་ཞེས་ཀྱང་བྱ་སྟེ། རྐྱང་བ་ལ་འཕུལ་མི་འཐོབ་ཀྱང་། མགོ་ཅན་དུ་སོང་བ། བརླ་ལྟ་བུ་འཕུལ་ཐོབ་པའི་ཕྱིར་རོ། །དེ་ཡང་རླ་དང་སླ་མགོ་ཅན་གྱི་སྟེ་ཚན་དུ་གཏོགས་ཞེས་སྔོན་

བྱོན་མཁས་པ་ཁ་ཅིག་གིས་བཞེད་པའི་སྡྲ་མ་དོན་གྱིས་དབེན་ཡང་། ཕྱི་མ་ཚད་ལྡན་དུ་མཐོང་སྟེ། མིང་གཞི་ལ་ས་མགོ་ཡོད་མེད་བྱ་བའི་མིང་དུ་བདག་གཞན་གྱི་དབྱེ་བས་ཕྱུང་བ་ཡིན་ཏེ། དཔེར་ན། རྣམ་པ་བསྒྱུར་ནས་འགྱུར། ཆུ་ལ་སྦྲངས་ནས་བངས། བུ་གུ་བསླལ་ནས་ཉལ་བ། ལྟ་བུ། དེ་བཞིན་ས་ལ་བཏགས་སླ་ལ་ཡང་། བསླངས་ནས་ལངས། བསླད་ནས་ལྡ། ཨེ་ཡོབ་ཏུ་སློབ། ལྟ་བུ་མིང་གཞི་བརྩེགས་པ་ཅན་བྱེད་པའི་རྩོད་པ་དང་། རྐྱང་བ་ཅན་ལས་ཀྱིའགྱུར་བ་སྟེ། བདག་གཞན་གྱི་དབྱེ་བ་ཡོད་པའི་ཕྱིར། དེབ་འདིར་ཡང་སླ་ཞེས་པ་མགོ་ཅན་དུ་བཞག་པ་ཡིན་ནོ། །

ཡ་ར་ལ་ཝ་བཞི་པོ་གང་ཡང་སྔོན་འཇུག་ག་ཡི་འཇུག་ཡུལ་དུ་མི་འགྱུར་ཞིང་། མགོ་ཅན་གསུམ་ལས་ལ་མགོ་ཅན་ལ་ཡ་ར་ལ་ཝ་གང་ཡང་གདགས་པ་མེད་པ་དང་། བརྩེགས་ཡིག་ལ་ཡོངས་གྲགས་སུ། རྐྱང་འདོགས་ལ་མིང་གཞི་ཉིས་རྩེགས་སུ་མི་རྩི། མགོ་ཅན་ལ་ཉིས་རྩེགས་དང་། མགོ་འདོགས་ཟུང་ལྡན་ལ་སུམ་བརྩེགས་སུ་བརྩིས་སོ། །དེས་ན་བརྩེགས་འཕུལ་ལ་སྔོན་འཇུག་བ་མ་གཏོགས་གཞན་བཞི་པོ་འཇུག་པར་མི་འགྱུར་ཞིང་། མགོ་འདོགས་ཟུང་ལྡན་གྱི་མིང་གཞི་ཀ་ག་པ་བ་མ་ལྔ་ལས་མེད། སྔོན་འཇུག་ལྔ་པོ་རང་སྡེའི་ཡི་གེ་གང་ལའང་འཇུག་པའི་དཔེ་མེད་དོ། །མིང་གཞི་གང་དག་ལ་སྔོན་འཇུག་གང་མི་འཇུག་པའི་ཚུལ་ནི་འདི་ལྟ་སྟེ། སྔོན་འཇུག་གི་ཕོ་བ་ཡིག་ནི། མིང་གཞིའི་མ་ནིང་གི་ཡི་གེ་ཁ་ཆ་ཐ་ཕ་ཚ་ལྔ་ལ་འཇུག་པར་མི་འགྱུར་ལ། སྔོན་འཇུག་གི་མ་ནིང་ག་ད་གཉིས་པོ་ཡང་། མིང་གཞིའི་མ་ནིང་ཁ་ཆ་ཐ་ཕ་ཚ་ལྔ་པོ་རང་ལ་མི་འཇུག་གོ། །

དོན་ཚན་དྲུག་པ། ཡི་གེའི་རྒྱུ།

ཡི་གེའི་རྒྱུ་ནི་གང་དག་ཡིན་ཞེ་ན། །
གནས་དང་བྱེད་པ་རླུང་དང་རྣམ་རྟོག་བཞི། །
གནས་ནི་བརྒྱད་དེ་དོག་པའི་གནས་ལ་ནི། །
མགྲིན་པ་སྣ་དང་སྤྱི་བོའི་ཀླད་སྤུབས་གསུམ། །
ཡངས་གནས་ཁོག་ཁན་ལྟེ་སོ་མཆུ་དང་ལྕེ། །
གཞིའི་རྒྱུ་འདི་ནི་དྲིལ་བུའི་ཁོག་པ་བཞིན། །
བྱེད་པ་ལྕེ་གཙོ་དེ་དག་གནས་རྣམས་སུ། །
ཕྲད་དང་ཉུང་ཕྲད་བཙུམ་པ་ཕྱེ་བ་དང་། །
དོག་པ་ཡངས་པ་དྲུག་ཏུ་བྱས་པ་ཡིན། །
འབྱིན་བྱེད་རྒྱུ་འདི་དྲིལ་བུའི་ལྕེ་དང་འདྲ། །
རྒྱུ་ལས་ཡི་གེ་ཇི་ལྟར་འབྱུང་ཞེ་ན། །
རྣམ་པར་རྟོག་པས་ཡི་གེའི་རྣམ་པ་ཤར། །
དེ་ནས་ཡི་གེ་བརྗོད་འདོད་ཀུན་སློང་སྐྱེ། །
དེ་ཡིས་ནང་གི་རླུང་ལ་གཡོ་བར་བྱེད། །
འདི་ནི་སྐུལ་བར་བྱེད་པའི་རྒྱུ་ཡིན་ཏེ། །
དྲིལ་བུ་འཁྲོལ་བྱེད་སྐྱེས་བུ་ལྟ་བུ་འོ། །
རླུང་ནི་གཡོ་བས་གནས་དང་བྱེད་པ་དང་། །
རྩོལ་བ་རྣམས་ནི་བསྐྱོད་དེ་དབུགས་ཕྱུང་དང་། །

ལྡན་ཅིག་ཡི་གེ་སོ་སོའི་གདངས་རྣམས་སྐྱེ། །
སྐྱོད་བྱེད་རྒྱུ་འདི་ལག་པ་ལྟ་བུའོ། །

ངོ་ཚན་བདུན་པ། སྒྲའི་ང་རོའི་དབྱེ་བ།

བརྗོད་བྱ་འགྱུལ་མེད་སྟོན་པ་དང་། །
ཕྲི་བྱ་ཡང་དག་འཁྲི་བའི་ཆེད། །
དབྱངས་ཀྱི་ང་རོ་དྲང་བ་དང་། །
བཀུག་པ་དང་ནི་སྨད་པ་དང་། །
སྒྲེང་བ་བསྟོད་པ་རྣམ་པ་ལྔ། །
མ་འདྲེས་གསལ་བར་ཐོན་པ་གཅེས། །

བོད་ཡིག་ལ་དབྱངས་ཀྱི་ང་རོ་ལྔ་ཡོད་དེ། མིང་གཞི་རྐྱང་བརྩེགས་ཅི་རིགས་ལ་འཕུལ་རྟེན་ཡོད་མེད་གང་ཡིན་ཀྱང་། ཨ་ཡི་དབྱངས་དང་ལྡན་པ་ཡོད་དོ་ཅོག་ནི་དྲང་བ་སྟེ། སྒྲ་མཉམ་པར་བྱས་ནས་འདོན་པ་དང་། དེ་བཞིན་གུག་གུ་ཅན་ཇི་སྙེད་པ་བཀུག་པ་སྟེ། སྒྲ་སྤྱི་བོའི་ཆ་ནས་གུག་པར་བྱས་ནས་འདོན་པ་དང་། ཞབས་ཀྱུ་ཅན་ཇི་སྙེད་པ་སྨད་པ་སྟེ། སྒྲ་འཕང་མར་ལ་ཕབ་ནས་འདོན་པ་དང་། འབྲེང་བུ་ཅན་ཇི་སྙེད་པ་སྒྲེང་བ་སྟེ། སྒྲ་གྱེན་དུ་བཀྱགས་ནས་འདོན་པ་དང་། ན་རོ་ཅན་ཇི་སྙེད་པ་བསྟོད་པ་སྟེ། སྒྲ་འཕང་མཐོན་པོ་བྱས་ནས་འདོན་པའོ། །

དེ་ལ་ང་རོ་དྲང་བ་ཅན་དཔེར་ན།

བསླབ་པར་བྱ་བ་མཐའ་ཡས་རྣམས། །མཐའ་དག་རང་བྱུན་བྱ་དཀའ་ཡང་། །

རང་ལ་གནོད་པ་ཁྱད་པར་ཅན། །གང་དག་འབད་པས་སྤྱང་བར་བྱ། །

(དབྱངས་ཨ་གཅིག་ཏུ་ངེས་པ་སྡེ་རྗེ་རྒྱལ་པོས)

ལྷ་བུ་དང་། ང་རོ་བཀུག་སྨད་སྤྲིང་བསྟོད་བཞི་དཔེར་ན།

མཚོ་སྔོན་མདོ་སྟོད་བོད་ལྗོངས་རོང་འབྲོག་ཁྱོད། །
མི་རིགས་སྤྱི་ཡིས་ཅི་འཕྲི་མེད་ཚོག་བཞིན། །
སྲེབ་ལེགས་ཆེར་འཛེབས་དཔེ་མེད་མཛེས་བྱེད་དེ། །
སྐུར་འཁྲུག་སྨྲ་གུས་ཕུལ་བྱུང་ཚུལ་དུ་སྨྲུན། །

(དབྱངས་བཞིའི་ངེས་པ་སྡེ་ཚེ་ཏན་ཞབས་དྲུང་གིས)

ལྷ་བུའོ། །

དེ་ལ་དབུས་སྐད་དུ་སྔོན་འཇུག་དང་མགོ་ཅན་རྣམས་ཀྱི་སྒྲའི་ཟུར་ཏ་ལམ་ཉམས་པར་གྱུར་པའི་དབང་གིས། དབྱངས་ཀྱི་ང་རོའི་དབྱེ་བ་མངོན་པར་ཕྱོགས་པས་ཞིབ་ཆ་ཐོན་ཅིང་། ཨམ་སྐད་དུ་མགོ་འདོགས་འཕུལ་རྟེན་རྣམས་ཀྱི་སྒྲའི་ཟུར་མ་ཉམས་པར་ཇི་བཞིན་ཐོན་ཅིང་སྒྲ་དུ་མ་འདུས་པའི་ཤུགས་ཀྱིས། དབྱངས་ཀྱི་ང་རོའི་དབྱེ་བ་དབུས་སྐད་དེ་བཞིན་མི་གསལ་ཏེ། དཔེར་ན། རོལ་མོ་སྣ་ཚོགས་ཅིག་ཅར་དུ་འབུད་འཁྲོལ་རྡུང་བའི་སྒྲ་འདྲེས་མ་ལས། རོལ་མོ་གཅིག་གི་སྒྲ་ཟུར་དུ་ལྷང་ངེར་མི་ཐོན་པ་ལྷ་བུ་ཡིན་གྱི། ཨམ་སྐད་ལ་དབྱངས་ཀྱི་ང་རོ་མེད་པ་མ་ཡིན་ནོ། །དེ་ཡང་རོལ་མོའི་བསྟན་བཅོས་ལས། སོ་སོར་སྤེལ་བ་ཐ་དད་རང་དུ་དྲངས་པས་གསལ་བ་དང་། བསྲེས་ནས་སྤེལ་བ་ཐ་དད་དུ་མ་གཅིག་ཏུ་དྲངས་པས་སྙན་པའི་སྐད་དུ་སྨྲས་པ་བཞིན་ནོ། །

མི་རིགས་གཞན་པའི་བརྡ་སྤྲོད་སྨྲ་བ་ཁ་ཅིག་གིས། ཨམ་སྐད་ལ་སྒྲའི་ང་རོ་མེད། ཅེས་དང་། སྒྲའི་ང་རོ་མེད་པའི་སྐད་ཆ་རྗེས་ལུས་རེད། ཅེས་ཁ་ཚོན་བཅད་པ་ནི། ཨམ་སྐད་ལ་བྱུང་ཆ་གོམས་ཆ་མེད་པའི་སྤྱི་བརྗོད་སྨྲ་བ་ཙམ་དུ་ཟད་

དེ། གཅིག་ཏུ། མདའ་གཞུ་ཡི་ནི་འཕྲུལ་འཁོར་ལྟར། །རང་སྒྲ་རྐྱང་བས་མི་ནུས་ཕྱིར། །དེ་དག་ཚོགས་པའི་སྦྱོར་བ་ཡིས། །རྣ་བ་བདེ་བར་བྱེད་པ་ཡིན། །ཞེས་རོལ་མོའི་བསྟན་བཅོས་ལས་གསུངས་པ་ལྟ་བུའི་ཨམ་སྐད་ཀྱི་སྐྱན་ཚ་མ་རྟོགས་པ་དང་། གཉིས་སུ། ཡི་གེའི་སྦྱོར་བ་མི་གཅིག་པས། དོན་གྱི་ངོ་བོ་སྣ་ཚོགས་སྟོན་པ། སྒྲ་དྲག་ཞན་བར་མ་སོགས་ཀྱི་ཁྱད་པར་གྱི་བྱེད་ལས་ཡིན་ལ། སྒྲ་རྣམ་པར་དབྱེ་བའི་ཞིབ་ཚ་ལྷག་པར་གསལ་ན། ཐ་སྙད་ལྷག་པར་འགྱུར། ངག་རྩལ་ལྷག་པར་ཆེ། སྐད་རིགས་གང་ལ་ཁྱད་ཆོས་འདི་དག་ཡོངས་སུ་ཚང་ན་ཕུན་སུམ་ཚོགས་པ་ཡིན་པའི་ཨམ་སྐད་ཀྱི་ལེགས་ཆ་འདིའང་མ་རྟོགས་པར་མངོན།

ཡིན་ན་ཡང་། ཨ་མདོའི་ཡུལ་སྐད་ལ་ལར་དབྱངས་ཀྱི་ང་རོའི་དབྱེ་བ་མི་གསལ་བའི་སྐྱོན་ཡང་སྣང་ཞིང་། དེ་ལུགས་ཁྱབ་ཙུང་ཟད་ཆེ་བ་རྣམ་པ་བཞི་ཡོད་དེ།

གཅིག །མིང་གཞི་གཅིག་པར་ཨི་དང་ཨུ་ཞུགས་པའི་སྒྲའི་ང་རོའི་ཁྱད་པར་མི་གསལ། དཔེར་ན། རི་དང་རུ། གྲུབ་དང་གྲིབ། ཐིག་དང་ཐུག །ཚིགས་དང་ཚུགས། འཛིག་དང་འཛུག །སྐྱིག་དང་སྐྱུག་ལ་སོགས་པ་ལྟ་བུའོ། །

གཉིས། ང་མཐའ་ཅན་དང་ས་མཐའ་ཅན་ལ་ཨུ་དང་ཨོ་ཞུགས་པའི་ང་རོའི་ཁྱད་པར་མི་གསལ། བུང་དང་བོང་། དགུང་དང་དགོང་། གུས་དང་གོས། སྐྱུང་དང་སྐྱོང་། བཞུས་དང་བཞོས་ལ་སོགས་པ་ལྟ་བུའོ། །

གསུམ། རྗེས་འཇུག་འདྲ་ཞིང་འགྲེང་བུ་ཞུགས་ཡོད་མེད་ཀྱི་སྒྲའི་ང་རོའི་ཁྱད་པར་མི་གསལ། རང་དང་རིང་། ཤེས་དང་ཤས། བཞད་དང་བཞེད། སྐག་དང་སྐེག །སྐད་དང་སྐེད་ལ་སོགས་པ་ལྟ་བུའོ། །

བཞི། ཨེ་ལྡན་མཐའ་མེད་ཅན་དང་། ཨེ་ཡོད་མེད་གང་རུང་གི་ས་མཐའ་ཅན་གྱི་ང་རོའི་ཁྱད་པར་མི་གསལ། གེ་དང་གས། རེ་དང་རས་དང་རེས། སྤྲས་དང་སྤྲེ། ཤེ་དང་ཤས་དང་ཤེས། སྐྱེ་དང་སྐྱེས་ལ་སོགས་པ་ལྟ་བུ་རྣམས་སོ། །

ཀློག་ཟུར་ཕྱིན་པ་དང་སྒྲའི་ང་རོ་གསལ་བར་ཐོན་ན། བརྗོད་བྱའི་དོན་རྣམས་

རྗོད་བྱེད་ཀྱི་ཁ་ལྷེ་དག་པའི་སྒོ་ནས་གཞན་ལ་འཁྲུལ་མེད་དུ་གོ་བརྡ་སྤྲོད་ཐུབ་པ་དང་། བྲི་བྱའི་ཡི་གེ་ཡང་སྒྲ་གདངས་ཇི་བཞིན་དག་པར་འབྲི་ཐུབ་པའི་ཕན་ཐོགས་ཆེའོ། །

དེས་ན་ཀ་ཁ་ཐོག་མར་སློབ་པའི་དུས་ནས་བཟུང་སྟེ། ཡི་གེ་རེ་རེ་བའི་གནས་བྱེད་རྩོལ་བ་དང་བཅས་པའི་སྒྲོག་ཟུར་ཕྱིན་པར་སྦྱང་དགོས། དེ་ནས་རིམ་བཞིན་ཀ་སོགས་ལ་དབྱངས་དང་མགོ་འདོགས་འཕུལ་རྗེན་སྦྱར་བའི་སྒྲོག་དག་པར་སྦྱངས་ཐོག །ཚིག་ཕྲེང་ཤར་མར་འདོན་དུས་ཀྱང་། ཚིག་ཁྲིམ་རེ་རེའི་ཡན་ལག་དག་གི་རང་སྒྲ་ཐོན་ཙམ་གྱིས་མིང་གཞིའི་གནས་བྱེད་རྩོལ་བ་དང་ལྡན་ཅིག་སྒྲོག་ཟུར་ཕྱིན་པར་བརྗོད་ཅིང་། སྐད་ཆ་བཤད་བཤད་དང་ཉམས་ཐོན་པར་བྱས་ནས་འདོན་རྒྱུ་གལ་ཆེའོ། །

དོན་ཚན་བརྒྱད་པ། ང་རོའི་རྩ་བ་གསུམ།

ང་རོའི་རྩ་བ་གསུམ་ཡོད་དེ། །
ཨ་དང་ཧ་དང་འ་གསུམ་མོ། །
ཨ་སྒྲའི་ཆ་དང་ལྡན་པ་ནི། །
ཀ་ཅ་ཏ་པ་ཙ་ལྔ་དང་། །
ཧ་སྒྲའི་ཆ་དང་ལྡན་པ་ནི། །
ཁ་ཆ་ཐ་ཕ་ཚ་ལྔ་དང་། །
འ་སྒྲའི་ཆ་དང་ལྡན་པ་ནི། །
ག་སོགས་ལྷག་མ་བཅུ་དགུ་འོ། །

དེ་ཡང་སྒྲའི་གཞི་རླུང་གི་ཤུགས་འབྱུང་བའི་གནས་ཀྱི་རྩ་བ་ནི། ཁོག་པ་དང་མགྲིན་པ་གཉིས་ཡིན་ལ། མགྲིན་པ་བཙུམ་ཞིང་དོག་པར་བྱས་ནས་སྟོད་དུ་ཤུགས་བསྐྱེད་དེ་གདོན་པའི་ཡི་གེའི་རྩ་བ་ནི་ཨ་ཡིག་གོ། །ཁོག་པ་ནས་ཤུགས་བསྐྱེད་དེ་གདོན་པའི་ཡི་གེའི་རྩ་བ་ནི་ཧ་ཡིག་གོ། །མགྲིན་པ་ཕྱེ་ཞིང་ཡངས་པར་བྱས་ནས་སྨད་དུ་ཤུགས་བསྐྱེད་དེ་གདོན་པའི་ཡི་གེའི་རྩ་བ་ནི་འ་ཡིག་གོ། །དེ་ལ་ཨ་ཡིག་གི་སྒྲའི་ཆ་དང་ལྡན་པར་མགྲིན་པ་བཙུམ་ཞིང་རླུང་ཤུགས་ཆེ་བས་སྟོད་དུ་གྲིམ་པའི་སྒྲ་དྲག་པའི་ཚུལ་གྱིས་གདོན་པའི་ཡི་གེ་ཀ་ཅ་ཏ་པ་ཙ་ལྔ་བོ་ཕོ་ཡིག་གོ། །ཧ་ཡིག་གི་སྒྲའི་ཆ་དང་ལྡན་པར་ཁོག་པ་ནས་ཤུགས་ཙུང་ཟད་བསྐྱེད་དེ་རླུང་ཤུགས་རན་པས་སྒྲ་བར་མའི་ཚུལ་གྱིས་གདོན་པའི་ཡི་གེ་ཁ་ཆ་ཐ་ཕ་ཚ་ལྔ་བོ་མ་ནིང་ངོ་། །འ་ཡིག་གི་སྒྲའི་ཆ་དང་ལྡན་པར་མགྲིན་པ་ཕྱེ་ཞིང་རླུང་ཤུགས་ཆུང་བས་སྒྲ་ཞན་པའི་ཚུལ་གྱིས་གདོན་པའི་ཡི་གེ་ནི་ག་ང་ཇ་ཉ་ད་ན་བ་མ་ཛ་ཝ་ཞ་ཟ་འ་ཡ་ར་ལ་ཤ་ས་ཧ་བཅུ་དགུ་མོ་ཡིག་གོ། །མོ་ཡིག་དེ་རྣམས་ལས་རླུང་ཤུགས་ཕྲ་མོ་སྣ་ནས་འདྲེན་ཞིང་སྒྲ་ཤིན་ཏུ་ཞན་པའི་ཚུལ་གྱིས་གདོན་པའི་ཡི་གེ་ང་ཉ་ན་མ་བཞི་པོ་ཤིན་ཏུ་མོ་དང་། རླུང་ཤུགས་སྨད་དུ་སློད་པ་སྒྲ་ཆེས་ཞན་པའི་ཚུལ་གྱིས་གདོན་པའི་ཡི་གེ་ར་ལ་ཧ་གསུམ་པོ་མོ་གཤམ་མོ། །

དོན་ཚན་དགུ་བ། དབྱངས་གསལ་རྣམས་ཀྱི་གནས་དང་བྱེད་པའི་སྦྱོར་བ།

ཀ་ཁ་ག་ང་ཨ་ཧ་ལ། །
ལྕེ་ཡི་རྩ་དང་མགྲིན་ལས་བསྐྱེད། །
ཨི་ཨེ་ཅ་ཆ་ཇ་ཉ་དང་། །
ཙ་ཚ་ཛ་ཞ་ཡ་ཤ་རྣམས། །

ལྕེ་དབུས་ཡན་ཆད་ཀན་ལ་རེག །
ཏ་ཐ་ད་ན་ཟ་ལ་ས། །
ལྕེ་རྩེ་སོ་རྩར་ཕྲད་ནས་བསྐྱེད། །
ཨུ་ཨོ་པ་ཕ་བ་མ་ཝ། །
མཆུ་བཙུམ་པ་འམ་ཙུང་ཟད་ཕྱེ། །
ང་ཉ་ན་མ་སྣ་ལས་ཀྱང་། །
ར་ནི་ལྕེ་རྩེ་སྤྱི་བོ་ལས། །
ཐམས་ཅད་ཁོག་པ་ལས་ཀྱང་ངོ་། །
ཀ་ཁ་ཅ་ཆ་ཏ་ཐ་དང་། །
པ་ཕ་ཙ་ཚ་ཤ་ས་ཨར། །
མགྲིན་པ་མན་གྱི་སྒྲ་མེད་ལ། །
གཞན་རྣམས་དེ་དང་ལྡན་པ་བོ། །

གསལ་བྱེད་ཀྱི་ཀ་སྡེ་རྣམས་ལྕེའི་རྩ་བའི་བྱེད་པ་མགྲིན་པའི་གནས་ལ་སྦྱར་བས་དང་། ཅ་སྡེ་རྣམས་ལྕེ་རྩེ་དང་ཉེ་བའི་བྱེད་པ་ཀན་གྱི་གནས་ལ་སྦྱར་བས་དང་། ཏ་སྡེ་རྣམས་ལྕེ་རྩེའི་བྱེད་པ་སོའི་གནས་ལ་ཕྲད་པས་དང་། པ་སྡེ་རྣམས་མཆུ་བཙུམ་པའི་བྱེད་པ་མཆུའི་གནས་ལ་སྦྱར་བས་བསྐྱེད་ཅིང་། བརྗོད་ཚུལ་གྱི་ཁྱད་པར་ཡང་སྡེ་བ་བཞི་རྣམས་གོ་རིམ་བཞིན་དུ། དང་པོ་རྣམས་དམ་པ། གཉིས་པ་རྣམས་དམ་ལྷོད་རན་པ། གསུམ་པ་རྣམས་ལྷོད་པ། བཞི་བ་རྣམས་ཤིན་ཏུ་ལྷོད་པར་བརྗོད་པ་སྟེ། སྡེ་བ་རང་རང་གི་སྔ་མ་སྔ་མ་ལས་ཕྱི་མ་ཕྱི་མ་ལྷོད་པའི་ཚུལ་གྱིས་བརྗོད་དགོས་པ་དང་། ཙ་ཚ་ཛ་གསུམ་ནི་ལྕེ་རྩེ་དང་ཤིན་ཏུ་ཉེ་བའི་བྱེད་པ་སོ་དང་ཀན་འབྲེལ་བའི་གནས་ལ་སྦྱར་བས་བསྐྱེད་ཅིང་། བརྗོད་ཚུལ་ནི་དམ་པ་དང་། རན་པ་དང་། ལྷོད་པ་དང་། ཝ་ནི་མཆུ་དང་ལྕེ་རྩའི་བྱེད་པ་མགྲིན་

པ་དང་མཆུའི་གནས་ལ་ཅུང་ཟད་སྦྱོར་ལ་ཁད་དུ་བསྐྱེད་ཅིང་། བརྗོད་ཚུལ་ནི་ལྡོད་པའོ། །ཞ་སྡེའི་ཞ་ནི་ལྕེ་རྩེ་དང་ཉེ་ཞིང་ལྡོད་པའི་བྱེད་པ་རྐན་གྱི་གནས་དང་ཕྲད་པས་དང་། ཟ་ནི་ལྕེ་རྩེ་དང་ཤིན་ཏུ་ཉེ་ཞིང་ལྡོད་པའི་བྱེད་པ་རྐན་གྱི་གནས་དང་ཕྲད་པས་དང་། འ་ནི་ལྕེ་རྩ་དང་ཉེ་བའི་བྱེད་པ་མགྲིན་པའི་གནས་ལ་ཅུང་ཟད་ཉེ་བའི་ཚུལ་གྱིས་དང་། ཡ་ནི་ལྕེའི་སྙིད་པ་དང་ཉེ་བའི་བྱེད་པ་རྐན་གནས་ལ་སྦྱོར་བས་བསྐྱེད་ཅིང་། བཞི་བོའི་བརྗོད་ཚུལ་ལྡོད་པའོ། །ར་སྡེའི་ར་ནི་ལྕེ་རྩེ་གྱེན་དུ་སྒྲིང་བའི་བྱེད་པ་སྤྱི་བོའི་སྤུབས་དང་འབྲེལ་བའི་རྐན་གནས་ལ་ཕྲད་པས་དང་། ལ་ནི་ལྕེ་རྩེའི་བྱེད་པ་རྐན་དང་འབྲེལ་བའི་སོའི་གནས་ལ་སྦྱོར་བས་བསྐྱེད་ཅིང་། གཉིས་ཀའི་བརྗོད་ཚུལ་ཤིན་ཏུ་ལྡོད་པ་དང་། ཤ་ནི་ལྕེ་རྩེ་དང་ཉེ་ཞིང་དམ་པའི་བྱེད་པ་རྐན་གྱི་གནས་ལ་ཕྲད་པས་དང་། ས་ནི་ལྕེ་རྩེ་དང་ཤིན་ཏུ་ཉེ་ཞིང་དམ་པའི་བྱེད་པ་སོ་དང་འབྲེལ་བའི་རྐན་གནས་ལ་རེག་པས་བསྐྱེད་ཅིང་། གཉིས་ཀའི་བརྗོད་ཚུལ་ལྡོད་པའོ། །ཧ་ནི་ལྕེ་རྩའི་བྱེད་པ་མགྲིན་པའི་གནས་ལ་སྦྱོར་བས་བསྐྱེད་ཅིང་། བརྗོད་ཚུལ་ཤིན་ཏུ་ལྡོད་པའོ། །ཨ་ནི་ལྕེ་རྩའི་བྱེད་པ་མགྲིན་པའི་གནས་ལ་སྦྱོར་བས་བསྐྱེད་ཅིང་། བརྗོད་ཚུལ་ཅུང་ཟད་དམ་པའོ། །དབྱངས་བཞིའི་ཨི་ནི་མགྲིན་པ་ལས་བྱུང་ཞིང་སྤྱི་བོའི་ཆ་ནས་བཀུག་ཅིང་ཅུང་ཟད་དོག་པོར་བྱས་པའི་བྱེད་པ་ཅན་དང་། ཨུ་ནི་མགྲིན་པ་དང་མཆུ་ལས་བྱུང་ཞིང་། དེ་ཡང་མཆུ་མ་རེག་ཙམ་དུ་ཟུམ་ཞིམ་འཕང་སྣད་དེ་ཅུང་ཟད་དོག་པོར་བྱས་པའི་བྱེད་པ་ཅན་དང་། ཨེ་ནི་མགྲིན་པ་ལས་བྱུང་ཞིང་སྤྱི་བོའི་ཆ་དང་ཅུང་ཟད་འདྲིས་ཤིང་གྱེན་དུ་བསྒྲིངས་ཏེ་ཡངས་པར་བྱས་པའི་བྱེད་པ་ཅན་དང་། ཨོ་ནི་མགྲིན་པ་དང་མཆུ་ལས་བྱུང་ཞིང་། དེ་ཡང་མ་མཆུ་གྱེན་དུ་བཏེགས་པ་ལྟར་འཕང་བསྐྱོད་དེ་ཡངས་པར་བྱས་པའི་བྱེད་པ་ཅན་ནོ། །

འདིར་གནས་དང་བྱེད་པ་རྣམ་གསལ་གྱི་དཔེར་བརྗོད་རེ་གཉིས་བཀོད་ན།

པད་མའི་ཕུང་པོ་ཕྱུར་བུར་སྤུངས་པ་ནི། །
བུང་བ་སྨྱོས་པའི་འབབ་པས་སྤྱོད་པར་བྱེད། །
དེ་ལྟར་གཏན་འདུན་བདེ་ལེགས་འཇོམ་ཆེད་དུ། །
འཐད་ལྡན་དོན་དམ་གཏམ་དེར་མཉེ་བསམ་ཐོངས། །

(གནས་གཉིས་སུ་ངེས་པ་སྟེ་དབྱངས་ཅན་དགའ་སློས)

ཞེས་པའི་རྐང་བ་དང་པོ་དང་གཉིས་པའི་གནས་དང་བྱེད་པ་ནི་མཆུ་དང་། གསུམ་པ་དང་བཞི་བའི་གནས་སོ་རྩ་དང་བྱེད་པ་ལྕེ་རྩེའོ། །

དཔག་མེད་པད་མའི་ཕུང་པོ་སྤུངས་པའི་དབུས། །
ཁྲག་ཁྲིག་དགའ་མགུའི་སྒྲ་སྒྲོགས་འཕོར་འགྲོའི་ཁྱུ། །
དེ་དག་རྟག་ཏུ་ནན་ཏན་འདུས་ཏེ་མཐར། །
ཟང་ཟིང་རྩི་བཟུང་སོ་སོའི་ཚང་རྩེར་སོང་། །

(གནས་བཞི་ངེས་པ་སྟེ་དུང་དཀར་བས)

ཞེས་པའི་རྐང་བ་དང་པོའི་གནས་དང་བྱེད་པ་མཆུ་དང་། གཉིས་པའི་གནས་མགྲིན་པ་དང་བྱེད་པ་ལྕེ་རྩ་གཙོ་བོ། གསུམ་པའི་གནས་སོ་དང་བྱེད་པ་ལྕེ་རྩེ། བཞི་བའི་གནས་རྐན་དང་བྱེད་པ་ལྕེ་རྩེ་དང་ཤིན་ཏུ་ཉེ་བ་ལྟ་བུ་སོགས་སོ། །

ལེའུ་གཉིས་པ། རྟགས་ཀྱི་འཇུག་པ་བཤད་པ།

མིང་གཞི་དང་འཕུལ་རྗེན་རྣམས་ཀྱི་ཡི་གེ་སོ་སོ་ངག་ནས་རྗོད་པའི་ཚེ། རང་རང་གི་སྐྱེ་གནས་ལ་བྱེད་རྩོལ་དམ་ལྷོད་དང་རླུང་ཤུགས་ཆེ་ཆུང་གང་རིགས་སུ་སྒྱུར་བའི་གྲག་ཚུལ། ཕོ་མོ་མ་ནིང་གི་སྐད་གདངས་དཔེར་བྱས་ནས། དྲག་ཞན་བར་མའི་ཁྱད་པར་གསལ་བར་གཏོད་ཅིང་། འཇུག་པ་བཞིའི་སྒོ་ནས་ཚིགས་གསུམ་གསལ་བར་བྱེད་པ་ཡིན་པས། རྟགས་ཀྱི་འཇུག་པ་དཔྱིས་ཕྱིན་པར་སྦྱངས་ན། གཟོད་སྒྲ་ཤེས་ན་དོན་ལ་མི་རྨོངས། ཞེས་པའི་ངེས་པ་མངའ་བརྙེས་པར་འགྱུར་རོ། །

དོན་ཚན་དང་པོ། མིང་གཞིའི་རྟགས་ཀྱི་དབྱེ་བ།

བོད་ཡིག་རྟགས་ཀྱི་དབྱེ་བ་ལ། །
སྤྱིར་བཏང་དབྱངས་མོ་གསལ་བྱེད་ཕོ། །
མིང་གཞིའི་ནང་གསེས་རྟགས་ཀྱི་ཁྱད། །
ཀ་ཅ་ཏ་པ་ཙ་ལྷ་ཕོ། །
ཁ་ཆ་ཐ་ཕ་ཚ་མ་ནིང་། །
ག་ཇ་ད་བ་ཛ་དང་ཤ། །

ཞ་ཟ་འ་ཡ་ཤ་ས་མོ། །
ང་ཉ་ན་མ་ཤིན་ཏུ་མོ། །
ར་ལ་ཏ་ནི་མོ་གཤམ་སྟེ། །
ཨ་ནི་མཚན་མེད་ཅེས་კྱང་བྱ། །

སྤྱིར་བོད་སྐད་དུ་ཉེ་བར་གྲགས་པའི་ཡི་གེ་རྣམས་ལ་ཕོ་མོ་གཉིས་སུ་དབྱེ་བའི་དབང་དུ་བཏང་ན། དབྱངས་ཡིག་མཚོན་བྱེད་ཨི་ཨུ་ཨེ་ཨོ་བཞི་ནི་ཤེས་རབ་ཀྱི་རང་བཞིན་མོ་དང་། ཀ་ནས་ཨའི་བར་མཐར་ཐུག་པ་གསལ་བྱེད་སུམ་ཅུ་ནི་ཐབས་ཀྱི་རང་བཞིན་ཕོ་ཡིན་ཏེ། མོ་ཡི་ཡི་གེ་མེད་པ་ན། །ཕོ་ཡིག་བརྗོད་པ་མེད་པར་འགྱུར། །ཕོ་ཡིག་དེ་དག་རྣམས་ལ་ཡང་། །འཇུག་པར་བཅས་པ་མེད་ན་ནི། །དོན་རྣམས་བརྗོད་པར་མི་འགྱུར་རོ། །ཞེས་གསུངས་པ་བཞིན་ནོ། །

ཀ་སོགས་གསལ་བྱེད་དུ་ཕོ་ཡིག་ཡིན་པས། ག །ཇ། ད་རྣམས་གློག་ཚེ། སྒྲ་ཤིན་ཏུ་སྙོད་པར་བྱས་ནས་སྣ་སྒྲ་དང་ལྡན་པར། ཀ་ཁ་འགའ་ང་། ཙ་ཚ་འཇའ་ཉ། ཏ་ཐ་འདའ་ན། ཞེས་བཏོན་ན་མཚན་ཉིད་དང་མི་མཐུན་པར་གྱུར་ཏེ། གཏམ་དུ། ག་ལ་ཡིན་པར། འགའ་ལ་ཡིན། ཞེས་དང་། ཇ་འཐུང་བ་ལ། འཇའ་འཐུང་། ཞེས་དང་། ད་དུང་ལ། འདའ་དུང་། ཞེས་མི་ཟེར་བ་དང་། སྦྱོར་གློག་ཏུ། གང་ལ་འགང་དང་། ཇག་ལ་འཇག་དང་། དོམ་ལ་འདོམ། ཞེས་མི་འདོན་པས་གསལ། དེ་དག་སྔོན་འཇུག་གི་འཇུག་ཡུལ་དུ་སོང་ཚེ། གཟེད་མོ་ཡིག་ཏུ་གྱུར་པ་ཡིན་ནོ། །འོ་ན་ཁ་ཅིག་གིས་དེ་ལྟར་འདོན་དོན་ཅི་ཞེ་ན། ཀ་ཁ་ག་ङ་ང་། ཏ་ཐ་ད་ཧྣ་ན། ཞེས་ལེགས་སྦྱར་གྱི་གློག་ཚུལ་གྱི་དབང་དུ་ཤོར་བ་ཡིན་ལ། བོད་རང་སྐད་དུ་གོང་དུ་སྨོས་པ་བཞིན་སྣ་སྒྲ་མེད་པར་བྱེད་རྩོལ་སྙོད་པའི་ཚུལ་གྱིས་འདོན་པ་ཡིན་ནོ། །

གསལ་བྱེད་ཀྱི་ཡི་གེ་རྣམས་མིང་གཞིར་སོང་བའི་ཚེ། ཀ་ཙ་ཏ་པ་ཙ་ལྷ་བོ་

རྗོད་པའི་བྱེད་རྩོལ་གྱི་ཤུགས་ཤིན་ཏུ་གྲིམ་ཞིང་དྲག་པས་ཕོ་དང་། ཁ་ཆ་ཐ་ཕ་ཚ་ཞ་བོ་རྗོད་པའི་བྱེད་རྩོལ་གྲིམ་ལྷོད་རན་པས་མ་ནིང་དང་། ག་ཇ་ད་བ་ཛ་ཞ་ཟ་འ་ཡ་ཤ་ས་བཅུ་གཉིས་རྗོད་པའི་བྱེད་རྩོལ་ལྷོད་པས་མོ་དང་། ང་ཉ་ན་མ་བཞི་པོ་རྗོད་པའི་བྱེད་རྩོལ་ཤིན་ཏུ་ལྷོད་པས་ཤིན་ཏུ་མོ་དང་། ར་ལ་ཧ་གསུམ་པོ་རྗོད་པའི་བྱེད་རྩོལ་ཆེས་ཤིན་ཏུ་ལྷོད་པས་མོ་གཤམ་དང་། ཨ་ནི་དབྱངས་གསལ་གཉིས་ལ་འགྲོ་བས། མཚན་མེད་ཀྱི་ཡི་གེ་ཞེས་ཀྱང་བྱའོ། །དེ་ལྟར་སྡེ་ཚན་ལྔ་རུ་དྲིལ་བའི་དགོས་པ་ནི། དེ་རྣམས་མིང་གཞིར་སྦྱོར་བའི་ཚེ། རང་རང་གི་སྐྱེ་གནས་ལས་དབྱུང་བའི་བྱེད་རྩོལ་དང་རླུང་ཤུགས་མི་འདྲ་བའི་ཁྱད་པར་དབྱེ་ཕྱིར་དང་། དེ་ལ་སྔོན་རྗེས་རྣམས་སྦྲ་གདངས་ཇི་ལྟར་འཇུག་པའི་གཞི་རྫས་གཟུང་བའི་ཕྱིར་རོ། །

དོན་ཚན་གཉིས་པ། སྔོན་འཇུག་གི་རྟགས་ཀྱི་འཇུག་པ།

དང་པོ། སྔོན་འཇུག་གི་རྟགས་ཀྱི་དབྱེ་བ།

སྔོན་འཇུག་མིང་གཞིར་འཇུག་པའི་ཚེ། །
སྐད་གདངས་རྣམ་པ་བཞི་རུ་འགྱུར། །
བ་ཕོ་ག་ད་གཉིས་མ་ནིང་། །
འ་མོ་མ་ནི་ཤིན་ཏུ་མོའོ། །

ག་ད་བ་མ་འ་ལྔ་པོ་མིང་གཞི་བྱས་ཚེ། རང་རང་གི་གནས་ལ་བྱེད་རྩོལ་དང་རླུང་ཤུགས་ཙང་ཟད་ལྷོད་པ་དང་། ཆེས་ལྷོད་པར་འཇུག་པའི་མོ་ཡིག་ཡིན་ཡང་། སྔོན་འཇུག་ཏུ་བྱས་ཚེ། མིང་གཞི་དང་སྦྲད་པའི་སྟོབས་ཀྱིས་སློག་པའི་ཚེ།

སྐད་ཀྱི་གདངས་མི་འདྲ་བར་གྱུར་འགྲོ། དེ་ལ་སྔོན་འཇུག་བ་ནི་སྐད་གདངས་དྲག་པས་ཕོ་དང་། ག་ད་གཉིས་སྐད་གདངས་རན་པས་མ་ནིང་དང་། འ་ནི་སྐད་གདངས་ཞན་པས་མོ་དང་། མ་ནི་སྐད་གདངས་ཤིན་ཏུ་ཞན་པས་ཤིན་ཏུ་མོ་དང་བཅས་རྟགས་ཀྱི་དབྱེ་བ་བཞི་ཡོད་དོ། །

གཉིས་པ། སྔོན་འཇུག་གི་འཇུག་ཡུལ།

གང་ཞིག་གིས་ནི་གང་དག་ལ། །
འཇུག་པའི་ཚུལ་ནི་འདི་ལྟ་སྟེ། །
སྔོན་འཇུག་ཕོ་སྟེ་བ་ཡིག་ནི། །
ཕོ་ཡིག་ཀ་ཅ་ཏ་ཙ་དང་། །
མོ་ཡིག་ག་ད་ཞ་ཟ་ཤ །
ས་བཅས་རྐྱང་བ་བཅུ་ལ་འཇུག །
བརྩེགས་ཕོ་ཀ་སྐ་རྩ་སྩ་དང་། །
ཏ་བརྩེགས་གསུམ་①བཅས་བདུན་ལ་འཕུལ། །
མོ་ཡིག་ར་མགོ་ས་མགོ་ཡི། །
ག་ང་ཉ་ན་བཞི་གཉིས་བརྒྱད②། །
ཛ་རྫ་ཏ་བརྩེགས་གསུམ་དང་སླ། །
བཅུ་བཞི་སྔོན་དུ་འཇུག་པ་འོ། །
སྔོན་འཇུག་མ་ནིང་ག་ཡིག་ནི། །

① ཏ་བརྩེགས་གསུམ་ནི་རྟ་ལྟ་སྟ་གསུམ་མོ། །
② མོ་ཡིག་ར་མགོ་ས་མགོ་ཡི། །ག་ང་ཉ་ན་བཞི་གཉིས་བརྒྱད། །ཅེས་པ་ནི། མི་ཡིག་ར་མགོ་ཅན་རྒ་རྔ་རྙ་རྣ་བཞི་དང་། ས་མགོ་ཅན་སྒ་སྔ་སྙ་སྣ་བཞི་དང་བཅས་བརྒྱད་ཡོད་པར་ཟེར།

ཕོ་ཡིག་ཅ་ཏ་ཙ་གསུམ་དང་། །
མོ་ཡི་ཡི་གེ་ཉ་ད་ན། །
ཞ་ཟ་ཡ་དང་ཤ་སར་འཇུག །
སྔོན་འཇུག་མ་ནིང་ད་ཡིག་ནི། །
མིང་གཞི་ཕོ་ཡིག་ཀ་པ་དང་། །
མོ་ཡིག་ག་ང་བ་མར་འཇུག །
མོ་ཡིག་འ་ཡིས་འཕུལ་བ་ནི། །
མོ་ཡིག་ག་ཇ་ད་བ་ཛ། །
མ་ནིང་ཁ་ཆ་ཐ་ཕ་ཚོ། །
ཤིན་ཏུ་མོ་མས་འཕུལ་བ་ནི། །
མ་ནིང་ཁ་ཆ་ཐ་ཚ་དང་། །
མོ་ཡིག་ག་ཇ་ད་ཛ་དང་། །
ཤིན་ཏུ་མོ་ཡིག་ང་ཉ་ནོ། །
འཕུལ་ཡིག་རང་གི་སྟེ་བ་ལ། །
ནམ་ཡང་འཇུག་པར་མི་སྲིད་ཅིང་། །
རང་རང་འཇུག་སའི་རྒྱུད་འདོགས་དང་། །
བརྩེགས་འདོགས་ཕལ་ཆེར་འཇུག་པའོ། །

སྔོན་འཇུག་གང་ཞིག་མིང་གཞི་གང་དག་ལ་འཇུག་པ་ནི། སྦྱོར་རྟགས་འཇུག་གི་རྩ་བ་ལས། ཕོ་ནི་ཕོ་དང་མོ་ལ་འཇུག །མོ་ནི་མོ་དང་མ་ནིང་ལ། །མ་ནིང་ཡང་ནི་ཕོ་མོ་ལའོ། །ཞེས་པ་ལྟར་རོ། །

དེ་ཡང་ཞིབ་ཏུ་བཤད་ན། སྔོན་འཇུག་གི་ཕོ་ཡིག་བ་ནི། མིང་གཞི་རྒྱུད་པའི་ཕོ་ཡིག་ཀ་ཅ་ཏ་ཙ་བཞི་དང་། མོ་ཡིག་ག་ད་ཞ་ཟ་ཤ་ས་དྲུག་དང་བཅས་བཅུ་ལ་

འཇུག་སྟེ། དཔེར་ན། བཀའ། བཅོ། བཏུ། བཙོ། བགོ། བདེ། བཞུ། བཟེ། བཤུ། བསེ། ལྟ་བུ་དང་། མིང་གཞི་བརྩེགས་པའི་ཕོ་ཡིག་ར་མགོ་ཅན་རྐ་རྟ་རྩ་དང་། ལ་མགོ་ཅན་ལྟ་དང་། ས་མགོ་ཅན་སྐ་སྟ་སྩ་བཅས་བདུན་དང་། མོ་ཡིག་ར་མགོ་ཅན་རྒ་རྔ་རྗ་རྙ་རྡ་རྣ་རྫ་བདུན་དང་། ལ་མགོ་ཅན་ལྡ་དང་། ས་མགོ་ཅན་སྒ་སྔ་སྙ་སྡ་སྣ་སྦ་དྲུག་བཅས་བཅུ་བཞི་སྟེ་ཉེར་གཅིག་ལ་འཇུག་སྟེ། བརྐོ། བརྟ། བརྩེ། བལྟ། བསྐོ། བསྟི། བསྩལ། བརྒལ། བརྔ། བརྗེ། བརྙ། བརྡ། བརྣན། བརྫེ། བལྡུག །བསྒོ། བསྔོ། བསྙ། བསྡུ། བསྣོ། བསྦབ། ལྟ་བུ་སོགས་ཏེ། ཁྱོན་བསྡོམས་མིང་གཞི་རྐྱང་བརྩེགས་སུམ་ཅུ་སོ་གཅིག་ལ་འཇུག་པའོ། །

སྔོན་འཇུག་མ་ནིང་ག་ནི། མིང་གཞིའི་ཕོ་ཡིག་ཅ་ཏ་ཙ་གསུམ་དང་། མོ་ཡིག་ཉ་ད་ན་ཞ་ཟ་ཡ་ཤ་ས་བརྒྱད་དང་བཅས་བཅུ་གཅིག་ལ་འཇུག་སྟེ། གཅུ། གཏི། གཙོ། གཉེ། གདུ། གནའ། གཞི། གཟུ། གཡོ། གཤེ། གསལ། ལྟ་བུ་སོགས་སོ། །

སྔོན་འཇུག་གི་མ་ནིང་ད་ནི། མིང་གཞིའི་ཕོ་ཡིག་ཀ་པ་གཉིས་དང་། མོ་ཡིག་ག་ང་བ་མ་བཞི་དང་བཅས་དྲུག་ལ་འཇུག་སྟེ། དཀུ། དཔེ། དགའ། དངོ། དབུ། དམེ། ལྟ་བུ་སོགས་སོ། །

སྔོན་འཇུག་གི་མོ་ཡིག་འ་ནི། མིང་གཞིའི་མོ་ཡིག་ག་ཇ་ད་བ་ཛ་ལྔ་དང་། མ་ནིང་གི་ཡི་གེ་ཁ་ཆ་ཐ་ཕ་ཚ་ལྔ་དང་བཅས་བཅུ་ལ་འཇུག་སྟེ། འགོ། འཇུ། འདོ། འབེལ། འཛིན། འཁྲུ། འཆི། འཐུ། འཕོ། འཚོ། ལྟ་བུ་སོགས་སོ། །

སྔོན་འཇུག་གི་ཤིན་ཏུ་མོ་མ་ཡིག་ནི། མིང་གཞིའི་མོ་ཡིག་ག་ཇ་ད་ཛ་བཞི་དང་། ཤིན་ཏུ་མོ་ང་ཉ་ན་གསུམ་དང་། མ་ནིང་ཁ་ཆ་ཐ་ཚ་བཞི་དང་བཅས་བཅུ་གཅིག་ལ་འཇུག་སྟེ། མགོ། མཇལ། མདའ། མཛོ། མངའ། མཉེ། མནོ། མཁར། མཆི། མཐུ། མཚོ། ལྟ་བུ་སོགས་སོ། །སྔོན་འཇུག་ལྔ་པོ་རང་རང་གི་སྦྱེ་བའི་མིང་གཞི་གང་ལའང་མི་འཇུག་པ་དང་། ཕ་བཏགས་ཅན་ལ་སྔོན་འཇུག་གང་ཡང་མི་འཐོབ་པ་དང་། ལ་བཏགས་ཅན་ལ་ག་མ་གཏོགས་མི་འཕུལ་བ་དང་། ཡ་བཏགས

ཅན་དང་ར་བཏགས་ཅན་ལ་ག་ཡིས་མི་འཕྱུལ་བ་དང་། ལ་མགོ་ཅན་ལ་གདགས་པ་གང་ཡང་མི་འདོགས་པ་རྣམས་གོང་དུ་བཤད་ཟིན་པ་ལྟར་རོ། །

དེས་ན་སྔོན་འཇུག་གི་ད་བ་མ་འ་བཞི་ལས། ད་ཡིས་རང་གི་འཇུག་ཡུལ་གྱི་མིང་གཞི་འདོགས་ཅན་སྲ་མ་གཏོགས་དགུ་ལ་འཇུག་སྟེ། དཀྱ་དགྱ་དཔྱ་དབྱ་དམྱ། དཀྲ་དགྲ་དཔྲ་དབྲ། ལྟ་བུ་དང་། མ་ཡིས་རང་གི་འཇུག་ཡུལ་གྱི་འདོགས་ཅན་དྲ་མ་གཏོགས་བཞི་ལ་འཇུག་སྟེ། མཁྱ་མགྱ། མཁྲ་མགྲ། ལྟ་བུ་དང་། འ་ཡིས་རང་ཡུལ་གྱི་མིང་གཞི་འདོགས་ཅན་དགུ་པོ་ཀུན་ལ་འཇུག་སྟེ། འཁྱ་འགྱ་འཕྱ་འབྱ། འཁྲ་འགྲ་འདྲ་འཕྲ་འབྲ། ལྟ་བུ་དང་། བ་ནི་རང་ཡུལ་གྱི་མིང་གཞི་རྐྱང་བརྩེགས་གཉིས་ལས་དྲ་མ་གཏོགས་བཅུ་བཞི་ལ་འཇུག་སྟེ། བཀྱ་བགྱ། བཀྲ་བགྲ་བསྲ། བཀླ་བཟླ་བརླ། བརྐྱ་བརྒྱ། བསྐྱ་བསྒྱ། བསྐྲ་བསྒྲ། ལྟ་བུ་སོགས་སོ། །

སྔོན་འཇུག་ལྔ་པོའི་འཇུག་ཡུལ་བློ་ལ་འཛིན་བདེ་བའི་མདོར་བསྡུ།

གས་འཕྱུལ་ཅ་ཉ་ཏ་ད་ན། །
ཙ་ཞ་ཟ་ཡ་ཤ་ས་དང་། །
དས་འཕྱུལ་ཀ་ག་ང་པ་བ། །
མ་དང་དྲུག་སྟེ་འས་འཕྱུལ་ནི། །
ཁ་ག་ཆ་ཇ་ཐ་ད་དང་། །
ཕ་བ་ཚ་ཛ་བཅུ་ཡིན་ཏེ། །
མས་འཕྱུལ་ཁ་ག་ང་ཆ་ཇ། །
ཉ་ཐ་ད་ན་ཚ་ཛ་དང་། །
བས་འཕྱུལ་རྐྱང་པ་ཀ་ག་ཅ། །
ཏ་ད་ཙ་ཞ་ཟ་ཤ་ས། །
མགོ་ཅན་བས་འཕྱུལ་འཇུག་མིན་ཏེ། །

ར་མགོ་ཐ་ཟུར་མི་འཐོབ་ཅིང་། །
ལ་མགོ་ལྷ་ལྷ་མིན་པ་མེད། །
ས་མགོ་སྤ་སྦ་སྨ་གསུམ་སྤྱོང་། །

གསུམ་པ། སྔོན་འཇུག་གི་སྒྲའི་འཇུག་ཚུལ།

ཕོ་ནི་དྲག་པའི་ཚུལ་གྱིས་ཏེ། །
མ་ནིང་རན་པར་འཇུག་པ་ཡིན། །
མོ་ནི་ཞན་པའི་ཚུལ་གྱིས་ཏེ། །
ཤིན་ཏུ་མོ་ནི་མཉམ་པས་སོ། །

ཞེས་པ་ལྟར། སྔོན་འཇུག་ལྔ་པོ་རང་རང་གི་འཇུག་ཡུལ་ལ་སྒྲ་ཇི་ལྟར་བྱས་ནས་འཇུག་པ་ཡིན་ཞེ་ན། སྔོན་འཇུག་གི་ཕོ་ཡིག་བ་ནི། མ་མཆུ་ཡ་སོར་སྦྱར་ནས་བྱེད་རྩོལ་དྲག་པའི་ཚུལ་གྱིས་འཇུག་པ་སྟེ། བཀའ། ཞེས་པ་དཔེར་བརྗོད་ན། བུ་སྒྲ་ཙུང་ཙམ་ཀ་སྒྲར་ཞུགས་ནས་ཅིག་ཅར་གྲགས་པ། ལྟ་བུ་དང་། མ་ནིང་གི་ག་ཡིག་ནི། མགྲིན་པ་དང་ལྕེ་རྩ་ནས་རླུང་ཤུགས་རན་པར་བསྐྱེད་པའི་ཚུལ་གྱིས་འཇུག་པ་སྟེ། གཅིག །ཅེས་པ་དཔེར་བརྗོད་ན། ཨག་སྒྲ་ཙུང་ཙམ་ཅིག་སྒྲར་ཞུགས་ནས་ལྷན་ཏུ་གྲགས་པ་དང་། མ་ནིང་གི་ད་ཡིག་ནི་ལྕེ་རྩེ་ཀན་ལ་རེག་ནས་བྱེད་རྩོལ་རན་པའི་ཚུལ་གྱིས་འཇུག་པ། དགོ། ཞེས་པ་དཔེར་བརྗོད་ན། ཨད་སྒྲ་ཙུང་ཙམ་གོ་སྒྲར་ཞུགས་ནས་གྲགས་པ་དང་། མོ་ཡིག་འ་ནི། མགྲིན་པ་དང་སྣ་ནས་རླུང་ཤུགས་ཞན་པར་ཕྱུང་བའི་ཚུལ་གྱིས་འཇུག་པ། འཚོ། ཞེས་པ་དཔེར་བརྗོད་ན། འན་སྒྲ་ཙུང་ཙམ་ཚོ་སྒྲར་ཞུགས་ཤིང་མཉམ་དུ་གྲགས་པ་དང་། ཤིན་ཏུ་མོ་ཡིག་མ་ནི། མཆུ་བཙུམས་ཤིང་རླུང་སྣ་ནས་ཤིན་ཏུ་སྙོད་པར་ཕྱུང་བའི་ཚུལ་གྱིས་འཇུག་པ། མགུ་ཞེས་པ་དཔེར་བརྗོད་ན། འམ་སྒྲ་གུ་སྒྲ་ལ་ཞུགས་ཤིང་ཅིག་

ཅར་གྲགས་པའོ། །དེ་བཞིན་དུ་གཞན་རྣམས་ཀྱང་རིགས་བསྒྲེས་ནས་ཤེས་པར་བྱ། མདོར་ན།

བས་འཕུལ་སོ་མཚུ་རིག་པ་ལས། །
གས་འཕུལ་གྲི་བའི་ཕུགས་ནས་དབྱུང་། །
དས་འཕུལ་ལྡེ་རྡེ་སོ་རྩར་རེག །
འ་ཕྲེ་མ་བཙུམ་གཉིས་ཀ་སྣོའོ། །

བཞི་བ། སྔོན་འཇུག་གི་འཇུག་དོན།

ཐོག་མར། བྱ་བྱེད་ལས་གསུམ་སོགས་ཀྱི་གོ་དོན་བསྟན་པ།

བདག་གཞན་བྱ་བྱེད་ལས་གསུམ་དང་། །
དུས་གསུམ་སོགས་ཀྱི་བརྗོད་དོན་དང་། །
དེ་རྣམས་རྟེན་ཅིང་འབྲེལ་བའི་ཚུལ། །
མདོར་བསྡུས་ཚིག་གིས་བསྟན་པར་བྱ། །
བྱེད་པ་ལ་ནི་གཙོ་ཕལ་གཉིས། །
བྱེད་པ་གཙོ་བོ་སྒྲུབ་མཁན་དང་། །
བྱེད་པ་ཕལ་བ་སྒྲུབ་སྒྱུད་ཡིན། །
ལས་ལ་བྱ་ཡུལ་བསྒྲུབ་བྱ་གཉིས། །
བྱ་བའི་ཡུལ་ལ་ལས་ཙམ་དང་། །
བསྒྲུབ་པར་བྱ་བ་ལས་དངོས་ཡིན། །
བྱ་བ་ལ་ནི་རིགས་གཉིས་ཏེ། །
བྱེད་པ་དང་འབྲེལ་བྱ་བ་ནི། །
བྱེད་པའི་རྩོལ་བ་ཞེས་པ་དང་། །

ལས་དང་འབྲེལ་བའི་བྱ་བ་ནི། །
ལས་ཀྱི་འགྱུར་བ་ཞེས་པ་ཡིན། །
བྱ་བ་བྱས་ཟིན་འདས་པ་དང་། །
བྱེད་བཞིན་པ་ནི་ད་ལྟ་བ། །
བྱེད་པར་འགྱུར་བ་མ་འོངས་པ། །
སྐུལ་ཚིག་མ་འོངས་ཁོངས་སུ་འདུས། །
དེ་རྣམས་ཕན་ཚུན་འབྲེལ་ལུགས་ནི། །
བྱེད་པ་ད་ལྟ་བ་ཡིས་དང་། །
ལས་ནི་མ་འོངས་པ་ཡིས་སྦྱབ། །
བྱ་བ་དུས་ཀྱི་རྣམ་བཞག་ལྟར། །
བབ་དང་བསྟུན་ནས་སྦྱར་བར་བྱའོ། །
དེ་རྣམས་ཚིག་གི་ཕྲེང་བ་ལས། །
སོ་སོའི་མཚན་གཞི་རྣམ་གསལ་བྱ། །
ཤིང་བཟོས་སྟ་རེས་ནགས་ཚལ་དུ། །
སྡོང་པོ་བཅད་ནས་ཆོད་པ་ལས། །
ཤིང་བཟོ་བྱེད་པ་གཙོ་བོ་དང་། །
སྟ་རེ་བྱེད་པ་ཕལ་བ་ཡིན། །
ནགས་ཚལ་གཅད་ཡུལ་ལས་ཙམ་དང་། །
སྡོང་པོ་གཅད་བྱ་ལས་དངོས་ཡིན། །
བཅད་དང་ཆོད་པའི་བྱ་བ་གཉིས། །
ཐ་མ་བྱེད་པའི་རྩོལ་བ་དང་། །
ཕྱི་མ་ལས་ཀྱི་འགྱུར་བ་ཡིན། །
ཤིང་བཟོ་སྟ་རེ་བཅད་པ་གསུམ། །

བདག་གི་ཁོངས་སུ་གཏོགས་པ་དང་། །
ནགས་ཚལ་སྡོང་པོ་ཆོད་པ་གསུམ། །
གཞན་གྱི་ཁོངས་སུ་གཏོགས་པའོ། །
ལས་ལ་སྦྱར་བའི་བྱ་བ་དེ། །
བྱེད་པ་པོ་དང་འབྲེལ་བ་ནི། །
བྱེད་པའི་ལས་ཞེས་བྱ་བ་སྟེ། །
སྡོང་པོ་གཅོད་པ་ལྟ་བུ་དང་། །
ལས་ལ་སྦྱར་བའི་བྱ་བ་སྟེ། །
བྱ་བའི་ཡུལ་དང་འབྲེལ་བ་ནི། །
བྱ་བའི་ལས་ཞེས་བྱ་བ་སྟེ། །
སྡོང་པོ་ཆོད་པ་ལྟ་བུ་འོ། །
ཤིང་བཟོ་ལ་སོགས་ཞེས་པ་ལ། །
བྱ་བ་སྦྱར་བའི་དོན་འཛིན་དུ། །
གཅོད་པ་པོ་ཡིས་གཅོད་བྱེད་ཀྱིས། །
གཅད་སའི་གཅད་བྱ་བཅད་ཆོད་ཅེས། །
ཐ་སྙད་འདི་ལྟར་བཏགས་པ་ཡིན། །
འགྲོ་དང་ཤར་ཞེས་བྱ་བ་སོགས། །
བྱ་བྱེད་ཐ་མི་དད་པ་སྟེ། །
རང་གི་ངང་གིས་གྲུབ་པའི་རིགས། །
བདག་གཞན་དབྱེ་བས་མ་ཁྱབ་པོ། །

དེ་ནས། སྔོན་འཇུག་གི་འཇུག་དོན་བསྟན་པ།

ཕོ་ནི་འདས་དང་མ་འོངས་དང་། །
ལས་ཀྱི་དངོས་པོ་སྒྲུབ་པ་ཡིན། །
མ་ནིང་གཙོ་ཆེར་མ་འོངས་དང་། །
བསྒྲུབ་པར་བྱ་བའི་ལས་ལ་འཇུག །
མོ་ནི་ཏ་ལམ་ད་ལྟ་དང་། །
བྱེད་པ་དག་ལ་འཇུག་པ་ཡིན། །
ཤིན་ཏུ་མོ་ནི་སྤྱིར་བཏང་དུ། །
བདག་གཞན་དུས་གསུམ་ཀུན་ལ་འཇུག།

དེ་ཡང་སྔོན་འཇུག་རྣམས་མིང་གཞི་རྣམས་ལ་དགོས་པ་ཅིའི་ཕྱིར་འཇུག་པ་ཡིན་ཞེ་ན། སྔོན་འཇུག་གི་ཕོ་ཡིག་བ་ནི།

གཅིག །དུས་གསུམ་གྱི་ནང་ནས་བྱེད་པ་པོ་དང་དངོས་སུ་འབྲེལ་བའི་བྱ་བ་བྱས་ཟིན་འདས་པ་བསྒྲུབ་ཆེད་འཇུག་པ་ཡིན། དཔེར་ན།

ས་བོན་བཏབ་ནས་མེ་ཏོག་བཞད་པའི་རྗེས།
སེར་བ་བཀག་ཅིང་གནོད་པ་ཚར་དུ་བཅད།
གཡུལ་ཁ་བཅག་ནས་འབྲུ་མཛོད་བཀང་བར་བཞག
ཁང་བཟང་བཀབ་ཅིང་ས་གདན་བཏིང་ནས་བསྡད།

ལྟ་བུ་སོགས། བས་འཕུལ་ཁོ་ནས་བྱ་བ་འདས་པ་བསྟན་པ་དང་། དེ་ལས་བཞད་པ། བསྡད་པ། ལྟ་བུ་བྱེད་པ་པོ་གཞན་དང་མ་འབྲེལ་བར་རང་གི་ངང་ངམ་ཤུགས་ཀྱིས་བྱ་བ་འདས་པར་གྲུབ་པ་ཉུང་ངུ་ཙམ་ཡང་ཡོད་པ་དང་། སྤྱིར་བྱེད་

པའི་རྩོལ་བར་འཇུག་པའི་བྱ་བའི་མིང་གི་རྣམ་བཞག་ཚང་བའི་འདས་པར་ཡང་འཇུག་མེད། རྣམ་བཞག་མི་ཚང་བའི་འདས་པར་ཡང་འཇུག་ཡོད།

གསར་བརྗེ་བསྒྲུབས་ནས་རྒྱལ་ཁབ་གསར་བ་བཙུགས། །
ལས་བྱེད་བསྐྱངས་པ་བཟང་བས་ཀུན་གྱིས་བསྔགས། །
ཆུ་མཛོད་བསྐྱིལད་ཅིང་གློག་གིས་ལས་རིགས་བསྐྲུནད། །
ཀུན་ལ་བསླངས་ནས་བསྒྲིགས་པའི་འཆར་གཞི་བསྒྱུརད། །

ལྟ་བུ་སོགས་སྔོན་འཇུག་དང་རྗེས་འཇུག་གཉིས་ཀས་འདས་པ་བསྟན་པའོ། །

གཉིས། བྱེད་པ་གཞན་འབྲེལ་གྱི་བྱ་བ་མ་འོངས་པ་བསྒྲུབ་པར་འཇུག་པ་སྟེ།

རྟགས་ཀྱི་འཇུག་པ་བསླབ་པར་བྱ། །
ཚིག་དོན་བརྟག་ཕྱིར་དཔེ་ཆ་བལྟ། །
ཚོད་བགམ་ཕྱིར་ན་བསམ་པར་འགྱུར། །
འཕྲུལ་མེད་བསྒྲུབ་ཆེད་བདེན་པ་བདར། །

ལྟ་བུ་སོགས་བས་འཕུལ་མ་འོངས་པ་སྤྱིར་ཡང་འཇུག་མི་འཐོབ་པོ། །

གསུམ། བདག་གཞན་གཉིས་ལས་གཞན་ཏེ། བྱ་བའི་ཡུལ་དང་ལས་ཀྱི་དངོས་པོ་བསྒྲུབ་པར་འཇུག་པ། (ལས་ལ་ཐིག་རྟགས་ཀྱིས་མཚོན་པ།)

བཟའ་བཏུང་ཚོམས་པའི་དགེ་ཕྲུག་རྣམས། །
བསྒྲུབ་བྱའི་དོན་དུ་བསླབ་ལ་འབུངས། །
བལྟ་རྒྱུ་བལྟས་ཤིང་བསྒྱུར་བྱ་བསྒྱུར། །
བརྟག་པར་བྱ་བའི་གནས་ལ་བསམས། །

ལྟ་བུ་སོགས་བས་འཕུལ་མ་འོངས་པས་ལས་ཀྱི་དངོས་པོ་བསྒྲུབས་པའོ། །

སྔོན་འཇུག་གི་མ་ནིང་ག་ད་གཉིས་ནི། གཅིག་ཏུ། བྱེད་པ་དང་འབྲེལ་བའི་བྱ་བ་མ་འོངས་པ་དང་། གཉིས་སུ། ལས་ཀྱི་དངོས་པོ་བསྒྲུབ་པར་འཇུག་པ། མཉམ་དུ་དཔེར་བརྗོད་ན།

གསད་བྱའི་གཏེ་བོ་གསད་པར་བྱ། །
དེ་ཕྱིངས་གཏང་བར་བྱ་བ་ནི། །
གདུལ་བྱ་ཡིན་ཏེ་དམ་ལ་གདགས། །
སེམས་གསོ་མཁས་ན་གཅར་བར་འགྱུར། །

ལྟ་བུ་སོགས་དང་།

དཀར་ནག་དབྱེ་བ་དཔྱད་པར་བྱ། །
དབབ་བྱའི་སྲིད་རྩུས་དོན་དུ་དབབ། །
གཅད་པར་བྱ་བ་གཅད་རྒྱུ་མགྱོགས། །
དགེ་བསྐུལ་སྐྱོན་དགག་བདེ་ལ་དགོད། །

ལྟ་བུ་སོགས་སོ། །

རྩ་བར། མ་ནིང་གཉིས་ཀ་ད་ལྟར་ཆེད། །གསུངས་པ། སྐོ་ཀུན་ལ་མ་བརྟགས་པས། གནད་དུ་ཁེལ་མེད་པར་མཚོན། མ་ནིང་གཉིས་ཀ་གཙོ་ཆེར་མ་འོངས་པར་འཇུག་པ་ལས། ད་ལྟར་བར་འཇུག་པ་མ་ཡིན་པའི་རྟགས་གཉིས་མཆིས་ཏེ།

གཅིག་ནི། མིང་གཞི་གཅིག་པར་འཕུལ་ཡིག་མོ་དང་མ་ནིང་གཉིས་ཀ་འཇུག་ཉུང་བའི་རིགས་ལ། ད་ལྟ་བར་མོ་ཡིག་འ་མ་གཏོགས་མ་ནིང་གི་འཇུག་པ་མེད།

དཔེ་ཆ་གདོན་བྱ་འདོན་བྱེད། རྒྱན་ཆ་གདགས་བྱ་འདོགས་བྱེད། སྨན་ནས་དགག་བྱ་འགོག་བྱེད། མར་ལ་དབབ་བྱ་འབེབས་བྱེད། ལྟ་བུ་སོགས་དང་།

གཉིས་ནི། མིང་གཞི་བརྗེ་རུང་བའི་རིགས་ལ་ཡང་། ད་ལྟ་བར་མོ་མ་གཏོགས་མ་ནིང་གི་འཇུག་པ་མེད་དེ། ལག་ཏུ་གཟུང་བྱ་འཛིན་བྱེད། ཐང་ལ་གཞག་བྱ་འཛོག་བྱེད། ཆུ་སོགས་དབོ་བྱ་འཕོ་བྱེད། དགྲ་སྡེ་གཞོམ་བྱ་འཇོམས་བྱེད། ལྟ་བུ་སོགས་ཀྱིས་མ་ནིང་གཙོ་ཆེར་མ་འོངས་པར་འཕུལ་བ་གསལ། དེས་ན་སྔོན་འཇུག་གི་མ་ནིང་གཉིས་ཀྱིས་ད་ལྟ་བ་བསྟན་པ་ནི། མིང་གཞིའི་དབང་གིས་མོ་ཡིས་འཕུལ་མི་རུང་བའི་རིགས་ཙམ་སྟེ། སྟོང་པོ་གཅད་བྱ་གཅོད་བྱེད། ཕྱི་རུ་གཏང་བྱ་གཏོང་བྱེད། རས་སོགས་གཤག་བྱ་གཤག་བྱེད། ཐུར་དུ་དཔྱང་བྱ་དཔྱོང་བྱེད། ཁྲིག་སྣན་དབུར་བྱ་དབུར་བྱེད། ལྟ་བུ་སོགས་མ་ནིང་གིས་ད་ལྟ་བར་འཕུལ་བ་ཉུང་ཤས་ཙམ་ཡིན་ལ། འདི་རིགས་ལས་གྲུག་གྲུ་ཅན། ཞབས་ཀྱུ་ཅན། འགྲེང་བུ་ཅན་གསུམ་ཤེད་མཚུངས་པ་ཕུད། སྤྱིར་ན་རྗེ་མེད་པ་ཅན་མ་འོངས་པ་དང་། ཡོད་པ་ཅན་ད་ལྟ་བ་ཡིན་ནོ། །

སྔོན་འཇུག་གི་མོ་ཡིག་འ་ནི། ལས་གང་གི་བྱེད་པ་དང་། དེ་དང་འབྲེལ་བའི་བྱ་བ་ད་ལྟ་བ་བསྟན་པར་འཇུག་པ།

> བལ་འབྲེག་རྣམས་ཀྱིས་ལུག་བལ་འབྲེག་གིན་ཡོད། །
> འཕེལ་སྐྱེད་འཕང་གིས་སྐུད་པ་འཕེལ་བཞིན་མཆིས། །
> འཐག་བྱེད་འཕྲུལ་འཁོར་གྱིས་ནི་འཐག་པར་བྱེད། །
> འཐག་པས་ཐགས་མ་འཚོང་མིར་སྤྲད་ནས་འཁྱེར། །

ལྟ་བུ་སོགས་དང་། བདག་གཞན་གྱི་དབྱེ་བ་མེད་ཅིང་བྱ་བ་རང་གི་ངང་གིས་འགྲུབ་བཞིན་པ་ལའང་འཇུག་པ་མང་སྟེ། སྤྲིན་འཁྲིག་གློག་འབྲུག་ཆར་བ་འབབ། །ཕྱུའི་མི་འཕུར་ཁུང་དུ་འཛུལ། །ལྟ་བུ་སོགས་ཀྱིས་གསལ།

ཡང་། ད་ལྟ་བ་མོ་ཡིག་འས་འཕུལ་བའི་རིགས་ལས། མིང་གཞིའི་དབང་གིས་མ་འོངས་པ་མ་ནིང་གིས་འཕུལ་མི་རུང་བ་ཉུང་ཤས་ཤིག་དང་བཅས་པ། འ་སྔོན་

འཇུག་གིས་སྒྲུབ་པར་བྱེད་པ་ཡིན་ཏེ།

ད་ལྟ་ཕོ་ཡོང་འགྲུབ་དགོས་ཟེར། །
ཚོད་མའི་ལ་ཕུག་དེ་འཕྲོར་འབབ། །
འཆི་ལ་འཇོམ་རྒྱུ་མེད་པ་པོ། །
འཕུར་བར་བྱ་འོ་འཆར་མི་ཉན། །

ལྟ་བུ་སོགས་ད་ལྟ་བ་དང་མ་འོངས་པ་གཉིས་ཀའི་ཡིག་གཟུགས་གཅིག་པར་གྱུར་པ་རྣམས་གོང་དུ་བཤད་ཟིན་པ་ལྟར་ཚིག་ཕྲོགས་ཀྱིས་བསྒྱུར་ནས་ཁྱད་པར་གཏོད་དགོས།

སྔོན་འཇུག་གི་ཤིན་ཏུ་མི་མ་ཡིག་འཇུག་པའི་བྱ་ཚིག་གི་ཡིག་གཟུགས་རྣམས་སྤྱིར་འཇུག་ཡང་འཇུག་དང་ན་རོ་ཡོད་མེད་ཀྱི་ཁྱད་ཙམ་ཟད་མིན་པ་འགྱུར་བ་ཉུང་བས། བདག་གཞན་དང་དུས་གསུམ་ཀུན་ལ་འཇུག་པར་འགྱུར་ཏེ།

མཁྱེན་བྱ་མཁྱེན་བྱེད་མཁྱེནད་ཅིག་མཁྱེནད།
མངག་བྱ་མངག་བྱེད་མངགས་ཤིག་མངགས།
མཛད་མཁན་མཛད་པ་མཛོད་ཅིག་མཛད།
མགར་པས་མགར་བྱ་མགོརད་ཅིག་མགརད།

ལྟ་བུ་སོགས་དང་། བྱེ་བྲག་ཏུ་སླུལ་ཚིག་དང་ལྷག་པར་ད་ལྟ་བ་ལ་མ་སྔོན་འཇུག་མི་འཐོབ་པའང་ཉུང་ཙམ་ཡོད་དེ།

མཉན་བྱ་ཉན་བྱེད་ཉོནད་ཅིག་མཉནད།
མནམ་བྱ་ནོམ་བྱེད་ནོམས་ཤིག་མནམས།
མཉེ་བྱ་ཉེད་བྱེད་མཉེས་ཤིག་མཉེས།

མནབ་བྱ་ནུབ་བྱེད་ནོ་བས་ཤིག་མནབས།

ལྟ་བུ་སོགས་སོ། །

སྔོན་འཇུག་མ་བྱ་བ་རང་ཤུགས་སུ་གྲུབ་པར་འཇུག་པའང་སྐོར་ཞིག་ཡོད་དེ། མཉེས་པ། མཐུན་པ། མཛོན་པ། ལྟ་བུ་སོགས་སོ། །

དོན་ཚན་གསུམ་པ། རྗེས་འཇུག་གི་རྟགས་ཀྱི་འཇུག་པ།

དང་པོ། རྗེས་འཇུག་གི་རྟགས་ཀྱི་དབྱེ་བ་དང་འཇུག་ཚུལ།

རྗེས་འཇུག་ག་ང་ད་ན་དང་། །
བ་མ་འ་ར་ལ་ས་བཅུའི། །
ག་ད་བ་ས་བཞི་པོ་ཕོ། །
ང་མ་འ་གསུམ་མོ་ཡིན་ཞིང་། །
ན་ར་ལ་གསུམ་མ་ནིང་སྟེ། །
ཕོ་ནི་དྲག་པའི་ཚུལ་བྱས་ནས། །
ག་མཐའ་མགྲིན་པ་གྲིམ་པས་དབྱུང་། །
ད་མཐའ་ལྕེ་རྩེ་སོ་རྩར་སྦྱར། །
བ་མཐའ་སོ་མཆུ་རེག་པ་ལས། །
ས་མཐའ་སོ་ཡི་བར་ནས་དབྱུང་། །
མོ་ནི་ཞན་པའི་ཚུལ་བྱས་ནས། །
ང་མཐའ་ལྕེ་རྩ་རྐན་སྦྱར་ཅིང་། །

མ་མཐའ་མཆུ་བཙུམ་སྣ་ནས་འདྲེན། །
འ་མཐའ་གྲེ་བའི་ཕུགས་ནས་ཕྱུང་། །
མ་ནིང་རན་པའི་ཚུལ་བྱས་ནས། །
ན་མཐའ་ལྕེ་རྩེ་སོ་རྩར་ཐུག །
ཀླུང་ཤུགས་ཙུང་སྙོད་སྣ་ནས་འཕུད། །
ར་མཐའ་ལྕེ་རྩེ་འདར་བ་དང་། །
ལ་མཐའ་ལྕེ་རྩེ་ཀན་སྦྱར་ཅིང་། །
ལྕེ་མཐའ་གཉིས་ནས་ཀླུང་ཕྱིར་གཏོན། །
ཕོ་ལ་སྐྱེས་བུ་རབ་འབྲིང་གསུམ། །
ག་མཐར་ས་སྦྱར་སྐྱེས་བུ་རབ། །
དྲག་པའི་དྲག་པར་འདོན་པ་ཡིན། །
བ་མཐར་ས་སྦྱར་སྐྱེས་བུ་འབྲིང་། །
དྲག་པའི་རན་པར་བསླག་པར་བྱ། །
ཡང་འཇུག་མེད་པ་ཕོ་མཐའ་ནི། །
དྲག་པའི་ཞན་པར་བརྗོད་པ་འོ། །
མོ་ལ་མོ་དང་ཤིན་ཏུ་མོ། །
ང་མར་ས་སྦྱར་མོ་ཙམ་ནི། །
ཞན་པའི་དྲག་པར་འདོན་པ་དང་། །
ས་མཐའ་མེད་པ་ཤིན་ཏུ་མོ། །
ཞན་པའི་ཞན་པར་བརྗོད་པ་འོ། །
མ་ནིང་འགྱུར་དང་མཚན་གཉིས་དང་། །
མཚན་མེད་མ་ནིང་གསུམ་དུ་དབྱེ། །
ཡང་འཇུག་ཡོད་དམ་མེད་ཀྱང་རུང་། །

ཕོ་དང་ཕྲད་ན་དྲག་པར་འགྱུར། །
བར་མའི་དྲག་པར་འདོན་པ་དང་། །
དྲག་མེད་མོ་ཕྲད་ཞན་པར་འགྱུར། །
བར་མའི་ཞན་པར་བརྗོད་པ་སྟེ། །
དེ་གཉིས་འགྱུར་བ་མ་ནིང་ཡིན། །

ཡང་འཇུག་ལྡན་པ་མོ་དང་ཕྲད། །
དྲག་ཞན་གཉིས་ཀའི་ཆ་ལྡན་པས། །
མཚན་གཉིས་མ་ནིང་ཞེས་བྱ་སྟེ། །
ཞན་ནས་དྲག་པར་གདོན་པར་བྱ། །
ད་དྲག་ཡོད་དམ་མེད་ཀྱང་རུང་། །
མ་ནིང་རང་དང་ཕྲད་པ་ན། །
བར་མ་ཙམ་དུ་གློག་པ་སྟེ། །
མཚན་མེད་མ་ནིང་ཞེས་བྱའོ། །

རྗེས་འཇུག་བཅུ་པོ་མིང་གཞི་གང་རུང་གི་རྗེས་སུ་འཇུག་པའི་ཚེ། ག་ད་བ་ས་བཞི་པོ་སྒྲ་དྲག་པར་གྱུར་པས་ཕོ་དང་། ང་མ་འ་གསུམ་སྒྲ་ཞན་པར་གྱུར་པས་མོ་དང་། ན་ར་ལ་གསུམ་སྒྲ་བར་མར་གྱུར་པས་མ་ནིང་དུ་གྱུར་ཏོ། །

དེ་ཡང་གང་མིང་བརྗོད་པར། འཕུལ་དང་མིང་གཞི་དང་བཅས་པའི་སྒྲ་རྣམས་རྟགས་ཀྱི་དབྱེ་བ་ལྟར་ཟུར་དབྱུང་དགོས་པར་མ་ཟད། རྗེས་འཇུག་གི་སྒྲའང་རྟགས་ཀྱི་དབྱེ་བ་བཞིན་ཟུར་ཕྱོན་པར་འཇུག་དགོས། དེས་ན་མིང་གཞིའི་རྗེས་འཇུག་ཕོ་ཡིག་ཡིན་ན། དེ་དག་གི་སྒྲ་གདངས་དྲག་པ་སྟེ་ཤེད་ཆེ་བའི་ཚུལ་གྱིས་གདོན་པ་ཡིན་ཞིང་། ནང་གསེས་ཀྱི་ཁྱད་པར་ནི་དཔེར་ན། སློག་པ་ཡག་པ་ཀྱོན་པ་ཞིག་དང་ཐུག །རབ་རྒྱས་ཚང་ནི་གང་ན་བསྟད་ཡོད་དྲིས། །ཞེས་པ་ལས།

ཡག་གི་སྒྲ་མཐའ་ཨག་དང་། ཞིག་གི་སྒྲ་མཐའ་ཨིག་དང་། ཐུག་གི་སྒྲ་མཐའ་ཨུག་དང་། སློག་གི་སྒྲ་མཐའ་ཨོག་ཅེས་མགྲིན་པ་དམ་པར་བྱས་ནས་གྲག་པར་བྱེད་པ་དང་། དེ་བཞིན་རྗེས་འཇུག་གཞན་རྣམས་ཀྱི་སྒྲ་ལའང་རང་རང་ཞུགས་སའི་མིང་གཞིའི་དབྱངས་གང་ཡིན་པ་ལྡན་པར་བྱའོ། །བསྡད་དང་ཡོད་ཀྱི་སྒྲ་མཐའ་ཨད་དང་ཨོད་ཅེས་ལྕེ་རྩེ་ཀན་དང་འབྲེལ་བའི་སོ་རྩར་སྦྱར་ནས་གྲག་པར་བྱེད་པ་དང་། རྒྱས་དང་དྲིས་ཀྱི་སྒྲ་མཐའ་ཨས་དང་ཨིས་ཞེས་རླུང་ཤུགས་ལྕེ་ངོས་དང་སོའི་བར་ནས་ཕྱུང་སྟེ་གྲག་པར་བྱེད་པ་ལྟ་བུའོ། །

མིང་གཞིའི་རྗེས་འཇུག་མོ་ཡིག་ཡིན་ན། དེ་དག་གི་སྒྲ་གདངས་ཞན་པ་སྟེ་ཤེད་ཆུང་བའི་ཚུལ་གྱིས་གདོན་ཞིང་། ནང་གསེས་ཀྱི་ཁྱད་པར་དཔེར་བརྗོད་ན། མར་རྩམ་ཐོས་ཤེང་ཞོ་འོ་འཐུང་། །ཡིད་ཆོམ་སེམས་དགའ་ངོ་ཡང་འཛུམ། །ཞེས་པ་ལས་ཡང་། ཤེང་། འཐུང་གསུམ་གྱི་སྒྲ་མཐའ་འང་འིང་འུང་གསུམ་ལྕེ་རྩ་ཀན་ལ་སྦྱར་ཅིང་རླུང་སྣ་ནས་ཕྱུང་སྟེ་གྲག་པར་བྱེད་པ་དང་། རྩམ། ཆོམ། འཛུམ་གསུམ་གྱི་སྒྲ་མཐའ་འམ། འིམ། འུམ་གསུམ་ཁ་བཙུམས་ཤིང་རླུང་སྣ་ནས་ཕྱུང་སྟེ་གྲག་པར་བྱེད་པ་དང་། དགའ་ཡི་སྒྲ་མཐའ་འ་ནི་མགྲིན་པ་ཕྱེ་ཞིང་རླུང་སྣ་ནས་ཚུང་ཟད་ཕྱུང་ནས་གྲག་པར་བྱེད་པ་དང་། ཞོ་ལྟ་བུར་རྗེས་འཇུག་འ་དོན་གྱིས་ཐོབ་པས་སྒྲ་མཐའ་འོ་ཞེས་གྲག་པར་བྱེད་པ་ལྟ་བུའོ། །

མིང་གཞིའི་རྗེས་འཇུག་མ་ནིང་ཡིན་ན། དེ་དག་གི་སྒྲ་གདངས་བར་མ་སྟེ། ཤེད་རན་པའི་ཚུལ་གྱིས་གདོན་ཞིང་། ནང་གསེས་ཀྱི་ཁྱད་པར་ནི་དཔེར་ན། འགྱུར་བཞིའི་ཕྲིན་ལས་སྤེལ་བ་ལ། །རྒྱུན་དུ་རྒྱལ་ཁ་ལེན་པར་བརྩོན། །ཞེས་པ་ལས། ཕྲིན། རྒྱུན། ལེན། བརྩོན་བཞིའི་སྒྲ་མཐའ་ཨིན། ཨུན། ཨེན། ཨོན་བཞི་ལྕེ་རྩེ་ཀན་དང་འབྲེལ་བའི་སོ་རྩར་སྦྱར་ཅིང་རླུང་སྣ་ལ་དྲངས་ནས་གྲག་པར་བྱེད་པ་དང་། འགྱུར་དང་། པར་གྱི་སྒྲ་མཐའ་ཨུར་དང་ཨར་ནི། ལྕེ་རྩེ་གྱེན་དུ་བསླངས་ཤིང་རླུང་གིས་བསྐྱོད་ནས་གྲག་པར་བྱེད་པ་དང་། རྒྱལ་དང་། སྤེལ་གྱི་སྒྲ་མཐའ་

ཨལ་དང་ཨིལ་ནི། ལྷེ་རྩེ་ཀན་ལ་སྦྱར་ཅིང་དབུགས་མཐའ་གཉིས་ནས་ཕྱུང་སྟེ་གྲག་པར་བྱེད་པའོ། །

དེ་ལུགས་ལེགས་པར་ཤེས་ན། མིང་གཞི་གང་ཉུང་གི་རྗེས་འཇུག་ད་བ་ཕན་ཚུན་དང་། ན་མ་ཕུན་ཚུན་དང་། ཨེ་ལྡན་མཐའ་མེད་དང་ཨེ་མེད་ས་མཐའ་ཅན་ཕན་ཚུན་ནོར་མི་སྲིད་དོ། །

རྗེས་འཇུག་ལ་ཡང་འཇུག་ཞུགས་ཡོད་མེད་ཀྱི་དབང་གིས་སྒྲའི་འཇུག་ཚུལ་ཐ་དད་པ་བརྒྱད་དུ་གྱུར་པ་ལས། མིང་གཞི་གང་གི་མཐར་ཡང་ཉུང་། རྗེས་འཇུག་ཕོ་ཡིག་རྣམས་ཞུགས་པ་སྒྲ་དྲག་པ་གཞིར་བཞག་པའི་ནང་གསེས་ག་མཐར་ཡང་འཇུག་ས་ཞུགས་པ་ན། འཇུག་ཡང་འཇུག་ཕོ་ཡིག་གཉིས་ཕྲད་པའི་སྟོབས་ཀྱིས། བརྗོད་པའི་སྒྲ་གདངས་དྲག་པའི་དྲག་པར་འགྱུར་བ་ལ་སྐྱེས་བུ་རབ་ཅེས་བྱ་སྟེ། པགས། ཁེགས། བསྒྲིགས། སྡོགས། ལྕུགས། ལྟ་བུ་སོགས་འཇུག་ཡང་འཇུག་ག་དང་ས་གཉིས་མིང་གཞི་རྒྱང་བསྐྱེགས་རྟགས་གང་ཉུང་ལ་ཞུགས་ཀྱང་། རང་གི་ནུས་པས་ལྕེ་རྩ་ཀན་ལ་བཏེགས་ཤིང་ཡ་མགལ་མ་མགལ་ཙུང་ཟད་བཙུམ་ཞིང་དམ་པ་དང་། ཤེད་ཆེས་ཆེ་བའི་ཚུལ་གྱིས་འདོན་པའོ། །

བ་མཐར་ཡང་འཇུག་ས་ཞུགས་པ་ན། རྗེས་འཇུག་ཕོ་ཡིག་གཉིས་ཕྲད་པའི་སྟོབས་ཀྱིས་བརྗོད་པའི་སྒྲ་གདངས་དྲག་པའི་བར་མར་འགྱུར་བ་ལ་སྐྱེས་བུ་འབྲིང་ཞེས་བྱ་སྟེ། རྟེབས། ཐབས། བསྒྲུབས། སྐྱོབས། འདེབས། ལྟ་བུ་སོགས་འཇུག་ཡང་འཇུག་བ་ས་གཉིས་མིང་གཞི་གང་གི་རྗེས་སུ་ཞུགས་ཀྱང་། རང་ནུས་ཀྱིས་མ་མཆུ་ཡ་སོར་སྦྱར་ཅིང་། རླུང་སོ་བར་ནས་ཕྱུང་སྟེ། ཤེད་ཆེ་བའི་ཚུལ་གྱིས་བརྗོད་པའོ། །

ག་ད་བ་ས་བཞི་པོ་གང་ཉིད་མིང་གཞི་གང་ཉུང་གི་རྗེས་སུ་འཇུག་པ་ན། བརྗོད་པའི་སྒྲ་གདངས་དྲག་པའི་ཞན་པར་འགྱུར་བས་སྐྱེས་བུ་ཐ་མ་ཞེས་བྱ་སྟེ། བརྗོད་ཚུལ་བཤད་ཟིན་པ་ལྟར་ཤེད་ཙུང་ཟད་ཆེ་བའི་ཚུལ་གྱིས་སློག་པའོ། །

མིང་གཞི་གང་ཉུང་གི་མཐར། རྗེས་འཇུག་མོ་ཡིག་རྣམས་ཞུགས་པ་སྒྲ་ཞན་པ་གཞིར་བཞག་པའི་ནང་གསེས་ང་མ་གཉིས་ལ་ཡང་འཇུག་ས་ཞུགས་པ་ན། རྗེས་འཇུག་མོ་དང་ཡང་འཇུག་ཕོ་ནང་ཕྲད་ཀྱི་སྟོབས་ཀྱིས་བརྗོད་པའི་སྒྲ་གདངས་ཞན་པའི་དྲག་པར་འགྱུར་བ་ལ་མོ་ཙམ་ཞེས་བྱ་སྟེ། སྤངས། ཁེངས། ལྡོངས། དངངས། ཉུངས། སྐྱེམས། འཐམས། སྦོམས། མནམས། ལྟ་བུ་སོགས་སོ། །

ང་མ་འ་གང་ཉིད་རྗེས་འཇུག་བྱས་པ་ན། རང་ནུས་ཀྱིས་བརྗོད་པའི་སྒྲ་གདངས་ཞན་པའི་ཞན་པར་འགྱུར་བ་ལ་ཤིན་ཏུ་མོ་ཞེས་བྱ་སྟེ། བརྗོད་ཚུལ་བཤད་ཟིན་པ་ལྟར་ས་མཐའ་ཅན་ལས་ཤེད་ཅུང་ཟད་ཞན་པར་འདོན་པའོ། །

མིང་གཞི་གང་ཉུང་ལ་རྗེས་འཇུག་མ་ནིང་ཞུགས་པ། སྒྲ་བར་མ་གཞིར་བཞག་པའི་ནང་གསེས། ན་ར་ལ་གསུམ་ལ་ཡང་འཇུག་ད་ཡོད་དམ་མེད་ཀྱང་། མིང་གཞི་ཕོ་དང་ཕྲད་པའི་ནུས་པས། བརྗོད་པའི་སྒྲ་གདངས་བར་མའི་དྲག་པར་འགྱུར་བ་ཡིན་ཏེ། དཀོནད། ཅེར། བརྟོལ། དཔརད། བཙལད། ལྟ་བུ་སོགས་མིང་གཞི་ཕོ་ཡི་བྱེད་རྩོལ་གྱི་ནུས་པས། ཡང་འཇུག་ད་ཡོད་མེད་གང་ཉུང་གི་རྗེས་འཇུག་མ་ནིང་དག་གི་སྒྲ་ཇེ་དྲག་ཏུ་འགྱུར་བའོ། །

མ་ནིང་གསུམ་ཡང་འཇུག་མེད་པར་མིང་གཞི་མོ་དང་ཕྲད་པའི་ནུས་པས། བརྗོད་པའི་སྒྲ་གདངས་བར་མའི་ཞན་པར་འགྱུར་བ། གན། འཇུན། སྲིན། འོར། གཉེར། ལྷུར། རྨེལ། མནལ། རོལ། ལྟ་བུ་སོགས་མིང་གཞི་མོ་ཡི་བྱེད་རྩོལ་གྱི་དབང་གིས། རྗེས་འཇུག་མ་ནིང་གི་སྒྲ་ཇེ་ཞན་དུ་འགྱུར་བ་ཡིན་ཏེ། རིགས་འདི་གཉིས་རིམ་བཞིན། དྲག་དང་ཕྲད་ན་དྲག་པར་འགྱུར། །ཞན་དང་ཕྲད་ན་ཞན་པར་འགྱུར། །ཞེས་འགྱུར་བ་མ་ནིང་དུ་གྲགས་པ་ཡིན་ནོ། །

མ་ནིང་གསུམ་མིང་གཞི་ཞན་ཅིང་ཡང་འཇུག་དྲག་པའི་བར་དུ་ཞུགས་པ་ན། དྲག་ཞན་གཉིས་དང་ཕྲད་པའི་སྟོབས་ཀྱིས་བརྗོད་པའི་སྒྲ་གདངས་བར་མའི་དྲག་པ་དང་ཞན་པ་གཉིས་ཀའི་ཆ་དང་ལྡན་པར་གྱུར་པ་ན། མཚན་གཉིས་མ་ནིང་ཞེས་

བྱ་སྟེ། བརྒྱན་ད། ཕྱོན་ད། མནར་ད། བཏར་ད། བྲུལ་ད། རྐྱེལ་ད། ལྟ་བུ་སོགས་སྒྲ་ཞན་པ་ནས་ཇེ་དྲག་ཏུ་འགྱུར་བ་ཡིན། མ་ནིང་གསུམ་མིང་གཞི་མ་ནིང་ལ་ཞུགས་པའི་ཚེ། ཡང་འཇུག་ཡོད་མེད་ཇི་ལྟར་ཡང་། སྒྲ་དྲག་ཞན་གང་དུའང་མི་འགྱུར་བར། བར་མ་ཉིད་དུ་གནས་པ་ན། མཚན་མེད་མ་ནིང་ཞེས་བྱ་སྟེ། མཁྱེན་ད། མཆན། ཐོར། ཐྲལ་ད། ཁྱེར་ད། འཚལ། ལྟ་བུ་སོགས་བརྗོད་པའི་སྒྲ་གདངས་རན་པ་ཙམ་ཡིན་ནོ། །

གཉིས་པ། རྗེས་འཇུག་གི་འཇུག་ཡུལ།

རྗེས་འཇུག་བཅུ་པོ་སྒྲ་ཙམ་དུ། །
མིང་གཞི་ཀུན་ལ་འཇུག་རུང་ཡང་། །
མིང་དང་ཐད་དུ་མི་འགྲུབ་པའི། །
མིང་གཞི་རྣམས་ལ་མི་འཇུག་གོ། །
ཡང་འཇུག་ད་ས་གཉིས་ཡིན་ཏེ། །
ག་ང་བ་མར་ཡང་འཇུག་ས། །
ན་ར་ལ་མཐར་ཡང་འཇུག་ད། །
སྤྱིར་བཏང་འཇུག་སྟེ་སྐབས་ཐོབ་སྦྱར། །

རྣ་ཤེས་ཀྱི་འཇུག་ཡུལ་གང་དོན་དང་ལྡན་མི་ལྡན་ལ་མི་ལྟོས་པར་སྒྲ་ཙམ་མཚོན་པ་ལ། རྗེས་འཇུག་བཅུ་པོ་མིང་གཞི་ཐམས་ཅད་ལ་འཇུག་རུང་ངོ་། །དེ་ལ་དོན་དང་ལྡན་པ་དཔེར་ན། ནོར། མདའ། རྒུས། སྒྲོག །བརྟན། མཛེས། དྲུག ། སྟོང་། ལྟ་བུ་སོགས་ལ་རྗེས་འཇུག་སྦྱར་བས། དངོས་པོའམ། བྱ་བའམ། ཁྱད་ཆོས་སམ། གྲངས་ཀ་ཅི་རིགས་ཤིག་གི་ངོ་བོ་ཙམ་བརྗོད་པའི་མིང་དུ་གྲུབ་པ་

དང་། གིས། ཏམ། ཅིང་། ཞེས། ལྟ་བུ་རྣམས་ལ་རྗེས་འཇུག་སྦྱར་བས། དོན་གྱི་ཁྱད་པར་མཚོན་བྱེད་ཀྱི་རྣམ་དབྱེ་དང་ཚིག་ཕྲད་ཀྱི་སྒྲར་གྱུར་པ་ཡིན་ནོ། །དོན་དང་མི་ལྡན་པ་དཔེར་ན། ཏག །མགུད། རྗོན། སྦྱལ། ལྟ་བུ་རྣམས་རྗེས་འཇུག་སྦྱར་བ་བསྒྲགས་ས་འགྲོ་ཡང་། མིང་ཕྲད་གང་དུའང་མི་འགྱུར་ཞིང་སྒྲ་ཙམ་དུ་ཟད་པས། བོད་རང་གི་ཐ་སྙད་དུ་འཇུག་པ་མེད་མོད། ཡིན་ན་ཡང་། མི་རིགས་གཞན་གྱིའམ། སེམས་ཅན་ནམ་བེམ་པོ་ཅི་རིགས་ཤིག་གི་སྒྲ་ཙམ་མཚོན་པར་སྦྱར་ཆོག་གོ། །

ཡང་འཇུག་ད་ས་གཉིས་ཀྱང་སྤྱིར་རང་རང་ཐོབ་སའི་རྗེས་འཇུག་རྣམས་དང་བཅས་ཏེ་འཇུག་ཡུལ་གྱི་མིང་གཞི་ཀུན་ལ་འཇུག་རུང་ཡང་། བྱེ་བྲག་ཏུ་དུས་ཀྱི་རྣམ་བཞག་དང་། མིང་གི་ཁྱད་པར་སོགས་ལ་བལྟོས་ནས། དོན་གྱིས་ཐོབ་པ་ལྟར་འཇུག་དགོས། དཔེར་ན། བསྐུགས་སོ། །གྲོངས་ཟིན། འདེམས་ཤིག །ཐུམས་དང་། ཕྲིནད་ཏོ། །བསྒྱུརད་ཚར། ཁྱེརད་ཅིག །སྤྲེལད་དང་། ཡོངས་རྫོགས། སྟོབས་ཤུགས། ཕྱུགས་རིགས། ལྟ་བུ་སོགས་ཏེ། དེ་རྣམས་ལ་ཡང་འཇུག་མ་སྦྱར་ན། ལོག་པའམ་ངོ་བོ་གཞན་མཚོན་པར་འགྱུར་རོ། །

གསུམ་པ། འཇུག་ཡང་འཇུག་གི་འཇུག་དོན།

མིང་གི་སྒྲུབ་བྱེད་རྗེས་འཇུག་སྟེ། །
མིང་རྣམས་གང་ལས་འབྱུང་བའི་གཞིར། །
རྗེས་འཇུག་བཅུ་པོ་མ་ཞུགས་ན། །
དོན་གྱི་ངོ་བོ་སྟོན་མི་སྲིད། །
བྱ་བའི་ལྡོག་པ་ཐ་དད་དང་། །
སྒྲ་གཅིག་མིང་དོན་མི་གཅིག་པ། །

སྟོན་བྱེད་གཙོ་བོ་ཡང་འཇུག་སྟེ། །
དོན་ཐོབ་ཇི་བཞིན་འཇུག་པ་ཡིན། །

བརྗོད་པའི་སྒྲུབ་བྱེད་ཚིག་དང་། ཚིག་གི་སྒྲུབ་བྱེད་མིང་། མིང་གི་སྒྲུབ་བྱེད་ཡི་གེའོ། །ཡི་གེ་མིང་དུ་འགྲུབ་མི་འགྲུབ། རྗེས་འཇུག་ཁོ་ནར་རག་ལས་པས་ན། སུམ་ཅུ་བའི་རྩ་བ་ལས། སྔོན་འཇུག་ཡོད་དམ་མེད་ཀྱང་རུང་། །མིང་གཞིའི་ཡི་གེ་གང་ཡིན་ལ། །ཉིས་འབྲེལ་ཡོད་དམ་སུམ་འབྲེལ་ཡོད། །ཨ་ལི་བཞི་ལས་གང་ལྡན་ཡང་། །རྗེས་འཇུག་བཅུ་པོ་མ་ཞུགས་ན། །མིང་གཞན་སྦྱོར་བ་ཡོད་མི་སྲིད། །ཅེས་གསུངས་པ་ནི། རྗེས་འཇུག་ཅིའི་ཕྱིར་འཇུག་པའི་གནད་བསྟན་པ་ཡིན་ནོ། །འོ་ན། མེ། ལྷ། སྤོ། མགོ། དཀྱི། བརྒྱ། ལྟ་བུ་སོགས་ལ་རྗེས་འཇུག་མེད་མོད། མིང་དུ་གྲུབ་འདུག་པ་མིན་ནམ་ཞེ་ན། སྐད་གསར་བཅད་དུ། དགའ། གདའ། འབའ། བཀའ། དཔའ། ལྟ་བུ་སོགས་ཀྱི་འ་མཐའ་སྤངས་ན། ལ་ལ་སྔོན་འཇུག་དང་མིང་གཞི་འགྱུལ་བར་འགྱུར་བ་དང་། ལ་ལ་སྒྲ་སྦྱོར་དུ་མི་རུང་བར་འགྱུར་བའི་དགོས་དབང་གིས་རང་སོར་བཞག་པ་མ་གཏོགས། འ་མཐའ་ཐོར་ཡང་བས་བསྡུས་ཀྱང་མི་སྐྱོན་པ་མཐའ་དག་དངོས་སུ་མི་འབྲི་བར་མཛད་མོད་ཀྱི། ཐོབ་ཐང་མེད་པ་ནི་མ་ཡིན་ཏེ། རྣམ་དབྱེ་ཚིག་ཕྲད་དང་མིང་མཐའ་འདྲེན་ཚུལ་གྱིས་གསལ། མདོར་ན། འ་མཐའ་རྐྱང་འཕུལ་རྣམས་ལ་དགོས། །མགོ་འདོགས་དབྱངས་ལྡན་རྣམས་ལ་སྤངས། །

ཡང་འཇུག་གི་འཇུག་དོན་ནི། བྱ་བའི་ལྷག་པ་ཐ་དད་པ་དང་། མིང་གི་བརྗོད་བྱ་ཁྱད་པར་བ་སྒྲུབ་པར་བྱེད་པ་ཡིན་ཏེ།

དང་པོར་དཔེར་ན། བྱ་བའི་མིང་། བསླབ༷། སློབ༷། བསླབས༷། སློབས༷་བཞི་པོ་ཤེས་པར་བྱེད་པའི་ཆ་ནས་ངོ་བོ་གཅིག་ཀྱང་། དུས་གསུམ་དང་བཅས་པའི་ཆ་ནས་ལྷག་པ་སོ་སོ་བ་ཡིན་པ་དང་། གདོན༷། འདོན༷། བཏོན༷། ཐོན༷་བཞི་པོ་ཀློག་

པའི་དོན་དུ་ངོ་བོ་གཅིག་ཀྱང་། དུས་ཀྱི་ཐད་དུ་ལྡོག་པ་མི་གཅིག་གོ། །དེས་ན་ཡང་འཇུག་བྱ་བའི་མིང་དུ་ཕལ་ཆེར་འདས་པ་དང་སྐུལ་ཚིག་ལ་འཇུག་གོ།

གཉིས་པར་དཔེར་ན། གྲོགས་པོས་མར་གྲོག་འཁྱེར། །ལུག་གི་འགྲོ་ལུགས་བཟང་། ལྟ་བུ་དངོས་པོའི་མིང་བྱེད་པར་བའོ། །

ཁུར་ཡང་བག་ཡངས་པོ། རིངས་པར་རིང་དུ་ཐོན། །ལྟ་བུ་བྱེད་ཆོས་ཀྱི་མིང་བྱེད་པར་བའོ། །

འཕག་ནས་ཡར་ལ་འཕགས། །ཐེན་པས་གཞན་ཀྱང་འཐེན་ད། །ལྟ་བུ་བྱ་བའི་མིང་གི་བྱེད་པར་བའོ། །

དེང་རབས་བུ་རབ་ཚོ། །སྨུགས་ལས་སྒྲིལ་ནས་སྨུག །ལྟ་བུ་དངོས་པོ་དང་བྱེད་ཆོས་གཉིས་སུ་ཕྱེ་བའི་མིང་བྱེད་པར་བའོ། །

ཡོགས་སུ་ཡོག་འོང་བའི། །གཟིག་ལ་གཟིགས་པར་འགྱུར། །ལྟ་བུ་དངོས་པོ་དང་བྱ་བ་གཉིས་སུ་ཕྱེ་བའི་མིང་བྱེད་པར་བའོ། །

དོག་ཀྱང་དོགས་མི་དགོས། །དྲང་མོར་དྲངས་ན་འཛོང་། །ལྟ་བུ་བྱེད་ཆོས་དང་བྱ་བ་གཉིས་སུ་ཕྱེ་བའི་མིང་བྱེད་པར་བ་སོགས་སུ་བསྒྲུབས་པ་ཧ་ཅང་མང་ངོ་། །

བཞི་པ། འཇུག་ཡང་འཇུག་གི་མིང་མཐའ་འདྲེན་ཚུལ།

མིང་གཞི་གང་གི་མཐའ་རྟེན་ཏེ། །
རྗེས་འཇུག་ཡང་འཇུག་གང་ཡིན་ཡང་། །
མིང་གི་ཆ་ཤས་ཕྱི་མ་དང་། །
རྣམ་དབྱེ་ཚིག་ཕྲད་དྲང་བ་ལ། །
ཕལ་ཆེར་རྟགས་མཚུངས་འདྲེན་པ་དང་། །

ཅུང་ཤས་གནས་མཚུངས་འདྲེན་པ་དང་། །
སྒྲ་མཚུངས་འདྲེན་པ་གསུམ་ག་ཡང་། །
བརྗོད་པ་བདེ་བར་བྱེད་པ་ཡིན། །

འཇུག་ཡང་འཇུག་གིས་མིང་མཐའ་སྟེ་མིང་གི་ཆ་ཤས་ཕྱི་མ་འདྲེན་པ་འདི། འདོད་རྒྱལ་གྱི་མིང་ངམ་མིང་རྐྱང་བ་བསྒྲུབ་པ་ལ་དམིགས་པ་ཡིན་གྱི། རྗེས་གྲུབ་ཀྱི་མིང་ངམ་མིང་འདུས་མ་དང་མིང་གི་ཚོགས་པ་བསྒྲུབ་པ་ལ་དམིགས་པ་མ་ཡིན་ནོ། །མིང་མཐའ་འདྲེན་པ་ལ་རྟགས་མཚུངས་འདྲེན་པ་དང་། གནས་མཚུངས་འདྲེན་པ་དང་། སྒྲ་མཚུངས་འདྲེན་པ་སྟེ། གསུམ་གའང་བརྗོད་བདེ་བའི་ཕྱིར་རོ། །

དེ་ལ་རྟགས་མཚུངས་འདྲེན་པ་ནི། ཕོ་ཡིས་ཕོ་ཡི་མིང་མཐའ་དྲང་། །མོ་ཡིས་མོ་ཡི་མིང་མཐའ་དྲང་། །མ་ནིང་གིས་ནི་མ་ནིང་ངོ་། །ཞེས་པ་ལྟར། མིང་སྔ་མའི་རྗེས་འཇུག་ག་ད་བ་ས་བཞི་ག་དང་། ཡང་འཇུག་ད་ས་གཉིས་གང་རུང་གིས། མིང་དེ་ཉིད་ཀྱི་ཆ་ཤས་ཕྱི་མ་ཕོ་ཡིག་ཀ་ཙ་ཏ་པ་ཙ་ལྔ་པོ་དབྱངས་དང་ལྡན་མི་ལྡན་གང་རུང་ཞིག་དྲངས་པ་སྟེ། ཐོག་ཀ །ལྟག་ཀ །ཅིག་ཅར། དབྱུག་ཏོ། གཅིག་པ། ཚོག་པུ། ཅོག་ཙེ། ཏོག་ཙེ། དཔྱིད་ཀ །བེརྡ་ཀ །ཞལྡ་ཏ། འདོད་པ། ཆད་པོ། གྲོད་པུ། ཐུབ་ཀ །བཏབ་པ། རྩུབ་པོ། གབ་ཙེ། སྐས་ཀ །སྟབས་ཀ །གསུས་པ། ལུས་པོ། གྲོགས་པོ། ལྟ་བུ་སོགས་སོ། །

རྗེས་འཇུག་མོ་ང་མ་འ་གསུམ་པོས། མིང་མཐའ་མོ་ཡིག་ག་ཇ་ད་བ་ཛ་ཞ་ཟ་འ་ཡ་ཤ་ས་ང་ཉ་ན་མ་ར་ལ་ཏ་ རྣམས་དབྱངས་དང་ལྡན་མི་ལྡན་གང་རུང་ཞིག་དྲངས་ཏེ། གསུམ་ག །ལྷང་གུ། ཇོ་ཇོ། སྲི་ད། གང་གུ། ངོ་བོ། ལྷམ་བུ། ཆེ་ཞེ། ཟ་བ། གུ་ཡ། ཁུ་ཡུ། ཞེ་ས། ཅུ་སུ། ལྷ་ང་། སྣང་ངུ། ཞ་ཉེ། མ་ནེ། ཕོང་མ། མདའ་མོ། བྱུ་རུ། བཟེ་རེ། ལྟ་བུ་སོགས་སོ། །

རྗེས་འཇུག་མ་ཉིང་ན་ར་ལ་གསུམ་གས་མིང་མཐའ་མ་ཉིང་ཁ་ཆ་ཐ་ཕ་ཚ་ལྔ་པོ་དབྱངས་ལྡན་མི་ལྡན་གང་ཉུང་དྲངས་ཏེ། དགུན་ཁ། གཡུལ་ཁ། གཡེར་ཁ། མཚོན་ཆ། དཀོར་ཆ། རོལ་ཆ། མེལ་ཚེ། དབལ་ཚ། ལྟ་བུ་སོགས་སོ། །རྟགས་མཚུངས་འདྲེན་པ་ཁྱབ་ཆེ་ཡང་། སྐོར་ཞིག་དེ་ལྟར་སྦྱར་ན་བརྗོད་མི་བདེ་བས། གནས་མཚུངས་འདྲེན་པར་བྱེད་དོ། །

གནས་མཚུངས་འདྲེན་པ་ནི། རྗེས་འཇུག་གི་སྐྱེ་གནས་ཀྱིས་མིང་མཐའི་སྐྱེ་གནས་རང་དང་གཅིག་པའམ་ཉེ་བ་ཞིག་དྲངས་པ་སྟེ། རིམ་པ། སྲོམ་པ། ཞིམ་པོ། ཟླུམ་པོ། གྲིབ་མ། རིབ་མ། མཛུབ་མོ། འཐབ་མོ། བསྟོད་ར། སྨད་ར། མཚལ་ལི། ཤལ་ལི། ལྟ་བུ་སོགས་དང་།

མཐུན་པ། ཚོན་པོ། སྟོན་མོ། ཁྲོལ་མ། རོལ་མོ། ལྟད་མོ། དྲེད་མོང་། ནོར་བུ། སོར་མོ། ཐལ་བ། ལྟ་བུ་སོགས་གནས་བསྙེན་འདྲེན་པའོ། །

སྒྲ་མཚུངས་འདྲེན་པ་ནི། མིང་གི་ཆ་ཤས་སྔ་མ་དང་ཕྱི་མ་སྒྲ་མཚུངས་པའམ་དབྱངས་ཙམ་མིན་པ་གཅིག་པ་དྲངས་པ། ག་ག །ཆག་ཆག །ཁྲུང་ཁྲུང་། རིལ་རིལ། ལྷུང་ལྷུང་། ཁར་ཁིར། ངན་ངོན། དར་དིར། ལྷབ་ལྷུབ། ལྟ་བུ་སོགས་སོ། །

མིང་མཐའ་འདྲེན་ཚུལ་འདི་དག་ནི། སྤེལ་སྦྱོར་གྱི་རྩ་བ་ཞིག་སྟེ། ངག་གི་རོལ་མོའི་སྙན་ཆ་བརྟོན་པ་ཡིན་ནོ། །

རྗེས་གྲུབ་ཀྱི་མིང་ལས། འཇུག་ཡང་འཇུག་གིས་མིང་མཐའ་རྟགས་མཚུངས་སམ་གནས་མཚུངས་དྲངས་པ་མིན་ཡང་། དེ་ལྟར་སྦྱར་བ་ཤིན་ཏུ་མང་། ལག་པོད། སྟོད་གོར། འཐབ་ཀྲོལ། ཞབས་ཏོག །ཡུངས་དཀར། གང་ཟག །ཚེམ་ཟུ། མཐའ་འཁོབ། ཕུན་ཚོགས། ཤེར་ཕྱིན། ཡུལ་ཁམས། ལྟ་བུ་སོགས་རྟགས་མཚུངས་སྦྱར་བའོ། །

ཕྲུག་ཟུ། ཏོག་གེ། སྤྲིད་ལུག །ལོ་ཐང་། དོར་རྟ། ཚལ་ནན། ཀློ་བཟང་། ཙན་དན། ལྟ་བུ་སོགས་གནས་མཚུངས་སྦྱར་བ་སྟེ། རྗོད་པ་བདེ་བའི་སྒོ་ནས་ངག་སྙན་

པར་གྲུབ་པ་སྦྱོར་གྱི་མཚོག་བྱིན་པ་ཡིན་ནོ། །

འཇུག་ཡང་འཇུག་གིས་ཕྲད་ཀྱི་སྒྲ་སོགས་འདྲེན་པ་ལ། རྣམ་དབྱེ་དྲུག་པ་དཔེར་མཚོན་ན། ད་བ་ས་ཀྱི་ག་ང་གི། །ན་མ་ར་ལའི་རྗེས་སུ་གྱི། །འ་དང་མཐའ་མེད་འི་དང་ཡི། །ཞེས་པ་ལས། རྗེས་འཇུག་གི་ཕོ་ཡིག་ད་བ་ས་གསུམ་ལ་ཀྱི་དང་། མོ་ཡིག་མ་ལ་གྱི་དང་། འ་ལ་འིའམ་ཡི་སྦྱར་བ་རྟགས་མཚུངས་དྲངས་པ་དང་། ཕོ་ཡིག་ག་ལ་གི་དང་། མ་ནིང་ན་ར་ལ་གསུམ་ལ་གྱི་སྦྱར་བ། གནས་མཚུངས་དྲངས་པ་ཡིན་ནོ། །འོ་ན་རྗེས་འཇུག་ད་བ་ས་གསུམ་ལ་ཀི་ཞེས་མི་འཇུག་པར། ཀྱི་ཞེས་འཇུག་དོན་གང་ཞེ་ན། ད་བ་ས་གསུམ་གྱི་སྒྲ་རིམ་བཞིན་ལྩེ་རྩེ་དང་། མཆུ་དང་། སོ་ལས་བྱུང་བའི་རྐྱེན་གྱིས། ལྩེ་རྩ་དང་མགྲིན་པ་ལས་བྱུང་བའི་ཀི་སྒྲ་སྦྱར་ན་བཞུན་ཆ་ཞན་པ་དང་། ལྩེ་རྩ་དང་མགྲིན་པ་མ་ཟད་ལྩེའི་རྐེད་པ་ཡན་ཆད་ལས་བྱུང་བའི་ཀྱི་སྒྲ་སྦྱར་ན་སྦྱིབ་མཐུན་ཞིང་བརྗོད་བདེ་བའི་ཕྱིར་རོ། །གཞན་རྣམས་ཀྱང་དེ་བཞིན་ཡིན་ནོ། །འདི་ནི་མཁས་པ་གང་ཞིག་གི་བློ་བཟོ་མིན་གྱི། གནའ་མིའི་ངག་གི་སྦྱིབ་སྦྱོར་ལས་ངང་གིས་གྲུབ་པ་ཡིན་ནོ། །

ཡང་། ཚིག་ཕྲད་ཀྱི་རྒྱན་སྡུད་དཔེར་མཚོན་ན། ག་ད་བ་ས་དྲག་མཐར་ཀྱང་། །ང་ན་མ་ར་ལ་མཐར་ཡང་། །འ་དང་མཐའ་མེད་འང་དང་ཡང་། །ཞེས་པ་ལས། འཇུག་ཡང་འཇུག་ཕོ་ཡིག་ག་ད་བ་ས་རྣམས་ལ་ཀྱང་དང་། མོ་ཡིག་ང་མ་འ་གསུམ་ལ་ཡང(འ་དང་མཐའ་མེད་ལ་འང་དང་ཡང)སྦྱར་བ་ནི་རྟགས་མཚུངས་དྲངས་པ་དང་། མ་ནིང་ན་ར་ལ་གསུམ་ལ་རྒྱན་སྡུད་ཀྱི་སྒྲ་མ་ནིང་མེད་པས་ཡང་སྒྲ་སྦྱར་བ་ཡིན་མོད། རྟགས་གནས་གང་མཚུངས་མིན་པས་བརྗོད་པ་དེ་འདྲ་མི་བདེའོ། །ཁ་སྐད་དུ་ཡིན་ཡང་ལ་ཡིན་ཙང་ཞེས་པས་གསལ། དེ་བཞིན་གཞན་རྣམས་ཀྱང་རིགས་བསྒྲེ་བར་བྱའོ། །

དོན་ཚན་བཞི་བ། སྒྲ་མཚུངས་བསྒྱུར་བས་ཉམས་མཚོན་ཚུལ།

ཁྱད་ཆོས་སྟོན་པའི་མིང་རྣམས་ལས། །
སྒྲ་མཚུངས་མཉམ་སྦྱོར་རིགས་གཉིས་མཆིས། །
གཅིག་ནི་སྒྲ་གཉིས་ཀུན་ཏུ་མཚུངས། །
ཅིག་ཤོས་ང་རོ་ཡོད་མེད་ཙམ། །
དེ་རྣམས་དོན་ཉམས་མཚོན་པ་ལ། །
སྒྲ་གདངས་བསྒྱུར་བའི་ཁྱད་པར་གྱིས། །
མཐོང་ཐོས་དྲན་རིག་གང་བརྗོད་པ། །
མངོན་སུམ་སྣང་བ་ཇི་བཞིན་ཡིན། །

སྒྲ་མཚུངས་པ་གཉིས་མཉམ་དུ་སྦྱར་བ། དཔེར་ན། ཚ་ཚ། པི་པི། ཁྲུང་ཁྲུང་། ཐུམ་ཐུམ། ཀླ་ཀློ། ཞང་ཞུང་། ལྷ་བུ་སོགས་ཉུང་ཉུང་ཞིག་དངོས་པོའི་མིང་དུ་གྲུབ་པ་མ་གཏོགས། ཕལ་ཆེར་ཁྱད་ཆོས་ཀྱི་མིང་དུ་གྲུབ་སྟེ། གཟུགས(ཁ་དོག་ལས་རྩ་བའི་ཁ་དོག་སྔོ་སེར་དཀར་དམར་བཞི་དང་། ཡན་ལག་གི་ཁ་དོག །སྔང་བ། སྨུན་པ། གྲིབ་མ། ཉི་འོད། སྤྲིན། དུ་བ། རྡུལ། ཁུག་སྣ་བརྒྱད་དང་། དབྱིབས་རིང་ཐུང་། ལྷམ་ཟླུམ། མཐོ་དམའ། ཕྱ་ལེ་བ། ཕྱ་ལེ་བ་མིན་པ་དང་བརྒྱད་བཅས་འདུས)དང་། སྒྲ(དོན་ཟིན་པའི་སྒྲ་དང་མ་ཟིན་པའི་སྒྲ་འདུས)དང་། རེག་བྱ(འབྱུང་བའི་རེག་བྱ་ས་ཆུ་མེ་རླུང་བཞི་དང་། འབྱུང་འགྱུར་གྱི་རེག་བྱ་འཇམ་རྩུབ། ལྗི་ཡང་། བཀྲེས་སྐོམ། གྲང་བ་བདུན་བཅས་འདུས)དང་། བྱ་བ་(རིགས་གསུམ་འདུས)དང་། ཡིད་ཀྱི་འགྱུར་བ་སོགས་གང་ཅིའི་ཁྱད་ཆོས་སྣ་ཚོགས་མཚོན་པའོ། །དེ་ལ་མིང་གི་གྲུབ་ལུགས་རྣམ་པ་གཉིས་ཡོད་དེ།

གཅིག མིང་གང་ཏུང་གི་ཆ་ཤས་སྔ་ཕྱི་གཉིས་ཀ་གཅིག་པ།

ཀྱུར་ཀྱུར། ཁྱུག་ཁྱུག །གྲུལ་གྲུལ། ཟླིག་ཟླིག །ཆིལ་ཆིལ། ལྡབ་ལྡབ། རྟབ་རྟབ། ཐམ་ཐམ། དོབ་དོབ། ནར་ནར། ཕྲུལ་ཕྲུལ། སྦུད་སྦུད། མོག་མོག །ཙར་ཙར། འཛོང་འཛོང་། ཟེར་ཟེར། འུར་འུར། ཡབ་ཡབ། སིག་སིག །ལྷུང་ལྷུང་། ལྟ་བུ་སོགས་སོ། །

འདིའི་རིགས་ལས། སྒྲ་གྲག་ཚུལ་དང་། གཟུགས་གཡོ་ཚུལ་ལ། སྤྱིར་བཏང་རགས་པ་ཙམ་མམ། ཅུང་དལ་བ་བར་མཚམས་ཡོད་པ་དང་། མྱུར་བ་བར་མཚམས་མེད་པ་དག་མཚོན་པར། གང་གི་རྗེས་འཇུག་རའམ་ལ་ཡིན་ན། རིམ་བཞིན། ཀྱུར་ཀྱུར་མགྱོགས་པའི་སྤྲིང་བུ་བསྐྱུར་མཁས་པ། བྱེའུ་ཕྲུག་ཀྱུ་རུ་ཀྱུ་རུ་གྲག །ཤུག་ལུ་ཀྱུ་རུ་རུ་འབུད། ལྟ་བུ་གྲག་ཚུལ་དང་། ཐིགས་ཆུ་ཙར་ཙར་བྱེད། ཁྲག་ཙར་རེ་སོང་། གོས་བཀྲུས་ནས་གཙུས་པ་དང་ཆུ་ཙ་ར་ར་འབབ། ལྟ་བུ་འབྱུང་ཚུལ་དང་། ས་འགུལ་བྱུང་ནས་ཁང་བ་གུལ་གུལ་གཡོ། གློག་སྐུད་གུ་ལུ་ལུ་བྱེད། ལྟ་བུ་འགུལ་ཚུལ་ཏེ། རྣམ་པ་སྤྱི་ཙམ་པ་ལ་སྒྲ་འདྲ་བ་གཉིས་རེ་དང་། དལ་བ་ལ་སོ་སོའི་མིང་གཞི་དང་རྗེས་འཇུག་ཚེག་གིས་བར་ཕྱེ་ཞིང་དེ་ལ་མིང་གཞིའི་དབྱངས་དྲངས་པ་དང་། མགྱོགས་ན་མིང་གཞི་ཕྱི་མ་དོར་བར་བྱའོ། །

མཐའ་རྟེན་ཅན་གཞན་དག་ཡིན་ན། ཐྲག་ཤིང་ཟླིག་ཟླིག་ལྡེམ། ཁྲི་རྐན་ལམ་ཏུ་ཏུངས་སེ་ཏུང་། ཚ་རྒྱུས་ནས་རྩ་སྦུད་སྦུད་བྱེད། གློག་ཞུ་ཁྲ་ཁྲ་རིག་རིག་མིག་རྗེབ་པ་ཇི་བཞིན་འཁྱུགས་སེ་འཁྱུག །སྔོ་ཐག་ཐག་ཐག་ཏུ་རྟུང་། ལྟ་བུ་འགུལ་ཚུལ་གྲག་ཚུལ་སོགས་སྤྱིར་བཏང་བ་ལ་སྒྲ་འདྲ་བ་གཉིས་རེ་དང་། ཅུང་ཙམ་དལ་བ་ལ་སྒྲ་གཉིས་རེའི་བར་དུ་སེ་སྒྲ་བསྣན་པ་དང་། མགྱོགས་པར་སྒྲ་གསུམ་བསྐྱར་བར་བྱའོ། །

གཟུགས་ཀྱི་དབྱིབས་སམ་ཁ་དོག་དང་། བྱ་བ་སོགས་ཀྱི་ཁྱད་ཆོས་ཙམ་མཚོན་པར། རི་འཛོང་འཛོང་། གོན་རྒྱུ་ལུག་ལུག །འོད་ལམ་ལམ། རྩྭ་སྔོ་སྔོ། ཏ་རྒྱུང་རྒྱུང་། ཏབ་ཏབ་པོར་ཡར་ལངས། མི་ལྷབ་ལྷབ་འབར། ལྟ་བུ་སོགས་དང་། དེ་རྣམས་སྒྲ་བུར་དུ་འགྱུར་བའམ་གསལ་བར་མངོན་པ་སོགས་ཀྱི་ཉམས་མཚོན་པར། ཁྱད་ཆོས་ཀྱི་མིང་གི་ཆ་ཤས་ཕྱི་མ་བསུབས་མཐར། རྗེས་འཇུག་རང་འདྲ་ཞིག་ལ་འགྲེང་བུ་སྦྱར་བ། མི་ཧུར་རེ་འབར། ཐག་པ་ཐུད་དེ་ཆད། རྡོ་རིང་ལྷན་ནེ་འགྲེང་། བཅོ་ལྔའི་ཟླ་བ་ལམ་མེ་བ། ལྟ་བུ་སོགས་དང་། ཡང་ན། ཁྱད་ཆོས་ཀྱི་མིང་འབྲེལ་ཆགས་པ་གཉིས་གཅིག་ཏུ་སྦྱར་མཐར། རྗེས་འཇུག་རང་འདྲ་ཨེ་དང་ལྡན་པ་ཞིག་སྦྱར་བ། མེ་ཏོག་དམར་ལྷེམ་མེ་བཞད། གཡག་རྐན་ནག་འཛོལ་ལེ་བ་ཞིག་ནོར་ཁྲུར་འོངས། གྲི་གུ་ཐག་དིར་རེ་སར་ལྷུང་། སློག་པ་ལྡི་སྡུག་གེ་བ་ཞིག་གྱོན། ལྟ་བུ་སོགས་སོ། །

གཉིས། མིང་གང་རུང་གི་ཆ་ཤས་སྔ་མར་དབྱངས་བཞི་གང་ཡང་མེད་པ་དང་། ཕྱི་མར་དབྱངས་བཞི་གང་རུང་ཞིག་སྦྱར་ཡོད་པ་སྟེ།

ཆལ་ཆོལ། ལྷན་ལྷིན། རྙང་རྙིང་། རྟབ་རྟོབ། ཐན་ཐུན། ལྷམ་ལྷེམ། ཕྱད་ཕྱོད། བྲང་བྲེང་། སྨུག་སྨོག །རྩབ་རྩུབ། ཚམ་ཚོམ། རྫན་རྫུན། ཞར་ཞོར། ཟམ་ཟིམ། འར་འུར། ཡར་ཡེར། རབ་རིབ། ལང་ལིང་། ཤར་ཤུར། སབ་སོབ། ཏུལ་ཏུལ། ལྟ་བུ་སོགས་སོ། །དེ་ཡང་གཟུགས་ཀྱི་དབྱིབས་སམ་རྣམ་པའམ་གཡོ་བ་གང་ཅིའི་ངང་ཚུལ་དང་། ཡིད་ཀྱི་འགྱུར་བ་སོགས་བསྐྱར་ཟློས་སུ་བྱུང་བར་མཚོན་ན། མིང་གང་གི་རྗེས་འཇུག་རང་འདྲ་ལ་འགྲེང་བུ་རེ་སྦྱར་བ། (ཆ་ཤས་སྔ་མའི་རྗེས་འཇུག་བསྡུས་ཚིག)དཔེར་ན། ཐ་གུ་ཐང་ངེ་ཐུང་ངེ་། ལམ་ཀྱ་གེ་ཀྱོག་གེ། གོན་རྒྱུ་རྙ་ངེ་རྙིང་ངེ་། རྐང་འགྲོས་ཁྱ་རེ་ཁྱོར་རེ། ཆང་འཐུངས་ནས་ཡ་རེ་ཡེར་རེ་ཡིན་དུས། མགོ་ན་ནས་སྣང་བ་ཁྲལ་ལེ་ཁྲུལ་ལེ་བྱས། ལྟ་བུ་སོགས་སོ། །

ཁ་ཅིག་གིས། ཀྲུག་ཀྲུག །ཐར་ཐོར། ལྷ་བུ་སོགས་ནི་ཀྲུག་གེ་ཀྲོག་གེ། ཐ་རེ་ཐོ་རེ་སོགས་ཀྱི་བསྡུས་ཚིག་ཡིན་ཟེར་བ་མ་ཡིན་ཏེ། ཀྲུག་ཀྲུག་དང་། ཐར་ཐོར་སོགས་ཁྱད་ཆོས་མཚོན་བྱེད་ཀྱི་ཐ་སྙད་དངོས་དང་། ཀྲུ་གེ་ཀྲོག་གེ་དང་། ཐ་རེ་ཐོར་རེ་སོགས་ཀྲུག་ཀྲུག་དང་། ཐར་ཐོར་སོགས་ཀྱི་བསྒྱུར་ཟློས་ཡིན་ནོ། །

དོན་ཚན་ལྔ་བ། བོད་སྐད་ཀྱི་སྒྲ་གདངས་འདྲེས་པར་འགྱུར་ཚུལ།

གངས་ཅན་སྐད་དུ་ཐ་སྙད་མང་པོ་ཞིག །
ངག་ནས་རྫོད་ཚེ་ཕན་ཚུན་བྱེད་རྩོལ་གྱིས། །
སྒྲ་གདངས་འདྲེས་པར་འགྱུར་བའི་གནས་ལུགས་འདི། །
ལེགས་པར་རྟོགས་ན་འཕྲི་སློག་ཀུན་ལ་ཕན། །

བོད་ཡིག་ནི་བོད་སྐད་ཀྱི་ཁྱད་ཆོས་ཐུན་མོང་བ་ཇི་བཞིན་གཏན་ལ་ཕབ་པ་ཡིན་པས། བོད་སྐད་དང་ཐོད་མི་ཐུག་ས་མེད་མོད། ཡིན་ན་ཡང་བོད་སྐད་ཀྱི་ཐ་སྙད་མང་པོ་ཞིག་ངག་ཏུ་བརྗོད་པར་སྒྲ་གདངས་འདྲེས་པར་འགྱུར་བའི་གནས་ལུགས་མ་རྟོགས་པ་གཙོ་བོར་བཟུང་བའི་ཁ་ཅིག་གིས། བོད་ཡིག་དང་བོད་སྐད་ཐོད་མི་ཐུག་ཅེས་བླ་བརྗོལ་སྨྲ་ཞིང་། ཀློས་གར་སོགས་ཀྱི་ཚིག་སྦྱོར་གོ་སླ་བར་བྱེད་ཆེད། ཁ་སྐད་ལྟར་ཡི་གེ་གང་འདོད་དུ་བྲིས་པ་དག་ཆ་ཉམས་པའི་དབང་གིས། གཞན་གྱིས་བལྟས་ན་ལྷག་པར་གོ་དཀའ་བར་གྱུར་སྣང་། ལ་ལས་དེ་ལུགས་མ་ཤེས་པར། ཡི་གེ་དག་པར་འབྲི་འདོད་འདོད་དུ་མ་དག་པ་ཡོལ་མེད་དུ་བྲིས་པའང་སྣང་། དེའི་ཕྱིར་འདིར་བོད་སྐད་ཀྱི་སྒྲ་གདངས་འདྲེས་པར་འགྱུར་ཚུལ་མདོར་བསྡུས་ཤིག་སྤྲོ་བར་བྱའོ། །

སྔོན་འཇུག་དང་མིང་གཞིའམ། ཚིག་ཁྱིམ་སྔ་ཕྱིའི་སྒྲ་གདངས་འགང་མི་

གཅིག་ཀྱང་། ངག་ནས་རྗོད་པའི་ཚེ། བྱེད་སྟོབས་ཀྱི་ཤན་པན་ཚུན་ཞུགས་ནས་སྒྲ་གདངས་འདྲེས་པར་གྱུར་འགྲོ་ལ། འདི་ནི་བརྗོད་བདེ་བའི་ བླ་ཐབས་ཤིག་སྟེ། སྒྲ་གདངས་གཉིས་མཐུད་ནས་མྱུར་བར་གློག་ཚེ། གནས་དང་བྱེད་པའི་སྦྱོར་བ་མི་འདྲ་བ་དེ་གཉིས་ཀའི་ཁྱད་ཆོས་ཇི་བཞིན་བསླུག་དགོས་ན། བརྗོད་མི་བདེ་ཕྱིར། དེ་གཉིས་ཀའི་སྒྲ་སྟོབས་འདྲེས་པར་བྱས་ནས་བརྗོད་བདེ་བར་བྱེད་པ་ཡིན་ནོ། །དེ་ལ་ལུགས་འབྱུང་སྒྲ་འགྱུར། ལུགས་ལྡོག་སྒྲ་འགྱུར། བྱེ་བྲག་སྒྲ་འགྱུར། ཡོངས་རྫོགས་སྒྲ་འགྱུར། ནང་གསེས་སྒྲ་འགྱུར། ཕྱི་རོལ་སྒྲ་འགྱུར་བཅས་རྣམ་པ་དྲུག་ཡོད་དོ། །

དང་པོ། ལུགས་འབྱུང་སྒྲ་འགྱུར།

མིང་གཅིག་གི་ཆ་ཤས་སྔ་མས་ཆ་ཤས་ཕྱི་མ་འདྲེས་པར་བྱེད་པ་ཞིག་ཡིན། དེ་ཡང་གཙོ་ཆེར་སྔ་མའི་རྗེས་འཇུག་གི་གནས་དང་བྱེད་པའི་སྟོབས་བ་བསྒྱིངས་པའི་ཤུགས་ཀྱིས། ཕྱི་མའི་མིང་གཞིའི་རང་སྒྲ་འབྱུང་ཁོམ་མེད་པར། སྔ་མའི་རྗེས་འཇུག་གི་སྒྲའི་ཁྱད་ཆོས་དང་འདྲེས་པར་འགྱུར་བ་ཡིན་ནོ། །དཔེར་ན།

ག ལག་པ་ལ་ལག་ཏྤ། ལས་ལེགས་པོ་ལ་ལས་ལེགས་ཏྤོ། གྲོགས་པོ་ལ་གྲོགས་ཏྤོ། མཐུག་པོ་ལ་མཐུག་གོ་ལྟར་གྲགས་པ་སོགས་ནི། སྔ་མའི་རྗེས་འཇུག་ག་ཡི་ལྕེ་རྩ་དང་མགྲིན་པའི་སྟོབས་བ་དབྱངས་ཀྱི་ང་རོ་དང་བཅས་པ་ཕྱི་མར་ཞུགས་ནས། ཕྱི་མའི་མིང་གཞིའི་སྒྲ་གྲག་ཚུལ་འདྲེས་པར་གྱུར་པའོ། །

ང ངང་བ་ལ་ངང་ང་། རྐང་དུང་ལ་རྐང་འདུང་། སེང་གེ་ལ་སེང་འགེ། སྟོང་པོ་ལ་སྟོང་འོང་ལྟར་གྲགས་པ་སོགས་སྔ་མའི་རྗེས་འཇུག་ང་དང་དབྱངས་ཀྱི་བྱེད་སྟོབས་ཀྱི་ཁྱད་ཆོས་ཕྱི་མའི་མིང་གཞིར་ཞུགས་ནས་སྣ་ནས་ རླུང་རྒྱུ་པས་སྒྲ་འདྲེས་པར་གྱུར་པའོ། །

ད བསྟོད་ར་ལ་བསྟོད་དྲ། སྐད་རིགས་ལ་སྐད་དྲིགས། བོད་ཡིག་ལ་བོད་ཅིག །འོད་ཟེར་ལ་འོད་ཙེར་ལྟར་གྲགས་པ་སོགས། སྔ་མའི་རྗེས་འཇུག་ད་ཡི་བྱེད་

རྩོལ་ཕྱི་མའི་མིང་གཞིར་ཞུགས་ནས་སྒྲ་འདྲེས་པར་གྱུར་པའོ། །

ན སྤྲིན་བུ་ལ་སྤྲིན་འབུ། ཚོན་པོ་ལ་ཚོན་འབོ། ཀུན་རིགས་ལ་ཀུན་འདྲིག །དོན་གྲུབ་ལ་དོན་འགྲུབ་ལྟར་གྲགས་པ་སོགས། སྔ་མའི་རྗེས་འཇུག་གི་ན་སྒྲ་ཕྱི་མའི་མིང་གཞིར་ཞུགས་ནས་སྒྲ་འདྲེས་པར་གྱུར་པའོ། །

མ སྐམ་པ་ལ་སྐམ་འབབ། ཐོམ་བུ་ལ་ཐོམ་འབུ། དམ་པེ་ལ་དམ་འབེ། འདམ་བག་ལ་འདམ་འབག་ལྟར་གྲགས་པ་སོགས། སྔ་མའི་མཆུ་བཙུམས་པའི་སྒ་སྒྲ་ཕྱི་མར་ཞུགས་ནས་སྒྲ་འདྲེས་པར་གྱུར་པའོ། །

འ ལྷ་ཁང་ལ་ལྷ་འང་། ཕ་ཞྭ་ལ་ཕ་ཡ། བཅུ་དྲུག་ལ་བཅུ་རུག །ཕྱི་དྲོ་ལ་ཕྱི་རོ་ལྟར་གྲགས་པ་སོགས། སྔ་མའི་ཤུགས་བསྟན་གྱི་འ་རྗེས་འཇུག་གི་རྩོལ་བ་ཕྱི་མར་ཞུགས་ནས་སྒྲ་འདྲེས་པར་གྱུར་པའོ། །

ར དཀར་པོ་ལ་དཀར་རོ། ནོར་བུ་ལ་ནོར་རུ། སེར་བ་ལ་སེར་རོ། སྐྱུར་པོ་ལ་སྐྱུར་རོ་ལྟར་གྲགས་པ་སོགས། སྔ་མའི་རྗེས་འཇུག་རའི་འདར་སྒྲ་ཕྱི་མར་ཞུགས་ནས་སྒྲ་འདྲེས་པར་གྱུར་པའོ། །

ལ ཡོལ་བ་ལ་ཡོལ་ལ། རིལ་བུ་ལ་རིལ་ལུ། གདལ་བུ་ལ་གདལ་ལུ། ཏུལ་དྲི་ལ་ཏུལ་རི་ལྟར་གྲགས་པ་སོགས་ལས། སྔོན་མ་གསུམ་གྱི་རྗེས་འཇུག་གིས་ཕྱི་མར་མཐུན་པར་བྱས་པ་དང་། རྗེས་མ་ནི་མིང་གཞི་དང་རྗེས་འཇུག་གཉིས་ཀས་ཕྱི་མར་མཐུན་པར་བྱས་བྱུང་།

ས དཔའ་རིས་སྐད་དུ། ཚོས་པ་ལ་ཚོས་བསའ། རྩིས་པ་ལ་རྩིས་བསའ། གཉིས་ཀ་ལ་གཉིས་སྐ། ལས་ཀ་ལ་ལས་སྐ་ལྟར་གྲགས་པ་སོགས། སྔ་མའི་རྗེས་འཇུག་གི་བྱེད་རྩོལ་ཕྱི་མར་ཞུགས་ནས་སྒྲ་འདྲེས་པར་གྱུར་པ་དང་། རོགས་པ་ལ་རོགས་བསའ་ཞེས་གྲགས་པ། ཡང་འཇུག་གི་སྒྲ་ཕྱི་མར་ཞུགས་ནས་འདྲེས་པར་གྱུར་པའོ། །

གཉིས་པ། ལུགས་ལྡོག་སྒྲ་འགྱུར།

མིང་གཅིག་གི་ཆ་ཤས་ཕྱི་མས་ཆ་ཤས་སྔ་མ་འདྲེས་པར་བྱེད་པ་སྟེ། ཕྱི་མའི་སྔོན་འཇུག་གི་བྱེད་རྩོལ་སྟེན་ལ་ཤོར་ནས། སྔ་མའི་མིང་གཞིའམ་རྗེས་འཇུག་ལ་ཁྱད་ཆོས་དེ་ཞུགས་ནས་སྒྲ་འདྲེས་པར་འགྱུར་བ་ཡིན། དཔེར་ན། ས་གཞི་ལ་སག་གཞི། མདའ་གཞུ་ལ་མདག་གཞུ་ལྟར་གྲགས་པ་ནི། ཀློག་མགྱོགས་པའི་དབང་གིས། སྔ་མའི་འ་མཐའ་དངོས་ཤུགས་ཅི་རིགས་ཀྱི་སྒྲ་མ་ཐོན་པར། ཕྱི་མའི་གས་འཕུལ་གྱི་སྒྲ་ཐོན་བྱུང་བའི་ཕྱིར་རོ། །

མི་དགོས་ལ་མིར་དགོས་དང་། མ་དཀའ་ཐལ་ལ་མར་དཀའ་ཐལ་ལྟར་གྲགས་པ་ནི། དས་འཕུལ་གྱི་བྱེད་རྩོལ་སྔ་མའི་འ་མཐའ་ལ་ཞུགས་ཤིང་རླུང་གིས་བསྐྱོད་ནས་ཙུང་ཟད་འདར་བྱུང་བའི་ཕྱིར་རོ། །རྒྱུ་མཚན་ལ་རྒྱུམ་ཚན། རྒྱལ་མཚན་ལ་རྒྱན་མཚན་ལྟར་གྲགས་པ་ནི། ཕྱི་མའི་སྔོན་འཇུག་གི་བྱེད་རྩོལ་སྔ་མའི་རྗེས་འཇུག་ལ་ཞུགས་ནས་མཆུ་བཙུམས་པའི་སྣ་སྒྲ་ཐོན་བྱུང་བའི་ཕྱིར་རོ། །

གོ་འཕང་ལ་འགོ་འཕང་ལྟར་གྲགས་པ་ནི། ཕྱི་མའི་འ་སྔོན་འཇུག་གི་སྒྲ་སྔ་མའི་མིང་གཞིར་ཞུགས་ནས་སྒྲ་ཟེར་ཡང་བར་གྱུར་པ་དང་། དཀྱིལ་འཁོར་ལ་དཀྱིན་འཁོར་ལྟར་གྲགས་པ། འས་འཕུལ་གྱི་བྱེད་རྩོལ་སྔ་མའི་ལ་མཐར་ཞུགས་ནས། ལ་སྒྲ་འན་སྒྲར་གྱུར་པའི་ཕྱིར་རོ། །

གསུམ་པ། བྱེ་བྲག་སྒྲ་འགྱུར།

བྱེད་རྩོལ་གྱི་དབང་གིས། མིང་གི་ཆ་ཤས་གཅིག་གི་བྱེ་བྲག་ཆ་ཤས་ཅིག་ཤོས་ཀྱི་ཚབ་བྱས་ནས་སྒྲ་འདྲེས་པར་འགྱུར་བ་དང་། ཆ་ཤས་གཅིག་གི་བྱེ་བྲག་སྟེ་དབྱངས་བརྗེས་ནས། ཆ་ཤས་ཅིག་ཤོས་དང་སྒྲ་འདྲེས་པར་འགྱུར་བ་རིགས་གཉིས

ཡོད་དེ། སྔ་མ་དཔེར་ན།

དར་བ་ལ་དར་ར་དང་། ཕུར་བ་ལ་ཕུ་ར་དང་། ཕྱུར་བ་ལ་ཕྱུ་ར་ལྟར་གྲགས་པ་ནི། ཆ་ཤས་སྔ་མའི་རྗེས་འཇུག་ར་དེ་ཆ་ཤས་ཕྱི་མའི་བའི་ཚབ་བྱས་ནས། ཕྱི་མ་སྔ་མའི་བྱེ་བྲག་ཙམ་དུ་སྒྲ་འདྲིས་པར་གྱུར་པ་ལྟ་བུའོ། །

ཕྱི་མ་དཔེར་ན། བུ་མོ་ལ་བོ་མོ་ལྟར་གྲགས་པ། སྨད་པའི་ང་རོ་དང་བསྟོད་པའི་ང་རོ་མཐོ་དམན་མི་གཅིག་པ་གཉིས་མཐུད་ནས་ཀློག་ཚེ་བརྗོད་མི་བདེ་ཕྱིར། སྒྲ་འཕང་མཉམ་པར་བྱས་ནས་སྔ་མའི་ཞབས་ཀྱུ་ཕྱི་མའི་ན་རོའི་དབང་དུ་ཤོར་བ་དང་། བཅུ་ལྔ་ལ་བཅོ་ལྔ་དང་། བཅུ་བརྒྱད་ལ་བཅོ་བརྒྱད་དུ་བྲིས་པ་ཡང་། སྨད་པའི་ང་རོ་དང་དྲང་བའི་ང་རོ་མཐུད་ནས་འདོན་ཚེ་བརྗོད་མི་བདེ་བས། ཕན་ཚུན་སྡེབ་མཐུན་པར་བཅོས་ནས། སྔ་མའི་བྱེ་བྲག་སྟེ་ཞབས་ཀྱུ་ན་རོར་བརྗེས་ཏེ། བསྟོད་པའི་ང་རོ་དང་དྲང་བའི་ང་རོ་སྡེབ་མཐུན་པར་གྱུར་པ་ལྟ་བུའོ། །

བཞི་བ། ཡོངས་རྫོགས་སྒྲ་འགྱུར།

ཁྱད་གཞིའམ་ཚིག་གྲོགས་གཞན་དང་འབྲེལ་བའི་མིང་གཅིག་གི་ཆ་ཤས་གཉིས་སྦྱར་བར་ཀློག་ཚེ། ཕན་ཚུན་ཤན་ཞུགས་ནས་ཡོངས་རྫོགས་སྒྲ་གཅིག་ཏུ་འདྲིས་པར་འགྱུར་བ་ཞིག་སྟེ། དཔེར་ན།

སྒོ་ང་། སླ་ང་། པོ་ཏི་ལྟ་བུ་སོགས། དྲུག་སྒྲ་བསྡུས་ནས་ཁྱད་གཞི་དང་ཐད་ཀར་སྦྱར་ཚེ། བྱ་སྒོང་། ཁྲོ་སླང་། གསུང་པོད་ལྟར་སྒྲ་གཅིག་ཏུ་འདྲིས་པར་གྱུར་པས། དེ་བཞིན་བྲིས་པའོ། །

བྱུ་རུ། རྡོ་རྗེ། ཤེས་རབ་ལྟ་བུ་སོགས་ཚིག་གྲོགས་དང་འབྲེལ་ཚེ། བྱུར་དཀར། ཕྱག་རྡོར། ཤེར་འོད་ལྟར་སྒྲ་གཅིག་ཏུ་འདྲིས་པར་གྱུར་པས། དེ་བཞིན་བྲིས་པ་ཡིན་ནོ། །

གཞན་ཡང་། ཐྲ་བ་ལ་ཐོའི་དང་། འཕྱི་བ་ལ་འཕྱོའི་དང་། མཆེ་བ་ལ་མཆོའི་ལྟར་གྲགས་པ་སོགས་ཀྱང་། རྗེས་འཇུག་འ་དང་མིང་མཐའ་བའི་བྱེད་རྩོལ་ཕན་ཚུན་ཤན་ཞུགས་ནས། ཡོངས་རྫོགས་སྒྲ་གཅིག་ཏུ་འདྲེས་པར་གྱུར་པ་ཡིན་ནོ། །

ལྔ་བ། ནང་གསེས་སྒྲ་འགྱུར།

མིང་གཅིག་གི་ནང་གསེས་སྔོན་འཇུག་དང་མིང་གཞིའི་བྱེད་རྩོལ་ཕན་ཚུན་ཤན་ཞུགས་ནས་སྒྲ་འདྲེས་པར་འགྱུར་བ་ཞིག་ཡིན་ལ། ཨམ་སྐད་དུ་སྔོན་འཇུག་ལྔ་པོའི་སྒྲའི་ཟུར་མངོན་པར་ཐོན་པའི་དབང་གིས། མིང་གཞི་སྐོར་ཞིག་གི་ཀློག་ཚུལ་སྔོན་འཇུག་གི་བྱེད་རྩོལ་གྱི་ཁྱད་ཆོས་དང་ལྡན་པར་གྱུར་ཡོད། དཔེར་ན།

གཞན་ལ་གཡན་ལྟར་ཀློག་པ་ནི། ག་སྔོན་འཇུག་གི་མགྲིན་པ་དང་ལྕེ་རྩའི་བྱེད་རྩོལ་གྱིས། མིང་གཞི་ཞ་ཡི་གནས་དང་བྱེད་པའི་ཕྲད་ས་ལྷག་ཀར་བསྒྱུར་ནས་སྒྲ་ཅུང་ཟད་ལྕི་བའི་ཡ་ལྟར་གྲགས་སོང་། བཞག་ལ་བཡག་ལྟར་ཀློག་པ་ནི། བ་སྔོན་འཇུག་གི་བྱེད་རྩོལ་མཆུ་ཡིན་ཞིང་། ལྕེའི་རྩོལ་བ་མེད་པའི་དབང་གིས། མིང་གཞི་ཞ་ཡི་ལྕེ་རྩེ་དང་ཉེ་བའི་བྱེད་པ་རྐན་ལ་རེག་པ་དང་བྲལ་ནས། ཞའི་ཚ་དང་ལྡན་པའི་ཡ་ལྟར་གྲགས།

དཔའ་ལ་དཔྭའ་ལྟར་ཀློག་པ་ནི། སྔོན་འཇུག་ད་ཡི་ལྕེ་རྩེ་སོ་རྩར་ཕྲད་པ་ལས་མཆུ་ཡི་རྩོལ་བ་མེད་པའི་དབང་གིས། མིང་གཞི་པ་ཡང་མཆུ་བཙུམ་པའི་རྩོལ་བ་ཏ་ལམ་མེད་པར་གྱུར་ནས་ཏྭ་ལྟར་གྲགས།

དབང་ལ་དྭང་ལྟར་ཀློག་པ་ཡང་། སྔོན་འཇུག་ད་ཡི་བྱེད་རྩོལ་གྱིས་མིང་གཞི་བ་ཡང་སོ་མཆུ་མ་རེག་པ་ཙམ་དུ་རང་ཆ་དང་ལྡན་པའི་ཝ་ལྟར་གྲགས། འབར་ལ་སྣ་སྒྲ་དང་ལྡན་པའི་བར་ལྟར་ཀློག་པ་ནི། སྔོན་འཇུག་འ་ཡི་སྒྲ་མགྲིན་པ་ལས་བྱུང་ཞིང་རླུང་སྣ་ནས་འགྲོ་བའི་དབང་གིས། མིང་གཞི་བ་ལ་སྣ་སྒྲ་ཞུགས་ནས་འབབ་ལྟར་གྲགས།

གཞན་ཡང་། སྔོན་འཇུག་རྣམས་ཀྱི་སྒྲ་དྲག་ཞན་བར་མའི་ཁྱད་པར་གྱིས། མིང་གཞིའི་སྒྲ་ཡང་སྔོན་འཇུག་དང་འདྲེས་པར་འགྱུར་བ་སུས་ཀྱང་གསལ་ཏེ། འདིར་མ་སྤྲོས་སོ། །

དྲུག་པ། ཕྱི་རོལ་སྒྲ་འགྱུར།

མིང་གང་ཞིག་ཕྱི་རོལ་གྱི་ཕྲད་གང་དང་འབྲེལ་ཡང་། རྗེས་འཇུག་གི་བྱེད་རྩོལ་གྱིས་ཕྲད་དེ་ཉིད་ཀྱི་སྒྲ་རང་དང་འདྲེས་པར་བྱས་བྱུང་ལ། དཔེར་ན། ཞིང་ལ་ཆུ་འདྲེན། དམག་ལ་ཞུགས། རྒྱལ་ཁབ་ལ་ཕན་འདོགས། སུ་ལ་དགའ་སོགས་ལ། ཞིང་ང་ཆུ་འདྲེན། དམག་ག་ཞུགས། རྒྱལ་ཁབ་བ་ཕན་འདོགས། སུ་འ་དགའ། ཟེར་བ་ལྟ་བུའོ། །

བསྐོར་ནས་འགྲོ། འཐབ་ནས་རྒྱལ། ཡོང་ནས་བསྡད། བསམས་ནས་དགའ་སོགས་ལ། བསྐོར་རས་འགྲོ། འཐབ་བས་རྒྱལ། ཡོང་ངས་བསྡད། བསམས་མས་དགའ། ཟེར་བ་ལྟ་བུ་ལ་སོགས་པའོ། །

གཞན་ཡང་། ཡོད་དོ། །ཡིན་ནོ། །བཟང་ངོ་། །ལགས་སོ། །ལྟ་བུ་རྫོགས་ཚིག་གི་ཐོབ་ཐང་དང་། འགྲིག་གམ། རེད་དམ། ཤེས་སམ། གོའམ། ལྟ་བུ་འདྲིད་སྡུད་ཀྱི་ཐོབ་ཐང་ལ་སོགས་པའང་རིགས་འདིའི་ཁོངས་སུ་གཏོགས་པའོ། །

མདོར་བསྡུས་ན། བོད་སྐད་ཀྱི་ཐ་སྙད་ཕལ་ཆེར་ངག་ནས་རྗོད་པའི་ཚེ། སྒྲ་གདངས་ཕན་ཚུན་ཐོགས་པ་མེད་པས། སོ་སོའི་གནས་དང་བྱེད་པའི་སྦྱོར་བ་ཇི་བཞིན་ཟུར་ཕྱིན་པར་འདོན་ཐུབ་བྱས་ན། ཡི་གེར་དག་ཆ་ཐོན་སླ། ཡིན་ན་ཡང་། ཐ་སྙད་སྐོར་ཞིག་ཟུར་ཕྱུང་ནས་མགྱོགས་པར་གློག་ཚེ། བྱེད་རྩོལ་ཕན་ཚུན་ཐོགས་ནས་བརྗོད་མི་བདེ་བར་གྱུར་འགྲོ། སྐྱོན་འདི་སེལ་བྱེད་ལ། ངག་གི་གོམས་གཤིས་ལས་བྱེད་རྩོལ་ཕན་ཚུན་ཤན་ཞུགས་ནས་སྒྲ་གདངས་འདྲེས་པར་འགྱུར་བའི་

གནས་ལུགས་འདི་བྱུང་བ་རེད། དེ་ལ་ཡི་གེ་སྒྲ་ལྟར་བྲིས་པ་ནི། དོན་ལ་འཁྲུལ་བ་མེད་པའི་ཕྱིར་ཡིན་ལ། ཡི་གེ་སྒྲ་ལྟར་མ་བྲིས་པ་ནི། དོན་ལ་འཁྲུལ་བ་འབྱུང་སྲིད་པས་རང་སོར་བཞག་པ་ཡིན་ནོ། །གནས་ལུགས་འདི་ལེགས་པར་རྟོགས་ན། བོད་ཡིག་དང་བོད་སྐད་འབྲེལ་ཇི་ལྟར་ཆགས་པའི་ཞིབ་ཆ་ཁོང་དུ་ཆུད་ནས། ཡི་གེ་བརྟོན་ན་ངག་གི་ཉམས་ཐོན་ཅིང་། བརྗོད་བྱ་བྲིས་ན་ཡི་གེའི་དག་ཆ་ཐོན་པས། འབྲི་ཀློག་ཀུན་ལ་ཕན་ཐོགས་ཆེའོ། །

ལེའུ་གསུམ་པ། བྱ་བའི་མིང་གི་ཡིག་གཟུགས་འགྱུར་ལུགས་བཤད་པ།

དོན་ཚན་དང་པོ། བྱ་བའི་མིང་གི་ཡིག་གཟུགས་འགྱུར་ལུགས།

མིང་གི་རིགས་ལས་དངོས་པོའི་མིང་དང་། ཁྱད་ཆོས་ཀྱི་མིང་དང་། གྲངས་ཀའི་མིང་བཅས་བརྗོད་བྱའི་ཆོས་དེ་རིགས་དང་འདྲ་བར་གནས་སྐབས་སུ་འགྱུར་བ་མེད་པར་སྣང་བས་ན། རྗོད་བྱེད་ཀྱི་སྒྲ་ཡང་རང་སོར་གནས་པར་བརྟེན། དེ་མཚོན་བྱེད་ཀྱི་ཡིག་གཟུགས་ཀྱང་འགྱུར་བ་མེད་པས། བློ་ལ་འཛིན་སླ་ཞིང་། དོན་ལ་འཇུག་བདེ་མོད། བྱ་བའི་མིང་ནི་སེམས་ཅན་གྱི་རྩོལ་བ་དང་། བེམ་པོའི་འགྱུར་བ་མཚོན་བྱེད་ཀྱི་བརྡ་ཡིན་ཏེ། བརྗོད་བྱ་དེ་ཚོར་དུས་ཀྱི་རྣམ་བཞག་དང་། བདག་གཞན་གྱི་དབྱེ་བ་ཡོད་པས། དེ་རྗོད་བྱེད་ཀྱི་སྒྲ་ལའང་ཁྱད་པར་ཡོད་ལ། དེ་མཚོན་བྱེད་ཀྱི་ཡིག་གཟུགས་ལའང་དུས་གསུམ་སྐུལ་ཚིག་དང་བཞིའི་རྣམ་དབྱེ་ཡོད་པར་མ་ཟད། བདག་གི་ཁོངས་གཏོགས་བྱེད་པ་པོ་དང་འབྲེལ་བའི་བྱ་བ་སྐྱེ་བྱེད་པའི་ལས་དང་། གཞན་གྱི་ཁོངས་གཏོགས་བྱ་བའི་ཡུལ་དང་འབྲེལ་བའི་བྱ་བ་སྐྱེ་བྱ་བའི་ལས་དང་། བདག་གཞན་གང་དུའང་མི་གཏོགས་པའི་བྱ་བྱེད་ཐ་མི་དད་པ་སྟེ། རང་གི་ངང་གིས་གྲུབ་པར་སྣང་བའི་བྱ་བ་ཡང་ཡོད་པའི་དབང་གིས། བྱ་བའི་མིང་གི་འགྱུར་ལུགས་དེ་དག་མ་ཤེས་ན། འབྲི་ཀློག་འཆད་གསུམ་སྒྲ་གཟུགས་དོན་

གསུམ་ཇི་ལྟ་བ་བཞིན་དུ་འཕྲོད་དཀའ་སྟེ། རང་སྐད་གོམས་ཤུགས་ཀྱིས་ཇི་ལྟར་འཇུག་པ་ཤེས་ཀྱང་། ཅི་ཕྱིར་འཇུག་པ་མི་ཤེས་པས། ཡིག་སྐྱོན་བྱུང་བ་ཚིག་སྐྱོན་དོན་སྐྱོན་དུ་འགྱུར་སྲིད། བྱ་བའི་མིང་གི་ཡིག་གཟུགས་འགྱུར་ལུགས་དང་། བྱ་བའི་མིང་དངོས་པོའི་མིང་དུ་འཇུག་པའི་རྣམ་བཞག་སོགས་ཁོང་དུ་ཆུད་ན། ཚིག་སྦྱོར་ཚུལ་ལ་མགོ་མི་རྨོངས་པས། འཆད་རྩོད་རྩོམ་གསུམ་དུ་ཐོགས་པ་མེད་འགྲོ་སྟེ། ཚོགས་གསུམ་དག་ཅིང་གསལ་བ། ངག་ཕྲེང་ཚགས་དམ་པ། གོ་རིམ་འབྲེལ་ཆགས་པ། ཚིག་ཉུང་དོན་རྒྱས། ཐོས་དགའ་མཐོང་སྡུག་སོགས་ཀྱི་པོགས་ཐོན་ནས། འདོད་པ་ཇི་བཞིན་སྨྲ་བའི་མཆོག་ཏུ་འགྱུར་སྲིད།

བྱ་བའི་མིང་གི་ཡིག་གཟུགས་འགྱུར་ལུགས་ཀྱི་གནད་མ་ཟིན་ན། ཡིག་གཟུགས་བཞི་འགྱུར། གསུམ་འགྱུར། ཉིས་འགྱུར། མཐའ་ན་མི་འགྱུར་བའང་ཡོད་དེ། ཉོག་འཛིངས་ཆེ་བའི་ཚུལ་དུ་སྣང་བས། རྩིད་སྐྱུད་མགོ་བྲིགས་ཁབ་མིག་ཏུ་ཚུད་དཀའ་བའི་དཔེར་འགྲོ་སྲིད་ཀྱང་། དད་པའི་ཨ་ལོང་ཡོད་ན། འདྲེན་པའི་ལྕགས་ཀྱུས་ཟིན་ན། འཛིག་རྟེན་ཁམས་ཀྱི་དངོས་པོ་གང་དང་གང་ཡིན་པའི་འགྱུར་ཚུལ་ལ་ངེས་སྲོལ་རེ་ཡོད། ཆོས་ཉིད་དེ་རྟོགས་ན། གཞན་དབང་གི་སྡུག་བསྔལ་དེ་རང་དབང་གི་བདེ་བར་བསྒྱུར་ཐུབ། དེ་བཞིན་བྱ་བའི་མིང་གི་ཡིག་གཟུགས་འགྱུར་ལུགས་ལ་རྩད་བཅད་ཅིང་མཐའ་དཔྱད་ན། ངེས་སྲོལ་མངའ་བརྙེས་པར་འགྱུར་པས། དཀར་ནག་རྒྱ་འཐབ་པའི་མདུད་འཕྱིང་རྣམ་པར་གྲོལ་ནས། བསླབ་ལ་མར་ལས་སྤྲ་ཕྱུང་བ་བཞིན། གོ་སླ་ཞིང་འཕྲིར་བདེ་བ། ཚོགས་ཆུང་ལ་དོན་ཆེ་བ་ཞིག་འོང་། འཇུག་ལ་ཁ་གསལ་ཞིང་དོན་འཕྱོར་བ། གོ་བརྡ་སྤྲོད་མཁས་པ་ཞིག་འོང་། དེའི་ཕྱིར་འདིར་རྟགས་འཇུག་གི་དགོངས་པ་དང་བསྟུན་ནས། བྱ་བའི་མིང་གི་དུས་ཀྱི་རྣམ་བཞག་གི་ཞིབ་ཆ་དང་། བྱ་བའི་མིང་གི་ཡིག་གཟུགས་འགྱུར་ལུགས་དང་། བྱ་ལས་དང་བྱེད་ལས་ཕན་ཚུན་རྟེན་ཅིང་འབྲེལ་བའི་འགྱུར་ལུགས་སོ་སོར་ཕྱེ་ནས་བསྟན་པར་བྱའོ། །

ནོན་ཆན་གཉིས་པ། བྱ་བའི་མིང་གི་དུས་ཀྱི་རྣམ་བཞག

འདུས་བྱས་གང་ཡང་མི་རྟག་པ་ཡིན་ཏེ། དེ་ལ་རྒྱུ་དུས་ཀྱི་མ་སྐྱེས་པའི་ཆ་དང་། རང་དུས་ཀྱི་སྐྱེས་ལ་མ་འགགས་པའི་ཆ་དང་། འབྲས་དུས་ཀྱི་སྐྱེས་ཟིན་འགགས་པའི་ཆ་གསུམ་རེ་ཡོད་པའི་དབང་གིས། འགྱུར་ལྡོག་དེ་དག་མཚོན་བྱེད་ཀྱི་བྱ་བའི་མིང་ལ་ཡང་མ་འོངས་པ་དང་། ད་ལྟ་བ་དང་། འདས་པ་སྟེ། དུས་གསུམ་གྱི་ཁྱད་པར་ཡོད་དོ། །དེར་བརྟེན་བྱ་བའི་མིང་ཚིག་སྦྱོར་དུ་འཇུག་ཚེ། དུས་སྤྱི་དང་བྱེ་བྲག་གི་བབ་དང་བསྟུན་རྒྱུ་ཧ་ཅང་གལ་ཆེའོ། །

དང་པོ། བྱ་བའི་མིང་གི་དུས་གསུམ་སྤྱི་ཁྱབ་པ།

བྱ་བའི་མིང་གི་དུས་ཀྱི་རྣམ་བཞག་སྤྱིར་བཏང་བ་ལ། འདས་མ་འོངས་ད་ལྟ་གསུམ་དུ་ཕྱེད་ཅིང་། གཏམ་གླིང་བའི་གནས་སྐབས་ནི་ད་ལྟ་བ་ཡིན་ལ། དུས་འདི་ལ་བལྟོས་ནས་དུས་ཚོད་སྐད་ཅིག་སྔ་མ་ཡན་ཆད་དུས་འདས་པ་དང་། སྐད་ཅིག་ཕྱི་མ་མན་ཆད་དུས་མ་འོངས་པ་ཡིན། དེ་རིང་གི་དུས་ད་ལྟ་བ་འདི་ལ་བལྟོས་ནས། ཁ་སང་ཕན་ཆད་དུས་འདས་པ་དང་། སང་ཉིན་ཕྱིན་ཆད་དུས་མ་འོངས་པ་ཡིན། ཟླ་དང་། ལོ་དང་། དུས་རབས་དང་། བསྐལ་བ་སོགས་ཀྱང་རིགས་འགྲེས། དེ་བཞིན་ལས་སམ་དོན་གང་བྱས་ཟིན་པའམ་བྱུང་ཟིན་པ་ནི་འདས་པ་དང་། བྱེད་བཞིན་པའམ་འབྱུང་བཞིན་པ་ནི་ད་ལྟ་བ་དང་། བྱེད་པར་འགྱུར་བའམ་འབྱུང་བར་འགྱུར་བ་ནི་མ་འོངས་པ་སྟེ། དེ་རྣམས་མཚོན་བྱེད་ཀྱི་བྱ་བའི་མིང་ཡང་དུས་ཀྱི་རྣམ་བཞག་ལྟར་འཇུག་པ་རྟགས་ཀྱིས་མཚོན་པ་གཤམ་གསལ།

བྱུང་བ་མི་རྟོག་བཞད་སར། མ་བོས་མགྲོན་དུ་ཕེབས་སྣང་།

ལྟ་བུ་བྱུང་ཟིན་པ་དང་།

ཟླ་བ་བཅུ་ཡི་བར་དུ་ལུས་ལ་བཟུང་། །
བཙས་ནས་ཉིན་མཚན་ཤ་ཡི་རྡོད་ལ་སྦྱར། །
སྙན་པར་བོས་ཤིང་བརྩེ་བའི་འཛུམ་གྱིས་བསུས། །
སོར་བཅུའི་རྩེ་ལ་གཡེངས་ཏེ་ནུ་ཞོས་གསོས། །
གཉིད་དང་ལྟོ་བཅག་ཡིད་བཞིན་ནོར་ལྟར་བསྲུངས། །
དེ་ཡི་དྲིན་ལན་ཆོས་ཀྱིས་འཕོར་བར་ཤོག །

(དཀོན་མཆོག་བསྟན་པའི་སྒྲོན་མེའི་ཕ་མའི་དྲིན་གཟོ་ཚུལ་ལས)

ལྟ་བུ་བྱས་ཟིན་པ་བརྗོད་པ་ཡིན་པས། བྱ་བའི་མིང་འདས་པ་སྦྱར་བའོ། །

ཡིད་འོང་ཆུ་འཛིན་འཁྲིག་པའི་གློང་དཀྱིལ་ནས། །
གསལ་ལེར་འཁྱུག་པའི་གློག་གི་རྩེ་དགའ་དང་། །
ལྷན་ཅིག་དབྱར་རྔ་སྙན་པར་གྲག་བཞིན་དུ། །
ཆར་རྒྱུན་ཟིམ་བུར་བབས་འདི་ཞིང་པའི་གསོས། །

(ཚིག་རྒྱན་རིག་པའི་སྒོ་འབྱེད་ལས)

ལྟ་བུ་འབྱུང་བཞིན་པ་དང་།

ལུས་ས་ལ་འགྲེ་ལྡོག་པ་དང་། སྐྲ་འབལ་ཞིང་། བྲང་རྡུང་། ངག་ཡུམ་སྲས་ཀྱི་མཚན་ནས་འབོད་ཅིང་ངོ་དོད་བྱེད། ཡིད་མྱ་ངན་དང་འཁྲོད་པས་རབ་ཏུ་གདུང་བའི་ཚེ།

(བྱ་མགྲིན་སྔོན་ཟླ་བའི་རྟོགས་བརྗོད་ལས)

བྱེད་བཞིན་པ་བརྗོད་པ་ཡིན་པས་བྱ་བའི་མིང་ད་ལྟ་བ་སྦྱར་བའོ། །

དཔྱིད་ཀའི་རྡོད་འབབ་པའི་དུས། དར་དང་ཁ་བ་ཞུ་ལ། རྩི་ཤིང་སོགས་སྐྱེ་རྒྱུ་རེད།

ལྷ་བུ་འབྱུང་བར་འགྱུར་བ་དང་།

ཡང་དང་ཡང་དུ་བལྟ་དགོས་ལ། བལྟས་པ་རྣམས་ལ་བསམ་དགོས་སོ། །

ལྷ་བུ་བྱེད་པར་འགྱུར་བ་བརྗོད་པ་ཡིན་པས་བྱ་བ་མ་འོངས་པ་སྟོན་པའོ། །

བྱ་བའི་མིང་གི་དུས་གསལ་བྱེད་ཀྱི་སྒྲ་དུས་གསུམ་སོ་སོར་དུ་མ་རེ་ཡོད་དེ། བྱ་བ་འདས་པ་གསལ་བྱེད་ཀྱི་སྒྲ་ལ། ཟིན། ཚར། གྱུར། བྱུང་། སོང་། བྱས། སྐྱོང་སོགས་ཡོད། དཔེར་ན། དཔེ་ཆ་བསྒྲིགས་ཟིན་དཔར་བྱུང་བཙོངས་ཚར་བས། བཞིན་རས་འཛུམ་པར་གྱུར་ནས་དགའ་སོང་ངོ་། །ལྷ་བུ་དང་། ཨ་མདོའི་ཕལ་སྐད་དུ། བྱ་བ་འདས་པ་གསལ་བྱེད་ཀྱི་སྒྲ། བྱ་བ་བྱས་ཟིན་པ་ལ་བཏང་དང་། འགྱུར་ལྡོག་དལ་གྱིས་བྱུང་ཟིན་པ(བལྟས་ན་མི་གོ་བ)ལ་བཞག་དང་། འགྱུར་ལྡོག་མྱུར་དུ་བྱུང་ཟིན་པ་ལ་སོང་ཞེས་པ་སྦྱར་ཅིང་རྫོགས་ཚིག་དགོས་ན་ཟིག(ཟེ)ཅེས་སྦྱར། དེ་དག་རིམ་བཞིན་དཔེར་བརྗོད་ན།

ཡི་གེ་བྲིས་བཏང་ཟིག །ཡུལ་ལ་བསྐྱུར་བཏང་ང་(ལ)།

རྣལ་འབྱོར་སྐྱིད་ལ་གྲོགས་པོ་བསླེབས་བཞག །
གཅིག་པུར་སྐྱོ་བ་ལྷག་མེད་སངས་ཐལ། །
སྒྲོ་བུར་དགའ་སྤྲོ་ཉི་མ་ཤར་བཞག །(ཞལ་དཀར་བའི་རྣམ་ཐར་ལས)

ཧ་འདྲོགས་སོང་། སྣ་ལྡུང་སོང་། སྤ་ཏུ་ཆག་སོང་ཟིག

ལྷ་བུ་སོགས་སོ། །

དེས་ན་འགའ་ཞིག་གིས་ཁ་སྐད་དུ། ཉི་མ་ཤར་སོང་། ཧ་བརྒྱུགས་

བཞག །དར་ཆགས་བཏང་ཟིག །ཟེར་བ་འདྲ་བྲིས་པ་བོད་སྐད་ཀྱི་བཤད་སྲོལ་དངོས་དང་འགལ་ལོ། །

གཞན་ཡང་། སྦྱོང་ཞེས་བྱ་བས་བྱས་ཟིན་པ་བསྟན་པའི་དབང་གིས་བྱ་བའི་མིང་འདས་པ་མི་འཇུག་པར་ད་ལྟ་བ་འཇུག་པའི་སྲོལ་ཡང་ཡོད་དེ། སློག་བརྙན་དེ་ངས་ལྟ་སྦྱོང་། ཁོ་ལྷ་ས་ལ་འགྲོ་མ་སྦྱོང་ཟིག །ལྟ་བུའོ། །

བྱ་བ་ད་ལྟ་བ་གསལ་བྱེད་ཀྱི་སྒྲ་ལ། བཞིན། ཡོད། འདུག །གདའ། མཆིས། སྣང་། བྱེད་སོགས་དང་། འབྲེལ་སྒྲ་ན་རྗེན་ཅན(ཀྱིན་གྱིན་གིན་ཡིན)དང་། ཅིང་ཞིང་ཤིང་སོགས་ཀྱིས་མཚམས་སྦྱར་ནས་འཇུག་སྟེ། སློབ་གྲྭགས་ལ་ལས་འབྲི་བཞིན་པ། ལ་ལས་དཔེ་ཆ་འདོན་གྱིན་གདའ། ལ་ལས་གློག་བྲ་ལྟ་ཡིན་མཆིས། ལ་ལས་རྩིས་རིག་སྦྱོང་གིན་སྣང་། ལ་ལས་རྩད་བསྐུར་བྱེད་ཅིང་འདུག །ཚང་མས་ལས་ལ་བརྩོན་པར་བྱེད་དོ། །ལྟ་བུ་དང་། ཨམ་སྐད་དུ་བྱ་བ་བྱེད་བཞིན་པའམ་འབྱུང་བཞིན་པའི་ཚིག་གྲོགས་སུ་གོ་ཞེས་པ་འཇུག་ཅིང་། གོ་ནི་གི་ཡོད་ཅེས་པའི་ཚིག་སྡུད་ཡིན་ཏེ། ཅི་ཞིག་བཟོ་གི་ཡོད་ལ། ཅི་ཞིག་བཟོ་གོ་ཟེར་བ་དང་། ང་འགྲོ་གི་ཡོད་ལ། ང་འགྲོ་གོ་ཟེར་བ། ལྟ་བུ་དང་། འདི་འདྲའི་ཚིག་གི་ཟླ་བསྡུ་ལ་གི་ཞེས་པ་འཇུག་སྟེ། དཔེ་ཆ་འདོན་གི་ཡོད་གི་ཞེས་པ་ལ། དཔེ་ཆ་འདོན་གོ་གི་ཟེར་བ་དང་། ཁ་བ་འབབ་གི་ཡོད་གི་ཞེས་པ་ལ། ཁ་བ་འབབ་གོ་གི་ཟེར་བ་ལྟ་བུའོ། །

ཡང་། བྱ་བ་མ་འོངས་པའི་ཚིག་གྲོགས་སུ། ཨམ་སྐད་དུ། རྒྱུ་ཡིན། རྒྱུ་རེད། ཅེས་པ་དང་། དབུས་སྐད་དུ། གི་ཡིན། གི་རེད། ཅེས་པ་འཇུག་པ་མང་བས། འདིར་ཡིན་དང་རེད་གཉིས་ཀའི་འཇུག་པ་རགས་པ་ཙམ་བཤད་པར་བྱའོ། །

ཡིན་རེད་གཉིས་ཀའི་འཇུག་དོན་གཅིག་ཀྱང་འཇུག་ཡུལ་མི་གཅིག་སྟེ། འཇུག་དོན་ནི་སྐབས་བབ་ཀྱི་བརྗོད་དོན་ངེས་པར་བསྟན་པ་དང་། རྫོད་བྱེད་ཀྱི་ཚིག་རེ་ཞིག་རྫོགས་པར་བྱེད་པ་དང་། བྱ་བ་མ་འོངས་པ་གསལ་བྱེད་ཀྱི་ཚིག་གྲོགས་སུ་སྦྱར་བ་བཅས་ཡིན་ལ། འཇུག་ཡུལ་ནི་རང་ཕྱོགས་ལ་ཡིན་དང་། གཞན

ཕྱོགས་ལ་རེད་འཇུག་པའོ། །

དེ་ལ་རང་ཕྱོགས་ཀྱི་བརྗོད་དོན་ངེས་པར་བསྟན་པ་ལ། ང་ཡིན། ངས་བཤད་པ་ཡིན། ངེད་ཚང་གི་རྟ་ཡིན། ལྟ་བུ་དང་།

གཞན་ཕྱོགས་ཀྱི་བརྗོད་དོན་ངེས་པར་བསྟན་པ་ལ། ཡི་གེ་འབྲི་མཁན་རིག་འཛིན་རེད། ཁོ་ཚོའི་འགན་ཁུར་རེད། མཚོ་སྔོན་མི་རིགས་དཔེ་སྐྲུན་ཁང་གིས་དཔར་པ་རེད། ལྟ་བུའོ། །

རང་ཕྱོགས་སམ་གཞན་ཕྱོགས་རྗོད་པའི་ཚིག་རེ་ཞིག་རྫོགས་པར་བྱས་པ་ལ། ངས་བསམ་འཆར་བཤད་ནས་ཚར་སོང་བ་ཡིན། ཁོང་གིས་འཛིན་གྲྭ་ཁ་བ་ལ་རྒྱུགས་ལེན་གྱིན་ཡོད་པ་རེད། ལྟ་བུའོ། །

བྱ་བ་མ་འོངས་པ་གསལ་བྱེད་ཀྱི་ཚིག་གྲོགས་སུ། རང་ཕྱོགས་ལ་ཨམ་སྐད་དུ་རྒྱུ་ཡིན་ཞེས་པ་དང་། དབུས་སྐད་དུ་གི་ཡིན་ཞེས་པ་དང་། གཞན་ཕྱོགས་ལ་ཨམ་སྐད་དུ་རྒྱུ་རེད་ཅེས་པ་དང་། དབུས་སྐད་དུ་གི་རེད་ཅེས་བརྗོད་པ་ཡིན་ཏེ། ཕྱི་དྲོ་གནམ་འབབ་རྒྱུ་རེད། ཁྱོད་མ་འགྲོ། སྐྱོན་མེད། ཁོ་ཚོ་འགྲོ་གི་རེད། ང་ཡང་འགྲོགས་ནས་འགྲོ་རྒྱུ་ཡིན། ང་མ་སོང་ན། ཁོ་ཚོ་དགའ་གི་མ་རེད། ལྟ་བུའོ། །

བརྡ་རྙིང་དུ་བྱེད་འགྱུར་རམ་འབྱུང་འགྱུར་མཚོན་བྱེད་དུ་ཏ་ལམ་བྱ་བ་མ་འོངས་པ་འཇུག་པ་དང་། དེང་གི་འབྲོག་སྐད་དུའང་། དྲི་རྒྱུ་ཞིག་ཡོད། ཡི་གེ་བསླབ་རྒྱུ་གལ་ཆེ། ཟེར་བ་ལྟ་བུའི་རྟགས་ཐོན། ཡིན་ན་ཡང་། རྒྱུ་ནི་བྱ་བ་མ་འོངས་པ་གསལ་བྱེད་ཀྱི་ཚིག་གྲོགས་ཡིན་པས། དེང་རོང་སྐད་དུ་རྒྱུ་སྦྱར་སའི་བྱ་བའི་མིང་མ་འོངས་པ་ལ་ད་ལྟ་བ་འཇུག་པ་ཁྱབ་ཆེ་སྟེ། ཁྲིམས་ལ་སྲུང་རྒྱུ་རེད། སྲོག་ཁྲིམས་གཅོད་རྒྱུ་རེད། གསོད་རྒྱུ་རེད། ལྟ་བུའོ། །

བོད་ཡིག་ནི་སྒྲ་གཟུགས་དོན་གསུམ་ཕན་ཚུན་རྟེན་ཅིང་འབྲེལ་བར་བྱུང་བ་ཡིན་པས། བྱ་བའི་མིང་གི་དུས་ཀྱི་རྣམ་བཞག་གསལ། ཚིག་སྦྱོར་དུ་དུས་གསལ་བྱེད་ཀྱི་སྒྲ་སྦྱོར་མི་སྦྱོར་དགོས་པ་ཡོད་མེད་ལ་རག་ལས། བྱ་བའི་མིང་ལ་ལ་རྗོད་

བྱེད་སྒྲ་ལྟར་ཡིག་གཟུགས་རེ་གཉིས་ལས་མེད་པས། དུས་ཀྱི་ཁྱད་པར་གསལ་བར་སྟོན་པའི་དགོས་པ་ཡོད་ན། གཟིགས་ཀྱིན་ཡོད། གཟིགས་གོ་གི། གཟིགས་པར་བྱ། གཟིགས་རྒྱུ་རེད། གཟིགས་ཟིན། གཟིགས་བྱུང་། ལྟ་བུ་སོགས་ཚིག་གྲོགས་ཀྱིས་བསྐྱུར་དགོས། དུས་གསལ་བྱེད་ཀྱི་སྒྲ་ཀུན་ཟོར་ཡང་བར་བྱས་ནས་འདོན་པ་ཡིན་པ་ཤེས་པར་བྱ།

གཉིས་པ། བྱ་བའི་མིང་གི་དུས་གསུམ་བྱེ་བྲག་པ།

བྱ་བའི་མིང་གི་དུས་གསུམ་བྱེ་བྲག་པ་ནི། དུས་གསུམ་གྱི་ནང་གསེས་ཡང་དུས་ཀྱི་དབྱེ་བ་གསུམ་རེ་ཡོད་དེ། གཏམ་གླེང་བའི་གནས་སྐབས་གང་ཡིན་ཡང་གནས་སྐབས་དེ་དང་། དེའི་སྔོན་ཆད་དང་ཕྱིན་ཆད་ཀྱི་བྱ་བ་བརྗོད་དུ་ཡོད་པ་དང་། བྱ་བ་འཇུག་པར་སྣ་ཕྱིའི་གོ་རིམ་ཡོད་པ་དང་། བརྟག་པ་མཐའ་བཟུང་གི་བཤད་ཚུལ་སོགས་ཡོད་པའི་ཕྱིར་རོ། །

གཅིག །བྱ་བ་འདས་པ་ལས། འདས་པ་ཙམ་མམ་འདས་པའི་འདས་པ་དང་། འདས་པའི་ད་ལྟ་བ་དང་། འདས་པའི་མ་འོངས་པ་བཅས་རྣམ་པ་གསུམ་ཡོད་དོ། །

འདས་པ་ཙམ་ནི།

ཁོང་རང་གཞིས་ཉིན་པར་ཕེབས་སོང་།
ང་ན་ནིང་སློབ་གྲྭ་ཆེན་མོར་ཞུགས་པ་ཡིན།
ཚོང་བརྒྱབ་ནས་ལོ་དྲུག་འགོར།

ལྟ་བུའོ། །

འདས་པའི་འདས་པ་ནི། འདས་པའི་དུས་ཀྱི་སྔོན་ཞིག་ཏུ་བྱ་བ་བྱས་ཟིན་པའི་

འདས་པ་སྟེ།

སྤྱི་དཔོན་རོང་ཚ་ཁྲ་ཀན་གྱིས། བདག་ཕོ་ལོ་བཅོ་བརྒྱད་ཀྱི་སྟེང་ནས། གླིང་དཀར་པོའི་སྡེ་སྲིད་བསྐྱངས་ནས། ཕོ་ལོ་དགུ་བཅུ་ལྷག་ལ་བསླེབས་བྱུང་། འདིའི་རིང་ཐད་དུ་ཕྱི་དགྲ་ལ་མགོ་བཏགས་ལུས་འབུལ། ནང་འབངས་ལ་དབང་ལོག་ཁྲལ་ལོག་ཡེ་ནས་མ་བྱས།

(གྲུ་གུ་གོ་རྫོང་ལས)

ཞེས་པ་ལྟ་བུ།

འདས་པའི་ད་ལྟ་བ་ནི་འདས་པའི་སྐབས་དེར་བྱེད་བཞིན་པའི་ད་ལྟ་བ་སྟེ།

ཨ་སྟག་ཀླུ་མོ་དང་། ལྕགས་ནག་ནམ་མཁའ་རླུང་ཟིན། གདོང་ཚ་འབྲོང་རྒྱས་ཞལ་དཀར་གསུམ་སྟོན་ཐོན་གྱིས་ཏུ་རྣ་དྲངས་ཤིང་འོང་བ་ན། འཇར་རྫེ་དང་བཀའ་བློན་བཞིའི་བླ་འཁོར་ལྷ་པོ་རྩ་ཟ་ཞིང་ཡོད་པར་གླིང་དམག་བྱུང་བ་མཐོང་།

(འཇར་གླིང་གཡུལ་འགྱེད་ལས)

ཞེས་པ་ལྟ་བུ།

འདས་པའི་མ་འོངས་པ་ནི། འདས་པའི་སྐབས་དེར་བྱ་བ་བྱེད་འགྱུར་མ་འོངས་པ་སྟེ།

གལ་ཏེ་ལྷ་ཁོ་མོ་ལ་མི་དགྱེས་ན། ཁོ་མོ་དུས་ནམ་གྱི་ཚེ་ན་གསད་ཀྱང་སྲོག་ལྷའི་ཕྱག་ཏུ་མཆིས།

གལ་ཏེ་ལྷ་ཡི་རྒྱལ་ཁབ་ཏུ། །མཆིས་ནས་དེང་ལ་ཐུག་གི་བར། །
སྐྱེས་པ་གཞན་ཞུགས་ལྟ་ཅི་སྨོས། །ཡིད་ལ་དྲན་པའང་མ་བགྱིས་ན། །
ནང་བར་ས་ལུ་སྐམ་པོ་ལས། །སྨྱུ་གུ་སྔོན་པོ་སྐྱེ་གྱུར་ཅིག །

(བྱ་མགྲིན་སྔོན་ཟླ་བའི་རྟོགས་བརྗོད་ལས)

ཅེས་པ་ལྟ་བུའོ། །

གཉིས། བྱ་བ་ད་ལྟ་བ་ལས་ད་ལྟ་བའི་བྱེད་བཞིན་པའམ། ད་ལྟ་བའི་འདས་པ་དང་། ད་ལྟ་བའི་མ་འོངས་པ་བཅས་རྣམ་པ་གསུམ་ཡོད།

ད་ལྟ་བྱེད་བཞིན་པ་ནི།

རྟ་རྒྱུག་རེས་བྱེད་པ་གང་མགྱོགས་ལྟ།
བྱ་རྒོད་ཐེད་ལ་རུབ་ཀྱིན་འདུག །

ལྟ་བུ་དང་།

ད་ལྟ་བ་སྤྱིར་བཏང་བ་ནི། བྱ་བ་གང་དངོས་སུ་བྱེད་ཀྱིན་ཡོད་མེད་ལ་མི་ལྟོས་པར། སྤྱིར་དེ་འདྲའི་སྤྱོད་ཚུལ་ཞིག་བར་སྐབས་སུ་སྣང་བཞིན་པ་ཞིག་ཡིན་པས། བྱེད་སྒྲའང་འཇུག་མི་སྲིད་དེ།

སྐྱེས་མཆོག་རང་གི་སྐྱོན་ལ་ལྟ། །སྐྱེས་བུ་ངན་པ་གཞན་སྐྱོན་འཚོལ། །
རྨ་བྱ་རང་གི་ལུས་ལ་རྟོག །སྲིན་བྱ་གཞན་ལ་ལྟས་ངན་གཏོང་། །

(ས་སྐྱ་ལེགས་བཤད་ལས)

ཞེས་པ་ལྟ་བུ་དང་། ཁ་སྐད་དུ་འདི་རིགས་གསལ་བྱེད་ཀྱི་ཚིག་གྲོགས་གི་སྒྲ་ཡིན་ཏེ། གཏམ་ལ་མཚོན་ཆ་མེད་ཀྱང་། །མི་སྙིང་དུམ་བུར་གཅོད་གི །ལྟ་བུའོ། །

ད་ལྟ་བའི་འདས་པ་ནི། ད་ལྟ་བའི་དུས་སུ་བྱ་བ་བྱས་ཟིན་འདས་པ་སྟེ། འདིའི་ནང་གསེས་རྣམ་པ་ལྔ་ཡོད་ལ།

གཅིག་ནི། དུས་ད་ལྟ་བའི་སྐད་ཅིག་ཡན་ཆད་བྱས་ཟིན་པ་སྟེ། ངས་ད་ལྟ་བྲིས་ཚར་ནས་ཁོ་ལ་སྤྲད་བྱུང་། ལྟ་བུ་དང་།

གཉིས་ནི། བྱ་བ་གཉིས་ལས་སྔ་མ་གོ་རིམ་གྱི་དབང་གིས་འདས་པའི་ཚུལ་དུ་སྣང་བ་སྟེ། སྐད་ཆ་བསམས་ནས་བཤད་དགོས། །ཙམ་པ་བལྡད་ནས་མིད་

དགོས། །ལྟ་བུ་དང་པོ་བརྩམས་པ་མཐར་མ་འཁྱོལ། ཕྱི་མའི་བྱ་བ་འབྱུང་མི་སྲིད། ཅེས་པ་ལྟར་འདས་པའི་དབང་དུ་བཏང་བ་དང་།

གསུམ་ནི། བྱ་བའི་རྒྱུན་མ་རྫོགས་ཀྱང་མགོ་བརྩམས་ཟིན་པའི་དབང་གིས་འདས་པར་བརྩིས་པ་སྟེ། བལྟས་ཀྱིན་བལྟས་ཀྱིན་འགྲོ་གོ་གི། སོང་གིན་སོང་གིན་ཐང་བ་ན་བར་འགྱུར། ལྟ་བུ་དང་།

བཞི་ནི། བརྟག་པ་མཐའ་བཟུང་གི་འདས་པ་སྟེ། སྨན་འཐུངས་ན་ནད་དྲག་ལ། ཡོན་ཏན་བསླབས་ན་ཡོས་ཡོབ། ལྟ་བུ་དང་།

ལྔ་ནི། འགྲུབ་ངེས་པའི་དབང་དུ་བཏང་བའི་འདས་པ་སྟེ། ཨམ་སྐད་དུ་འདི་རིགས་གསལ་བྱེད་ཀྱི་ཚིག་གྲོགས་སུ། བཏང་གི། བཏང་ལ། ཅི་རིགས་འཇུག་པ་ཁྱབ་ཆེ། གཏམ་མི་འཚོག་པ་ལ་མ་བཤད། གཞན་ལ་བཤད་བཏང་ང་། བྱིས་པའི་ལག་ལ་བཞག་ན་བཅག་བཏང་གི། ལྟ་བུ་དང་།

ད་ལྟ་བའི་མ་འོངས་པ་ནི། སྐབས་བབ་ཀྱི་བྱ་བ་མ་རྫོགས་པ་སྟེ།

བསླུབས་ནས་འགྲུབ་ཉེ།
བྲིས་ནས་ཚར་ལ་ཁད་པ།
སྨན་འཐུངས་ནས་ནད་དྲག་རྒྱུ་རེད།

ལྟ་བུ་སོགས་སོ། །

གསུམ། བྱ་བ་མ་འོངས་པ་ཙམ་མམ། མ་འོངས་པའི་མ་འོངས་པ་དང་། མ་འོངས་པའི་ད་ལྟ་བ་དང་། མ་འོངས་པའི་འདས་པ་བཅས་རྣམ་པ་གསུམ་ཡོད།

མ་འོངས་པ་ཙམ་ནི། འབྱུང་འགྱུར་གྱི་བྱ་བ་སྟེ།

བྱིས་པ་ལོ་བདུན་ལོན་ཐལ།
སྟོན་ཁ་སློབ་ཆུང་དུ་སྐྱེལ་དགོས།

ལྟ་བུ།

མ་འོངས་པའི་མ་འོངས་པ་ནི། མ་འོངས་པའི་དུས་དེའི་གཞུག་གི་བྱ་བ་བྱེད་པར་འགྱུར་ཏེ།

དེ་རིང་སང་ཉིན་ཤོག་འདྲུད་དགོས། གཞས་ཉིན་ཁྱོད་ཚང་ལ་གཡུལ་ཁ་གཅིག་རོགས་
ལ་འོང་།

ལྟ་བུ།

མ་འོངས་པའི་ད་ལྟ་བ་ནི། མ་འོངས་པའི་དུས་སྐབས་དེའི་བྱ་བ་བྱེད་བཞིན་པའི་ད་ལྟ་བ་སྟེ།

དེ་འཁོར་ང་ལན་ཀྲིག་ལ་འོང་དུས་ཁྱེར་ཡོང་།
ཁྱོད་འགྲོ་ཁ་ང་ཅིག་བོས།

ལྟ་བུ།

མ་འོངས་པའི་འདས་པ་ནི། མ་འོངས་པའི་དུས་ཀྱི་བྱ་བ་གྲུབ་པའི་དབང་དུ་བཏང་བའི་འདས་པ་སྟེ།

ཁྱོད་སོང་ན་ནམ་འོང་།
ཞིང་བྲིགས་ནས་ཚར་ན་འོང་།

ཚེ་རིང་དུག་སྐོར་ལྟ་བུའི། །མ་ཤི་ཚེ་རིང་བྱུང་ན། །
མཐུན་པ་སྤུན་བཞི་ལྟ་བུའི། །ཡུན་རིང་གནས་པ་ཞུས་ཆོག །

ལྟ་བུ་དང་། ཨམ་སྐད་དུ། འདི་རིགས་གསལ་བྱེད་ཀྱི་ཚིག་གྲོགས་ལ་བཏང་དགོས་ཞེས་པ་སྨྲུར་བ། བྲི་བར་བྱ་བ་དེ་སང་ཉིན་ཅིས་ཀྱང་བྲིས་བཏང་དགོས། ཟླ་

མཇུག་བར་དུ་དཔ༷ར་བཏང་དགོས། ལྟ་བུ་སོགས་སོ། །

དོན་ཚན་གསུམ་པ། བྱ་བའི་མིང་གི་ཡིག་གཟུགས་འགྱུར་ལུགས།

བྱ་བའི་མིང་གི་འདས་པ་དང་། །
ད་ལྟ་བ་དང་མ་འོངས་པ། །
སྐུལ་ཚིག་བཅས་ཀྱི་འགྱུར་ལུགས་ནི། །
སྤྱི་བྱེ་ཐོར་བུ་གསུམ་དུ་འདུས། །

བྱ་བའི་མིང་གི་ཡིག་གཟུགས་འགྱུར་ལུགས་ནི། སྒྲ་དྲག་ཞན་བར་མའི་སྦྱབ་ཚུལ་ཡིན་ཏེ། སྔོན་རྗེས་མིང་གཞིའི་རྟགས་ཀྱི་འཇུག་པར་རག་ལས། སྤྱིར་སྔོན་འཇུག་ལྔ་པོ་མཐུ་ཆེ་སྟེ། བ་ཡིས་འདས་པ་དང་མ་འོངས་གཉིས་དང་། འ་ཡིས་ད་ལྟ་བ་དང་། ག་ད་ཅི་རིགས་ཀྱིས་མ་འོངས་པ་སྟོན་པ་དང་། མ་ནི་རང་གི་འཇུག་ཡུལ་སྤྱི་ལ་ཕལ་ཆེར་འཇུག་པ་དང་། སྐུལ་ཚིག་ལ་སྔོན་འཇུག་གདན་ཁེལ་ཅན་མ་གཏོགས་འཕྱུལ་མི་འཐོབ་བོ། །དེ་ཡང་སྔོན་འཇུག་ལྔ་པོ་རང་རང་གི་འཇུག་ཡུལ་མ་ཡིན་པར་འཕྱུལ་མི་རུང་བ་དང་། མིང་གཞི་གདན་ཆགས་ཅན་ལ་སྔོན་འཇུག་དུས་ཀྱི་རང་བཞིན་ལྟར་རང་དབང་དུ་སྦྱོར་མི་རུང་བ་དང་། དུས་གསུམ་དང་སྐུལ་ཚིག་གི་རྣམ་བཞག་སྔོན་འཇུག་ལ་མི་རྟེན་པར་འཇུག་ཡང་འཇུག་དང་དབྱངས་ཀྱི་ཁྱད་པར་ལ་བརྟེན་པ་དང་། བྱེད་པའི་ལས་དང་བྱ་བའི་ལས་ཀྱི་ངོ་བོ་མི་གཅིག་པ་དང་། སྒྲ་གདངས་མི་འགྱུར་བ་ལ་ཡིག་གཟུགས་གཅིག་པ་སོགས་ཀྱི་དབང་གིས། ཡིག་གཟུགས་མི་འདྲ་བ་མཚན་མོའི་སྐར་ཚོགས་ལྟར་ཤར་ནས་རང་རང་གི་འཇུག་ཡུལ་ཉིད་གསལ་བར་བྱེད་པ་ཡིན་ནོ། །དེའི་འགྱུར་ཚུལ་ཇི་འདྲ་མང་

ཡང་ངེས་སྦྱོལ་ཡོད་དེ། མདོར་བསྡུས་ན། དུས་གསུམ་སྦྱི་ཁྱབ་པ་དང་། བྱེ་བྲག་པ་དང་། ཐོར་བུ་བ་གསུམ་དུ་བསྡུ་རུང་ངོ་། །

དང་པོ། དུས་གསུམ་སྤྱི་ཁྱབ་པའི་སྦྱོར་ཚུལ།

སྡོན་འཇུག་གསུམ་གྱིས་དུས་གསུམ་ག །
བསྟན་པ་དུས་གསུམ་སྦྱི་ཁྱབ་པ། །
འདས་པར་བས་འཕུལ་ད་ལྟ་སྦྱིར། །
ནས་འཕུལ་ཅུང་ཟུར་གས་འཕུལ་དང་། །
མ་འོངས་མང་ཤོས་ག་དས་དང་། །
ཅུང་ཤོས་བས་འཕུལ་བསྟན་པ་དང་། །
སྐུལ་ཚིག་ཁར་ཁེར་མ་གཏོགས་པ། །
སྤྱིར་བཏང་སྡོན་འཇུག་མི་འཐོབ་ཅིང་། །
མིང་གཞི་གང་སྟེའི་དང་པོ་ཡིས། །
འདས་དང་གཉིས་པས་སྐུལ་ཚིག་དང་། །
གསུམ་པས་ད་ལྟ་མ་འོངས་གྲུབ། །
གལ་ཏེ་ད་ལྟ་མ་འོངས་པའི། །
མིང་གཞི་འཕུལ་དང་མི་མཐུན་ན། །
གང་འཚམ་ཞིག་དང་བརྗེས་ནས་སྦྱར། །

དུས་གསུམ་སྦྱི་ཁྱབ་པ་ནི། བྱ་བའི་མིང་གི་དུས་གསུམ་གྱི་དབྱེ་བ་སྡོན་འཇུག་གསུམ་གྱིས་རྣམ་པར་བསྟན་པ་ཞིག་སྟེ། དེ་ལ་སྡོན་འཇུག་ལས་འདས་པ་ལ་བས་འཕུལ་དང་། ད་ལྟ་བ་ལ་ནས་འཕུལ་དང་། ཅུང་ཟུ་ལ་གས་འཕུལ་དང་། མ་

འོངས་པ་ལ་ག་ད་ཅི་རིགས་སམ་ཡང་ན་བས་འཕུལ་གྱིས་བསྟན་པ་དང་། སྐུལ་ཚིག་ཁར་ཁེར་མ་གཏོགས་སྟོན་འཇུག་མི་འཐོབ་བོ། །འགྱུར་ལུགས་འདི་རིགས་ཀྱི་ཁྱད་ཆོས་བྱ་བའི་མིང་གི་སྤྱི་མཚན་དུ་སྣང་བས། འགྱུར་ལུགས་གཞན་གཉིས་ཀྱང་འདི་དང་འབྲེལ་ཆགས་པ་མང་ངོ་། །སྔོར་འདིའི་མིང་གཞི་ག །ཅ། ཏ། ཙ་སྒྲ་བཞི་ལ་ཁྱབ་ཆེ། བྱ་བའི་ལྷོག་པ་གང་སྟོན་བྱེད་ཀྱི་ཐ་སྙད་དེའི་མིང་གཞི་ཕལ་ཆེར་སྒྲ་བ་གང་ཞིག་གཅིག་ཏུ་ངེས་ཤིང་། སྒྲ་བ་དེའི་ཡི་གེ་དང་པོ་འདས་པ་དང་། གཉིས་པ་སྐུལ་ཚིག་དང་། གསུམ་པ་ད་ལྟ་བའམ་མ་འོངས་པའི་མིང་གཞིར་གྱུབ་ཅིང་། བཞི་བ་འདི་རིགས་ཀྱི་མིང་གཞི་གང་ལའང་མི་འཇུག་གོ། །

དེ་རྣམས་ལས་ད་ལྟ་བའམ་མ་འོངས་པ་སྟོན་པའི་འཕུལ་གང་འཇུག་ཡུལ་དང་མ་མཐུན་ན། མིང་གཞི་དེ་བསྒྱུབས་ནས་སྒྲ་བ་གཞན་ལས་གནས་དང་བྱེད་པ་གང་མཚུངས་ཀྱི་ཡི་གེ་ཞིག་མིང་གཞི་འདིའི་ཁ་མལ་དུ་འཇུག་པ་ཉུང་ཤས་ཤིག་ཀྱང་སྣང་། འདི་རིགས་ཀྱི་མཚན་གཞི་མ་འོངས་པ་དང་། ད་ལྟ་བ་དང་། སྐུལ་ཚིག་དང་། འདས་པ་ལྟར་རིམ་བཞིན་དཔེར་འགོད་ན། (བྱ་ཡིས་མ་འོངས་པ་དང་། བྱེད་ཀྱིས་ད་ལྟ་བ་དང་། ཅིག་ཞིག་ཤིག་ཅི་རིགས་ཀྱིས་སྐུལ་ཚིག་དང་། འདས་པར་ཚིག་གྲོགས་མ་སྦྱར་བས་བསྟན་པ་གོ་བར་བྱ།)

ཀ་སྡེ། གཅོད་པ་དགག་བྱ་འགོག་བྱེད་ཁོགས་ཤིག་བཀག
དགྲ་བོ་དགུམ་བྱ་འགུམ་བྱེད་ཁུམས་ཤིག་བཀུམ།
གཡུལ་དུ་དགེ་བྱ་འགེད་བྱེད་ཁེ་ཞིག་བཀེས།
མདུད་པ་དགྲོལ་བྱ་འགྲོལ་བྱེད་ཁྲོལད་ཅིག་བཀྲོལ།
ཐག་པས་བཀྱིག་བྱ་འཁྱིག་བྱེད་ཁྱིགས་ཤིག་བཀྱིགས།
གོན་རྒྱུ་བགྲུ་བྱ་འབྲུད་བྱེད་བྲུས་ཤིག་བགྲུས།
ག ཙམ་པ་བགམ་བྱ་འགམ་བྱེད་འགོམས་ཤིག་བགམས།

ཐོག་ནས་བགོམ་བྱ་འགོམ་བྱེད་འགོམས་ཤིག་བགོམས།

ཅ་སྡེ ཕས་རྐོལ་གཞོམ་བྱ་འཇོམས་བྱེད་ཆོམས་ཤིག་བཅོམ།

ཐབས་ཀྱིས་གཅུན་བྱ་འཇུན་བྱེད་ཆུནད་ཅིག་བཅུན།

ཁབ་ཏུ་གཅུར་བྱ་འཇུར་བྱེད་ཆུརད་ཅིག་བཅུར།

དུམ་བུར་གཅག་བྱ་གཅོག་བྱེད་ཆོགས་ཤིག་བཅག

སྐྱི་རགས་བཅིང་བྱ་འཆིང་བྱེད་ཆིངས་ཤིག་བཅིངས།

ཏ་སྡེ གདན་དཀར་གདིང་བྱ་འདིང་བྱེད་ཐོངས་ཤིག་བཏིང་།

ས་བོན་གདབ་བྱ་འདེབས་བྱེད་ཐོབས་ཤིག་བཏབ།

དགྲ་དཔུང་གདུལ་བྱ་འདུལ་བྱེད་ཐུལད་ཅིག་བཏུལ།

ཐག་པས་གདག་བྱ་འདོགས་བྱེད་ཐོགས་ཤིག་བཏགས།

གཅིག་ཏུ་བཏུ་བྱ་འཐུ་བྱེད་ཐུས་ཤིག་བཏུས།

ཕྱི་རུ་གཏང་བྱ་གཏོང་བྱེད་ཐོངས་ཤིག་བཏང་།

ད ཐང་མ་བདལ་བྱ་གདལ་བྱེད་གདོལ་ཞིག་བདལད།

རྗེས་སུ་གདའ་བྱ་འདེད་བྱེད་དེད་ཅིག་བདས།

ཙ་སྡེ ས་ལ་གཟུག་བྱ་འཛུགས་བྱེད་ཚུགས་ཤིག་བཙུགས།

ནང་དུ་གཟུད་བྱ་འཛུད་བྱེད་ཚུད་ཅིག་བཙུད།

ཁ་ནི་བཙུམ་བྱ་འཛུམ་བྱེད་ཚུམས་ཤིག་བཙུམས།

མར་ཁུ་བཙག་བྱ་འཚག་བྱེད་ཚོགས་ཤིག་བཙགས།

ཞ་ཛ མདུན་དུ་གཞག་བྱ་འཇོག་བྱེད་ཞོག་ཅིག་བཞག

སྨན་ཁུ་གཞིབ་བྱ་འཇིབ་བྱེད་འཇིབས་ཤིག་བཞིབས།

ཟ་ཛ མདའ་ལ་གཟུར་བྱ་འཛུར་བྱེད་ཟུརད་ཅིག་བཟུར།

ལག་ཏུ་གཟུང་བྱ་འཛིན་བྱེད་ཟུངས་ཤིག་བཟུང་།

ཆུད་ནི་གཟའ་བྱ་འཛའ་བྱེད་གཟོནད་ཅིག་བཟས།

ལག་པ་གཟེད་བྱ་འཛོད་བྱེད་ཟེད་ཅིག་བཟེད།

ཤ་ཆ　ཉེས་པ་བཤག་བྱ་འཆགས་བྱེད་ཤོགས་ཤིག་བཤགས།

ལྟ་བུ་སོགས་ཏེ། འདི་རིགས་ཀྱི་མིང་གཞི་འགྱུར་ཚུལ་སྡེ་བ་གཅིག་པ་དང་མི་གཅིག་པ་གཉིས་སུ་འདུས་ཤིང་། མིང་གཞི་སུམ་འགྱུར་ཅན་ག་ཅ་ཏ་ཙ་སྡེ་བ་བཞིར་ངེས་པ་ལས། ཅ་སྡེའི་ཇ་དང་། ཙ་སྡེའི་ཛ་ནི་མ་འོངས་པ་སྟོན་བྱེད་ཀྱི་ག་སྔོན་འཇུག་གི་འཇུག་ཡུལ་དུ་མི་འགྱུར་བས། སྡེ་བ་གཞན་ལས་ཞ་དང་ཟ་སོ་སོར་དྲངས་ནས་མིང་གཞི་བཞི་འགྱུར་ཅན་དུ་ལོག་པ་ཡིན། མིང་གཞི་ཉིས་འགྱུར་ཅན་སྐོར་ཞིག་སྡེ་བ་གཅིག་པ་སྔ་གོང་དང་མཚུངས། སྐོར་ཞིག་སྡེ་བ་མི་གཅིག་པ་སྟེ། ཞ་དང་ཇ། ཟ་དང་ཛ། ཤ་དང་ཆ་གསུམ་དུ་ངེས། མིང་གཞི་རྐྱང་བ་གཅིག་པ་ཅན་ག་ད་གཉིས་ཙམ་དུ་ཟད་དོ། །

གཉིས་པ། དུས་གསུམ་བྱེ་བྲག་པའི་སྦྱོར་ཚུལ།

དུས་གསུམ་ནང་གི་དུས་གཉིས་ལ། །
སྔོན་འཇུག་དག་གིས་བསྟན་པས་ན། །
དུས་གསུམ་མ་ཁྱབ་བྱེ་བྲག་པ། །
བས་འཕུལ་འདས་དང་མ་འོངས་བསྟན། །
ད་ལྟ་སྐུལ་ཚིག་སྔོན་འཇུག་མེད། །
དེ་མིན་ག་དས་མ་འོངས་དང་། །
སྔོན་འཇུག་འ་ཡིས་ད་ལྟ་བསྟན། །
འདས་སྐུལ་སྦྱིར་བཏང་འཕུལ་མི་འཐོབ། །
མིང་གཞི་བརྩེགས་པ་གཅིག་པ་དང་། །
རྐྱང་བ་གང་སྡེའི་སྔ་མ་ནི། །

འདས་དང་སླུལ་ཚིག་གྲུབ་པ་དང་། །
ཕྱི་མ་ད་ལྟ་མ་འོངས་གྲུབ། །
ཡང་ན་མིང་གཞི་འགྱུར་བ་མེད། །

དུས་གསུམ་བྱེ་བྲག་པ་ནི། དུས་གསུམ་ལས་རྣམ་བཞག་གཉིས་སྔོན་འཇུག་དག་གིས་བསྟན་པ་ཞིག་སྟེ། མིང་གཞི་རྐྱང་བརྩེགས་ཅི་རིགས་ཀྱི་འདས་པ་དང་མ་འོངས་པ་སྔོན་འཇུག་བ་ཡིས་བསྟན་པ་དེའི་ད་ལྟ་བ་དང་སླུལ་ཚིག་ལ་འཕུལ་མི་འཐོབ་ཅིང་། སྔོན་འཇུག་ག་ད་ཅི་རིགས་ཀྱིས་མ་འོངས་པ་དང་། འ་ཡིས་ད་ལྟ་བ་བསྟན་པ་གང་གི་འདས་པ་དང་སླུལ་ཚིག་ལ་འཕུལ་མི་འཐོབ་ལ། མིང་གཞི་བརྩེགས་པ་གཅིག་པ་དང་། རྐྱང་བ་ཕལ་མོ་ཆེ་སྡེ་བ་གང་གི་སྔ་མ་འདས་པ་དང་མ་འོངས་པར་གྲུབ་པ་དང་། ཕྱི་མ་ད་ལྟ་བ་དང་སླུལ་ཚིག་ཏུ་གྲུབ་བོ། །འདི་རིགས་ཀྱི་མཚན་གཞི་དཔེར་བཀོད་ན།

ཀ　ལམ་དུ་དགྱེ་བྱ་དགྱེ་བྱེད་དགྱེས་ཤིག་དགྱེས།
ཁ　སྔོན་དུ་འཁྲིད་བྱ་འཁྲིད་བྱེད་ཁྲིད་ཅིག་ཁྲིད།
ག　ཁྱིམ་ནང་སྐྱོང་བྱ་སྐྱོང་བྱེད་སྐྱོངས་ཤིག་སྐྱོངས།
ང　མི་སྣ་མངག་བྱ་མངག་བྱེད་མངགས་ཤིག་མངགས།
ཅ　རང་སྲོག་ལྷེབ་བྱ་ལྷེབ་བྱེད་ལྷེབས་ཤིག་ལྷེབས།
ཆ　དུས་པ་འཆའ་བྱ་འཆའ་བྱེད་འཆོ་ཞིག་འཆོས།
ཇ　སྙིག་ཏུ་འཇབ་བྱ་འཇབ་བྱེད་འཇོབས་ཤིག་འཇབས།
ཉ　དཔེ་ཆ་ཉོ་བྱ་ཉོ་བྱེད་ཉོས་ཤིག་ཉོས།
　པགས་པ་མཉེ་བྱ་ཉེད་བྱེད་མཉེས་ཤིག་མཉེས།
ཏ　ཕན་ཚུན་གཏུག་བྱ་གཏུག་བྱེད་གཏུགས་ཤིག་གཏུགས།
ཐ　སྒྲོག་སྐུད་འཐེན་བྱ་འཐེན་བྱེད་འཐེནད་ཅིག་འཐེནད།

ད ཚད་པས་གདུང་བྱ་གདུང་བྱེད་གདུངས་ཤིག་གདུངས།

ན གོ་རིམ་བསྒྲོར་བྱ་སྒྲོར་བྱེད་སྒྲོར་ཅིག་བསྒྲོར།

པ དཔེ་ཆ་དཔར་བྱ་དཔར་བྱེད་དཔོར་ཅིག་དཔརད།

འཕྲུལ་བར་དཔྲུལ་བྱ་དཔྲུལ་བྱེད་དཔྲུལད་ཅིག་དཔྲུལད།

ཕ གད་སྐྱིགས་ཕྱུག་བྱ་འཕྱུག་བྱེད་ཕྱོགས་ཤིག་ཕྱུགས།

བ ལ་ཕྲུག་འབལ་བྱ་འབལ་བྱེད་བོལ་ཅིག་བལ།

ཇ་ཚང་བླུད་བྱ་ལྡུད་བྱེད་བླུད་ཅིག་བླུད།

མ རྨི་ལམ་རྨི་བྱ་རྨི་བྱེད་རྨིས་ཤིག་རྨིས།

རི་མ་རྨོ་བྱ་རྨོད་བྱེད་རྨོས་ཤིག་རྨོས།

ཙ ཐལ་འཚུབ་གཙུབ་བྱ་གཙུབ་བྱེད་གཙུབས་ཤིག་གཙུབས།

ཚ ནོར་ལུག་འཚོ་བྱ་འཚོ་བྱེད་འཚོས་ཤིག་འཚོས།

ཛ ཕྲིན་ལས་མཛད་བྱ་མཛད་བྱེད་མཛོད་ཅིག་མཛད།

ཞ འོ་ཞག་གཞབ་བྱ་གཞབ་བྱེད་གཞོབས་ཤིག་གཞབས།

ཟ མལ་དུ་གཟིམ་བྱ་གཟིམ་བྱེད་གཟིམས་ཤིག་གཟིམས།

ཡ གློག་ཏུ་ཡིབ་བྱ་ཡིབ་བྱེད་ཡིབས་ཤིག་ཡིབས།

ར སྟོན་མོ་རོལ་བྱ་རོལ་བྱེད་རོལད་ཅིག་རོལད།

ལ ཁ་ནས་ལབ་བྱ་ལབ་བྱེད་ལོབས་ཤིག་ལབས།

ཤ སྣམས་ལུག་བཤའ་བྱ་བཤའ་བྱེད་ཤོས་ཤིག་བཤས།

ས བུད་ཤིང་གསེ་བྱ་གསེ་བྱེད་གསེས་ཤིག་གསེས།

ལྟ་བུ་སོགས་ཏེ། འདི་རིགས་ལས་མ་འོངས་པའི་མཐའ་མེད་དམ་འ་མཐའ་སྐོར་ཞིག་གི་དོད་དུ་ད་དང་། ང་མཐའ་ཁ་ཤས་ཀྱི་དོད་དུ་ན་སྦྱར་ན་ད་ལྟ་བར་

གྲུབ་པ། ད་ལྟ་བ་མཐའ་མེད་དམ་འ་མཐའ་ཅན་ལ་རྗེས་འཇུག་ས་དང་། རྗེས་འཇུག་ཅན་ལ་ཡང་འཇུག་སྦྱར་ན་འདས་པར་གྲུབ་པ། དབྱངས་བཞི་གང་རུང་མ་འོངས་པར་ཐོབ་ན་དེ་བྱིངས་ཀུན་ལ་ཐོབ་པ། མ་འོངས་པ་དང་འདས་པར་དབྱངས་མི་འཐོབ་པ་ཅན་གྱི་ད་ལྟ་བ་མང་ཕྱོགས་དང་སྐུལ་ཚིག་དག་ལ་ན་རོ་ཐོབ་པ་དང་། ད་ལྟ་བ་ཉུང་ཤས་ལ་འགྲེང་བུ་ཐོབ་པ་ཡང་ཡོད། མིང་གཞི་ལས་བླུའི་ད་ལྟ་བའི་དོན་དུ་ལྟུ་འཇུག་པ་ཙམ་ལས། དེ་བྱིངས་ཚང་ངོ་ཅིག་གཅིག་པའོ། །

གསུམ་པ། དུས་གསུམ་ཐོར་བུ་བའི་སྦྱོར་ཚུལ།

དུས་ཀྱི་དབྱེ་བ་ཁར་ཁེར་རེ། །
འཕུལ་རེས་བསྟན་ལ་དུས་གསུམ་སྦྱོར། །
རྗེས་འཇུག་ཡང་འཇུག་ཡོད་མེད་དང་། །
དབྱངས་ཀྱི་འགྱུར་བས་བསྟན་པ་ནི། །
ཐོར་བུ་བ་སྟེ་མིང་གཞི་ནི། །
ཉུང་ངུ་ཙམ་ལས་གཅིག་པ་དང་། །
ཡིག་གཟུགས་འགྱུར་མེད་དུས་ཀྱི་ཁྱད། །
ཚིག་གྲོགས་སྦྱར་ནས་བསྟན་པ་འོ། །

དུས་གསུམ་ཐོར་བུ་བ་ནི། དུས་གསུམ་གྱི་དབྱེ་བ་ཁར་ཁེར་རེ་སྔོན་འཇུག་རེས་བསྟན་པ་མ་གཏོགས། སྦྱིར་དུས་གསུམ་སྐུལ་ཚིག་དང་བཞིའི་རྣམ་བཞག་ནི་འཇུག་ཡང་འཇུག་དང་། ན་རོ་འགྲེང་བུ་ཐོབ་མིན་གྱིས་བསྟན་པ་ཞིག་སྟེ། དེ་ཡང་འཕུལ་དང་མིང་གཞི་ཁར་ཁེར་ཙམ་ལས་འགྱུར་བ་མེད་པ། ད་ལྟ་བ་ཁ་ཤས་ལ་འས་འཕུལ་དང་། འདས་པ་ཉུང་ངུ་ལ་བས་འཕུལ་ཐོབ་པ་མ་གཏོགས་གཅིག་ཏུ་

ངེས་ཤིང་། དབྱངས་ཡིག་ཀྱང་སྐུལ་ཚིག་ཉུང་ཉུང་ལ་ཨོ་དང་། ད་ལྟ་བ་ཁར་ཁེར་ལ་ཨེའམ་ཨོ་ཐོབ་པ་མ་གཏོགས་འདྲ་ལ། སྐོར་ཞིག་འཕྱུལ་གཏན་ནས་མི་འཐོབ། ཡིག་གཟུགས་འགྱུར་བ་མེད་པའང་སྐོར་ཞིག་ཡོད། དེ་ལུགས་དཔེར་མཚོན་ན།

ཀ　དཔེ་ཆ་བསླག་བྱ་སློག་བྱེད་སློགས་ཤིག་བསླགས།
　　སློབ་གྲྭར་བསྐྱལ་བྱ་སྐྱེལ་བྱེད་སྐྱོལ་ཞིག་བསྐྱལད།
ག　ཀོ་བ་བརྒྱང་བྱ་རྒྱོང་བྱེད་རྒྱོངས་ཤིག་བརྒྱངས།
　　བྱ་བ་བསྒྲུབ་བྱ་སྒྲུབ་བྱེད་སྒྲུབས་ཤིག་བསྒྲུབས།
ང　ཡུ་ཁུ་བཟ་བྱ་ཟ་བྱེད་ཟོས་ཤིག་བཟས།
　　དགྲ་ལ་བཟམ་བྱ་ཟམ་བྱེད་ཟོམས་ཤིག་བཟམས།
　　ནག་ཉེས་བསྡོག་བྱ་སྡོག་བྱེད་སྡོགས་ཤིག་བསྡོགས།
ཇ　ཕན་ཚུན་བརྗེ་བྱ་རྗེ་བྱེད་རྗེས་ཤིག་བརྗེས།
ཉ　འབྲུ་བ་བརྙང་བྱ་རྙང་བྱེད་རྙོངས་ཤིག་བརྙངས།
　　ལག་པས་བརླལ་བྱ་རླལ་བྱེད་རློལད་ཅིག་བརླལད།
ཏ　ཟངས་དེམ་བརྟིབ་བྱ་རྟིབ་བྱེད་རྟིབས་ཤིག་བརྟིབས།
　　ལྭ་བ་བལྟབ་བྱ་ལྟེབ་བྱེད་ལྟོབ་ཅིག་བལྟབས།
　　ལྟད་མོ་བསྟན་བྱ་སྟོན་བྱེད་སྟོནད་ཅིག་བསྟནད།
ད　ཕན་པར་གདམ་བྱ་འདོམས་བྱེད་འདོམས་ཤིག་གདམས།
　　འཁར་ཟ་བརྟུང་བྱ་རྟུང་བྱེད་རྟུངས་ཤིག་བརྟུངས།
　　དོམ་མོར་བསྡམ་བྱ་སྡོམ་བྱེད་སྡོམས་ཤིག་བསྡམས།
ན　ཡིད་ལ་བརྣག་བྱ་རྣོག་བྱེད་བརྣགས་ཤིག་རྣོགས།
　　སྒྲོལ་ངན་བསྣུབ་བྱ་སྣུབ་བྱེད་སྣུབས་ཤིག་བསྣུབས།
པ་བ　གནས་ནས་དབྱུང་བྱ་འབྱིན་བྱེད་ཕྱུངས་ཤིག་ཕྱུང་།

སོ་སོར་དབྲལ་བྱ་འཕྲལ་བྱེད་ཕྲོལད་ཅིག་ཕྲལ།

ཙ བྱ་དགའ་བསྐྱལ་བྱ་སྐྱོལ་བྱེད་སྐྱོལད་ཅིག་བསྐྱལད།

སྙིང་དུ་བརྩེག་བྱ་རྩེག་བྱེད་རྩེགས་ཤིག་བརྩེགས།

ཛ ཕུ་དུང་བརྫེ་བྱ་རྫེ་བྱེད་རྫེས་ཤིག་བརྫེས།

སྟོད་དུ་བརྫང་བྱ་རྫོང་བྱེད་རྫོངས་ཤིག་བརྫངས།

ཞ རྟ་མཆོག་བཞོན་བྱ་ཞོན་བྱེད་ཞོནད་ཅིག་བཞོནད།

ཟ ཤ་ཁུད་བཟའ་བྱ་ཟ་བྱེད་ཟོ་ཞིག་བཟས(ཟོས)།

ཡང་ཡང་བཟླ་བྱ་ཟློ་བྱེད་ཟློས་ཤིག་བཟླས།

ར བྱིན་གྱིས་བརླབ་བྱ་རློབ་བྱེད་རློབས་ཤིག་བརླབས།

དོན་མེད་བརླག་བྱ་རླག་བྱེད་རློགས་ཤིག་བརླགས།

ས རིག་གནས་བསླབ་བྱ་སློབ་བྱེད་སློབས་ཤིག་བསླབས།

གཡོ་སྒྱུས་བསླུ་བྱ་སླུ་བྱེད་སླུས་ཤིག་བསླུས།

ལྟ་བུ་སོགས་ཏེ། མིང་གཞི་བརྩེགས་པ་བས་འཕུལ་ཏུང་བ་ཡོད་ཚད་རིགས་འདིར་འདུས་ཤིང་། འདི་རིགས་ཀྱི་མིང་གཞི་རེ་རེ་བ་ནི། ཀ་ག་ང་། ཇ་ཉ། ཏ་ད་ན། ཙ་ཛ། ཞ་ཟ། ར་ས་བཅུ་བཞི་དང་། འགྱུར་བ་གཉིས་ཅན་པ་བ་ཙམ་མོ། །

གཤམ་གསལ་གྱི་དཔེར་བརྗོད་ལས་ཀོར་རྟགས་བརྒྱབ་པ་ནི་ཡིག་གཟུགས་གཅིག་པ་དང་། ཐིག་རྟགས་བརྒྱབ་པ་ནི་ཡིག་གཟུགས་ཉིས་འགྱུར་ཅན་ཡིན།

ཁྲིམ་བྱའི་འཁྲིག་ལམ་ཁྲིམས་ནས་རྒྱལ།

རྒྱུག་རྩལ་མངོན་རྟགས་དབུགས་མི་སྡམ།

མེ་ལྕེ་མཆེད་སར་ཆ་འདོད་ཆས།

འཆི་ལ་ཉེ་ཡང་མ་ཤི་བ།
བལ་འཕྱིངས་གསེད་དཀའ་གྲ་མི་འཕྱིང་།
སྨན་ལ་མཇེད་ན་ཉལ་སར་ཉོལ།
ལྟོ་ཚེ་མི་འཕྲིད་ཕྱིད་ན་དགའ།
བབ་བྱ་འབབ་བྱེད་བོབས་ཤིག་བབས།
བཟི་སྨན་བརྒྱབ་སྟེ་སྨུད་ནས་སོས།
འཚོག་རྒྱུ་ཚོག་ཀྱང་འཛད་རྒྱུ་ཟད།
ཐེད་ལ་ཧུབས་ནས་ལུག་ཁྲུ་འོགས།
ལྷུང་རྒྱུ་ལྷུང་ནས་འདམ་ལ་ཟུག
མི་འཛུ་ཟོས་ནས་མ་ཞུ་བ།
གཉིད་ལས་སད་ནས་དཀར་སར་ལྷགས།
ཤེས་བྱ་ཡོབ་རྒྱུ་བསླབས་ནས་ཡོབས།
གཞུང་ལ་རེམ་ནས་རང་དོན་ཡལ།
མ་ལུས་ཡོངས་རྫོགས་ལོན་ནས་བཞད།

ལྟ་བུ་སོགས་སོ། །

དོན་ཚན་བཞི་བ། བདག་གཞན་ཕན་ཚུན་རྟེན་ཅིང་འབྲེལ་བའི་འགྱུར་ལུགས།

བདག་འབྲེལ་གཞན་འབྲེལ་བྱ་བ་གཉིས། །
ཕན་ཚུན་རྟེན་ཅིང་འབྲེལ་བའི་ལུགས། །
གཙོ་ཆེར་མིང་གཞི་གཅིག་པ་དང་། །
མིང་གཞི་སྟེ་མཐུན་གཉིས་སུ་འདུས། །

བདག་དང་འབྲེལ་བའི་བྱ་བ་དང་། གཞན་དང་འབྲེལ་བའི་བྱ་བ་འདི་གཉིས་ཀའི་ཕན་ཚུན་རྟེན་ཅིང་འབྲེལ་བའི་ཡིག་གཟུགས་འགྱུར་ལུགས་གོ་སླ་བའི་ཆེད་དུ། འདིར་ཡང་གཤར་སྦྱང་གི་ཚུལ་དུ་ཙུང་ཟད་སྤྲོ་ན། བྱེད་པའི་ལས་ནི་ལས་གང་བགྱི་བའི་བྱེད་པ(བྱེད་པ་གཙོ་ཕལ་གཉིས་འདུས)དང་འབྲེལ་བའི་བྱ་བ་དང་། བྱ་བའི་ལས་ནི་བྱེད་པའི་རྩོལ་བ་འཇུག་སའི་ལས་ལས་བྱུང་བའི་བྱ་བ་ཡིན། དཔེར་བརྗོད་ན། དར་རྒྱས་ཀྱིས་རྟ་བཟུང་ནས་ཟིན་པ་ན། དར་རྒྱས་ནི་འཛིན་པ་པོ་དང་། རྟ་ནི་ལས་དངོས་དང་། རྟ་བཟུང་བ་ནི་བྱེད་པའི་ལས་དང་། རྟ་ཟིན་པ་ནི་བྱ་བའི་ལས་སོ། །དེ་ཡང་བཟུང་བ་ནི་བྱེད་པ་པོས་ལས་ལ་ཕར་འཇུག་པའི་རྩོལ་བ་སྟེ། བདག་དང་འབྲེལ་བའི་བྱ་བ་ཡིན་ཞིང་། བྱེད་པའི་ལས་ཞེས་བྱ་ཞིང་། བདག་གི་ཁོངས་སུ་གཏོགས་པ་དང་། ཟིན་པ་ནི་ལས་ལས་ཚུར་སྣང་བའི་འགྱུར་བ་སྟེ། གཞན་དང་འབྲེལ་བའི་བྱ་བ་ཡིན་ལ། ཕར་འཇུག་ཚུར་སྣང་དུ་གྲུབ་ནས་རྒྱུ་ལས་འབྲས་བུ་སྨིན་པའི་ཚུལ་འདི། བདག་གཞན་ཕན་ཚུན་རྟེན་ཅིང་འབྲེལ་བའི་འགྱུར་ལུགས་ཡིན། འགྱུར་ལུགས་འདིའི་ཁྱད་ཆོས་མངོན་པར་གསལ་བ་ཞིག་ནི། བདག་འབྲེལ་གཞན་འབྲེལ་ལ་བལྟོས་ན་སྒྲ་གདངས་ཙུང་དྲག །གཟུགས་འགྱུར་ཙུང་ཆེ། ཡིག་ཚོགས་ཙུང་མང་། མཐའ་དཔྱད་ན། འགྱུར་ལུགས་འདི་གཙོ་ཆེར་མིང་གཞི་གཅིག་པ་དང་། མིང་གཞིའི་སྡེ་བ་གཅིག་པ་གཉིས་སུ་འདུས་སོ། །

དང་པོ། བདག་གཞན་མིང་གཞི་གཅིག་པའི་ཡིག་གཟུགས་འགྱུར་ལུགས།

མིང་གཞི་གཅིག་པའི་རྐྱང་བརྩེགས་ནི། །
བརྩེགས་པ་བདག་དང་རྐྱང་བ་གཞན། །
མིང་གཞི་གཅིག་པའི་རྐྱང་བ་ནི། །
འཕུལ་ཅན་བདག་དང་འཕུལ་མེད་གཞན། །

བདག་གཞན་གྱི་ཡིག་གཟུགས་འགྱུར་ལུགས་མིང་གཞི་གཅིག་པ་ལས། མིང་གཞི་རྐྱང་བརྩེགས་གཅིག་པ་དང་། མིང་གཞི་རྐྱང་བ་གཅིག་པ་རིགས་གཉིས་ཡོད་དེ། སྔ་མའི་ཁྱད་པར་ནི། མིང་གཞི་བརྩེགས་པ་བདག་སྐྱེ་བྱེད་པའི་རྩོལ་བ་དང་། རྐྱང་བ་གཞན་ཏེ་ལས་ཀྱི་འགྱུར་བ་ཡིན། གཤམ་གསལ་གྱི་དཔེར་བརྗོད་ལས་ཀོར་རྟགས་བརྒྱབ་པ་བྱེད་པའི་རྩོལ་དང་ཐིག་རྟགས་བརྒྱབ་པ་ལས་ཀྱི་འགྱུར་བའོ། །

རྣམ་པ་བསྒྱུར་ནས་ཞིགས་པར་འགྱུར།
སྐུད་རྐྱ་མ་བསྒྲིམས་ཅི་ལ་གྲིམ།
བསྐོལ་བའི་བུ་གུ་ཉལ་ནས་འདུག །
ཆུ་མགོ་ཉོག་པར་མ་སློག་ཅིག །
གཟུ་བས་བསྡུམས་ནས་འདུམ་པར་འགྱུར། །
ཐ་གུས་བསྡམས་ནས་ཁ་ཚང་དོམ། །
དྲི་ངན་མ་བསྣམས་རང་གར་མནམ།
གོ་རིམ་ནོག་པར་མ་སྣོག་ཅིག །
ཆུ་ལ་སྦངས་ནས་སྦུར་དུ་བངས། །
ལག་རྩལ་སྦྱངས་པ་བྱང་ཆ་ཆེ། །
གང་ཐུབ་སྒྱུར་བས་མི་སྒྱུར་ཅི། །
དུག་གིས་སྦྱོས་པས་སྦྱོས་པ་ཡིན། །
རིག་པ་མ་བསླབས་རང་ལོབ་མེད། །
ཁྱུང་རྩལ་མ་བཟློགས་ལོག་པར་དཀའ། །
དང་དུ་བླངས་ན་ཅི་ཡང་ལོན། །
གཉིད་རྐྱལ་མ་བསླངས་ལང་རྒྱུ་མེད། །

ལྟ་བུ་སོགས་ཁྱབ་ཆེའོ། །ཕྱི་མ་མིང་གཞི་རྐྱང་བ་གཅིག་པའི་ཁྱད་པར་ནི། བྱེད་པའི་རྩོལ་བ་སྦྱོར་བཏང་ལ་སྟོན་འཇུག་ཡོད་པ་དང་། ལས་ཀྱི་འགྱུར་བ་ཕལ་ཆེར་ལ་སྟོན་འཇུག་མེད་པ་དང་། ཉུང་ཤས་ལ་འ་སྟོན་འཇུག་ཙམ་དུ་ཟད། དཔེར་ན།

གྱང་རྫོས་གཉུལ་ནས་ཉུལ་བ་དང་། །
དབྱུག་པས་གཉོགས་ནས་ཤ་རུས་ཉོག །
མགྲོན་དུ་དྲངས་པ་མ་ལུས་འདྲོངས། །
ཐང་མ་བདལ་ནས་ཕྱི་ལ་འདོལ།
ཤེད་ཀྱིས་མནན་ཀྱང་མ་ནོན་པ།
ཅག་ཅེར་བཞག་ནས་མ་ཞོག་ལྷུང་།
གློ་ལ་བཟུང་ཡང་ཟིན་ས་མེད།
སྨན་གྱིས་གསོས་ནས་ལེགས་པར་སོས།

ལྟ་བུ་ཁྱབ་ཆུང་ངོ་། །གཞན་ཡང་མིང་གཞི་རྐྱང་བརྩེགས་གང་རུང་ལས། བྱ་བ་རིགས་གཉིས་ཁྱད་པར་ཙུང་ཟད་ཙམ་ཡོད་པའམ། ཕོ་གཅིག་ཚོད་ཅན་ཡང་ཁར་ཁེར་ཡོད་དེ།

ཚོད་མ་བསྐྱེད་ནས་སྐྱེས་པ་མགྱོགས། །
སྣོད་ཞབས་བརྩོལ་ནས་བཙོལ་བར་འགྱུར། །
ཤ་རུག་བསྐམས་ནས་རབ་ཏུ་བསྐམས། །
སྐྱོན་ཆ་བསལ་བསལ་མ་ལུས་བསལ། །
བསྲུངས་ཀྱང་སྲོང་ནས་མ་བསླེབས་པ། །
དཔྱིད་ལུག་འཚོས་ཀྱང་སྲོག་མ་འཚོས། །

ལྟ་བུ་རྣམས་སོ། །

གཉིས་པ། བདག་གཞན་མིང་གཞི་སྐྱེ་བ་གཅིག་པའི་ཡིག་གཟུགས་འགྱུར་ལུགས།

སྐྱེ་བ་གཅིག་པའི་རྒྱུད་བརྩེགས་ནི། །
བརྩེགས་པ་བདག་སྟེ་ཕོ་སྒྲ་དང་། །
རྒྱུད་པ་གཞན་ཏེ་མ་ནིང་ཡིན། །
སྐྱེ་མཐུན་མིང་གཞི་རྒྱུད་པའི་ཁྱད། །
བྱེད་རྩོལ་འདས་པ་ཕོ་ཡིན་ན། །
ལས་འགྱུར་མིང་གཞི་མ་ནིང་ཡིན། །
བྱེད་རྩོལ་འདས་པ་མ་ནིང་ལ། །
ལས་འགྱུར་མིང་གཞི་མོ་རུ་འགྱུར། །
བྱེད་རྩོལ་མིང་གཞི་མོ་ཡིན་ན། །
ལས་འགྱུར་དེ་བས་ཞན་པའི་མོའོ། །

ལས་འགྱུར་དང་བྱེད་རྩོལ་གྱི་མིང་གཞི་སྐྱེ་བ་གཅིག་པ་ལས། མིང་གཞི་རྒྱུད་བརྩེགས་སྐྱེ་བ་གཅིག་པ་ནི། བྱེད་རྩོལ་གྱི་མིང་གཞི་བརྩེགས་པ་ཕོ་དང་། ལས་འགྱུར་གྱི་མིང་གཞི་རྒྱུད་པ་མ་ནིང་ངམ། ཁར་ཁེར་ཞིག་མོ་ཡིག་ཡིན་པའང་ཡོད་དེ། དཔེར་ན།

ཁང་བ་བསྐུམས་ནས་ནང་དུ་འཁུམས། །
རྫིང་བུ་མ་བསྐྱིལ་ངང་གིས་འཁྱིལ། །
ཁྲི་ངན་རིང་དུ་བསྐྱུར་ནས་འཁྱུར། །
སྡོང་པོ་ཆུ་ལ་བསྐུར་ནས་འཁུར། །

དཔྱིད་ལུག་ཆད་པ་བསྐྱངས་ནས་འཁྱོངས། །
རླབས་ཀྱིས་བསྐྱོམས་ནས་གྲུ་བོ་འཁྱོམས། །
ཤིང་པར་བརྐོས་ནས་ཁོས་པ་བཟང་། །
འཁོར་ལོ་བསྐོར་ནས་འཁོར་བ་མགྱོགས། །
ཡོང་བས་བལྟོས་ཀྱང་མཐོང་ས་མེད། །
ལྷ་བ་བསྐྱོན་ནས་གྱོན་པ་དང་། །
ཚུལ་དང་བསྟུན་ན་མཐུན་པར་འགྱུར། །
སྟོབས་ཀྱིས་སྤྲམ་ནས་ཕམ་པར་འགྱུར། །
ཕུག་རོན་དགུང་ལ་སྤུར་ནས་འཕུར། །
ཆུ་ནང་སྦྱིངས་པས་གཏིང་ལ་བྱིང་། །
དེ་འདྲ་མ་སྡུང་ཐུང་འགྲོ་ལ། །
ཡང་ཡང་བསྟབས་ནས་མང་དུ་ཐོབ། །
འོ་བྱེ་ཆུ་ལ་བསྟིམས་ནས་འཐིམ། །
ཁོ་ས་སྤར་ནས་མཐོན་པོར་འཕར། །
ནོར་ལུག་སྤེལ་ན་འཕེལ་ཁ་མགྱོགས། །
གློག་འོད་མ་སྤྲོས་འཕྲོས་དོན་མེད། །
གཟུགས་མཚར་སྣ་ཚོགས་སྤྲུལ་ནས་འཕྲུལ། །
ཕྱོགས་གཅིག་སྤུངས་ནས་ཕུང་བར་འགྱུར། །

ལྟ་བུ་སོགས་ཁྱབ་ཙུང་ཟད་ཆུང་ངོ་། །བསྐུར་ནས་ཁུར་ཞེས་པའི་ཁུར་དང་། བསྐྱོན་ནས་གྱོན་ཞེས་པའི་གྱོན་ལྟ་བུ་དག་འདིར་གཞན་འབྲེལ་གྱི་བྱ་བ་ཡིན་ཞིང་། ངས་ཁུར་ངས་གྱོན་ཞེས་པ་བདག་འབྲེལ་གྱི་བྱ་བ་ཡིན་ནོ། །བསྡུངས་ནས་ཐུང་། བསྡུངས་ནས་ཙུང་། ལྟ་བུའི་ཐུང་དང་ཙུང་དག་ཀྱང་སྐབས་འདིར་གཞན

གྱི་བྱ་བར་གྲུབ་མོད། གཟུགས་ཕྱུང་བའི་མི་ཉུང་། ཞེས་པའི་སྐབས་སུ་ཁྱད་ཆོས་ཀྱི་མིང་དུ་ངེས་སོ། །

ཕྱི་མ་མིང་གཞི་སྐྱེ་བ་གཅིག་པའི་ཁྱད་པར་ནི། བྱེད་རྩོལ་གྱི་འདས་པའི་མིང་གཞི་ཕོ་ཡིག་ཡིན་ན། ལས་འགྱུར་གྱི་མིང་གཞི་ཁར་ཁེར་མ་གཏོགས་མ་ནིང་དུ་འགྱུར་ཞིང་། བྱེད་རྩོལ་གྱི་འདས་པའི་མིང་གཞི་མ་ནིང་ཡིན་ན། ལས་འགྱུར་གྱི་མིང་གཞི་མོར་འགྱུར་ལ། བྱེད་རྩོལ་གྱི་མིང་གཞི་མོ་ཡིན་ན། ལས་འགྱུར་གྱི་མིང་གཞི་དེ་ལས་ཞན་པའི་མོར་གྱུར་འགྲོ། བྱེད་རྩོལ་གྱི་སྐུལ་ཚིག་གི་མིང་གཞི་དང་ལས་འགྱུར་གྱི་མིང་གཞི་ཕལ་ཆེར་སྐྱེ་བ་གང་མཐུན་གྱི་གཉིས་པ་ཡིན། བྱེད་ལས་དེ་ཚོའི་ད་ལྟ་བ་དང་མ་འོངས་པའི་མིང་གཞི་ཕལ་ཆེར་སྐྱེ་བ་གང་ཉིད་ཀྱི་གསུམ་པ་ཡིན་ཞིང་། མ་འོངས་པ་ཉུང་ཤས་ཀྱི་མིང་གཞི་སྐྱེ་བ་གཞན་ལས་གནས་དང་བྱེད་པ་གང་མཚུངས་ཤིག་དྲངས་པའི་རིགས་ཀྱི་ལས་འགྱུར་གྱི་མིང་གཞིའང་ཕལ་ཆེར་དེ་ཉིད་ཡིན་འགྲོ། དེ་ཚོའི་དཔེར་བརྗོད་དང་སོ་སོའི་གཟུགས་འགྱུར་ཙམ་རྟགས་ཀྱིས་མཚོན་པ་གཤམ་གསལ།

དགག་བྱའི་གནོད་པ་འགོག་བྱེད་ཁོགས། །
བཀག་པའི་མཐའ་མ་ཁོག་བྱུང་ངོ་། །
ཕ་བོང་དགད་རྒྱུ་ཁོད་ཅིག་ཅེས། །
འགད་བྱེད་ཨེ་འགད་བཀད་དེ་ཁོད། །
ཐག་པས་བཀྲིག་བྱ་འཁྲིག་བྱེད་ཁྲིགས། །
བཀྲིགས་ནས་མ་ཁྲིག་ཤོར་སོང་ངོ་། །
འཇུན་བྱེད་ཁྲིམས་ཀྱིས་གཙུན་བྱ་ཚུན། །
བཙུན་ནས་ལེགས་པར་ཚུན་བྱུང་ངོ་། །
གཅག་བྱའི་རྡོ་ནི་གཅོག་བྱེད་ཆོགས། །

ཤེད་ཀྱིས་བཅག་ནས་ཚོགས་པར་བྱེད། །
གཏེར་རྫས་གདོན་རྒྱུ་འདོན་པར་བྱེད། །
ཐོན་ཅིག་བཏོན་ནས་ཐོན་པ་མང་། །
ཞགས་པ་གདབ་བྱ་འདེབས་བྱེད་ཐོབས། །
བཏབ་ནས་སྐེ་ལ་ཐེབས་བྱུང་ངོ་། །
ཕྱུར་དུ་དཔྱང་བྱ་དཔྱོང་བྱེད་དཔྱོངས། །
མར་ལ་དཔྱངས་ནས་ཀྱང་རྩ་ཕྱུང་། །
ཕོ་རེ་དཔྲུལ་ནས་ཕྲུལ་བར་འགྱུར། །
འཕུད་རྒྱུ་དེ་དག་ཕུད་ནས་བུད། །
གནས་ནས་དབྱུང་བྱ་འབྱིན་བྱེད་ཕྱུངས། །
མི་འབྱུང་ན་ཡང་ཕྱུང་ནས་བྱུང་། །
ཐལ་རྡུལ་གཙུབ་རྒྱུ་གཙུབས་པ་ལ། །
དུ་བ་བཞིན་དུ་ཚུབ་བྱུང་ངོ་། །
གཟུག་བྱའི་སྨུ་གུ་འཛུགས་པར་བྱེད། །
ཚུགས་ཅེས་བཙུགས་ནས་ཚུགས་བྱུང་ངོ་། །
འཐབ་ལ་གཞུག་བྱ་འཇུག་རྒྱུ་ཆུག །
བཅུག་ནས་དགའ་དགར་ཞུགས་པ་ཡིན། །
བསྲུམ་བྱའི་ཁུག་ཁ་སྲུམ་བྱེད་སྲུམས། །
བསྲུམས་ནས་དམ་པོར་ཟུམ་བྱུང་ངོ་། །
གཞིལ་བྱ་འཛིལ་བྱེད་སྨུར་དུ་ཅིལད། །
བཅིལ་ནས་མི་དཔུང་ཞི་བར་གྱུར། །
ཇོ་སྟིག་བཤིག་བྱ་ཤིག་བྱེད་ཤིགས། །
བཤིགས་ནས་ཞིག་པ་ཧྲུད་ནས་ཚར། །

ལྷ་བུ་སོགས་ཁྱབ་ཤིན་ཏུ་ཆེའོ། །

དོན་ཚན་ལྔ་བ། བྱ་བ་རིགས་གསུམ་རྟེན་ཅིང་འབྲེལ་བའི་བྱུང་ཚུལ།

བྱ་བའི་མིང་ལ་རིགས་གསུམ་ཡོད་དེ། གཅིག་ནི་བདག་དང་འབྲེལ་བའི་བྱ་བ་སྟེ། བྱེད་པའི་རྩོལ་བ་ཡིན་ཞིང་། གཉིས་ནི་གཞན་དང་འབྲེལ་བའི་བྱ་བ་སྟེ། ལས་ཀྱི་འགྱུར་བ་ཡིན་ལ། གསུམ་ནི་བདག་གཞན་གང་ལའང་མ་འབྲེལ་བའི་བྱ་བ་སྟེ། རང་གིས་བྱུང་བ་ཡིན་ནོ། །

བྱ་བ་རིགས་གསུམ་ཕན་ཚུན་རྟེན་ཅིང་འབྲེལ་བར་བྱུང་བ་ཏ་ཅང་མང་བ་ཡོད་ཚུལ་ཤེས་དགོས་པར་མ་ཟད། བྱ་བ་རིགས་གསུམ་མཐའ་གཅིག་ཏུ་ངེས་པ་མེད་ཚུལ་ཡང་ཤེས་དགོས། དེ་ལུགས་ཕོང་དུ་ཆུད་ན། བོད་སྐད་ཀྱི་བྱ་བའི་མིང་གི་རྣམ་བཞག་དང་ཁྱད་ཆོས་ཀྱི་གདེངས་ཐོབ་ནས། འབྲི་ཀློག་འཆད་གསུམ་ལ་ཕན་ཆེན་པོ་ཐོབ་པར་འགྱུར་རོ། །

དང་པོ། བྱ་བ་རིགས་གསུམ་གྱི་འབྲེལ་བ་དང་ཁྱད་པར།

བྱེད་པའི་རྩོལ་བ་ལས་ཀྱི་འགྱུར་བ་དང་། །
རང་གིས་བྱུང་བའི་བྱ་བ་རིགས་གསུམ་ལས། །
རྟེན་ཅིང་འབྲེལ་བར་བྱུང་བ་རིགས་གཉིས་མཆིས། །
མིང་གཞི་གང་ཅི་སྡེ་བ་གཅིག་པ་དང་། །
མིང་གཞི་གཅིག་པའི་ཁྱད་པར་འདི་གཉིས་ཡིན། །
སྔ་མ་སྡེ་བ་གང་གི་དང་པོ་བདག །

གཉིས་པ་གཞན་དང་གསུམ་པ་རང་བྱུང་ཡིན། །

(གཤམ་གསལ་གྱི་དཔེར་བརྗོད་ལས། ཀོར་རྟགས་དང་། ཐིག་རྟགས་དང་། འཁྱུག་རྟགས་གསུམ་གྱིས་རིམ་བཞིན་བདག་དང་། གཞན་དང་། བདག་གཞན་མ་འབྲེལ་བ་མཚོན་པའོ། །)

བཀྲིགས་ནས་འཁྲིགས་ཀྱང་མ་ཁྲིགས་ཁ་ནས་ཐིག
བཀྲུགས་ན་ཁྲུག་ཀྱང་སྡུག་བསྔལ་མི་ཁྲུག་གོ།
མདུད་པ་བཀྲོལ་ནས་མ་འཁྲོལ་ཅི་ཕྱིར་གྲོལ།
བཀབ་ནས་ཁེབས་པའི་འོག་ཏུ་གབ་ནས་འདུག
བཀང་ནས་ཁེངས་པའི་ཆང་ནི་ཅན་གང་འཕྱུང་།
ཁྲི་ངན་བཀག་ནས་མ་ཁེག་སྐད་ཀྱང་འགགས།
རྒས་ནས་མ་གུམ་དགྲ་ཡིས་བཀུམ་ནས་ཁུམ།
རྣ་ཅོ་གུག་པ་བཀུག་ནས་ཁུག་པ་མིན།
བཀས་ནས་ཁོས་པ་མང་ཡང་གས་པའང་སྟོང་།
ལུས་ལ་རྒྱ་འགྲམས་བཀྲམ་ནས་ཁྲིམས་པ་མིན།
བཙུག་ནས་མ་ཚུག་རང་ག་ཞུགས་པ་ཡིན།
བཅག་ནས་མ་ཆོགས་ངང་གིས་ཆག་པ་མཚར།
ཐག་པ་བཅད་ཀྱང་མ་ཆོད་ཅི་ལ་ཆད།
བཏོན་ནས་མ་ཐོན་ངང་གིས་དོན་པ་ཡིན།
གདུལ་བྱ་བཏུལ་ནས་ཐུལ་བས་དུལ་བར་གནས།
ཐུམ་གྱིས་བཏུམས་ནས་དུམ་པ་བཅུ་གཉིས་བྱུང་།
ཤོག་བུ་ཐང་བ་བཏིངས་ནས་འཐིངས་པ་མིན།
དཔྱུལ་ནས་ཕྱུལ་བའི་གོར་བྱུལ་སྐམ་པོ་ཟ།
མེ་ཏོག་ཁ་བྱེ་ཕྱེས་ནས་ཕྱེད་པ་མིན།

བཙུགས་ནས་མ་ཚུགས་འདམ་ལ་ཟུག་པར་གྱུར།
བཤིགས་ནས་ཞིག་པ་རིམ་གྱིས་འཇིག་པར་འགྱུར།
བརྗོལ་ནས་བརྗོལ་བའི་ཁུང་ནས་ཐོལ་གྱིས་བྱུང་།
བསྒྲིམས་ནས་མ་ཐིམ་རྐང་བ་བྲེ་མར་དིམ།
འབེལ་བ་གང་མང་སྤེལ་ནས་འཕེལ་བ་མིན།

ལྷ་བྲུ་སོགས་ལས་ཕལ་ཆེར་མིང་གཞི་རྐྱང་བ་ཡིན་ལ། བདག་འབྲེལ་གྱི་མིང་གཞི་སྔེ་བ་གང་གི་ཡི་གེ་དང་པོ་ཡིན་ཟེར་བ་འདས་པ་གཞིར་བཟུང་བ་ཡིན། གཞན་དག་གི་མིང་གཞིར་འགྱུར་ལྡོག་མེད་དོ། །

འདི་རིགས་ལས་མིང་གཞི་རྐྱང་བརྩེགས་སྤེལ་མའང་ཉུང་ཟད་ཅིག་ཡོད་དེ། བདག་འབྲེལ་གྱི་མིང་གཞི་བརྩེགས་པ་དང་། གཞན་དག་གི་མིང་གཞི་རྐྱང་བ་ཡིན། མིང་གཞིའི་གོ་རིམ་གོང་བཞིན་ནོ། །

ཕྱི་མ་མིང་གཞི་གཅིག་པའི་བརྩེགས་པ་བདག །
རྐྱང་བ་གཞན་དང་བདག་གཞན་མ་འབྲེལ་ཁྱད། །
སྔ་མར་ཨོ་ལྡན་ཕྱི་མར་ན་རོ་མེད། །
མིང་གཞི་རྐྱང་བ་གཅིག་པའང་ཉུང་ཙམ་ཡོད། །

བསླབས་ནས་ལྷོབས་སྐྱེན་པས་ན་ཅི་ཡང་ལོབ། །
ལག་རྩལ་སྦྱངས་ནས་འབྱོངས་པ་རབ་ཏུ་བྱུང་། །
གྱང་ལ་སྦྱར་ནས་འབྱོར་བ་འབྱར་ནས་འདུག །
གཅིག་ཏུ་འདོམས་པ་བསྡམས་ནས་དོམ་པ་མིན། །
སློད་ནས་ལྷོད་པ་མིན་ཡང་ཁྲི་ལས་ལོད། །
ཕྱི་ལ་འདལ་བ་བདལ་ནས་འདོལ་བ་མིན། །

ལྷ་བུ་སོགས་རིགས་སྔ་མ་ལས་ཁྱབ་ཆུང་ཞིང་། བྱེད་པའི་རྩོལ་བ་མཚོན་པའི་མིང་གཞི་བརྩེགས་པའི་མགོ་ཅན་དོན་ན། ལས་ཀྱི་འགྱུར་བར་ལོག་འགྲོ། ལས་ཀྱི་འགྱུར་བའི་ན་རོ་དོན་ན། ངང་གིས་བྱུང་བར་གྱུར་འགྲོ་བ་ནི། འདི་རིགས་ཀྱི་ཁྱད་ཆོས་གཙོ་བོ་ཡིན།

བྱ་བའི་མིང་རིགས་གསུམ་གྱི་ཁྱད་པར་གཙོ་བོ་ཞིག་ནི། སྒྲ་དྲག་ཞན་བར་མ་ལ་རག་ལས་ཏེ། བྱེད་པའི་རྩོལ་བར་སྒྲ་དྲག་པའམ་ལྷི་བས་མཚོན་པ་དང་། ལས་ཀྱི་འགྱུར་བ་ལ་སྒྲ་བར་མས་མཚོན་པ་དང་། ངང་གིས་བྱུང་བ་ལ་སྒྲ་ཞན་པའམ་ཡང་བས་མཚོན་པའོ། །

བྱ་བའི་མིང་རིགས་གསུམ་གྱི་ཡིག་གཟུགས་ཐ་དད་པ་ཡིན་མོད། གཞན་འབྲེལ་དང་བདག་གཞན་མ་འབྲེལ་བའི་བྱ་བ་རིགས་གཉིས་ཀྱི་ཡིག་གཟུགས་གཅིག་པའང་ཡོད། དཔེར་ན།

ཁ་དོག་འགྱུར་བ་བསྒྱུར་ནས་འགྱུར་བ་མིན།
ཕྱོགས་གཅིག་འདྲིས་པ་བསྲེས་ནས་འདྲིས་པ་མིན།
བསྐྱིལ་ནས་འཁྱིལ་བའི་ཆུ་ནི་འཁྱིལ་ཞིང་འདུག །

ལྷ་བུ་རྣམས་སོ། །

བྱ་བ་རིགས་གསུམ་ལས། བདག་འབྲེལ་གྱི་བྱ་བ་ལ་སྐུལ་ཚིག་ཐོབ་པ་དང་། གཞན་འབྲེལ་གྱི་བྱ་བའི་ཡིག་གཟུགས་མི་འགྱུར། བདག་གཞན་མ་འབྲེལ་བའི་བྱ་བ་ལས། གང་ཟག་ལ་འཇུག་ཉུང་བར་སྐུལ་ཚིག་ཐོབ་པ་དང་། གང་ཟག་ལ་འཇུག་མི་ཉུང་བར་སྐུལ་ཚིག་མི་འཐོབ་བོ། །

གཉིས་པ། བྱ་བའི་མིང་རིགས་གསུམ་མཐའ་གཅིག་ཏུ་ངེས་པ་མེད་ཚུལ།

རྩོལ་བ་འཇུག་སའི་ལས་ཀྱི་དངོས་པོ་དེ། །
རྩོལ་བྱུང་ཡིན་ན་བྱ་ལས་ལོགས་སུ་མེད། །
བྱ་བ་རང་གི་ངང་གིས་གྲུབ་པ་ལ། །
བདག་འབྲེལ་གཞན་འབྲེལ་གང་ཡང་དོན་གྱིས་སྟོངས། །

གོང་གསལ་བྱ་བའི་མིང་ལ་རྟེན་ཅིང་འབྲེལ་བའི་རིགས་གསུམ་གྱི་དབྱེ་བ་མངོན་སུམ་དུ་ཡོད་ཀྱང་། གསུམ་གསུམ་དུ་འཛོམས་པའི་ངེས་པ་མེད་དེ། ལས་ཀྱི་དངོས་པོ་སྔར་མེད་གང་། རྩོལ་བ་ལས་ཆོས་ཅན་ཞིག་ཏུ་གྲུབ་པ་ལ། བྱེད་པའི་རྩོལ་བ་ཡོད་ཀྱང་། ལས་ཀྱི་འགྱུར་མེད་དེ། སྐུ་འདྲ་བཞེངས་པ། ཡི་གེ་འབྲི་བ། རི་མོ་བཀོ་བ། ལྟ་བུ་རྣམས་སོ། །

ལས་ཀྱི་དངོས་པོ་སྔར་ཡོད་པ་གང་། བྱེད་པའི་རྩོལ་བ་ལས། རྣམ་པ་གཞན་ཞིག་ཏུ་སྒྱུར་འགྲོ་བ་ལ། བྱེད་རྩོལ་དང་ལས་འགྱུར་གཉིས་ཀ་ཡོད་མོད། དེ་ལུགས་དང་འབྲེལ་བའི་རང་བྱུང་གི་སྣང་ཚུལ་མེད་པ་ལ། བདག་གཞན་དང་མ་འབྲེལ་བའི་བྱ་བ་མེད་དེ། རས་གཤགས་ནས་ཤོགས་པ། གདན་དྲངས་ནས་འདྲོངས་པ། བལྟས་ནས་མཐོང་བ། ལྟ་བུ་སོགས་སོ། །བེམ་པོ་གང་ཞིག་རང་གི་ངང་གིས་བྱ་བ(འགྱུར་ལྡོག)འབྱུང་བ་ལས། བྱེད་པོའི་ལས་སུ་མི་རུང་བ་ལ། ལས་འགྱུར་དང་བྱེད་རྩོལ་གང་ཡང་མེད་དེ། ཉི་མ་ཤར་བ། རླུང་གཡུག་པ། མེ་ཏོག་བཞད་པ། ལྟ་བུ་སོགས་སོ། །

སེམས་ཅན་གང་ཞིག་ལས་ལ་མ་བལྟོས་པར། རང་གི་འདུ་བྱེད་དང་ངམ་ཤུགས་ཀྱིས་བྱུང་བ་ལ། བདག་གཞན་དང་མ་འབྲེལ་བའི་བྱ་བ་ཙམ་ལས་མེད་དེ།

ང་འགྲོ། ཧ་རྒྱུག །བྱིས་པ་ཚོ་མཉམ་དུ་འཚོགས། ལྟ་བུ་སོགས་སོ། །

གཞན་ཡང་། དཔེ་ཆ་བལྟས་ཚར། གོན་པ་བཟོས་ནས་གྲུབ་སོང་། ཆང་འཐུངས་ནས་བཟི། ལྟ་བུ་སོགས་ཀྱི་ཚིག་གི་སྦྱོར་བ་བདག་གཞན་མཉམ་དུ་འབྲེལ་བའི་ཚིག་གི་རྣམ་པ་དང་འདྲ་ཡང་། མཚན་ཉིད་མི་གཅིག་སྟེ། སྐབས་འདིའི་ཚར་བ་དང་། གྲུབ་པ་དང་། བཟི་བ་རྣམས། ལས་ཀྱི་འགྱུར་བ་དངོས་མིན་གྱི། བྱེད་པའི་རྩོལ་བའི་ཕྱིས་འབྱུང་ཙམ་བསྟན་པ་ཡིན་ནོ། །

ཡང་། ངང་གིས་འབྱུང་བའི་བྱ་བ་རྣམས། བདག་དང་འབྲེལ་བའི་བྱ་བར་སྦྱར་ན། ཚིག་གྲོགས་ཀྱིས་བསྒྱུར་ཚོག །དཔེར་ན། ཧ་རྒྱུག་པ་དང་། ཧ་རྒྱུག་པར་བྱེད། ཟེར་བའི་ཚིག་གཉིས་ཀྱི་དོན་མི་འདྲ་སྟེ། ཚིག་སྔ་མའི་ཧ་ནི་རྒྱུག་བྱེད་དེ། བྱེད་པ་ཧ་རང་གི་རང་ཤུགས་ཀྱི་བྱ་བ་ཡིན་ལ། ཚིག་ཕྱི་མ་ཧ་ནི་བརྒྱུག་བྱ་སྟེ། ལས་ལ་བཀོད་ནས། བྱེད་པ་པོ་གཞན་ཞིག་གིས་ཁ་ལོ་སྒྱུར་བ་ཡིན་ཏེ། ཧ་རྒྱུག་གཏོང་ངམ། རྒྱུག་པར་བྱེད་ནི། བྱེད་པའི་ལས་སུ་གྱུར་པ་ཡིན་ནོ། །དཔེ་དེ་བཞིན། འོད་འཆར་བར་བྱེད། ཚོགས་སུ་ཞུགས་པར་འཇུག་ལྟ་བུ་སོགས་རིགས་བསྒྲེས་ནས་ཤེས་པར་གྱིས་ཤིག །

ལོ་རྒྱུའི་སྐོར།

རྒྱ་བོད་ལོ་ཙཱའི་གནད་བསྡུས།

ལོ་ཙཱ་གང་བྱེད་མི་རིགས་རང་རང་གི། །
མིང་ཚིག་སྦྱོར་ལུགས་ཤེས་ཤིང་བྱང་བའི་ངོས། །
བརྗོད་བྱའི་ཆོས་ཀྱི་ངོ་བོ་སྟོན་པའི་མིང་། །
སྐད་གཉིས་འཐོད་སྒྲོལ་ཐད་ཀར་ཐོད་པ་གཏུགས། །
ཚིག་གི་སྦྱོར་བ་སྣ་ཚོགས་ཡོད་ན་ཡང་། །
རྒྱ་བོད་ལོ་ཙཱ་བསྒྱུར་ཚུལ་གསུམ་དུ་དྲིལ། །
བྱ་བྱེད་ལས་གསུམ་ཚིག་གི་སྦྱོར་བ་རྣམས། །
རྒྱ་སྐད་ལུགས་ལྡོག་བོད་སྐད་ལུགས་འབྱུང་ཡིན། །
མིང་སྣ་བཞི་ཡི་ཚིག་གི་སྦྱོར་བ་རྣམས། །
རྒྱ་སྐད་བོད་སྐད་གོ་རིམ་ལོག་པར་བསྒྱུར། །
གྲུབ་ཆ་དྲུག་གི་ཚིག་གི་སྦྱོར་བ་རྣམས། །
རྒྱ་བོད་སྐད་གཉིས་སྟོར་བའི་ཚུལ་དུ་བསྒྱུར། །

རྒྱ་བོད་སྐད་གཉིས་སློབ་པར། སྐད་རིགས་འདི་གཉིས་ཀྱི་ཐུན་མོང་དང་ཐུན་མོང་མ་ཡིན་པའི་ཁྱད་ཆོས་ལེགས་པར་ཤེས་ན། ཕན་ཚུན་རམ་བཏགས་ནས། གཉིས་ཀའི་འཆད་ཉན་འབྲི་ཀློག་གི་ནུས་པ་མཉམ་དུ་རྒྱས་པར་གཏང་ཐུབ། དེ་ཕྱིར་རྒྱ་བོད་ལོ་ཙཱ་ཀློག་པའི་ཤེས་བྱ་རྩ་བ་ཅན་འགའ་བརྗོད་པར་བྱ།

དང་པོ། ལོ་ཙཱའི་གནས་ལུགས།

ལོ་ཙཱ་བྱ་བ་ནི། རྒྱལ་ཁམས་བར་དང་མི་རིགས་བར་དུ་རིག་གནས་བརྗེ་རེས་ཀྱི་ཟམ་ཆེན་ཞིག་ཡིན་གཤིས། སྔ་དེང་ཕྱི་ནང་གི་ལོ་པཎ་རྣམས་ཀྱིས། ལོ་ཙཱའི་གནས་ལུགས་ཡང་དག་པ་ཞིག་གཏན་ལ་དབབ་པ་ཏ་ཙང་གལ་ཆེན་དུ་བརྩིས་ནས། ལོ་ཙཱའི་གནས་ལུགས་དུ་མ་ཞིག་བསྟན་ཡོད། ཚིག་མི་གཅིག་ཀྱང་དོན་ཏ་ལམ་ཉེ་བར་སྣང་། དེ་ཚོའི་སྙིང་པོ་མདོར་བསྡུས་ན། དོན་གཅིག་པ། ལུས་མཚུངས་པ། ཁ་གསལ་བ། བརྗོད་བདེ་བ་(内容一致，语体相似，表达清楚，语气流利)བཅས་བཞི་ཡིན། དོན་གཅིག་པ་ནི། བསྒྱུར་བྱའི་མ་ཕྱི་ལ་བློ་དཀར་བའོ། །ལུས་མཚུངས་པ་ནི། བཅད་ལྷུག་སྤེལ་མ་གང་རུང་གི་ལུས་ཀྱི་རྣམ་པ་འདྲ་བའོ། །ཁ་གསལ་བ་ནི། བརྡ་ལེགས་པར་འཕྲོད་པའོ། །བརྗོད་བདེ་བ་ནི། ངག་ལ་ཐོགས་པ་མེད་པའོ། །སྒྱུར་བྱེད་ནི་བསྒྱུར་བྱའི་རྗེས་འབྲང་ས་ཡིན། མ་ཕྱིའི་བརྗོད་བྱ་དང་རྗོད་བྱེད་ཇི་འདྲ་ཡིན་ན། འགྱུར་གྱི་ཚིག་དོན་གཉིས་ཀའང་དེ་འདྲ་ཡིན་དགོས། དཔེར་བརྗོད་ན།

① 把学习贯彻十六大精神，同各方面的工作结合起来，落实到发展先进生产力，发展先进文化，实现最广大人民的根本利益上来!

ཚོགས་ཆེན་བཅུ་དྲུག་པའི་དགོངས་དོན། ཕྱོགས་སོ་སོའི་བྱ་བ་དང་འབྲེལ་ནས་བསླབས་ཤིང་བསྟར་ཏེ། ཐོན་སྐྱེད་སྔོན་ཐོན་ཅན་སྤེལ་བ་དང་། རིག་གནས་སྔོན་ཐོན་ཅན་སྤེལ་བའི་སྒོ་ནས། མི་དམངས་རྒྱ་ཆེ་ཤོས་ཀྱི་ཁེ་ཕན་རྩ་བ་བོ་ཐོག་མངོན་པར་ཕྱོགས་པར་གྱིས་ཤིག

② སེང་ལྟམ་འབྲུག་སོ་མཐོང་བ་ན། །རྒྱས་པའི་པད་མ་འཛུམ་མདངས་ཉམས། །དགུང་གི་ཉི་ཟླ་སོག་པོར་འགྱུར། །རི་ཁྲོད་སྒོམ་ཆེན་ཡིད་ཀྱང་གཡོ། །འཆི་བདག་གཤིན་རྗེ་འདོད་པས་སྨྱོས། །(ཧ་རྒྱུག་དཔྱིད་ཀྱི་ཉི་མ་ལས།)

见到美丽的桑绢珠姆，盛开的莲花失去彩光，天空的日月变得暗淡，隐居的禅师心驰神往，阴曹的阎王欲火如疯。

གོང་གསལ་གྱི་དཔེར་བརྗོད་དང་པོ་ཚིག་ལྷུག་དང་གཉིས་པ་ཚིགས་བཅད་ཡིན་ཞིང་། འགྱུར་གཉིས་ཀའི་མེ་ཡོང་དུ། བརྗོད་བྱ་རྗོད་བྱེད་ལུས་དང་བཅས་པ་མ་ཕྱི་དང་གཅིག་པར་སྣང་བ། ཡོ་རྫའི་གནས་ལུགས་བཞི་བོའི་མཆོག་བྱིན་པ་ཡིན་ནོ། །དེས་ན་ཡོ་རྫའི་གནས་ལུགས་བཞི་པོ་རྩོམ་ལུས་སྣ་ཚོགས་གང་ལའང་མི་འཕྲོད་པ་མེད། དེ་ལྟར་སྒྱུར་མཁས་ན། མ་ཕྱིའི་ཚིག་ཉམས་དང་དོན་ཉམས་གཉིས་ཀ་ཐོན་པའོ། །

གཉིས་པ། མིང་གི་འགྱུར་རྩལ།

དོན་གྱི་ངོ་བོ་སྟོན་པ་མིང་ཡིན། མིང་མ་དག་ན་བརྡ་མི་འཕྲོད། བརྡ་མ་འཕྲོད་ན་དོན་མི་གོ། མིང་ནི་ཚིག་གི་སྒྲུབ་བྱེད་གཙོ་བོ་ཡིན། མིང་གི་དག་ཆ་ཐོན་ན། ཚིག་ལ་ཐོགས་པ་མེད་འགྲོ། དེས་ན་བསྒྱུར་དུ་སྐད་གཉིས་ཀྱི་མིང་རྣམས་ཤན་སྦྱར་བར། གསར་གསལ་གྱི་དོན་ཚན་གལ་ཆེན་ལྟ་ཀློག་ལ་ངེས་དགོས།

གཅིག གང་མིང་ཐོད་ཐུག་པར་བྱ་དགོས།

བརྗོད་བྱའི་ཚེས་ཀྱི་མིང་གང་ཉུང་ཞིག་ལ་བོད་སྐད་དུ་ཅི་ཟེར། རྒྱ་སྐད་དུ་ཅི་ཟེར། འབོད་སྒྲོལ་ཐོད་ཐུག་ན། གོ་བ་ལེན་ཚུལ་གཅིག་པ་ཡིན། འབོད་སྒྲོལ་ཐོག་མ་ཐུག་ན། གོ་བ་ལེན་ཚུལ་ཐ་ཚོམ་དུ་གྱུར་འགྲོ། དཔེར་ན། ནོར་ལ་牦牛 དཔེ་ཆ་ལ་书 འཚོ་ཚིས་ལ་生计 རྩོམ་མཁན་ལ་作家 ལྟར་བསྒྱུར་ན། འགྱུར་དག་པ་ཡིན་མོད། དེང་གི་བསྒྱུར་ཚུལ་ཕལ་ཆེར་དོན་གྱི་ངོ་བོ་ལྟར་མི་སྒྱུར་བར། ཡི་གེའི་རྣམ་པ་ལྟར་བསྒྱུར་བས། བརྡ་ལེགས་པར་མི་འཕྲོད་ས་མང་། གསར་གསལ་གྱི་རེའུ་མིག་ལ་ལྟོས་དང་གསལ།

རྒྱ་སྐད	བོད་སྐད	བོད་འགྱུར	དཔྱད་མཆན
主语	བྱེད་པ	གཙོ་ཚིག	རྡོ་ཆག་བཙན་སྒྲིག 杜撰
主体	སྲོག	བརྗོད་བྱ་གཙོ་བོ	སྙན་ངག་གི་སྲོག 有点意思
主编	སྒྲིག་མཁན་གཙོ་བོ	གཙོ་སྒྲིག་པ	ཡ་མ་ཟུང་དུ་གྱུར་བ死板硬套
实词	མིང་	ཚིག་དངོས	དོན་གྱི་ངོ་བོ་སྟོན་པ་ཀུན་མིང་ངོ 望文生义
虚构	རྟོག་བཟོ	རྫུན་སྒྲིག	སྙན་ངག་ཀྱང་རྟོག་བཟོ་ཡིན大相径庭
小说	རྟོགས་བརྗོད	བརྩམས་སྒྲུང	རྟོགས་པ་བརྗོད་པ生造
漫谈	འབེལ་གཏམ	གླིང་མོལ	འབོལ་རྩོམ་ལྟ་བུ张冠李戴
协会	འདུན་མ	མཐུན་ཚོགས	འདུན་ནི་འདུས་པའི་དོན་ཡིན勉强
联欢会	དགའ་འདུན	མཉམ་སྡོའི་ཚོགས་པ	ཚིག་བར་གཉིས་ཚིག་བར་བཞིར་བྱས་པ啰嗦

དཔེར་ན། 抱头鼠窜གྱི་འགྱུར་ལ། ལག་པས་མགོ་བཀབ་ནས་བྲོས་སོང་། ཞེས་ཚིག་བར་བཞི་ཚིག་བར་དྲུག་ཏུ་བཏང་ཡང་། བརྡ་འཕྲོད་པ་ཙམ་ལས། ངག་གི་སྒྱུ་རྩལ་ཉམས་སོང་། དེ་ལ་བོད་ཀྱི་དཔེ་ཆོས་སྟར་མ་ཕ་བྲོས་ཞེས་པ་ལྟར་བསྒྱུར་ན། ཚིག་ཉམས་དང་དོན་ཉམས་གཉིས་ཀ་ཐོན་ཡོད་དོ། །身在曹营心在汉ཞེས་པ་ཡིག་ངོ་ལྟར་བསྒྱུར་ན། བསྒྱུར་དཀའ་ལ་གོ་ཡང་དཀའ། ལོ་རྒྱུས་ཀྱི་བྱུང་རབས་ལྟར། འབྲུག་མོ་རྟོར་དང་བསམ་པ་གླིང་། ཞེས་བསྒྱུར་ན། བརྡ་ལེགས་པར་འཕྲོད་འགྲོ། དེས་ན་ལོ་རྒྱུས་སམ་གཏམ་རྒྱུད་དམ་སྲོག་ཆགས་དང་འབྲེལ་བའི་ཚིག་བརྗོད་ལུགས་མི་འདྲ་ཙང་ཚོག །དོན་སྟོན་ཚུལ་ཅིས་ཀྱང་འདྲ་དགོས།

རེའུ་མིག་ནང་གི་འགྱུར་ཕལ་ཆེར་ཡིག་རིས་དང་གོ་རིམ་ལྟར་དུ་བསྒྱུར་བ། གྱི་ལར་བལྟས་ནས་སྣག་རིས་བྲིས་པ་ཁྱི་ཉམས་ཐོན་པ་འདྲ་སྟེ། དཔེར་ན། 主编ལ་གཙོ་སྒྲིག་པ་ཞེས་པ་ལྟ་བུ། བསྒྲིག་བྱའི་དངོས་པོ་མིན་ན་སྒྲིག་ཚུལ་མེད། གཙོ་ནི་གཙོ་བོ་ཡིན་ཞེ་ན། གཙོ་བོ་སྒྲིག་མཁན་མི་དམངས་འཐུས་མི་ཚོགས་ཆེན་ལ་རག་ལས། ལོ་ཙཱ་བ་ཞིག་ལ་དེ་འདྲའི་དབང་ཆ་ཡོད་དམ། གཙོ་སྒྲིག་པ་ཞེས་པའི་

པ་ནི་མིང་མཐའ་ཡིན་གྱི་བདག་སྒྲ་མིན། སྦྲིག་མཁན་གཙོ་བོ་ཞེ་ན་བོད་སྐད་ཉིད་ཡིན་ནོ། །རྒྱ་ཡིག་བོད་ཡིག་ཏུ་བསྒྱུར་བ་འདི་ལྟར་བོད་ཡིག་རྒྱ་ཡིག་ཏུ་བསྒྱུར་ན་ཨེ་འགྲིག་ལྟ། ཤིང་རྟ་(大车)ལ་木马 རི་མོ་(图画)ལ་山女 ངོ་ལྟ་(镜子)ལ་脸看 ཐུག་པ་འཐུང་(吃饭)ལ་饭喝ཞེ་ན། རྒྱ་མིས་གོ་རྒྱུ་ཡོད་དམ།

གཉིས། མིང་གི་མི་རིགས་ཀྱི་ཁྱད་ཆོས་འཛིན་དགོས།

མི་རིགས་སོ་སོའི་རིག་གནས་ཀྱི་འབྱུང་རྐྱེན་མི་འདྲ་བ་དང་། འཚོ་བའི་གོམས་གཤིས་མི་འདྲ་བའི་དབང་གིས། མིང་ལའང་སྐད་རིགས་ཀྱི་ཁྱད་ཆོས་ཆགས་ཡོད། དེ་ལུགས་ཤེས་པ་འགྱུར་དུ་ཐོན་ན། ཁ་གསལ་བརྗོད་བདེ། དཔེར་ན། 二两ལ་སྲང་དོ། 虚汗ལ་རྔུལ་ནག 忠ལ་བློ་དཀར་བ། 慢性传染病ལ་དལ་ཡམས་ཟེར་བ་ལྟ་བུ། དེ་ལུགས་མ་ཤེས་ལ་རྗེ་ཚག་བཙན་སྦྲིག་བྱས་ན། བརྡ་འཕྲོད་དཀའ་བའམ་བཞད་གད་ཀྱི་གནས་སུ་གྱུར་འགྲོ། གཤམ་གསལ་གྱི་རེའུ་མིག་ལ་ལྟོས་དང་གསལ།

རྒྱ་སྐད	བོད་སྐད	བོད་འགྱུར	དཔྱད་མཆན
母语	ཕ་སྐད	མ་སྐད	འདྲ་བཤུས 死译
敏感	ཚོར་སྐྱེན་པ	ཚོར་བ་རྣོན་པོ	ཚོར་བ་རྗེ་ཟེར་ན་ཆོག 勉强可以
印刷品	དཔར་མ	པར་སྐྲུན་ཡི་གེ	ཡི་གེ་དང་རི་མོ་སོགས་ཡོད偏面
手写体	བྲིས་མ	ལག་བྲིས་གཟུགས	རྗེ་ཚག་བཙན་སྦྲིག 死搬硬套
人造毛	བལ་བཅོས་མ	མིས་བཟོས་བལ	གོ་དཀའ་བ 逐字死译
人造卫星	རྒྱུ་སྐར་བཟོས་མ	མིས་བཟོས་སྲུང་སྐར	སྲུང་དོན་མེད 逐字翻译
黑体字	ཡི་གེ་ཤ་ཆེན	ནག་གཟུགས་ཡི་གེ	ཤ་ཆེན་ཤ་ཆུང་སྨྱུག་འགྲོས་སྦྲོམ་ཕྲ་ལ་ཟེར 译为笑话
白体字	ཡི་གེ་ཤ་ཆུང	དཀར་གཟུགས་ཡི་གེ	
募捐	དཀར་ཕུད་པ	དངུལ་གྱི་ཞལ་འདེབས་སློང་བ	དོན་ཤེས་ཀྱང་མིང་མ་གོ་བ 知义不知词
激励	ངར་ལྡང་པ	སྐུལ་མ་གཏོང་བ	未对号入座，笼统

གོང་གི་བོད་འགྱུར་ཕལ་ཆེར་སྐད་གཉིས་ཀྱི་གོ་རིམ་དང་མི་བསྟུན་པར་ཡི་གེ་རེ་རེ་བཞིན་དུ་བསྒྱུར་ནས། བོད་སྐད་ཀྱི་ཁྱད་ཆོས་ཉམས་པར་མ་ཟད། བརྗོད་བྱ་ལྷབ་ལྷིབ་ཏུ་གྱུར་ཞིང་། ནོར་འཁྲུལ་ཡང་མང་དུ་བྱུང་སོང་། མིང་གི་འགྱུར་ཚུལ་རབ་ཡིན་ན། སྐད་གཉིས་རང་གི་གོ་རིམ་ལྟར། ཐ་སྙད་རེ་རེ་བཞིན་དུ་བསྒྱུར་ན་དག་ཆ་ཐོན་སླ། དཔེར་ན། 黑体字ལ་ཡི་གེ་ཤ་ཆེན་ཞེ་ན། གོ་རིམ་ལོག་པར་སྒྱུར་བ་ཚུལ་དང་མཐུན་པར་མ་ཟད། དོན་གྱི་ངོ་བོའང་གཅིག་པར་སྣང་། དེ་ལྟར་མིན་པར། མིང་གཅིག་གི་སྒྲ་གཉིས་ཡན་ཆད་སོ་སོར་ཕྱེ་ནས་འབྲེལ་མེད་དུ་བསྒྱུར་ན། དོན་གྱི་ངོ་བོ་ཡ་མ་བྲལ་དུ་གྱུར་འགྲོ། དཔེར་ན། 事物ཞེས་པའི་事ནི་事情 སྟེ་བྱ་བ་དང་། 物ནི་物品སྟེ་དངོས་པོ་ལྟར་བསྒྱུར། དེ་ནས་བྱ་བ་དང་དངོས་པོ་གཉིས་ཀྱི་མིང་མཐའ་བཅད་ནས་གཅིག་ཏུ་སྦྱར་བས། བྱ་དངོས་ཞེས་པ་བྱ་ངོ་མ་སྟེ། (成了“真鹰”，与“事物”一词大相径庭)དངོས་པོ་ཞེས་པ་དང་འབྲེལ་བ་མེད་སོང་། བསྒྱུར་ཚུལ་འདི་ནི་དལ་ཡམས་ཤིག་སྟེ་ཁྱབ་ཏ་ཅང་ཆེ། བོད་སྐད་ལ་གནོད་པ་བསྐྱལ་ནས་ཁ་ངོ་ངན་པར་འགྱུར་བཞིན་མཆིས།

གསུམ། གདན་ཆགས་པའི་མིང་རྣམས་བསྒྱོག་མི་རུང་།

གདན་ཆགས་པའི་མིང་ནི། མི་རབས་མི་ཐོག་བརྒྱུད་ནས། ཐུན་མོང་དུ་གྲགས་པ། མཐུན་པར་སྣང་བ། མངོན་པར་ཞེན་པ་དང་བཅས་པའི་ངག་གི་ཕྲེང་རྟོག་ཉན་ཡོད། ཕྲེང་རྟོག་གི་མཐུ་རྩལ་ནི། ཚིག་གི་དག་ཆ་འཛིན་པ་ཡིན། ལོ་རྒྱུས་སྟེང་བོད་འགྱུར་བཀས་བཅད་ཐེངས་གསུམ་མཛད་པ་ནི། ཕྲེང་རྟོག་འདི་རིགས་ཀྱི་སྲོག་གམ་མཐུ་རྩལ་ཡུན་རིང་དུ་བསྲིང་བའི་ཆེད་དུ་ཡིན། སྔོན་བྱོན་མཁས་པ་རྣམ་པས། མིང་ཚིག་ཡི་གེའི་སྦྱོར་བ་སུམ་རྟགས་དག་གསུམ་གྱི་དགོངས་པ་དང་བསྟུན་དགོས་པར་ནན་ཏན་མཛད་པ་དང་། སྤྱི་ཚོགས་སུ་གདན་ཆགས་པའི་ཐ་སྙད་སྣོག་མི་ཆོག་པར་མ་བགྲོས་རང་མཐུན་གྱི་འགྲིག་ལམ་ཞིག་ཆགས་ནས་ཡོད་

པས། མདོ་དབུས་ཁམས་གསུམ་གྱི་མཁས་པ་གང་གི་བྲིས་མ། སུས་བལྟས་ཀྱང་ཧ་གོ་བ་ནི། ཕལ་སྐད་དང་བློ་བཟོ་མ་འདྲེས་པར་མིང་གི་དག་ཆ་ཐོན་པའི་གནད་ཀྱིས་ཡིན། དཔེར་ན། 语言学ལ་སྒྲ་རིག་པ། 数学ལ་རྩིས་རིག་པ། 哲学ལ་ཚད་མ་རིག་པ། 医学ལ་གསོ་བ་རིག་པ། 论典ལ་བསྟན་བཅོས། 理论ལ་གཞུང་ལུགས། 黄金时刻ལ་གསེར་སྐད་ཅིག 黄道ལ་གསེར་ལམ་ལྟ་བུ་སོགས་ཐུན་མོང་དུ་གྲགས་པ་ཡིན་ན། སུས་ཀྱང་གོའོ། །དེང་གི་འགྱུར་དུ། མ་དག་པ་ས་ཁྱབ་རྡོ་ཁྱབ་ཏུ་མཐོང་། །

རྒྱ་སྐད	བོད་སྐད	བོད་འགྱུར	དཔྱད་མཆན
早晨	ཞོགས་པ	སྔ་ཞོགས	ཡི་གེ་རེ་རེ་བསྒྱུར་བ 重复不明
有些	འགའ་ཞིག	འགའ་ཤས	འགའ་ཞིག་དང་ཆ་ཤས་བསྲེ་རྩོལ་མེད 不成藏语
灵堂	རིང་ཁང	སྐུ་གདུང་འཇོག་ས	འགྲེལ་བ་ཙམ་ལས་མིང་མིན 以释代词
食谱	གཡོས་སྣ	ཟས་རིགས་ཡི་གེ	བརྡ་འཕྲོད་པ་ཙམ 勉强凑合
顾问	བློ་གནས	བློ་འདྲི་ས	བརྡ་འཕྲོད་ཀྱང་མིང་དངོས་མིན 可以
汇集	སྟོང་ཐུན	མཉམ་སྡུར	སྣ་ཚོགས་འཐུས་པའི་དོན 错误
激获	མནངས	དགྲ་ལག་ནས་བླངས་པའི་དངོས་པོ	མིང་གི་ཚབ་ཏུ་ཚིག་སྦྱར་བ 以释代词
括约肌	གཞང་རྩ	གདངས་ཟུམ་ཤ་ཤེད་རྡེ་ཤ	བོང་ལྟོ་སྦྱ་བསྲེས 胡编乱造
行话	ལོགས་སྐད	སྐད་ཆ་ལོགས་བཀར་བ	ཅི་ཟེར་མི་ཤེས 牵强附会
拘泥	ཀུམ་པ	མཁྲིགས་བཟུང	དོན་འགལ་བ 一无是处

གོང་གསལ་གྱི་འགྱུར་ལ་བལྟས་ན། རྒྱུན་ཆགས་ཀྱི་ཐ་སྙད་གཅིག་ཀྱང་དོན་ལ་ཕྱོགས་མེད། འདི་འདྲའི་འགྱུར་མ་དག་པ་ནི་བོད་སྐད་རྗོབ་བྱེད་རེད། དེང་གི་གསར་བུ་ལོ་ཙྪ་གི་བྲིས་མར་བལྟས་ན། བོད་རང་གི་བརྡ་ཆད་མ་ཤེས་པར་འགྱུར་

མ་དག་པ་ཚབ་ཏུ་འཇུག་པ་མང་དུ་མཐོང་ངོ་། །དེང་གི་བསྒྱུར་སྐྱོན་འདིས་བོད་སྐད་མཐའ་གཉིས་སུ་གཏོང་གི་ཡོད། འཕྲོ་ཕྱིན་ཆད་གཞུག་མ་ཚོས་བྲིས་པ་ལོ་ལོན་ཚོས་ཤེས་དཀའ། སྔོན་བྱོན་མཁས་པ་རྣམ་པའི་བརྩམས་ཆོས་གཞུག་མ་ཚོས་ལྟ་མི་ཤེས་པར་འགྱུར་སྲིད། དེས་ན་དེང་གི་སྐྱོན་ཚབས་ཆེན་འདི་རིགས་མྱུར་དུ་ཚར་མ་བཅད་ན། བོད་སྐད་ཀྱི་ཁྱད་ཆོས་ཉམས་ནས་འཇིག་པར་འགྱུར་ཉེན་ཆེའོ། །

བཞི། ཡོ་བྱད་ཀྱི་མིང་རྣམས་ནི་བྱ་བའི་མིང་དེ་ལྟ་བ་གཞིར་བཟུང་ནས་གྲུབ་པ་ཡིན།

ཡོ་བྱད་ནི་གཡོ་སྤྱད་དེ། བརྗོད་བདེ་བར་བྱས་ནས་ཡོ་བྱད་ཟེར། དེས་ན་ཡོ་བྱད་ནི་ལས་ལ་འཇུག་པའི་ཅ་ལག་ཡིན། བྱ་བྱེད་ལས་གསུམ་གྱི་བྱེད་པ་ལ་རིགས་གཉིས་ཡོད་དེ། བྱེད་པ་གཙོ་བོ་སེམས་ཅན་དང་། བྱེད་པ་ཕལ་བ་ཡོ་བྱད་ཡིན། བྱེད་པ་གང་ཉུང་ལས་དང་འབྲེལ་ཚེ། བྱ་བ་སྒྲུབ་པས་ན། བྱེད་པ་དེ་ལྟ་བ་ཡིས་སྒྲུབ་པ་ཡིན། རྒྱ་སྐད་དུ། ཡོ་བྱད་ཀྱི་མིང་ཡང་བྱ་བའི་མིང་གཞིར་བཟུང་ནས་བཏགས་པ་ཡིན། བྱེད་པ་གཙོ་བོར་དཔེར་ན། 领导ལ་མགོ་འཁྲིད་དང་། 导师ལ་སྟོན་པ། 学生ལ་སློབ་མ། 管理员ལ་གཉེར་བ། 守门员ལ་སྒོ་སྲུང་། 耕牛ལ་རྨོན་པ། 啄木鸟ལ་བྱ་ཤིང་རྨོན་ལྟ་བུ་སོགས་དང་། བྱེད་པ་ཕལ་བ་དཔེར་ན། 薅锄ལ་རྐོ་མ། 铸件ལ་ལུགས་མ། 推刨ལ་ལེན། 钻子ལ་གསོར། 磨ལ་རང་འཐག 遮盖物 ལ་འགེབས་བྱེད་ལྟ་བུ་སོགས་སོ། །

འཕྲུལ་ཆས་ཀྱི་མིང་དང་འགྱུར་གཞམ་གསལ་གྱི་རེའུ་མིག་ལ་ལྟོས།

རྒྱ་སྐད	བོད་སྐད	བོད་འགྱུར	དཔྱད་མཆན
照相机	པར་ལེན	པར་ཆས	པར་ཆས་ཞེས་པ་དཔར་བྱེད་ཀུན་ལ་འཇུག་པས་ངེས་ཆ་མེད་པ笼统
印刷机	དཔར་བྱེད	པར་འདེབས་འཕྲུལ་འཁོར	འཕྲུལ་འཁོར་སྦྱར་དོན་མེད 多此一举

望远镜	རྒྱང་མཐོང	རྒྱང་ཤེལ	མར་གྱིས་ཚོལ་བརྗེས་པ་བཞིན་བྱ་བའི་ནུས་པ་མ་ཐོན 喧宾夺主
放大镜	སྐྱེད་མཐོང	ཆེ་ཤེལ	
收割机	ལོ་འབྲེག	བརྫ་བསྡུའི་འཕྲུལ་འཁོར	ཡི་གེ་རེ་རེར་བསྒྱུར་ཉེས་བྱས་པ 逐字翻译适得其反
播种机	སོན་འདེབས	ས་བོན་འདེབས་འཁོར	
剪毛机	འབྲེག་བྱེད	བལ་འབྲེག་འཕྲུལ་འཁོར	རྩིད་པའང་ཡོད་པས以偏概全
奶油分离器	འོ་སྲུབ	འོ་དཀྲུག་འཕྲུལ་ཆས	སྡེབ་སྦྱོར་ཉམས་པ佶屈聱牙
挖掘机	ས་རྐོན	རྐོ་འབྲུ་འཕྲུལ་འཁོར	རྐོ་འབྲུ་དོན་འདྲ重复啰嗦
发电机	གློག་སྐྱེད	གློག་འདོན་འཕྲུལ་འཁོར	འདོན་པ་མི་འཐོད用词不当

གོང་གི་ཡོ་བྱད་ཀྱི་འགྱུར་མིང་རྣམས་ལས། པར་བྱེད་དང་། རྒྱང་མཐོང་དང་། བསྐྱེད་མཐོང་དག་གི་བྱ་བའི་མིང་དོར་ནས་དངོས་པོའི་མིང་དུ་སྒྱུར་བ། མར་གྱིས་ཚོལ་བརྗེས་པ་བཞིན། ཡོ་བྱད་ཀྱི་ནུས་པ་སྟོན་རྒྱུ་མེད་པར་གྱུར་ནས། བོད་སྐད་ཀྱི་ཁྱད་ཆོས་ཉམས་སོང་། གཞན་རྣམས་ཀྱི་ལར་བལྟས་ནས་སྟག་རིས་བྲིས་པ་ཙམ་དུ་མ་ཟད། མིང་སྣ་རིང་དུ་བཏང་ནས། བོད་སྐད་ཀྱི་རོ་བྲོ་རྒྱུ་མེད་སོང་། རྒྱ་སྐད་ཀྱི་ཡོ་བྱད་ཀྱི་མིང་ལ་机འམ་器གང་རུང་ཞིག་མ་སྦྱར་ན། བྱ་བ་ཙམ་ལས་དངོས་པོ་ཡིན་པ་མི་ཤེས། དཔེར་ན། 打火机ནི་མེ་ཆ་དང་འདྲ་སྟེ་འཕྲུལ་ཆས་ཤིག་མིན་མོད། དེ་ལ་机ཞེས་པ་མ་སྦྱར་བར་打火ཞེ་ན། མེ་གཏག་པའི་བྱ་བ་ཙམ་དུ་གོ་བ་རང་རེད། དེས་ན་སྐད་རིགས་གཉིས་ཀྱི་ཡོ་བྱད་ཀྱི་མིང་འདོགས་ཚུལ་ལ་རང་རང་གི་ཁྱད་ཆོས་ཡོད་པས། ཉ་ཉུང་མཉམ་བསྲེས་མ་བྱེད་ཅིག

༣། རྒྱ་བོད་སྐད་རིགས་གཉིས་ཀྱི་མིང་གི་ངོ་བོ་འགྱུར་ལུགས་མི་འདྲ།

རྒྱ་བོད་སྐད་རིགས་གཉིས་ཀྱི་མིང་གི་ངོ་བོ་འགྱུར་ལུགས་གཙོ་བོ་གསུམ་ཡོད་

ལ། དེ་རྣམས་ལས་ཁྱད་ཆོས་ཀྱི་མིང་དང་བྱ་བའི་མིང་དངོས་པོའི་མིང་དུ་བསྒྱུར་བ་ལ། བོད་སྐད་ཀྱི་མིང་མཐའ་བཞག་དགོས། རྒྱ་སྐད་ལ་མིང་མཐའ་的ཞེས་པ་སྦྱར་དགོས། དངོས་པོའི་མིང་ཚིག་ཐུང་ངུར་བསྒྱུར་བ་ལ། བོད་སྐད་ཀྱི་མིང་མཐའི་ན་རོ་བསྲུབ་དགོས། རྒྱ་སྐད་ཀྱི་མིང་གི་མགོ་རྟིང་བརྗེ་དགོས། གྲངས་དང་སྦྱར་བའི་མིང་གི་ངོ་བོ་བསྒྱུར་བ་ལ། བོད་སྐད་ཀྱི་མིང་གི་མགོ་རྟིང་བརྗེ་དགོས། རྒྱ་སྐད་ཀྱི་量词སྣེ་གཞལ་སྒྲ་བརྗེ་དགོས། དེ་རྣམས་གཤམ་གསལ་གྱི་རེའུ་མིག་ལས་གསལ།

<table>
<tr><th>འགྱུར་ལུགས</th><th>བོད་སྐད</th><th>རྒྱ་སྐད</th><th>དཔྱད་མཚན</th></tr>
<tr><td rowspan="2">ཁྱད་ཆོས་ཀྱི་མིང་དངོས་པོའི་མིང་དུ་འགྱུར་བ།</td><td>ཡག་པ
ཡག་པོ</td><td>美丽
美丽的(花)</td><td rowspan="2">"的"字代替所指事物
མིང་མཐའ་པའམ་བ་ལ་ན་རོ་སྦྱར་ན་དངོས་པོའི་མིང་དུ་འགྱུར་བ།</td></tr>
<tr><td>བཟང་བ
བཟང་པོ</td><td>好
好的</td></tr>
<tr><td rowspan="2">བྱ་བའི་མིང་དངོས་པོའི་མིང་དུ་འགྱུར་བ།</td><td>བྲིས་པ
བྲིས་མ</td><td>写
写的</td><td rowspan="2">མིང་མཐའ་པའམ་བའི་དོད་དུ་མ་ཡིག་སྦྱར་ན་དངོས་པོའི་མིང་དུ་འགྱུར་བ།</td></tr>
<tr><td>དཔར་བ
དཔར་མ</td><td>印
印的</td></tr>
<tr><td rowspan="2">དངོས་པོའི་མིང་། ཚིག་ཐུང་ངུར་འགྱུར་བ།</td><td>རི་མཐོན་པོ
རི་མཐོ་བ</td><td>高山
山高</td><td rowspan="2">汉文颠倒成了短语
བོད་སྐད་ཀྱི་མིང་མཐའ་པོའམ་བོའི་ན་རོ་དོར་ན་ཚིག་ཏུ་འགྱུར་བ། རི་མཐོ་བ་ལ་ཁ་སྐད་དུ་རི་མཐོ་གི་ཟེར་བ་ལྟ་བུ།</td></tr>
<tr><td>སྐྲ་རིང་པོ
སྐྲ་རིང་བ</td><td>长头发
头发长</td></tr>
<tr><td rowspan="2">གྲངས་དང་སྦྱར་བའི་མིང་གི་ངོ་བོ་འགྱུར་ལུགས།</td><td>སྒྲོག་གསུམ
གསུམ་སྒྲོག</td><td>三条绊
三脚绊</td><td rowspan="2">汉语用量词分别标示一件和几件事物
བོད་སྐད་ཀྱི་མིང་ལ་སྦྱར་བའི་གྲངས་ཀ་སྔོན་དུ་ཡོད་ན་གྲངས་དེ་ལྡན་གྱི་མིང་ཡིན། རྗེས་སུ་སྦྱར་ན་དངོས་པོ་དེ་འགའ་བསྟན་པ་ཡིན།</td></tr>
<tr><td>བཞི་མདོ
མདོ་བཞི</td><td>十字路口
四道汇口</td></tr>
</table>

གོང་གསལ་གྱི་འགྱུར་ལས་བཟང་བ་དང་བཟང་པོ་སོགས་དང་། སྒྲོག་གསུམ་

དང་སུམ་སྒྲིག་སོགས་ཀྱི་དབྱེ་བ་མ་ཕྱེད་པ་མང་། མིང་དང་ཚིག་ཕྲད་དུའི་དབྱེ་བ་འབྱེད་བྱེད། མིང་ཡིན་ན་ཚིག་བར་སྒྲ་གཞན་དག་འཇུག་མི་ཉུང་སྟེ། རི་ཆེན་པོ་ལྟ་བུ། ཚིག་ཕྲད་དུ་ཡིན་ན། ཚིག་བར་སྒྲ་གཞན་དག་འཇུག་ཉུང་། རི་མཐོ་བ་ལ་རི་ཏ་ཙང་མཐོ་ཟེར་བ་ལྟ་བུ།

གཞན་ཡང་། གྲངས་ཀ་བརྩི་ཚུལ་ལ་རྣམ་པ་བཞི་ཡོད། ཕན་ཚུན་ནོར་མི་ཉན། དཔེར་ན། གསུམ། བཞི་ལྟ་བུ་བགྲང་གྲངས་(计数)ཡིན། གསུམ་པ། བཞི་བ་ལྟ་བུ་རིམ་གྲངས་(序数)ཡིན། གསུམ་པ་པོ། བཞི་བ་པོ་ལྟ་བུ་གནས་གྲངས་(在数)ཡིན། གསུམ་པོ། བཞི་པོ་ལྟ་བུ་འདུས་གྲངས་(合数)ཡིན། འགྱུར་ལས་རིམ་གྲངས་བགྲང་གྲངས་སུ་ནོར་བ་མང་། དཔེར་ན། སྤྱི་ལོ་2011པ་ལ། སྤྱི་ལོ་2011ལོ་ཞེས་རིམ་གྲངས་བགྲང་གྲངས་སུ་ནོར་བ་མ་ཟད། མཐའ་ལ་དགོས་མེད་ཀྱི་ལོ་སྒྲ་ཞིག་བསྐྱར་ནས་སྦྱར་བ། ལོ་བདུན་པར་སློབ་གྲྭར་ཞུགས་པ་ལ། ལོ་བདུན་སློབ་གྲྭར་ཞུགས་ཟེར་བ་ལྟ་བུ་སོགས་སོ། །

གསུམ་པ། ཚིག་གི་འགྱུར་ཚུལ།

ཚིག་གི་རྣམ་པ་རྫོགས་མཐའ་མེད་ཀྱང་། སྦྱོར་ལུགས་ཉུང་བར་བསྡུ་ཐུབ། སྦྱོར་ལུགས་ཉུང་བར་བརྟེན་ནས། ཚིག་གི་རྣམ་པ་སྣ་ཚོགས་པར་སྤེལ་ཐུབ། དཔེར་བརྗོད་ན། མི་རིགས་གང་ཅིའི་ཚིག་སྦྱོར་ལས། ཚིག་གི་སྙིང་པོ་སྔུན་དུ་ཡོད་ན། དེ་དང་འབྲེལ་བའི་ཁྱད་ཆོས་ཀྱི་མིང་དང་། བྱ་བའི་མིང་དང་། གྲངས་ཀའི་མིང་དང་། ངེས་བཟུང་གི་སྒྲ་དང་། ཚིག་ཕྲད་སོགས་ཀྱང་དེའི་རྗེས་སུ་འཇུག་པ་ཡིན། བོད་སྐད་ནི་འདི་ལྟ་སྟེ། མེ་ཏོག་དམར་པོ་ལྟ་ན་སྡུག །མེ་ཏོག་བཏོག །མེ་ཏོག་གསུམ། མེ་ཏོག་གང་ཞིག མེ་ཏོག་དེ་འོ། །མེ་ཏོག་ལ་ཆུ་གཙུབ། མེ་ཏོག་ཁུར་མོང་ཟོ་སྨན་རེད། ལྟ་བུ་སོགས་སོ། །སྐད་རིགས་གང་གི་ཚིག་སྦྱོར་ལས། ཚིག་གི་སྙིང་པོ་རྗེས་སུ་ཡོད་ན། དེ་དང་འབྲེལ་བའི་མིང་སྣ་གཞན་དག་དང་། ཚིག་ཕྲད

སོགས་ཀྱང་དེའི་སྟོན་དུ་སྒྱུར་བ་ཡིན། རྒྱ་སྐད་ནི་འདི་ལྟ་སྟེ། 红花好看，摘花，三枝花，哪朵花，这朵花，给花浇水，蒲公英花是草药。ལྟ་བུ་སོགས་སོ། །ཚིག་བསྒྱུར་ཚུལ་སྣ་ཚོགས་ཡོད་ཀྱང་། ཚན་པ་བཞིར་བསྡུ་ཆོག

དང་པོ། རྒྱ་སྐད་ལུགས་ཟློག་བོད་སྐད་ལུགས་འབྱུང་བྱ།

བྱ་བྱེད་ལས་གསུམ་གྱི་ཚིག་སྦྱོར་ཏེ། རྒྱ་སྐད་དུ་ལུགས་ལྡོག་ཡིན་ན། བོད་སྐད་དུ་ལུགས་འབྱུང་ཡིན་པས། ཚིག་ཏུ་སྒྱུར་བའི་ཐ་སྙད་རྣམས་གོ་རིམ་ལྟར་ཐད་ཀ་ཐད་སོར་བསྒྱུར་དགོས། (ཨང་ཀིས་གོ་རིམ་བསྟན་པ)

(1) 他 用 刀子 把 纸 裁。ཁོང་གིས་གྲི་གྲུ་ས་ཤོག་བུ་དྲས།

1 2 3 4 5 6 1 2 3 4 5 6

(2) 树叶 被 虫子 吃 光了。ཤིང་ལོ་འབུ་ཡིས་ཟོས་ཚར།

1 2 3 4 5 1 2 3 4 5

(3) 我国 的 经济 发展 很 快。

1 2 3 4 5 6

རང་རྒྱལ་གྱི་དཔལ་འབྱོར་འཕེལ་ཁ་ཤིན་ཏུ་མགྱོགས།

1 2 3 4 5 6

(4) 劳动者 的 力量 把 大地 改变 得 多么 美！

1 2 3 4 5 6 7 8 9 10

ངལ་རྩོལ་པའི་སྟོབས་ཀྱིས་ས་གཞི་བསྒྱུར་ནས་ཇི་འདྲ་མཛེས་ཨང་།

1 2 3 4 5 6 7 8 9 10

汉语“把”字句和“被”字句是倒句，恰好是藏语的顺句。“把”和“被”等于藏语的བྱེད་སྒྲ། 汉语用倒句强调的不是宾语而是谓语。རྒྱ་སྐད་ཀྱི་ལུགས་ལྡོག་བོད་སྐད་ཀྱི་ལུགས་འབྱུང་ཡིན། བོད་སྐད་ཀྱི་ལུགས་འབྱུང་རྒྱ་སྐད་ཀྱི་ལུགས་ལྡོག་ཡིན།

གཉིས་པ། མིང་ལྷ་བཞི་ཡི་གོ་རིམ་རྒྱ་བོད་ལོག་པར་བསྒྱུར།

མིང་ལྷ་བཞིའི་ཚིག་སྦྱོར་ཏེ་(མིང་ལྷ་བཞི་པོ་ཚང་མ་ཚང་དང་བསྐྱུར་བ་ཡང་ཡོད།) རྒྱ་སྐད་ཀྱི་རིམ་པ་དང་པོ་བྱ་བའི་མིང་དང་། གཉིས་པ་གྲངས་ཀའི་མིང་དང་། གསུམ་པ་ཁྱད་ཆོས་ཀྱི་མིང་། བཞི་བ་དངོས་པོའི་མིང་ཡིན། བོད་སྐད་མིང་ལྷ་བཞིའི་གོ་རིམ་རྒྱ་སྐད་དང་ཕྱིན་ཅི་ལོག་པ་ཡིན་པས། ལྡོག་བསྒྱུར་བྱ་དགོས། བྱེད་པ་བསྟན་དགོས་ན། རྒྱ་བོད་འདྲ་སྡེ་ཚིག་མགོར་ཞོག

(1) 放牧 牛 羊　ནོར་ལུག་འཚོ།
1 2 2　2 2 1

(2) 他 骑着 一匹 枣骝 马　ཁོས་རྟ་ཀྲང་ཀྲང་ཞིག་ཞོན།
0 1 2 3 4　0 4 3 2 1

(3) 田里 长 满了 绿油油的 禾苗
0 1 2 3 4

ཞིང་ནང་དུ་ལྗང་བུ་སྔོ་སང་ངེར་ཀུན་དུ་སྐྱེས་བྱུང་།
0 4 3 2 1

(4) 砍 断了 三棵 又粗 又高的 古 树
1 2 3 4 4 4 5

སྡོང་རྒན་སྦོམ་ཞིང་མཐོ་བ་གསུམ་བཅད་ནས་ཆོད་པ།
5 4 4 4 3 2 1

ལུགས་ལྡོག་གི་བསྒྱུར་ཚུལ་འདི་ལེགས་པར་མ་ཤེས་ན། དག་ཆ་ཐོན་དཀའ། དཔེར་ན།

著了 一部 长篇 小说　རིང་པོ་འི་བརྩམས་སྒྲུང་གཅིག་བྲིས།
1 2 3 4　3 0 4 2 1

ཟེར་བ་རྒྱ་སྐད་ཀྱི་གོ་རིམ་རྟོག་པར་བསྒྱུར་ནས་བོད་སྐད་ཀྱི་མགོ་རྟིང་བཟློག་བྱུང་། འགྱུར་དག་ན།

རྟོགས་བརྗོད་རིང་མོ་ཞིག་བརྩམས།　ཞེས་ཟེར་བ་ཡིན།
4 3 2 1

མིང་སྣ་བཞིའི་གོ་རིམ་སྤྱིར་བཏང་འདི་ལྟར་ཡིན་ཡང་། ཤ་གཟུགས་ཟ་རྐྱང་མ་བྱེད། ལན་རེར་གལ་ཆེ་ས་སྟོན་ལ་འཛིན་ནས་ནན་ཏན་བྱེད་པ་ཡང་ཡོད། དཔེར་བརྗོད་ན། གཞན་ཡང་སྨྲ་བའི་གོ། རྣོ་བའི་མཚོན། མཛེས་པའི་རྒྱན། བཀྲ་བའི་གོས་སོགས་མགོ་བའི་ཡོ་བྱད་སྲིད་དོ་ཅོག་མ་ཚང་བ་མེད་པ་(རྒྱ་ཤེལ་བྲག་ལས) ཞེས་པ་ལྟ་བུའོ། །

གསུམ་པ། གྲུབ་ཆ་དྲུག་གི་གོ་རིམ་སྦྱོར་བའི་ཚུལ་དང་བསྟན།

གྲུབ་ཆ་དྲུག་གི་ཚིག་སྦྱོར་ལ། གོ་རིམ་འདྲ་ས་དང་མི་འདྲ་ས་འདྲེས་ནས་ཡོད། མི་འདྲ་ས་བསྒྲོར་ནས་བསྒྱུར་དགོས། གྲུབ་ཆའི་རྩ་བ་བྱ་བྱེད་ལས་གསུམ་(主语、谓语、宾语)དང་། གྲུབ་ཆའི་ཡན་ལག་སྣངས་གསལ་ངེས་གསུམ་(定语、状语、补语) འདུས་པའི་ཚིག་གི་སྒྲོས་པ་ཆེ་བས་བསྒྱུར་དཀའ། གོ་སླ་བར་བྱེད་ཆེད། ཐོག་མར་བྱ་བྱེད་ལས་གསུམ་གྱི་གོ་རིམ་དང་། སྣངས་གསལ་བྱ་གསུམ་གྱི་གོ་རིམ་དང་། ངེས་བྱེད་དང་ཚིག་སྙིང་གི་གོ་རིམ་བསྟན་པར་བྱ། དེ་ནས་གྲུབ་ཆ་དྲུག་གི་ཚིག་གི་སྦྱོར་བ་སྒྲོར་བའི་བསྒྱུར་ཚུལ་བསྟན་པར་བྱའོ། །

1. བྱ་བྱེད་ལས་གསུམ་གྱི་གོ་རིམ། བྱ་བྱེད་ལས་གསུམ་གྱི་གོ་རིམ་རྒྱ་སྐད་དུ་བྱེད་པ་དང་པོ་དང་། བྱ་བ་གཉིས་པ་དང་། ལས་གསུམ་པ་ཡིན། བོད་སྐད་དུའང་བྱེད་པ་དང་པོ་ཡིན། ལས་གཉིས་པ་དང་བྱ་བ་གསུམ་པ་ཡིན་པས། བསྒྱུར་དུ་གཉིས་པ་དང་གསུམ་པའི་རིམ་པ་བསྒྲོར་དགོས།

(1) 罗桑 看 书 བློ་བཟང་ གིས་ དཔེ་ཆ་ ལྟ།
1 2 3 1 0 3 2

(2) 黑鹰 抓 兔子 ཁྲ་ག་ གིས་ རི་བོང་ འཛིན།
1 2 3 1 0 3 2

(3) 以 理 推断 问题 རིགས་པ་ ས་ དོགས་པ་ གཅོད་པ།
1 2 3 4 2 1 4 3

(4) 用 镰刀 割 田 ཟོར་བ ས་ཞིང་འབྲེག
1 2 3 4 2 1 4 3

2. སྟངས་གསབ་གཉིས་བྱ་བའི་སྔ་ཕྱིར་འཇུག་པ། སྟངས་ནི་རྣམ་སྟངས་ཏེ། བྱ་བའི་སྤྱོད་ཚུལ་དང་། ཁྱད་ཆོས་ཀྱི་ངང་ཚུལ་དག་སྟོན་པ་ཡིན་པས། བྱ་བ་དང་ཁྱད་ཆོས་ཀྱི་སྔོན་དུ་འཇུག་པ་དང་། གསབ་ནི་ཁ་སྐོང་སྟེ། བྱ་བའི་ཕྱིས་འབྱུང་དང་། ཁྱད་ཆོས་ཀྱི་སྣང་ཉམས་སོགས་འཕྲུས་ཚང་དུ་ཁ་གསབ་པ་ཡིན་པས། བྱ་བ་དང་ཁྱད་ཆོས་ཀྱི་མཐའ་ལ་འཇུག་པ་སྟེ། རྒྱ་བོད་ཚིག་སྦྱོར་འདྲ།

(1) 老马 用力 跑得 快。ཧ་རྐན་ཤེད་ཀྱིས་རྒྱུག་ན་མགྱོགས།
(主) (状) (谓) (补) (བྱེད་པ) (སྟངས) (བྱ་བ) (གསབ)

(2) 他 辛勤努力 获得了 好成绩。
(主) (状) (谓) (补)

ཁོས་བརྩོན་འགྲུས་བསྐྱེད་ནས་གྲུབ་འབྲས་བཟང་པོ་ཐོབ།
(བྱེད) (སྟངས) (བྱ་བ) (གསབ་པ)

(3) 月儿 亮晶晶地 照耀着 大地。ཟླ་བ་དཀར་ལམ་མེར་ས་གཞིར་ཤར་བ།
(主) (状语) (谓语) (补) (བྱེད) (སྟངས) (ཡུལ) (བྱ་བ)

(4) 这本书 实在 好 དཔེ་ཆ་འདི་ངེས་པར་བཟང་།
(主) (状) (谓) (བྱེད་པ) (སྟངས) (ཁྱད་ཆོས)

སྟངས་གསབ་གཉིས་ཀྱི་ཚིག་སྦྱོར་ལས། བཤད་ཚུལ་མི་འདྲ་སའང་ཅུང་ཟད་ཡོད་དེ། རྒྱ་སྐད་དུ་བསྒྲུབ་བྱ་ཤུགས་ལ་བསྟན་པ་དང་། བོད་སྐད་དུ་བསྒྲུབ་བྱ་དངོས་སུ་བསྟན་པ། 努力学习，积极工作 བསླབ་ལ་བརྩོན་འགྲུས་སྐྱེད། བྱ་བ་འབད་པས་སྒྲུབ། ལྟ་བུ་དང་། གོང་གི་དཔེར་བརྗོད་གསུམ་པའི་照耀着大地的大地是补语ས་གཞིར་ཤར་བའི་ས་གཞི་ནི་བྱ་བའི་ཡུལ་ཡིན་པས། གོ་རིམ་མི་འདྲ་ཡང་དོན་གཅིག་པའོ། །

3. ངེས་བྱེད་དང་ཚིག་གི་སྙིང་པོའི་གོ་རིམ། ངེས་བྱེད་ནི་ཚིག་གི་སྙིང་པོར་

གྲུབ་པའི་དངོས་པོའི་གཞི་ལྡོག་དང་། བྱས་པ་དང་། འབྲེལ་གཞི་དང་། གྲངས་དང་། ཁྱད་ཆོས་སོགས་ངེས་པར་བྱེད་པ་ཡིན། ངེས་བྱེད་སྡེ་མ་གསུམ་གང་རུང་ཡིན་ན། ཚིག་གི་སྙིང་པོའི་སྔོན་དུ་འཇུག་པ། རྒྱ་སྐད་དང་གོ་རིམ་འདྲ། ཕྱི་མ་གཉིས་ཚིག་གི་སྙིང་པོའི་རྗེས་སུ་འཇུག་པ། རྒྱ་སྐད་དང་གོ་རིམ་ལོག་པ་ཡིན།

(1) 修 金字 塔。 གསེར་གྱི་མཆོད་རྟེན་བཞེངས།
(谓) (定) (中心) (ངེས) (ཚིག་སྙིང་) (བྱ་བ)

(2) 借来了 更叒的 书。 ཀུན་དགའི་དཔེ་ཆ་གཡར་ཡོང་།
(谓) (定) (中心) (ངེས) (ཚིག་སྙིང) (བྱ་བ)

(3) བྲིས་པའི་ཡི་གེ་ནག་ཆུང་། །ཆུ་དང་འདྲིས་ནས་འཇིག་སོང་། །
(ངེས) (སྙིང་པོ) (ཁྱད་ཆོས) (ངེས) (བྱ་བ) (གསལ)

མ་བྲིས་སེམས་ཀྱི་རི་མོ། །བསུབས་ཀྱང་ཟུབ་རྒྱུ་མི་འདུག །
(ངེས) (སྙིང་པོ) (བྱ་བ) (གསལ)

写的 小黑字，遇水 便消失；未写 心中花，擦也 擦不掉。
(定) (中心) (谓) (补) (定) (中心) (谓) (补)

(4) 有三百只 羊。 ལུག་སུམ་བརྒྱ་ཡོད།
(定) (中心) (སྙིང་པོ) (ངེས་བྱེད)

(5) 洁白的 云朵 像堆起的 棉花。
(定) (中心) (谓) (补)

སྤྲིན་དཀར་སང་ངེར་རས་བལ་སྤུངས་པ་འདྲ།
(སྙིང་པོ) (ངེས) (ལས) (བྱ་བ) (གསལ)

ཚིག་འདི་རིགས་ལས་བསྒྱུར་བྱ་དང་སྒྱུར་བྱེད་དོན་གཅིག་ཀྱང་། གོ་རིམ་གྱི་དབང་གིས་གྲུབ་ཆའི་དབྱེ་ཚུལ་མི་འདྲ་ས་ཡང་ཡོད་དེ། དཔེར་བརྗོད་ལྷུ་བ་ལྔ་བ། གོང་དུ་གྲུབ་ཆ་དྲུག་ཕན་ཚུན་རྟེན་ཅིང་འབྲེལ་བའི་ཚིག་གི་གོ་རིམ་རྣམ་པར་ཕྱེ་ནས་བསྟན་ཟིན། ད་ནི་གྲུབ་ཆ་དྲུག་པོ་ཧ་ལམ་འདུས་པའི་ཚིག་གི་སྦྱོར་བ་བསྟན་པར་བྱ།

(1) 不要 吃 不干净的食物 ཟས་ མི་གཙང་བ་ མ་ ཟ།

(状) (谓) (定) (宾) (ལས) (ངེས) (སྣངས) (བྱ་བ)

(2) 提高教师待遇说明党和政府对教育工作的确重视起来了。

(谓) (定) (中心) (补) (主) (宾) (状) (谓) (补)

དགེ་རྒན་གྱི་ལོངས་སྤྱོད་ཇེ་མཐོར་བཏང་བ་ནི་ཏང་དང་སྲིད་གཞུང་གིས་སློབ་གསོ་བྱ་བར་དངོས་སུ་མཐོང་ཆེན་གནང་བའི་རྟགས་བསྟན་བྱུང་།

(ངེས) (སྔིང་པོ) (བྱ་བ) (བྱེད་པ) (ལས) (སྣངས) (བྱ་བ) (ཁ་གསབ)

(3) ང་རང་ལམ་དུ་རྒན་མོ་ སྐྲ་སེ་འབབ་ལེ་ཡོད་པ་སློག་རྒྱལ་སྔོན་པོ་གྱོན་པ་ལག་ན་ཞོ་གྲོད་བཟུང་བ་ཞིག་དང་ཐུག

(བྱེད་པ) (ཡུལ)(ལས་ཀྱི་བྱེད་པོ) (རྣམ་སྣངས) (བྱ་བ) (བྱ་བ) (ངེས་བྱེད) (བྱ་བ)

我 在路上 遇到了 一位 头发花白蓬松 穿着兰色破皮袄 手里提着酸奶肚的老妇。

(主) (宾) (谓) (定) (状) (谓) (谓) (受施主语)

ཚིག་སྣ་རིང་ན་གྲུབ་ཆའི་དབྱེ་བ་འདི་ལྟར་རགས་པར་བྱས་ན་གོ་བདེའོ། །

བཞི་བ། དགེ་ཚོས་དང་གཏམ་དཔེ་བསྒྱུར་ཚུལ།

དཔེ་ཚོས་དང་གཏམ་དཔེ་ནི། ངག་གི་སྒྱུ་རྩལ་ཡིན་པས། འཆད་རྩོད་རྩོམ་གསུམ་དུ་འཇུག་པ་རབ་ཏུ་མང་། སྒྱུར་ཁ་ཅུང་དཀའ། རྒྱུ་མཚན་ནི། དཔེ་ཚོས་ལས་གཏམ་རྒྱུད་དང་ལོ་རྒྱུས་ཀྱི་ཞུན་ཐིགས་མང་། གཏམ་དཔེ་ལས། གནས་སའི་ཁོར་ཡུག་གི་དབང་གིས་འཚོ་བའི་ཉམས་མྱོང་མི་འདྲ་ས་ཡང་མང་། དེ་ཕྱིར་དཔེ་ཚོས་དཔེ་ཚོས་དང་། གཏམ་དཔེ་གཏམ་དཔེར་བསྒྱུར་དགོས། དེ་ལྟར་མ་ཡིན་པར་དོན་ཙམ་བསྒྱུར་ན། ཚིག་ཉམས་མི་ཐོན་པས། ངག་གི་ནུས་པ་ཉམས་འགྲོ།

དཔེ་ཚོས་བསྒྱུར་ཚུལ་སྟོན་པ།

黄粱美梦	རྨི་ལམ་དགའ་སྟོན།	欺软怕硬	མཁྲེགས་འགྲེད་འཇོལ་ཟུག
朝秦慕楚	ཐ་གྲོགས་དགོང་དགྲ།	痴人说梦	གླེན་པས་རྨི་བཤད།

陷入困境	སྙོབས་སུ་ཆུད་པ།	锥处囊中	སྒྲེའུ་ནང་སྦུང་བུ།
鼠目寸光	བྱི་བའི་མིག་རྒྱང་།	青黄不接	སྐྱ་ཟད་སྔོ་རྫོགས།
空口袋立不住	ཁུག་སྟོང་རང་ཚུགས་མི་ཟིན།	大材小用	གོས་ཆེན་ཚ་ཀླིབས།
沧海一粟	རྒྱ་མཚོའི་ཆུ་ཐིགས།	坏事变好事	རྐྱེན་ངན་གྲོགས་ཤར།

གཏམ་དཔེ་བསྒྱུར་ཚུལ་སྟོན་པ།

བརྩོན་འགྲུས་བྲག་ལ་མདའ་ཟུག ཤེས་རབ་སྤང་ལ་མེ་ཤོར།	勤奋穿石箭， 智慧燎原火。
སྐྱིད་ཐག་རིང་བོའི་བློ་དང་། སྡུག་ཐག་ཐུང་བའི་ཐབས་དགོས།	即要有开创幸福的长远谋略， 又要有缩短艰苦的可靠办法。
བཀོལ་མ་ཤེས་ན་ཡོན་ཏན་ཆེ་ཙང་གོང་མི་ཁུག འདེབས་མ་ཤེས་ན་ས་ཞིང་ཆེ་ཙང་ཡོང་སྒོ་ཉུང་།	不会用学问再多不值钱， 不会耕田地再多收入少。
སྐད་ཆ་ཉུང་ཡང་མགོ་ཛ་ཚང་། ལུང་བ་ཆུང་ཡང་རྩྭ་ཆུ་འཛོམས།	言语虽少道理全， 山沟虽小水草旺。
སྐས་མགོར་འཛུད་མི་མང་དང་། སྐས་རྟེང་སྐྱོར་མི་དཀོན།	鼓励上梯子的人多， 主动扶梯子的人少。
གོམ་གསུམ་ས་ཆ་མ་ཆོད་པའི། སྦལ་བས་ཀོ་མིག་མཚོ་ལ་རློམ།	未远出之青蛙， 认水坑为湖泊。
ཉེས་ཅན་རྒྱལ་པོས་མི་ཁེབས། སྡིག་ཅན་བླ་མས་མི་འདྲོངས།	犯法的人国王也无法庇护， 作恶的人喇嘛也无法超度。

མཇུག་གི་གཏམ།

རང་རང་སྐད་ལ་དབང་བའི་ཐ་སྙད་ལས། །
རྗེ་ཆག་བཙན་སྒྲིག་སྐྱོན་གྱིས་མ་གོས་པར། །
ངོ་བོ་གཅིག་པ་ཕན་ཚུན་སྦྱུར་མཁས་པ། །
ཁ་གསལ་བརྗོད་བདེར་བསྒྱུར་ན་ཀུན་གྱིས་བསྔགས། །

༄༅། །བརྡ་སྤྲོད་གསལ་བྱེད་ངག་སྒྲོན།

དཔའ་རིས་སངས་རྒྱས་ཀྱིས་བརྩམས།

རྩོམ་སྒྲིག་འགན་འཁུར་བ། ཤེར་དོན།
མདུན་ཤོག་རྟུས་འགོད། ལི་ཅན་ཞུང་།
པར་སྒྲིག་རྟུས་འགོད། གཙུག་ལག་ཁྲིང་བ་པར་སྒྲིག་ལས་གཉེར་ཁང་།

པར་སྐྲུན་འགྲེམ་སྤེལ། ཀྲུང་གོའི་བོད་རིག་པ་དཔེ་སྐྲུན་ཁང་།
པར་འདེབས། ཀྲུང་གོའི་སློག་བརྙན་དཔེ་སྐྲུན་ཁང་གི་པར་ཁང་།
དེབ་ཚད། 787mm × 1092mm 1/16
དཔར་ཤོག 18.75 དཔར་གྲངས། 1-5000
པར་གཞི། 2023ལོའི་ཟླ11པར་པར་གཞི་དང་པོ་བསྒྲིགས།
དཔར་ཐེངས། 2023ལོའི་ཟླ11པར་དཔར་ཐེངས་དང་པོ་བཏབ།

དཔེ་རྟགས། ISBN 978-7-5211-0124-9 རིན་གོང་སྒོར། 48.00